中共中央党校（国家行政学院）
离退休人员科研成果资助出版项目

红色熔炉

——民主革命时期的中共中央党校

谢武军 著

人民东方出版传媒
People's Oriental Publishing & Media
東方出版社
The Oriental Press

图书在版编目（CIP）数据

红色熔炉：民主革命时期的中共中央党校 / 谢武军著. --北京：东方出版社，2022.5
ISBN 978-7-5207-2764-8

I.①红… II.①谢… III.①中国共产党－党校－校史－1921-1949 IV.① D261.41

中国版本图书馆 CIP数据核字 (2022) 第 071803号

红色熔炉——民主革命时期的中共中央党校
(HONGSE RONGLU——MINZHU GEMING SHIQI DE ZHONGGONG ZHONGYANG DANGXIAO)

作　　者：谢武军
责任编辑：张晓雪
出　　版：东方出版社
发　　行：人民东方出版传媒有限公司
地　　址：北京市东城区朝阳门内大街 166号
邮　　编：100010
印　　刷：永清县晔盛亚胶印有限公司
版　　次：2022年5月第 1版
印　　次：2024年 6月第 2次印刷
开　　本：787毫米 ×1092毫米　1/16
印　　张：29
字　　数：384千字
书　　号：ISBN 978-7-5207-2764-8
定　　价：98.00元
发行电话：（010）85924640

目　录

历史的星空

——回眸民主革命时期的中共中央党校

中共中央党校作为党内教育的最高学府，在中国共产党的思想建设、理论建设和组织建设中具有重要的地位。

中国共产党在建党初期就高度重视干部教育和党校建设。考察中国共产党党校教育史，有文献记载的最早的党校举办于1925年。这一年，中共湘区、粤区、沪区党组织纷纷举办党校。10月，李大钊等人创办了中共中央第一个党校——北京党校。1940年1月，中共中央建立了在职干部每日学习两小时的学习制度和征调干部轮流进党校学习的制度。民主革命时期，中国共产党的许多著名领袖人物曾担任中央党校校长，数以万计的党员领导骨干在中央党校接受了教育和培训。他们当中不乏知行合一、德才兼备、忠诚于党和人民、能治党治军治国的栋梁之才。中央党校为实现党的宗旨、完成党所肩负的历史使命、保证党的正确的政治路线的贯彻执行和党在组织上的巩固发挥了重要的作用。在中国共产党的历史星空，中央党校犹如一颗璀璨的明星熠熠生辉。

一、历史足迹

由于中国共产党斗争环境的严酷性和革命形势的复杂多变，中共中央的早期党校皆秘密举办，带有临时性、规模小、非持续性、无固定校舍、少专职教员等特点。其文书档案（招生通知、学员名册等）在当年是党的机密，关系到党校师生的生死和党组织的安危，不可能公之于媒体或完整地保存。这就为我们研究中央党校校史带来许多困难，因而这里所记述的中共中央党校在民主革命时期的历史足迹，只是对现已发现的史料的研究和梳理。

由中国的国情与中国共产党的党情所决定，"干部恐慌"和"本领恐慌"一直困扰着中国共产党。早在1924年5月，第三届中共中央执行委员会就提出"党内教育的问题非常重要，而且要急于设立党校养成指导人才"。[①] 此时，中国共产党成立不到3年，党员只有700名左右。1925年1月，中国共产党第四次全国代表大会再次提出："设立党校有系统地教育党员，……增进党员相互间对于主义的深切认识"[②]。1925年10月3日至12月下旬，经李大钊、赵世炎等人筹划，中共中央举办了北京党校。校址在北京西城区新街口蒋养房胡同68号一所两进的四合院内。校长罗亦农（时任中共中央广东临时委员会委员、中共粤区宣传部长），任课教员罗亦农、赵世炎、陈乔年、萧子璋、刘伯庄。学员60余人，来自京津冀、山西、陕西、热河、绥远和东三省。他们毕业后被分派到北方各省及广东、湖南等地担任党团组织负责人，有的还仿照北京党校的办法在地方办党校。

鉴于北京党校的成功举办，以及北京和广东已经成为革命运动的中心，1926年2月中共中央曾决定在北京和广州各办一长期党校，称之为"最高

① 《中国共产党第三届中央扩大执行委员会文件》（1924年5月），见中央档案馆编：《中共中央文件选集》第一册（一九二一—一九二五），中共中央党校出版社1989年版，第245页。

② 《对于宣传工作之议决案》，《中国共产党第四次全国代表大会文件》（1925年1月），见中央档案馆编：《中共中央文件选集》第一册（一九二一—一九二五），中共中央党校出版社1989年版，第377—378页。

党校”。可惜十来天后北京发生“三一八”惨案，局势急剧恶化，而广州方面又忙于北伐，这个计划未能实现。

1926年11月至1927年1月，在大革命的高潮中，中共中央在武昌创办了两湖党校，校址在武昌黄土坡（现武昌首义路）崇实中学。校长彭述之（时任中共中央宣传部主任，即部长），任课教员彭述之、鲍罗廷、恽代英、项英、王一飞、何子述、张国焘等人。学员80人，来自湖南、湖北两省。

1927年4月27日至5月9日，中国共产党在汉口召开了第五次全国代表大会。在第五届中央委员会工作机构中，增加了“党校委员会”，书记瞿秋白。5月22日中共中央政治局常委会议决定在武昌创办中央党校，招收学员300人，学期6个月，7月30日开学，并成立了中共中央党校筹备处。7月15日汪精卫“分共”，形势急转直下，中央机关紧急迁往上海，中央党校未能办成。

1929年2月至8月，中共中央在白色恐怖的上海秘密举办了3期中央干部训练班。训练班由中共中央政治局常委、秘书长周恩来主持，日常工作由中央组织部和中央宣传部负责。周恩来、恽代英、李立三、彭湃、杨殷、项英等担任教员和指导员。3期共培训学员50余人，其中有20多人是来自满洲、顺直、河南、安徽、浙江、湖南、湖北、江西、四川、云南、山东等省担任领导工作的干部。8月30日，彭湃、杨殷、颜昌颐等人惨遭国民党反动派杀害，中共中央面临严重危机，第三期训练班于当日仓促结业。

南昌起义和秋收起义之后，中国共产党开辟了工农武装割据、农村包围城市的新的革命道路。新的道路带来新的问题，苏区和红军中的党员90%是农民出身，文化程度低，几乎没有理论素养。为了保证革命军队正确的政治方向，保持党的马克思主义的无产阶级政党性质，完成党所肩负的历史使命，苏区和红军的党组织早在中共六大之前就开始举办各种训练班培养干部。从20世纪30年代初开始，各苏维埃区域陆续创办了党校。创办于瑞金叶坪洋溪村的苏区中央局党校是中共中央局党校的前身，校长任弼时，办学时间从1931年11月至1933年1月，培训人数不详。王震将军就曾经在这所党校学习过。

1933年1月，中共临时中央迁往瑞金与苏区中央局合并，苏区中央局党校成为中共中央局党校。为纪念马克思逝世50周年，党校改名为马克思共产主义学校，于1933年3月13日举行了隆重的开学典礼。校址先后在瑞金叶坪洋溪村、沙洲坝下肖区黄竹堪下新斤村、云石山田心村。任弼时、张闻天、李维汉先后担任校长，杨尚昆、董必武、冯雪峰先后担任副校长。马克思共产主义学校连续办学至1934年10月。它是中共中央首次在自己掌权的区域公开举办的党校，也是建党之后党中央举办的规模最大的党校，共培训学员1000余人，在校学员最多时达10余个班600人左右。2011年5月22日，中共中央将1933年3月13日确定为中央党校建校日，将3月13日作为校庆日。

长征期间，1935年8月5日，中央政治局沙窝会议根据一、四方面军会师后的形势，决定“设立红军大学与高级党校，大批地培养军事的与政治的干部”[①]。由于张国焘的分裂破坏，高级党校没有办成。

1935年10月，中央红军和中共中央机关到达陕北。11月，党中央决定恢复党校，并正式定名为中共中央党校，校长董必武，校址在安定县（现子长县）瓦窑堡镇县立第二高级小学，12月中旬开学。至1937年2月，中央党校校址先后迁移至保安（现志丹县）、定边、延安。在土地革命尾声和抗日战争前夕这段动荡而艰难的日子里，先后有1000余名学员在党校受训。这批人成为扩大红军，保卫、巩固和扩大革命根据地，开展敌后抗日游击战争的中坚力量。在定边，中央党校开设了第一个少数民族班，培训彝、藏、蒙古、回族学员40人左右。

① 《中共中央关于红一、四方面军会合后的政治形势与任务的决议》，见中国人民解放军历史资料丛书编审委员会编:《红军长征文献》，解放军出版社1995年版，第613页。

1937年2月至1947年3月，中央党校定址延安，校部先后驻桥儿沟和小沟坪。董必武、李维汉、康生、陈云、邓发、毛泽东先后担任中央党校校长，柯庆施、谢觉哉、彭真先后担任副校长。毛泽东是战争年代任职时间最长的校长（1943年3月—1947年3月），并为中央党校制定了“实事求是，不尚空谈”的校训。

10年间，中央党校常规班次培训学员9000余人，临时研究班和训练班的班次和人数不详。其中1937年2月至1941年底，中央党校的主要任务是“训练有坚定政治立场的敢作敢为的区县级党的干部与群众工作干部”①，常规班次共招收54个班，其中有2个少数民族班，培训学员4000人左右。学制3个月至1年不等。学员有来自陕甘宁边区和敌后抗日民主根据地的党政军群各方面的干部，有来自国统区的党的工作者，还有一批归国华侨知识分子和从全国各地来延安的大中学生。

1941年底，中央党校招生对象改为地委、旅级以上干部和少数地委以下的七大代表。修业年限正科2年，预科3年。至1943年5月，招收学员800人左右。1943年5月至1944年初，党校扩大为4个部，一、四部学员为高级干部，二部为中级干部，三部为“文化人部”，共有学员1846人。1944年2月西北局党校并入中央党校成为第五部，学员761人，主要是陕甘宁边区和华北、华东抗日根据地的中下层干部，以及国统区来的地下工作者和青年知识分子。随着学员人数的增加，1944年11月从敌后和国统区来的学员600多人从五部分出成立六部。从1942年2月至1945年8月，全校培训学员3500人以上，在校学员最多时在3000人左右。

1945年10月，五部从中央党校划出，恢复西北局党校建制，二、六两部搬到小沟坪校部继续办学，至1947年3月，培训学员约1500人。3月12日，董必武、叶剑英等率中央直属机关东渡黄河，转移到山西，中央

① 《党校一年工作报告》（1940年2月）。原件存中央档案馆。

党校教务主任安子文及尚未分配的教职员工随同转移。按照党中央的决定，绝大部分教职工在山西就地疏散。7月，安子文支队到达河北建屏县（今平山县），其余师生全部重新分配工作，延安时期的中央党校就此结束。

1948年7月，为适应时局发展的迫切需要，“比较有系统地培养具有理论的党的领导干部和宣传干部”，中共中央决定创办高级党校，名为马列学院，由刘少奇任院长，陈伯达任副院长，并制订了马列学院的学制、学习计划、教学内容、招生对象和录取标准。1948年11月8日，马列学院在河北建屏县李家沟口村开学，第一期学员110人，主要由华北局、华东局、西北局、晋绥分局及中央各部委选送。1949年3月底，马列学院随中央机关迁往北平，起初暂住香山慈幼院，4月中旬移住香山碧云寺西跨院。9月30日，华北高等教育委员会指令清华大学将原清华农学院的土地房产（西苑自得园）拨归马列学院使用。10月1日，马列学院师生参加了开国大典。10月28日，马列学院由香山碧云寺移住西苑自得园，开始了在新中国的办学历程。

二、独具特色

党校在教育体系中是一种以特殊的对象、特殊的教育内容、特殊的方式传道授业解惑的学校，在长期的办学实践中逐步形成了自己的特色。无论从哪方面看，北京党校在中共党校史上的开创性意义都是不可忽视的。它是中共第一个学员全部脱产、集体食宿的党校。它制订了严格的校规。学员每10人分为1组，推选1位组长，负责小组讨论等工作。校内建立了党团支部，学员都要过组织生活，在增强党性的同时也学习支部工作的方式方法。

它首创了党校教育的独特模式——以马列主义基本理论、中国革命基本问题、党在现阶段的中心工作、党的方针政策和时事为主要教学内容；理论学习和实际工作能力的培养相结合的基本原则；授课、自学、讨论、答疑相结合的教学方法；党组织的主要负责人亲自授课；学员采用自我管理的方式。这些独具特色的教学方针、教学内容和教学方法，将中国共产党的党校教育与国民教育和其他职业教育相区别，被其后举办的各级党校所仿效，在中央党校几十年的办学历程中不断得到发扬光大。

“理论联系实际”成为党校一以贯之的教育方针。1942 年 4 月，中共中央政治局讨论通过的《中共中央党校关于政治教育的计划》将中央党校的教育方针表述为：“现在的党校是高级干部学校，其教育目的应该是培养能够系统的周密的调查研究周围环境，依据党的政策独立坚持工作，并且实事求是的机动灵活解决问题的干部。要让干部养成遇事能够周密的调查研究，并且善于跟马、恩、列、斯商量，跟党的路线党的领导者商量的独立研究和独立工作的精神。也要让干部养成在自觉基础上，坚持民主集中制的生活习惯，保证党的思想和行动统一的遵守铁的纪律的习惯。不需要干部只会盲目地执行别人指定做的事情，也不容许那种个人主义、个人第一，甚至想在党内建立独立王国的自由主义思想在党内生存。应该养成干部不尚空谈，不务虚伪表面，而真正朴朴实实，一心一意，忠实为党为革命工作的实事求是的作风。”这段有着鲜明时代特色的表述，把理论联系实际的原则具体而微地贯串在对学员思想方法、工作方法、党性修养、工作作风的培育和训练等方方面面。当年的入学考试既考文化知识、政治常识，也有“你到一个新地区是怎样开展工作的”之类检验思想水平和工作能力的考题。学习马列著作和党的文件必须联系自己的思想、自己的历史和现在的工作，认真反省并写出反省笔记。各阶段的考试题也充分体现了理论与实际的结合。

授课、自学、讨论、答疑相结合而以自学为主，成为中央党校一以贯之的教学方法。中国革命的特点要求党的干部必须具有独立工作的能力和水平，“必须养成细心阅读和独立思考问题的习惯”①。中共中央关于办理党校的指示一再强调：“学习方法，应采取在教员指导下以个人自习（即自己

---

①《中央宣传部关于提高延安在职干部教育质量的决定》（1940 年 10 月 20 日），见中央档案馆编：《中共中央文件选集》第十二册（一九三九—一九四〇），中共中央党校出版社 1991 年版，第 525 页。

读书）为主的原则。”“在学校生活中应充分发扬民主，在学习中应提倡敢于怀疑、敢于提出问题、敢于发表意见与同志式的辩论问题的作风。”[①]

延安整风期间，中共中央授权党校可以无所不谈，什么问题都可以讨论。中央党校提倡大家开动脑筋，自由思想，畅所欲言，坚持真理，随时修正错误。七大之后，毛泽东特派胡乔木向中央党校学员传达过一次讲话，大意是：共产党不是国民党，不需要人们迷信；共产党的领导人不是蒋介石，不需要盲从。你们学习理论，总结历史经验，对待问题，都要问个为什么。我的东西，你们可以提出疑问，大家讨论，不要囫囵吞枣。我不要盲从的学生。[②]

延安时期的中央党校，讲授与讨论质疑的时间比多则 1 : 4，少则 1 : 2。窑洞内外、延河岸边常常成为学员们的辩论场所。用马列主义的立场观点方法去观察问题、分析问题和解决问题，实事求是，调查研究，批评与自我批评等优良传统蔚然成风，中央党校成为出思想出人才的地方。

按照这些独具特色的教学方针和方法，中国共产党在中国革命的每一个历史阶段，都通过党校的轮训和培训，直面新情况，解决新问题，疏解党内的“干部恐慌”和“本领恐慌”，统一全党高中级干部的思想，推动党的事业不断前进。

三、名师云集

中共中央党校作为中国共产党最高学府的权威性，来自校长的高层次和教员的高水平。中共中央总是选择党内有学问、有声望的领袖人物担任校长。1925 年至 1949 年先后有 13 人次担任过中央党校校长、马列学院院

① 中央档案馆编：《中共中央文件选集》第十二册（一九三九——一九四〇），中共中央党校出版社 1991 年版，第 302、303 页。

② 张堃生：《延安中央党校学习生活的片断回忆》，《光明日报》1982 年 1 月 3 日。

长。他们或是党的创始人，或是大革命时期的老党员。其中 2 人担任过党的最高领导人，9 人参加过两万五千里长征，10 人有在国外留学的经历，绝大部分在资历、能力、贡献、声望等各方面深孚众望。他们既是学校领导，也是主讲教员，10 人给学员讲过 1—3 门主课。

20 世纪 20 年代中央党校的教员如赵世炎、陈乔年、恽代英、彭湃等青年才俊，都是中国第一代马克思主义者、著名的革命家。马克思共产主义学校的专职教员仅有冯雪峰、罗明、成仿吾 3 人。主要课程基本上由中共中央各方面的负责人讲授——中共党史（任弼时、邓颖超），政治常识（杨尚昆、冯雪峰、成仿吾），中国革命基本问题（洛甫），苏维埃运动史（毛泽东），西方革命史（董必武），联共党史（博古），军事战略战术（朱德、周恩来、刘伯承、李德），党的建设（罗迈、罗明），中国职工运动史（刘少奇、陈云），经济建设（吴亮平），自然地理常识（徐特立、陆定一、成仿吾），语文（成仿吾），政治形势与任务（周恩来、冯雪峰），妇女运动（蔡畅），军事训练（刘振亚），唱歌（李伯钊）。①

1937 年七七事变后，一批知名学者如王学文、刘芝明、王思华、艾思奇、何思敬、范文澜、柯柏年等到达延安，担任了中央党校的专职或兼职教员。1938 年初，按照中央政治局的决定，中央党校始设各学科研究室，并选拔了一些文化程度高的青年知识分子作教员，学校专职教员一度近 40 人，由他们中的佼佼者给学员讲授常规课程。军事课教员则由学员中的军事干部兼任，张云逸、赖传珠、陈伯钧、罗炳辉、郭化若、朱良才、贾若瑜等人都讲过军事课。

除此而外，延安时期以 20% 左右的学时安排了全校性的大报告（亦称政策时事报告），一般每周 1 次。报告人为中央领导、各根据地和中央各

---

① 参见《罗明回忆录》，福建人民出版社 1991 年版，第 155—156 页；萧锋遗稿，南溪、孙翊整理：《萧锋征战记》，中央文献出版社 2010 年版，第 48、53—55 页。

部委负责人，有时也请学员作报告。主要内容是国内外和各根据地的形势、党在现阶段的纲领和各方面的政策，并解答大家学习讨论中提出的疑难问题。延安时期的中央领导几乎都到党校做过报告。据笔者初步统计，1935至1945年，毛泽东在中央党校作报告20次。“大报告”的称谓和形式一直延续到今天，这种全校性大报告至今仍然是中央党校最有特色、最有影响力的课程。

民主革命时期的马列学院仅有陈伯达（兼）、杨献珍（兼）、艾思奇、何其芳、王学文、周文6位教员。他们皆是党内著名学者、作家，其中有4人是新中国的学部委员。

从另一方面来看，党校教员的高层次是由学员的资历、层次和他们所担负的使命所决定的。没有坚定的理想信念，没有实际工作经验，没有扎实的理论素养，仅仅有一些文化知识，是很难胜任中央党校的教学工作的。马克思共产主义学校的学员在学习“苏维埃运动史”课程时，曾经提出“红旗到底能打多久”“我们为什么不能进行议会斗争和其他合法斗争”等问题，请教员解答。幸好讲授此课程的是中华苏维埃共和国临时中央政府主席毛泽东，他从分析中国的国情入手，把中国和印度、西欧国家的国情加以对比，为学员释疑解惑，坚定了大家的革命信念。1941年上半年，学员在讨论中提出的问题也颇为高深。比如：抗日根据地与陕甘宁边区的富农，为什么前者下降，后者上升？大后方土地分配情形怎样？“左”和“右”是否可以转化？资本主义原始积累问题，中国与西方有何不同？这些问题仅有书本知识的教员如何回答得了？

1941年12月，中共中央政治局明确规定：“中央党校为培养地委以上及团级以上具有相当独立工作能力的、党的实际工作干部及军队政治工作干部的高级与中级学校。”为了与学员的层次相适应，学校曾制订出新的教学计划，开设“马列主义”“中国通史”“党的建设”“策略时事”4大类20多门课程，所有课程皆由中央领导和知名学者担任。博古、凯丰、杨松、柯柏年、吴亮平、王思华、毛泽东、艾思奇、范文澜、洛甫、陈伯达、邓发、王若飞、陈云、任弼时、康生、谭政、冯文彬、王明、蔡畅、李富春、朱德都列入其中。“消息传出后，轰动延安，争相投报入校。”[①]

四、艰辛备尝

中央党校办学的艰辛和不易，首先体现在物质生活方面。战争年代的中共最高学府可谓世界上独一无二的最艰苦最简陋的高级干部学校。马克思共产主义学校的教室、宿舍都是借来的民房或祠堂，地上铺些稻草就是床铺。学员吃饭时每人一个用草编织的饭包，饭包上系有写上姓名的竹牌。粮食定量供应，学员每人每天 1 斤，工作人员 7 至 8 两。由于敌人对苏区的军事“围剿”和经济封锁，严禁运进食盐，吃饭时无盐无油，经常以辣椒和芋荷干送饭。日子长了，大家感到力气不足。学校就买些旧土砖提炼硝盐用来煮菜，增加一点咸味。但吃硝盐的时间长了造成学员面黄浮肿，当时缺医少药，无法医治。以后才设法由福建苏区暗中与国民党统治区的商人联系，用 1 块光洋买 5 钱食盐，少量供应党校。在洋溪村，敌机不断袭扰，学员们仍坚持听课记笔记。在沙洲坝大埠村，由于场地小、学员多，校领导带领全体教职员工在校部左侧搭起了竹木结构、泥巴涂墙的简易教室。为防敌机空袭，还开挖了一个可容纳几百人的防空洞。

中央党校在陕北复校后最困难的日子是在保安的 4 个月。7 个班 400 多个学员分散驻在刘家坪、任家坪、胶泥庄、保儿沟 4 个村子里，蜿蜒 20 里。没有房屋，师生们就住在废弃的荒窑羊圈里，晚上席地而卧。全校的办公用具只有一包油印材料。校长董必武和教务主任成仿吾共用 1 张条桌 1 条长凳，用 1 个粗瓷破碗底作砚台。没有教室，就在野地里或树下讲课。

---

① 延安《解放日报》1942 年 1 月 28 日。

最困难的是没有粮食，党校地方工作委员会每天出去采购粮食，能背回什么吃什么，什么东西都背不回来就喝白开水。

1939年中央党校搬到延安城北小沟坪以后，抗日战争进入相持阶段。中国北方大片国土被日寇侵占，陕甘宁边区主要交通线被封锁。国民党政府停发了八路军、新四军有限的军饷和军需物资，给边区造成极大的经济困难。到1942年，由于日寇的“扫荡”和“清剿”，八路军、新四军由50余万减至40万人，华北根据地面积缩小，总人口由1亿减少到5000万人以下。中央党校师生住的是自己挖的窑洞，高级干部2—4人1孔，中下级干部6—10人1孔。1孔窑1张简易桌子、1担桶（学员轮流去延河担水洗漱）、2个喝水杯子（边区陶瓷厂生产）。吃的是黑豆小米饭、土豆南瓜汤，一周吃不上一次牛羊肉。学员入学发1套单衣、两三年发1套棉衣（棉袄、棉裤、棉帽，不发棉鞋、棉大衣）、1套被褥，皆是本地织的粗布。晚上点的是煤油灯，1灯油要点3个晚上或1星期。大部分学员没有钢笔，就用小木棍拿线绑上笔尖做成蘸水笔，买点颜料用水兑成墨水。听报告上课都没有桌凳，学员自带小凳或砖头，把笔记本拿在手里或放在腿上作记录。

马列学院创办之初也是一无所有。上课没有教室，吃饭没有食堂，学员按小组为单位住在村里老百姓家中，不分职务高低、年龄大小，挤在一条炕上睡觉。

艰难困苦培育了党校师生艰苦奋斗的精神和革命乐观主义精神。从瑞金时期开始，中央党校师生就自己动手种菜养猪，改善生活。在延安，中央党校师生积极投入大生产运动，自己动手挖窑洞千余孔，建公用房屋20000多平方米，开荒种地、纺线织袜、办商店、开作坊、跑运输……逐渐做到丰衣足食。从1940年开始，中央党校粮食生产年年超额完成任务，蔬菜、猪饲料自给有余，马料自给一半以上。1942年以后，每天需要的肉、油，冬天取暖的木炭等也做到自给自足。1945年党校行政经费基本自给。

中央党校办学的艰辛和不易，还体现在它常常处在政治旋涡中心，在党的事业受到错误路线干扰破坏的时候，往往受害很深。马克思共产主义学校办学期间，正是“左”倾机会主义路线占统治地位的时候。中共临时中央以批判“罗明路线”为幌子，打击坚持正确路线的同志。党校教职员和学员中就有不少被撤销职务，调来学习检查的人。比如被撤了福建省委代理书记职务的罗明，被怀疑和罗明有集团关系的新泉县委书记杨文仲（长征中牺牲），以及“江西罗明路线”执行者兴国县委书记胡佳宾（即胡嘉宾，新中国成立后曾任国家民族事务委员会副主任）、瑞金县委组织部副部长贺怡（贺子珍的妹妹）等等。随着中央苏区被“左”倾机会主义路线葬送，学校被迫停办。

延安整风运动期间，1943 年 7 月康生利用审干之机，搞了一个“抢救失足者运动”，中央党校也未能幸免。康生曾亲自主持在党校礼堂召开“坦白大会”。半个多月内，全校“抢救”出“内奸”“特务”“叛徒”190 人。若无毛泽东“一个不杀，大部不捉”的指示，其后果难以设想。经过一年多认真细致的复审甄别，才还绝大多数同志的清白。从 1944 年 5 月开始，毛泽东不仅 4 次在党校向被冤枉的同志赔礼道歉，而且在七大全体会议上公开承担了中央党校和延安“抢救运动”的责任。

中央党校所经历的曲折证明，党的路线正确与否，不仅关系到党的生死存亡，也与中央党校的兴衰荣辱息息相关，其经验教训应当永远记取。

五、玉汝于成

艰难困苦，玉汝于成。战争年代的中央党校虽然办学条件十分艰难，但取得的成绩令人赞叹。

民主革命时期中央党校常规班次培训轮训学员 12000 余人，临时训练班及短训班学员人数不详。这些学员在党校接受了马克思主义的启蒙和再教育，不仅学到了党的基本理论、基本知识、基本纲领、基本政策，而且学习了做党和群众工作的方法，提高了能力，坚定了理想信念，开阔了眼界，提升了党性修养和文化素养。他们中的大多数成为中国共产党建党建军建国的中坚力量，是新中国各项事业的开拓者和领导者。

北京党校、两湖党校的学员基本上都是青年知识分子中的先知先觉者，经过学习，不少人成为“办党的”人才，担当起一些省市的第一任市委（或特委）书记的职责，促进了党组织在全国的发展，推动了轰轰烈烈的大革命运动，不少人成为土地革命时期的领导骨干。马克思共产主义学校的1000多位学员大多数是农民出身的红军中下级指挥员和省县两级党、政、工会、共青团、妇女干部。他们在党校不仅学到了革命理论和游击战的本领，而且摘掉了文盲帽子，养成了学习的习惯。他们中的大多数牺牲在反“围剿”战争和长征途中，幸存者中有不少开国将领、中央和省部级的重要领导人。

从中央党校在陕北复校到抗战初期，数千名老红军、老党员和全国各地奔赴延安的青年知识分子进入中央党校学习，其中大多数被分派到抗日前线和敌后，担负起建党建政、建立统一战线、开辟抗日民主根据地、进行游击战争的重任。1938年8月，毛泽东在参加十六班、十九班81名学员的毕业典礼时曾对他们说：“你们81个学员就是81万人马，一个顶一万个。”①

在抗日战争最艰苦的1942年到1944年，中央党校成为中国共产党保留培养干部的家园。中国共产党各个历史时期各方面的1000余名高级干部、2000余名中下级干部和延安之外的七大代表（占代表总数的53%）陆续集中在中央党校。毛泽东亲自指导他们学理论学文化、整风审干、研究党的历史和党的路线，为中国共产党和中华民族教育训练出一大批德才兼备的高中级领导干部。确如毛泽东所言，做好了整风审干保存干部三项工

① 1998年笔者访问当年十六班学员汪琼，她参加了这个毕业典礼。毛泽东这句话给她留下了深刻印象。

作，“我党百年大计即已奠定”。[①]

当年经历过延安整风洗礼的中央党校学员，每到一地都秉承“实事求是，不尚空谈”的校训，发扬艰苦奋斗、理论联系实际、密切联系群众、批评和自我批评的作风，放手发动群众，壮大人民力量，为对日寇的大反攻及随后的解放战争和新中国的成立立下了不朽的功勋。其中，1943—1945 年，不少中央党校的学员被派往敌占区大中城市和东北沦陷区，建立或扩大地下抗日组织，为最后的大反攻做准备。1944—1945 年，中共中央曾组建 3 支八路军南下支队去湖南、河南和湘粤桂边区开辟新的抗日游击根据地，其中不少将领和随军南下的干部是中央党校的学员。1945—1946 年，为实现党中央把全国的战略重点放到东北、建立巩固的东北根据地的战略部署，中共中央派遣大批干部赴东北 4 省工作。首批出发的延安干部团 1200 多人中有中央党校干部学员 200 余人。随后，又有数批中央党校师生陆续被派往东北，其中包括副校长彭真、秘书长黄火青、教务处主任兼二部代主任张秀山、一部主任古大存、教务处副主任兼三部主任刘芝明等校、部领导。当时的东北，从中共中央东北局到各省、市、县的主要领导干部有相当部分来自中央党校。与此同时，在党校学习的各战略区域的将领和学员迅速返回华北、华中、华东等各根据地，为抗日战争和解放战争的胜利作出了重要的贡献。

特别值得一提的是，陕北时期中央党校先后开办了四五个少数民族班，为藏、彝、蒙古、回及西南其他少数民族培养了第一批共产党员领导干部，他们对所在民族地区的解放和建设发挥了特殊的作用。

马列学院注重马列主义理论人才的培养，在新中国成立初期宣传和普及马列主义毛泽东思想的学习运动中，马列学院师生发挥了重要的作用。刘少奇在马列学院第一班学员毕业时对他们讲：“中宣部问：全国都要学

---

① 《毛泽东年谱（一八九三——九四九）》（修订本）中卷，中央文献出版社 2013 年版，第 444 页。

习，没有教员怎么办？我说，一省只要有一个比较行的马列学院学生就够了，就可以将全省的理论学习搞起来……毕业一班人就可以把全党的理论学习搞起来，马列学院就有了成绩。”[①]马列学院第一班的学员没有辜负刘少奇的期望，他们中不少人成为新中国知名的经济学家、哲学家、党史专家、思想理论战线和党校干校高校的领导人或教学科研骨干。

在思想理论建设方面，中央党校也取得不少成绩。当年在中央党校任教的中央领导和教员，是研究中国近现代史、中共党史和中国革命史的开拓者，也是党的建设、游击战争的研究权威。在马克思共产主义学校，张闻天在其讲稿的基础上出版了专著《中国革命基本问题》。学校还印发过朱德的《游击战争》讲义、李维汉的《党的建设》讲义和任弼时的《中共党史》讲义。刘少奇的《中国职工运动史》从1933年5月讲到7月，共12讲，几乎是一本书的架构。可惜这些讲义几乎未能保存。

延安时期陈云和谢觉哉都在中央党校讲过《党的建设》，在其文集和日记中保存着他们当年的讲课提纲，今天看来仍然具有重要的理论价值和实践意义。当年延安出版的第一部社会科学专著是1938年中央党校经济学教授刘芝明写的《社会科学概论》。后来刘芝明拟写提纲由他弟弟、党校教员陈放执笔撰写的《资本主义》一书，也曾印成单行本署名刘芝明在延安公开出版发行。1938年，中央党校经济学教授王思华撰写的《大众资本论》一书在延安出版发行 。1939年，王思华以王右铭的笔名与柯柏年合作翻译了恩格斯的著作《德国的革命与反革命》，先在延安出版，随后又送生活书店出版。

延安还出版过中央党校杨绍萱、齐燕铭创作的《逼上梁山》，由李伦、任桂林、魏晨旭执笔的《三打祝家庄》等平剧剧本，出版过姚仲明编剧的

① 刘少奇：《在马列学院第一班学员毕业时的讲话》（1951年7月12日），《中共中央党校校史文献史料选编》上卷，2013年编印，第290页。原件存中央档案馆。

话剧剧本《同志，你走错了路！》。中央党校师生创作的秧歌剧、散文、诗歌、革命回忆录、调查报告、思想研究和工作总结经常登载在《解放日报》和《共产党人》《解放》等报刊上。一部学员刘子久在整风期间写的学习总结《给淮北区党委的信》不仅被毛泽东推荐给《解放日报》发表，还被作为整风文献发至全党学习。中共中央《关于若干历史问题的决议》、七大的报告和《党章》也集中了中央党校师生的集体智慧，延安时期的中央党校充分发挥了党的人才库、思想库的作用。

马列学院的教员杨献珍、艾思奇、何其芳、王学文等人，以及第一班学员范若愚、孙定国、许邦仪等人在学术研究上锐意进取，著述不辍，其理论观点和学术著作在全国产生了广泛的影响。

综上所述，中央党校与中国共产党的历史和命运息息相关，一部党校史，也是中共党史和现当代中国社会变迁史的缩影。学习了解中央党校校史，可以更清楚地知道我们从何而来，怎样走到今天，有助于我们继承发扬中央党校和中国共产党的光荣传统，在中华民族伟大复兴的事业中作出新的贡献。

第　一　章

建党初期中共中央举办的党校和训练班

1921年7月23日，各地党组织的代表汇聚上海，代表全国58名党员举行中国共产党第一次全国代表大会。从此，中国有了以马克思主义为行动指南的统一的和唯一的无产阶级政党。长期在黑暗中探索的中国人民，在中国共产党的领导下开始了波澜壮阔的革命斗争。

1924年5月，在大革命的高潮即将到来之际，第三届中共中央执行委员会第一次扩大会议在党的历史上首次提出创办党校的问题。从1925年4月到1927年初，在大革命的高潮中，党在安源、北京、上海、广东、湖南、湖北、江西等地相继举办党校，形成一个办党校的小高潮，为大革命和随后的土地革命培养了一批干部。大革命失败后，党的工作转入地下，中共中央和各省委、地委、特委通过秘密举办各种短期训练班的方式，为各省和苏区培养急需人才。

一、“要急于设立党校养成指导人才”

中国共产党创立不久，即已走上国民革命领导地位。随着党组织的迅速壮大和大革命高潮的到来，开办党校培养干部，作为一个紧迫的任务提上党的议事日程。

（一）加强党内教育是党的性质与使命的必然要求

中国共产党是中国工人运动与马克思列宁主义相结合的产物。成立伊始，党就明确地将自己定位为组织严密的、战斗的无产阶级政党，把“推翻资产阶级的政权，消灭资本家私有制，由劳动阶级重建国家”作为自己的奋斗目标。党很早就意识到要完成党所担负的历史使命，党内的组织与训练非常重要。党的二大《关于共产党的组织章程决议案》提出：“我们既然要组成一个做革命运动的并且一个大的群众党，我们就不能忘了两个重大的律：（一）党的一切运动都必须深入到广大的群众里面去。（二）党的内部必须有适应于革命的组织与训练。凡一个革命的党，若是缺少严密的集权的有纪律的组织与训练，那就只有革命的愿望便不能够有力量去做革命的运动。”[①] 中国共产党对自己的性质与使命的清醒认识，将自己与一般学术团体和资产阶级政党相区别，也对中共党员和党的领导干部提出了很高的要求。

建党之初，党员的绝大部分是接受了马克思主义的知识分子和少量有阶级觉悟的工人。他们各自的弱点，并不完全与党所担负的历史使命相符合。1923 年 6 月，陈独秀在三大的报告中讲道：“我想就我们一年的工作提出批评意见。首先我们忽略了党员的教育工作。我们遇到的许多困难，都可以归咎于这一点。许多知识分子抱着革命感情加入了我们党，但是对我们的原则没有认识。工人表现出脱离知识分子的倾向，常常缺乏求知的愿望。”他还批评说：“党内存在严重的个人主义倾向。”[②] 我们的原则即马克思主义和党的纲领、策略。党员对此缺乏认识，加之个人主义倾向严重，必然削弱党组织的纪律性和战斗力。

---

① 《关于共产党的组织章程决议案》（1922 年 7 月），见中央档案馆编：《中共中央文件选集》第一册（一九二一—一九二五），中共中央党校出版社 1989 年版，第 90 页。

② 《陈独秀在中国共产党第三次全国代表大会上的报告》（1923 年 6 月），见中央档案馆编：《中共中央文件选集》第一册（一九二一—一九二五），中共中央党校出版社 1989 年版，第 171 页。

初创时期的党必须面对的另一个现实问题是，多数党员缺乏实际工作经验，不知道怎么在工人、农民、学生、士兵当中做工作。上海地委1924年5月给中央的报告中说："上海是最受帝国主义压迫的地方，而工人群众又是这样庞大复杂，自然决不是少数没有经验的同志所能够做得起来的。我们希望中央能在别处多调几个有经验的同志来，或者特别训练一般同志出来做这上海工人运动，同时我们上海也须有一部分同志来学着同做，这是我们上海地方急切的要求，而且是不得不如此的要求。"① 其他地方的情况可想而知。

党的组织在大革命高潮中有了很大的发展。根据不完全的统计，1926年9月，全国党员人数13281人，而到11月已达到18526人，一个多月增加5245人。由于数量骤然增加，内部组织出现松懈的状态。党员的成分也比三年前有很大的变化，其中工人成分占大多数，约60%；农民占11.75%；知识分子及其他占20.35%。而全国在军中工作的同志有1500人左右。妇女同志估计全国有1992人，约为全国党员人数的十分之一强。② 工人和农民的大量加入，降低了知识分子在党员中的比例。其积极的方面是党的无产阶级革命党性质更加鲜明，而另一方面，随着党员文化程度的降低，大多数人缺乏对马克思主义的了解，改变自身命运的要求大于对主义的自觉信仰。

中共太原地委1927年初的一份政治报告总结了一年多来太原党的发展及工作情况，报告写道："在这年余来本校的发展的方面看：1. 数量将及一千人；2. 全省的工农运动都在我们领导之下；3. 大部分的小资产阶级都在我们影响之下；4. 在政治上渐渐的起了作用。但是在发展过程中也有不小的缺点：1. 数量上虽有猛烈的发展，但质量上太差：A. 同志都缺乏理论

① 《上海地方报告》（1924年5月），见中央档案馆编：《中共中央文件选集》第一册（一九二一—一九二五），中共中央党校出版社1989年版，第261页。

② 《中央局报告（十、十一月份）》（1926年12月5日），见《中共中央北方局》资料丛书编审委员会编：《中共中央北方局：北方区委时期卷》，中共党史出版社2000年版，第391页。

及实际经验，没有确定的革命人生观。B. 对党没有确切的认识，有时发生错误观念（经济问题）。C. 缺少工作的方法。2. 自地方至小组都缺乏指导训练能力。3. 支部组织不健全。4. 理论宣传非常缺乏，鼓动也不实际，不能深入群众。5. 工农运动尚没有基础。”[①] 这份报告可以视为当时党内情况的缩影。为了保持党的无产阶级革命党性质，完成党所肩负的历史使命，加强党内教育成为必然。

（二）加强党内教育是革命形势发展的需要

中国共产党第三次全国代表大会从中国社会的现实情况出发，制定了与孙中山领导的国民党建立革命统一战线的方针和原则，决定采取中国共产党党员以个人身份加入国民党的方式实现国共合作，帮助孙中山把国民党改组成民主革命联盟，建立各民主阶级的统一战线，打倒帝国主义，推翻北洋军阀的统治。1924 年 1 月，国民党第一次全国代表大会由孙中山主持在广州召开。李大钊、谭平山等 20 余名共产党员参加了大会。会议审议并通过了《中国国民党第一次全国代表大会宣言》，对三民主义作出了合乎时代潮流的新解释，使旧三民主义发展成为新三民主义。会议还在事实上确定了联俄、联共、扶助农工的三大政策。国民党一大的召开，标志着第一次国共合作的正式形成。经过共产党与国民党内进步力量的共同努力，国民党的影响从中国南部扩大到了中国中部和北部，由此迎来了轰轰烈烈的 1924—1927 年的国民革命。由于有了更加广阔的活动空间，中国共产党的影响力也迅速扩大。

与此同时，由于共产党大部分中央执委到国民党中去工作，许多问题拿到国民党中去解决，而党的会议停止，党的工作陷于半停顿状态，党自身的建设遭到一定程度的削弱。1924 年 5 月 10 日至 15 日，在上海召开的

① 《太原地方政治报告》（1927 年 1 月），见《中共中央北方局》资料丛书编审委员会编：《中共中央北方局：北方区委时期卷》，中共党史出版社 2000 年版，第 409 页。

中国共产党中央执行委员会第一次扩大会议着重讨论了正确处理国共两党关系、加强对工农运动的领导、巩固和加强党自身的建设等问题。与会代表批评了党忙于国民党工作，而忽视党自身建设和发展的倾向。党中央首次提出“设立党校养成指导人才”的问题。[①]

1925年初，在中国共产党的推动和领导下，革命形势迅猛发展，北京和广东已经成为革命运动的中心。为适应国内革命形势发展的需要，加强党对日益高涨的革命运动的领导，1月11日至22日，中国共产党在上海召开第四次全国代表大会。针对工作千头万绪，能独当一面的领袖人才缺乏的现状，大会要求各地“设立党校有系统地教育党员”。[②]

为了解决干部极度缺乏的问题，从1924年开始，中共中央局从莫斯科东方劳动者共产主义大学（简称东方大学或东大）中共旅莫支部急速抽调数批干部回国，将他们分配到中央和北京、广东、上海、湖南、安源等党的区委和地委中工作。他们中有著名的共产党人赵世炎、陈延年、陈乔年、彭述之、任弼时、汪泽楷、薛世伦、任岳、萧劲光、胡士廉、萧子璋、尹宽、熊雄等。1925年1月，总书记陈独秀亲笔致信中共旅莫支部，告诉他们由于国内形势的发展，“急需得力同志能负责指导独当一面者”，中央决定罗亦农、王若飞等7人回国工作。5月8日，中共中央局再次决议：“本校在北方在广东工作都日见发展，而人力不足，决向莫斯科调四十人，向德国调五十人回国工作。并即在国内各地方抽调四十人分赴北方及广东。”[③]这批从国外，特别是从苏联归来的共产党人不仅迅速担当起领导革命运动

① 《中国共产党第三届中央扩大执行委员会文件》（1924年5月），见中央档案馆编：《中共中央文件选集》第一册（一九二一—一九二五），中共中央党校出版社1989年版，第245页。

② 《对于宣传工作之议决案》，《中国共产党第四次全国代表大会文件》（1925年1月），见中央档案馆编：《中共中央文件选集》第一册（一九二一—一九二五），中共中央党校出版社1989年版，第377—378页。

③ 《中共中央局决议——关于国民党二次大会、广东政治问题、建立本党北京、广州临时委员会及训练人才等问题》，见中共中央组织部、中共中央党史研究室、中央档案馆编：《中国共产党组织史资料》第一卷，中共党史出版社2000年版，第26页。

的重任，而且因为他们受过系统的马克思主义教育和训练，故成为中国共产党办党校的骨干。

在国共合作的大背景下，中国共产党成功地领导了五卅运动和省港工人大罢工，党已经成为站在革命指导地位的群众的党。到 1925 年 9 月底，党员数量已经从四大时的 994 人增加到近 3000 名。为了适应革命形势迅猛发展的需要，中国共产党在北京召开第二次中央执行委员会扩大会议，要求进一步加强党自身的建设，发展党的组织，壮大党的队伍，扩大党的政治宣传，迎接更大规模革命斗争高潮的到来。会议再次强调办党校的重要性，并对党校作了简单的规范。在 1926 年大革命高潮期间，党员队伍扩大得更加迅速，党对国民革命的领导作用日益重要，干部缺乏的问题也显得特别突出。“根据当时中共中央组织部的统计，全国至少需要区执委、地执委、特支干部 355 名，而当时只有 120 名，为实际需要的三分之一。”[①] 对于全国各地普遍存在的人才和经费短缺的问题，中共中央局的报告概括道：“各地方党部普遍困难的现象是：1. 缺乏得力工作者；2. 经费十分艰难。因为这两个问题，常常使我们坐视一切机会之逸去而莫可若何。关于缺乏工作者的补救是各地办训练班及党校；关于经费缺少的补救，除极力节省及选择工作外尚无别的方法。”[②] 各地纷纷向中央要干部，要办党校的经费和教材。共青团山西地委书记冯景翼在给团中央的书面汇报中写道：“我们最感到困难的，就是指导人员太少，同志们常不能得到很切实的训练，直至现在，还有不明本团的精神与策略者，有浪漫色彩太甚者，有抱个人的自由者，甚至有感情用事者。就作（做）事方面说，同志虽还能努力，但能力太差，每作（做）一事，不能有精密的计画（划），很好的方法，更不能利

① 中共中央组织部、中共中央党史研究室、中央档案馆编：《中国共产党组织史资料》第一卷，中共党史出版社 2000 年版，第 28 页。

② 《中央局报告（九月份）——最近全国政治形势与党的发展》（1926 年 9 月 20 日），见中央档案馆编：《中共中央文件选集》第二册（一九二六），中共中央党校出版社 1989 年版，第 355 页。

用客观的事实，以作自己的经验与教训。望兄处设法指导，最好能派人亲身来此训练，指导一切，或常常通信也好。”①

湘区给中央的政治报告写道：“兄处如有可任组织及地委书记之人，请速派来。此外军事、政治工作之人亦可裁得。……党校决办，专训练地委书记人才，但用费二百元不够，宣委另有报告。”② 中央局答复说：“兄处所需‘地方书记’人才，中局实无人可派，只能望之就地训练。党校款已有着，教授大纲已有拟就，望迅即筹备开课。”③

对于创立不久即已走上国民革命领导地位的中国共产党，开办党校培养干部，是解决干部紧缺问题的唯一办法。

（三）建党初期党中央关于办理党校的有关文献

1924 年 5 月 10 日至 15 日，中国共产党中央执行委员会召开了第一次扩大会议。会议通过的《党内组织及宣传教育问题议决案》在党的历史上第一次提出：“党内教育的问题非常重要，而且要急于设立党校养成指导人才。”④ 从此“党校”一词开始在党的文献中出现。

1925 年 1 月 11 日至 22 日，中国共产党召开第四次全国代表大会，大会通过的《对于宣传工作之议决案》再次提出：“党中教育机关除支部具其一部分作用，另外于可能时更有设立党校有系统地教育党员，或各校临时研讨会，增进党员相互间对于主义的深切认识之必要。而党的中央机关亦宜注意到统一的材料之供给。”⑤ 为落实这个决议，2 月 6 日，中共中央《宣

---

① 《冯景翼给曾延的信（1926 年 1 月 17 日）》，见《中共中央北方局》资料丛书编审委员会编：《中共中央北方局：北方区委时期卷》，中共党史出版社 2000 年版，第 232 页。

② 《湘区政治报告（1926 年 9 月 7 日）》，见中央档案馆编：《中共中央文件选集》第二册（一九二六），中共中央党校出版社 1989 年版，第 370 页。

③ 《中央复湘区信——关于湖南军事、政治、民众运动的策略和党的工作（1926 年 9 月 27 日）》，见中央档案馆编：《中共中央文件选集》第二册（一九二六），中共中央党校出版社 1989 年版，第 364 页。

④ 《中国共产党第三届中央扩大执行委员会文件》（1924 年 5 月），见中央档案馆编：《中共中央文件选集》第一册（一九二一——一九二五），中共中央党校出版社 1989 年版，第 245 页。

⑤ 《中国共产党第四次全国代表大会文件》（1925 年 1 月），见中央档案馆编：《中共中央文件选集》第一册（一九二一——一九二五），中共中央党校出版社 1989 年版，第 377—378 页。

传部工作之进行计划》提出："在某种可能范围内，本部须督促各地方设立党校或党星期学校，养成一般能担负党的实际的和指导工作的人才，对于各种党校的教授计划须由本部详为规定。"①

1925年9月底至10月初，中国共产党在北京召开第二次中央执行委员会扩大会议，又一次强调办党校的重要性，并对党校作了简单的规范。会议的《宣传问题议决案》提出："群众的鼓动和宣传中一定要有一种鼓动和宣传的人才。所以开办各地党校确是一种重要的工作。现时党内所有的力量，只能开办下列两种形式的党校：（一）各地委之下的普通的党校，造成群众的鼓动员。这种党校应当是工人的，毕业期限至多不过一月或一个半月。（二）区委之下的高级党校教育一班政治智识较高的同志和已经有工作经验的同志——造成能够办党的能够做成负责任的工作的人才，毕业期限不要过三个月。党校内的教育方法，应当根据国内革命运动的经验，说明共产党在许多革命运动中的作用。在党校听讲的同志，不应当与群众隔离，党校里的学生应当同时在校外工作，在同志或同志间工作。只有这样才能使党校的学生得着真正的无产阶级的思想。"② 这段文字，不仅提出了分级设置党校、分类培训干部的方针，并对培训对象、学制、主要教学内容以及学员边学习边工作的原则作了初步规定。1925年12月12日，中共中央发布《中央公告第六十八号》，向各地党组织解释十月北京扩大执委会的决议案，强调"关于宣传的决议案，工人俱乐部、普通及高级党校，照我们现在的力量都可办到，务要实行；其办法及教材，可直向中局宣传部商定"。③ 1926年2月21日至24日在北京召开的中共中央特别会议通过了《开办最高党校问题》的决议："决定在北京和广州各办一

---

① 中央档案馆：《中央文件彙集》（1925），1957年内部刊印，第100页。

② 《中共中央扩大执行委员会文件》（1925年10月），见中央档案馆编：《中共中央文件选集》第一册（一九二一—一九二五），中共中央党校出版社1989年版，第481页。

③ 中央档案馆编：《中共中央文件选集》第一册（一九二一—一九二五），中共中央党校出版社1989年版，第536页。

长期党校。”①

1926年7月12日至18日举行的中共第三次中央执行委员会扩大会议再次强调：要“竭力养成工作人才”，责成中央宣传部马上开始编译“党校的教本及普遍的党员教育的大纲：（a）《革命常识》——中国革命中最重要问题的通俗的解释。（b）《党务常识》——党的工会的学生的妇女的……各种工作的组织宣传等方法原理之解释和论述（如支部之意义及党团之运用等）。（c）初级党校（训练班）教授方法（实际的课目表及参考材料汇录）”。决议案要求各区委及地委每月报告工作时，应将“每月党校成绩（如办理各种训练班及教材办法成效等）”作为报告的内容之一。②

1926年9月22日，《中央通告（钟字）第十八号》指示：“沪、粤、湘、鄂四区都即须设立普通党校，以养成党的及职工运动的下级干部人材。”③

中共中央上述关于创办党校的决议、指示在各级党部都得到了贯彻执行，促进了党组织的发展，推动了轰轰烈烈的大革命运动。

1927年4月27日至5月9日，中国共产党第五次全国代表大会在汉口召开。4月29日，陈独秀在大会上作报告，在“关于党内情况的报告”中提出：“（五）关于党校问题。我们党目前需要成立党校。对于这个问题，有两种意见：一、中央想成立一个党校，二、各个地区也想成立党校。如果中央成立党校，讲师会更好一些，而如果各地成立党校，会更方便一些。据我看，前一种意见较好。中央有个计划，打算成立一个设立两个部并拥有五百人的党校。总之，这项工作现在非常重要。如果我们能在武汉

---

① 《中央特别会议文件》（1926年2月21日—24日），见中央档案馆编：《中共中央文件选集》第二册（一九二六），中共中央党校出版社1989年版，第71页。

② 《关于宣传部工作议决案》，《中国共产党中央扩大执行委员会会议文件》（1926年7月），见中央档案馆编：《中共中央文件选集》第二册（一九二六），中共中央党校出版社1989年版，第191、193页。

③ 《中央通告（钟字）第十八号》，见中央档案馆编：《中共中央文件选集》第二册（一九二六），中共中央党校出版社1989年版，第323页。

坚守住，我们就在这里成立党校。”①

在五大所设立的中央委员会工作机构中，增加了“党校委员会”这一机构，书记瞿秋白。为落实五大的这一决策，5 月 22 日，中共中央第九次常务会议讨论了党校问题，就人事、校址、学员人数、学习时间作出决定：“教长——米夫、教务——米夫妻，庶务会计——省委去找，地址武昌，人数——三百，（学）期——半年，计划米夫做。”

6 月 4 日，中央政治局第十六次常务会议讨论中央党校学生（员）名额分配、学员构成等问题，决定由“组织部改正，成分三分之二为学生”，并发通告。

6 月 22 日，中共中央常务会议第三十次会议再次讨论中央党校的问题，确定了预算（开办费 49700 元，每月 14200 元）、人数分配（不能改变，即 300 人、三分之二为学生）、学员资格（四条——通过）、组织人事（主任——俄同志，副主任——尹宽，事务主任——张秋人，翻译——李德昭、刘国章）、开学日期——7 月 30 日。②

但是，五大关于创办中央党校的决定完全落空了。7 月 15 日汪精卫“分共”，形势急转直下，中共中央于 7 月下旬紧急秘密转移至上海。在国民党统治区开办中央党校再也没有可能。

1929 年 6 月 25 日至 30 日，中共中央在上海召开六届二中全会，其《宣传工作决议案》指出，中国共产党经过两年来白色恐怖的严重压迫和牺牲，“各级党部都发生干部人才缺乏的恐慌，而向上级党部要人，这是没有出路的”，“只有在斗争中训练新的干部”，“建立各级训练班以造就新的干部人才”，“党为要造成目前急需的干部人才，必须有计划的遴选忠实有活动能力的中坚分子，建立短期训练班，使参加政治的与各种工作问题的讨

① 中共武汉市委党史研究室、中共五大会址纪念馆编著：《中国共产党第五次全国代表大会》，中共党史出版社 2007 年版，第 59 页。

② 参见中央常务会议记录稿，其影印件载《中共中央党校文献史料选编》（上），第 15、17、18 页。

论，并使之实习各种指导工作。训练班须避免注入式的教育方法，训练要力求短而切实有效，所以讨论与实习要看得特别重要”。在《组织问题决议案》中提出：“为要提高党内的理论水平，为要加紧对于干部的训练，党首先应加强党内的理论基础，故马克思列宁主义的教育工作应从支部做起。马克思列宁主义愈能通俗化，愈能使其理论和原则在群众日常生活和斗争中得到根本的认识和了解。地方党部对于这一任务的指导，要特别努力。”[①]

二、中共中央举办的第一个党校——北京党校

1924年5月，中共中央执行委员会第一次扩大会议之后，从中共中央到各区执委和部分地执委根据党中央的要求，开始积极筹划开办党校或训练班，以缓解党组织面临的“干部恐慌”和“本领恐慌”。

1924年夏末，赵世炎从苏联回国，被党中央派任中共北京地委书记。他深感干部缺乏，就从各学校支部选拔了一些积极分子办了几期短期训练班。每星期开两次会，就党的建设、马列主义常识、国际形势以及党的政策等问题，作过几次报告。同志们兴趣都很高，提高了大家学习和工作的积极性，还有许多同志都争相要求参加学习。1924年底，李大钊从苏联回国，赵世炎向他汇报工作，李大钊听后曾说，干部训练非常重要，我们须赶快为党的工作的大发展准备大批的基层和中级领导干部。[②]遗憾的是，由于史料的欠缺，我们很难弄清楚这些训练班的具体地址、教员和学员的情况。

1925年秋，根据中央指示，在中央执行委员、中共中央北京临时委员会负责人李大钊主持下，北京党校（当年的历史文献皆称“北京党校”，近

---

① 中央档案馆编：《中共中央文件选集》第五册（一九二九），中共中央党校出版社1990年版，第245、268、183页。

② 彭健华：《我所了解的北京和北方区党组织的一些情况》，见《中共中央北方局》资料丛书编审委员会编：《中共中央北方局：北方区委时期卷》，中共党史出版社2000年版，第520页。

李大钊（1889 年 10 月 29 日—1927 年 4 月 28 日），1925 年秋主持筹办北京党校并参加开学典礼

赵世炎（1901 年 4 月 13 日—1927 年 7 月 19 日），北京党校主要筹办人及主讲教员

些年的某些研究文章称之为北方区委党校）开始筹办。具体工作由北京区执行委员会兼北京地方执行委员会宣传部长赵世炎负责，北京区执委兼地执委秘书彭桂生（彭建华）协助。北京区执委兼北京地执委书记陈乔年也参与筹备工作。

党校校址选在西城区新街口蒋养房胡同 68 号一所两进的四合院内，院门是用石头砌的，不中不西，南屋正厅敞开的 3 间房为教室，南屋东耳房门上钉有教务主任室牌子，西耳房为文书室和图书文具保管室，东西厢房各 3 间为学员宿舍。党校对外公开名称是"北京职业补习学校"，天津地委一位同志挂名任校长（实际是事务主任，负责教学用具和学员膳宿等事务工作），并向北京市教育局申请了注册。据彭建华回忆，办学资金是李大钊通过苏联大使列夫·米哈伊洛维奇·加拉罕解决的。①

① 彭建华:《我所了解的北京和北方区党组织的一些情况》，见《中共中央北方局》资料丛书编审委员会编:《中共中央北方局：北方区委时期卷》，中共党史出版社 2000 年版，第 524 页。

罗亦农（1902 年 5 月 18 日—1928 年 4 月 21 日），北京党校校长（1925 年 10 月—12 月）。

1925 年 10 月 2 日，第二次中央执行委员会扩大会议结束，北京党校于 10 月 3 日（或 4 日）开学。校长由中共中央广州临时委员会委员、中共粤区宣传部长罗亦农担任。

对此，《罗亦农传》写道：亦农“一九二五年之初夏归国，为中国共产党中央特派员，参加广东第二次全国劳动代表大会。数月后，办党校于北京，翌年充上海区委书记”。[①] 此传未署名、用文言，写于 1928 年 5 月 21 日，正是罗亦农牺牲一个月纪念日。笔者近年阅读得知，六大（1928 年 6 月 18 日至 7 月 11 日）召开之前，中共中央在莫斯科组织周恩来、瞿秋白、王若飞、刘伯坚、苏兆征、邓中夏、关向应、项英、阮啸仙、蔡和森、夏曦等人撰写了一批革命烈士传记。从此传的写作时间看，应是这批传记之一。其作者应是周恩来或瞿秋白，因为他们与罗亦农共事时间最长，对他最为了解。

《罗亦农同志传》写道：“是年十月，中央召集扩大会议于北京，亦农同志代表粤区出席。此时，中央深感干部的缺乏，决定开办短期党校。故扩大会后，即令亦农同志主持党校工作。这一期党校虽仅三个月的时间，却收到了很大的成效，供给了全国，特别是北方许多有力的干部。亦农同志在党内的声望也就日益增加起来。”[②] 另据彭建华回忆，罗亦农任校长，是

① 中共湖南省委组织部、宣传部、党史研究室编：《罗亦农诞辰一百周年纪念集》，湖南人民出版社 2002 年版，第 285 页。

② 杜宁：《罗亦农同志传》，见中共湖南省委组织部、宣传部、党史研究室编：《罗亦农诞辰一百周年纪念集》，湖南人民出版社 2002 年版，第 290 页。杜宁即瞿秋白夫人杨之华。

李大钊和赵世炎向党中央请求，而由中央批准决定的。[①]

罗亦农是中国共产党的创始人之一。1920 年 8 月，罗亦农成为上海社会主义青年团首批团员，并被推为首届执行委员。1921 年 3 月，罗亦农参加了中国共产党上海发起组，8 月受党组织委派入莫斯科东方劳动者共产主义大学中国班学习。1921 年冬担任中共旅莫支部第一任书记，并两次连选连任。从 1924 年开始，罗亦农兼任东方大学共产党执行委员会委员、东方大学外国班党委委员、东方大学外国检查委员会委员、东方大学学术委员会委员、辩证唯物主义和历史唯物主义教授等多项职务。他十分重视马克思主义理论在中国的传播，曾组织中国班的学员翻译了布哈林的《共产主义 ABC》和其他理论著作。他特别注重用马克思主义研究中国实际问题，1924 年 12 月在旅莫支部成立了中国共产党策略问题、党的组织问题、国际状况、苏俄状况、职工运动等 5 个研究会，并兼任中国共产党策略问题研究会主任。

中共旅莫支部承担着为中国革命培养领导骨干的任务。罗亦农在支部建立了严格的组织生活制度，亲自拟定了《旅莫党团训练具体方案》。对于他在党内教育方面的特长，《罗亦农传》写道："加入共产党青年团后，即被派往莫斯科学习革命。一九二一年，任中国 C.P. 旅莫支部书记，遂开始党内工作，同志多受其训练，以其勇于研究，复长煽动能力，宜作党内教育工作故也，同时任中国班唯物史观教授及翻译职，其刻苦自励，与进步之速，可以想见。"[②]

北京党校是我党举办的第一所高级党校。校长罗亦农住在院内钉有教务主任室牌子的南屋东耳房内。有位女同志担任文书和图书文具保管员，

---

① 彭建华：《我所了解的北京和北方区党组织的一些情况》，见《中共中央北方局》资料丛书编审委员会编：《中共中央北方局：北方区委时期卷》，中共党史出版社 2000 年版，第 523—524 页。

② 中共湖南省委组织部、宣传部、党史研究室编：《罗亦农诞辰一百周年纪念集》，湖南人民出版社 2002 年版，第 285 页。

住在西耳房内。因为其他教员都不住在校内，故有罗亦农“在那里一个人办一个党校”之说。

北京党校学员60余人（有海外资料披露：学员67人，其中女学员9人[①]），主要由北方各地选派，都是较有工作能力，学习心切，有培养前途的党团员。据目前所看到的资料，山西学员有纪廷梓、周玉麟、尚文、左天祥、梁其昌等人。北京学员有邓鹤皋（即邓洁，共青团北京地委委员、组织部长兼中共北京西城区支部书记）、尹才一（共青团北方区委经委书记）、陶永立、唐从周（共青团北京地委宣传委员）、何资深（中共北京区委兼北京地委国民运动委员会书记）、王为铭、穆秉衡、王敬臣、胡英初、于兰田等人。东北学员有奉天共青团书记高洪光（高伯玉）等人。保定学员有崔锄人、马润民、王鹤寿等人。李大钊特别提出要吸收一些少数民族的同志到党校学习，为少数民族地区培养一些干部。乌兰夫即少数民族学员之一。

党校的课程和教学计划由李大钊和罗亦农、赵世炎三人拟定，以马克思主义基本理论和中国革命基本问题为主课。任课教员基本上都是1924—1925年间从莫斯科东方大学回国的中共早期领导人。主要教员和课程为：罗亦农讲授“政治经济学常识”“历史唯物主义”“世界革命史”；赵世炎讲授“列宁主义”“殖民地半殖民地民族解放斗争”“共产党在民主革命阶段的任务”“农民运动”；陈乔年讲授“马克思主义阶级斗争理论”“党的建设”“世界革命形势和国际共产主义运动概况”；陈为人（中共北京地执委组织部长、职工委员会书记）讲授“职工运动”；萧子璋（共青团北方区执委书记）讲授“关于共青团的任务和学生运动”；刘伯庄（共青团北京地执委书记）讲授“关于党的国共合作统一战线问题”。

李大钊、罗亦农、赵世炎等领导同志参加了开学典礼并讲话。李大钊详细阐述了当前革命形势和党校的任务，勉励大家抓紧时间努力学习，以

① 周进、丁伟：《关于中共北方区委党校的一则海外资料》，《中共党史研究》2011年第6期。

备结业后奔赴火热的革命斗争前线，为革命事业、为党的事业作出贡献。

赵世炎在讲话中，简要地讲述了党校筹办的经过，阐述了学员守则。他强调，在目前客观环境非常恶劣、党的经济情况又极困难的条件下，办起这样一所学校是很不容易的，大家必须比在普通学校更加遵守校规。由于主客观条件的限制，一期党校只能最多有3个月的时间，因此我们必须珍惜时间，星期天也不能虚度。希望大家辛苦点，尽可能多学习点理论知识，多吸取点实际工作的经验，来提高认识，增强工作能力，以便将来在实际工作中作出贡献。

罗亦农讲述了教学计划和课程安排。他强调，我们是共产党员，是共产主义者，那就必须对马克思主义理论具有起码的知识。但是马克思主义是一门内容极其浩瀚的科学，绝不是三几个月的时间就能通晓和掌握的，这期党校的学习不过是向大家提供一个学习马克思主义入门的途径，但这个入门的途径却是很重要的，有了它即可在实际工作中继续学习，进一步深造。马克思主义理论知识愈丰富，便愈会增进分析问题、解决问题的能力。马克思主义不是教条，而是革命行动的指南。唯有通过革命的实际行动，才能真正领会马克思主义的深刻道理。希望大家现在把这个入门的第一步做好，以便将来回到实际工作岗位后，在实践中经受锻炼，不断提高认识，增强工作能力。①

由于环境恶劣，党校制定了严格的校规，在校期间一律不得外出。校内一切事务由罗亦农负责，不经他批准，不得自由行动。上午和下午上课或听报告，空余时间和夜晚自修，整理笔记。学员中建立了党团支部，并有组织生活的训练。王鹤寿就是在北京党校学习期间由共青团员转为共产党员的。

---

① 李大钊、赵世炎、罗亦农讲话内容参见前述彭建华:《我所了解的北京和北方区党组织的一些情况》一文。

学员每10人分为1组，推选1位组长，负责召开小组会，讨论问题，交流学习心得，每周将学习笔记和讨论记录汇齐交罗亦农审阅。对教员所讲授的内容，如有不解或疑问，可随时提出，由罗亦农予以解答。学校订有几种报刊，搜集了一些参考书，供大家阅读。为了提高学员分析实际问题的能力，在计划讲授的课程之外，罗亦农还经常组织时事问题的报告和讨论。在他的精心筹划和辅导下，学员们学习情绪高涨，收获很大。

由于校址地处偏僻，胡同内往来行人稀少，环境安静，这期党校学习计划进行得很顺利。开学后不到3个月，就完成了预定的教学计划，于12月20日左右提前结束并举行了联欢会。

党校结束后，大部分学员陆续返回原地，也有的被指派到北方其他地区及广东、湖南等地工作，许多人成为中国革命的领导骨干。比如，调派原在保定从事党的活动的崔锄人到太原，他和北京党校毕业的几位山西学员一道，积极开展工作，党员很快由几个人发展到30余人，太原党组织很快由支部发展为特支（特别支部），又发展为地委，皆由崔锄人任书记。[①] 1927年3月19日的《山西太原组织部工作报告》写道："十四年十月以前，党在太原只有几个同学，而且对于党一点都不认识，也无何等组织。十月间，北京党校同学毕业回太原之后才开始建立起党的组织，将中校较明白和年纪在二十岁以上者完全介绍入党，同时在各工厂中，工人较热心者也介绍入党，才增至三十余人。"[②] 邓鹤皋（邓洁）被派往东北，先后任共青团北满地委委员、大连地委书记、中共南满地委书记、中共东三省省委筹备委员会书记。高洪光被派任中共哈尔滨特支技术书记（秘书）。1926年春，哈尔滨特支改组为中共北满地方委员会（亦称哈尔滨地委），高洪光任组织部

---

① 王家进:《大革命时期北方区委对山西工作的指导》，见《中共中央北方局》资料丛书编审委员会编：《中共中央北方局：北方区委时期卷》，中共党史出版社2000年版，第618页。

② 《山西太原组织部工作报告》（1927年3月19日），见《中共中央北方局》资料丛书编审委员会编：《中共中央北方局：北方区委时期卷》，中共党史出版社2000年版，第435页。引文中"中校"一词指共青团，为当年专用词。

长。[①]尹才一跟随赵世炎去天津，参加领导纱厂罢工的斗争，1926年5月被派往大连，任共青团大连地委书记。王鹤寿被派往石家庄，负责党的组织工作，领导正太路工人运动。山西学员纪廷梓被派往京绥铁路总工会南口分会开辟工作，历任中共南口特支书记、中共南口地委书记、中共天津市委组织部长和市委书记，1931年牺牲。北京学员陶永立被调到北方区委组织部工作，1927年与李大钊同时牺牲。唐从周先后任共青团北京地委宣传委员、书记。1926年6月25日的《共青团北方区工作总报告》写道："党校毕业的人，分配给我们的有王为铭等四人，我们应各地之需要逐分别分配，王为铭为唐山书记，穆秉衡为张家口书记，王敬臣为保定地方书记，胡英初为包头书记，高洪光为哈尔滨书记（兼），于兰田为天津学委书记。另外党派纪廷梓为南口书记，我们也委他兼团的特支书记。"[②]三一八惨案之后，何资深被派往湖南主持湖南省委党校，他仿照北京党校的方法，为湖南培养了一批县委书记。毛泽东任湖南省委书记时，何资深任组织部长。邓鹤皋、尹才一、何资深等曾出席中国共产党第五次全国代表大会。[③]

长期以来，学界对北京党校缺乏深入研究。有人根本不知道这个党校的存在，有人将它混同于1926年2月1日至3月初举办的中共北方区委第一个党校。后者当时称为寒假训练班，校址在沙滩附近北大三院二楼的小礼堂，学员人数在200人左右。李大钊亲自主持这个训练班并主讲"政治

① 谢春服：《黑龙江地方党组织的创立和发展与中共北方区委的关系》，见《中共中央北方局》资料丛书编审委员会编：《中共中央北方局：北方区委时期卷》，中共党史出版社2000年版，第666页。

② 《共青团北方区工作总报告》（1926年6月25日），见《中共中央北方局》资料丛书编审委员会编：《中共中央北方局：北方区委时期卷》，中共党史出版社2000年版，第311—312页。

③ 本节参见彭永福：《赵世炎》，重庆出版社1983年版，第38页；彭健华：《我所了解的北京和北方区党组织的一些情况》，见《中共中央北方局》资料丛书编审委员会编：《中共中央北方局：北方区委时期卷》，中共党史出版社2000年版，第523—528页；中共北京市委党史研究室编：《中国共产党北京历史大事记》（1919—1949），北京出版社2001年版，第73—74页；金再及：《北方区委党校创办时间考》，见中共北京市委党史研究室编：《北京党史研究文集》，北京出版社1989年版，第121—125页；陆兵：《寻找北方区委党校》，《北京党史》2000年第3期。

形势”和“农民运动”课程，但他并没有在北京党校任课。[①]

在中共党校史上，比北京党校开办略早一点的是安源党校。1925年4月，安源党、团地委合办了一期业余训练班性质的党校。中共安源地委1925年8月15日的报告称：“党校开办时有学生六十人，就其程度之高低，分为两班教授”，“由双方各指派卅人到课，分甲、乙两班，功课为：政治经济浅说（即秋白、王伊维所译之政治常识）、俄共党史、少运史三门。每周授课三次（六小时）。第一、二周上课尚有成绩，过后因各同学工会工作和自身工作事物太忙，实无暇到课，又重新改组，仅留三十人有上课之可能者合为一班，功课只授政经浅说及解释大学大会之重要决议案”。继续上课三月，至8月中旬，“已将政经浅说一书授完”。[②]

安源党校的教员汪泽楷、胡士廉、萧劲光等人，也是1924年以后从莫斯科回国的早期共产党员。他们受过系统的马克思主义教育和训练，但尚不懂得如何在中国办党校，其课程设置、教学方式不切合中国实际和学员实际，几乎是苏联教科书的搬用，故学员越学越少，办学效果并不理想。

而北京党校的筹办者和教员都是中共早期著名领袖人物。从培养自觉的革命者、革命的行动家和领导者的目标出发，其课程设置、教学方法和学员管理等各方面完全从中国革命的实际情况和需要出发，在中共党校史上具有开创性意义。

三、中共中央举办的第二个党校——两湖党校

1926年，在大革命的高潮中，在党中央的要求、督促和支持下，上海、北京、长沙、广州、武汉、南昌等地纷纷举办党校。在党员中普及马

① 此为一家之言，其根据参见附录《罗亦农对中共党校事业的开拓性贡献》一文。

② 吴景中：《党校报告（1925.8.15）》，见中共萍乡市委《安源路矿工人运动》编纂组编：《安源路矿工人运动》（上册），中共党史资料出版社1991年版，第506页。

克思主义基本理论，学习党的方针政策，学习做党的工作、群众工作的方法，为北伐战争、农民运动和工人运动培养了一批骨干，大大提高了党的马克思主义水平，在大革命的洪流中，发挥了重要的作用。

各地举办的党校，有文献可考者如：

1. 湘区：1 月 21 日至 2 月 6 日，湘区党、团区委利用学校放寒假，合办区委党校，由中共湘区宣传干事曹典琦任校长。学生 56 人，来自外县者 26 人，原在长沙者 30 人。男 41 人，女 15 人。校址是租用颜子庙平民女子职业学校的教室。课程有政治报告、共产主义与共产党、帝国主义与中国、职工运动、农民运动、社会革命与民族革命、世界革命史等，由党、团区委负责同志任课，每日上下午各授课 3 小时，共讲授 17 日，计 100 小时。[①] 9—10 月间，中共湘区又举办党校，“专训练地委书记人才”。1926 年 12 月底至 1927 年 1 月初，中共湖南区委还举办训练班，将参加湖南农民代表大会的共产党员留下来进行培训。湘区党校（又称省党校）成为一处公开的革命机关。

2. 北方区：2 月 1 日至 3 月初，在李大钊亲自主持下，中共北方区委在北京举办了中共北方区委党校，当时称为寒假训练班。校址在沙滩附近北大三院二楼的一间大教室里（一说在礼堂）。学员人数在 200 人左右，因自费关系，以在北京工作或学习的党团员为主。山西党组织曾选送王鸿钧、韦思恭等 4 人参加学习。训练班结业时，中共北方区委特地赠送给山西 250 本《共产主义 ABC》，由韦思恭带回转交给山西党组织。

李大钊、赵世炎、陈乔年、陈启修、陈为人等亲自授课或作报告。李大钊讲授“中国问题”“土地与农民”，赵世炎讲授“什么是帝国主义及其本质”“无产阶级革命和无产阶级专政”，陈乔年讲授“什么是列宁主

---

① 参见李维汉:《回忆与研究》上，中共党史资料出版社 1986 年版，第 143 页；王仲清主编:《党校教育历史概述》（1921—1947），中共中央党校出版社 1992 年版，第 34 页。

义？”，陈为人讲授“职工运动”，肃子暲讲授“马克思主义的哲学”、教唱《国际歌》和《少年先锋队歌》。该训练班毕业的学员中有 8 人牺牲于三一八惨案，有几十人被派往广东农民运动讲习所学习，其中有陕西籍党团员 16 人，这些人后来成为陕西农民运动的组织者。

3. 沪区：3 月，中共上海区委举办第一期高级党校，校址在垣丰里 104 号，学员 30 余人。开设的课程为：“1. 资本主义特征及其崩坏　三次；2. 第三国际的政策　二次；3. 共产党即无产阶级的解放　二次；4. 帝国主义对中国侵掠之方式与中国国民革命　二次；5. 中国劳动运动与我党的发展　一次；6. 现时国际状况与世界革命运动之趋势　一次；7. 目前中国各种社会阶级之倾向与吾党之策略　二次；8. 党的组织及纪律　一次；9. 农民问题及中国农民运动之发展　一次；10. 目前的政局与国民革命工作　一次。”[①] 授课教员有罗亦农、赵世炎、王一飞、彭述之、瞿秋白、尹宽、郑超麟等人，学习时间 2 个月。

6 月 11 日，中共上海区委第二期党校开学。学员 20 多人，为区委各机关、各部委及各独立支部负责人，每周上课 2 次，每次 2 小时，学制为 4 周。课程以讲述党的具体方针政策并结合上海工作实际为主，加强具体工作方法的讲授，如“怎样组织及如何当书记、当宣传、当组织及如何教育同志，如何深入群众等”[②]。由于环境险恶，这期党校变换了 3 处上课地点：商务工会、顺泰里、海员公（工）会。

4. 粤区：3 月 16 日至 4 月 10 日，中共广东区委举办第二期训练班，授课教员有熊锐、恽代英、黄平、张太雷、黄居仁、邓中夏、阮啸仙、穆清等人，课程有什么是共产主义、为什么要参加国民革命、最近国际形势

① 《上海区委宣传部关于沪区宣传工作的报告》（1926 年 7 月 31 日），见《上海革命历史文件汇集》甲 3，中央档案馆、上海市档案馆 1986 年编印，第 331 页。

② 《上海区委主席团会议记录》（1926 年 6 月 8 日），见《上海革命历史文件汇集》乙 2，中央档案馆、上海市档案馆 1990 年编印，第 223 页。

和 C.P. 的势力、目前时局与党的政策、团的组织问题、学生运动、职工运动、农民运动、部委支部书记小组长及中坚分子的作用等。

彭述之（1895—1983），两湖党校校长（1926 年 11 月—1927 年 1 月）

6 月 1 日至 7 月 1 日，中共广东区委在广州开办了一所党校，正式学员 40 人住校，另有旁听生 40 人走读。教员由区党委委员担任。每天最少上课 4 小时，其余时间则分派参加各支部会议或复习。党校设一教务主任管理学校一切事务及学生日常生活，并单独组织一个党校支部。9 月 1 日至 12 月，广东区委党校持续办学，以每期学习时间一个月计算，至少连续举办两三期。脱产和旁听的学员以每期七八十人计算，总人数在 150 人以上，对广东的工农运动和北伐战争发挥了相当重要的作用。①

在大革命的高潮中，中共中央也举办了一所党校。据《刘英自述》介绍："为了培养干部以适应大革命迅猛发展的需要，党中央于 1926 年冬在武昌建立了中央两湖党校，彭述之任校长，讲课的有苏俄顾问鲍罗廷和恽代英、项英等中央领导同志，要湖南、湖北各送四十人去学习，我被选中。我们湖南去的人当中只有两名女同志，我是其中之一。我愉快地接受了党组织的安排，悄悄地从学校走出。我的职业革命工作者的生涯也由此开始。

① 参见广东省档案馆、中共广东省委党史研究委员会办公室编:《广东区党、团研究史料》（1921—1926），广东人民出版社 1983 年版，第 381 页;《郭瘦真关于共产主义青年团广东区委工作向团中央的报告》，见广东省档案馆、中共广东省委党史研究委员会办公室编:《广东区党、团研究史料》（1921—1926），广东人民出版社 1983 年版，第 346 页。

两个月以后，1927 年 1 月，我从武昌回到长沙⋯⋯被分配在省工会职工运动委员会当干事。”[①] 据考证，两湖党校 1926 年 11 月 10 日左右开学，1927 年 1 月底结束。

2017 年中共武汉市委党史研究室涂天向发表《两湖党校的建立》一文，首次披露了两湖党校的校址、教学内容，补充了教员及部分学员的情况，是研究中央两湖党校的重要成果。据该文介绍，两湖党校的校址在武昌黄土坡（现武昌区首义路）崇实中学，位于黄土坡鄂园对面，是一栋三开门的楼房。这座楼房是湖北早期共产党员吴德峰家的私产，1925 年奉党组织指示在此开办崇实中学。吴德峰任校长，蔡以忱任训育主任，费侃如任教务主任，聘请了一批共产党员和进步人士做教员，分初中、高中 2 部，招学生 200 余人。北伐军占领武汉后，吴德峰、蔡以忱分别担任党内重要职务，大多数教职员先后走上了革命道路，作为掩护场所的崇实中学因无存在的必要而停办。党中央利用崇实中学校址创办两湖党校，从安全性、办学条件等各方面考虑，都是最好的选择。

两湖党校对外挂的仍然是崇实中学的牌子，学员由湖南、湖北党组织秘密选派。党校制定了严格的纪律和校规，规定不得暴露个人身份，不能随便外出，不能同外边打交道等。两湖党校的 80 名学员中，女学员只有 4 名，她们是湖北的丰俊英和罗亚兰，湖南的刘英和肖灿云。学校还招有旁听生，共青团湖北省委书记李硕勋的夫人赵君陶即其中之一。湖南区委选派的 40 名学员政治文化素质较高，因为湖南区委选派他们进党校的目的是培养做地委书记、委员；而湖北 40 名学员中工农积极分子较多，文化素养相对要弱一些。

教员大多兼职，除鲍罗廷、项英、恽代英外，还有彭述之、张国焘、王一飞、何子述等。其主要课程为：阶级斗争史、第三国际、辩证唯物论、

---

① 《刘英自述》，人民出版社 2005 年版，第 16—17 页。

革命运动史（如五四运动史、五卅运动史）、革命形势等。因时间紧、经费紧张、教员和教材严重缺乏，加之革命形势发展迅速，各地需要大批干部，因此，两湖党校并未按学员文化水平、政治素质分班，所有学员都编在一个班，上大课。

两湖党校结业后，学员们大多投身大革命运动和随后的武装斗争和苏维埃运动，为中国革命作出了重要贡献。教员恽代英、项英、王一飞、何子述，学员邓乾元、邓斌、丰俊英等都是著名的革命烈士。[①]

还有一些资料提到了两湖党校。《湖北党的组织发展简史》称：1926年11月，湖北区执委创办了两湖党校，校长：林育南。[②]《中国共产党组织史资料》介绍："在发展党组织的同时，湖北区执委鉴于'新的党员骤然增加'的情况，加强党员的教育、训练工作；还扩大党刊发行量。区执委有计划地选送党员进各种学校、训练班、讲习所学习，还创办两湖党校，由区执委负责人担任校长，培养中层党员干部。"此书还介绍：张国焘1926年12月至1927年4月，任湖北区执委书记、两湖党校校长。[③]

笔者以为，这些说法皆不可信。其一，湖北区执委无权调派湖南党团员参加学习，而且湖南区执委的党校办得不比湖北差。其二，1926年11月至1927年1月，湖北党的创始人和主要领导人董必武、陈潭秋都在武汉，董必武任区执委委员兼国民运动委员会主任，陈潭秋任区执委委员并先后兼组织部和宣传部主任，两湖党校如果是湖北区委所办，董必武、陈潭秋不参与是不可能的。但在二人的传记和年谱中都没有参与两湖党校的记载。其三，1926年10月至12月任湖北区执委书记的是李立三。张国焘1926年12月下旬中央特别会议以后才任湖北省委书记，两湖党校学期已

① 参见凃天向《两湖党校的建立》，《武汉文史资料》2017年第3期，第24—28页。

② 中共湖北省委党校马列主义毛泽东思想研究所、党建教研室编：《湖北党的组织发展简史》，1985年内部印刷，第36页。

③ 中共中央组织部、中共中央党史研究室、中央档案馆编：《中国共产党组织史资料》第一卷，中共党史出版社2000年版，第503、508页。

过大半。林育南1927年11月至1927年12月任湖北省委书记，更不可能当两湖党校校长。其四，彭述之在中共四大当选中共中央执行委员会委员、中央宣传部主任，由他担任中央两湖党校校长顺理成章。涂天向的文章也认为彭述之是两湖党校的领导人。

因此，基本上可以肯定两湖党校为中共中央所办。刘英称之为“中央两湖党校”是完全正确的。有些人以为在武昌的两湖党校一定是湖北省委所办，正如他们将北京党校误认为北方区委党校一样。

大革命时期中央及地方党校的举办，提高了党员的马克思主义水平，坚定了他们的革命信念，推动了党组织的发展。到1927年5月党的五大时，中共已经有57967名党员。党内涌现出一批德才兼备的革命家，他们不仅经受住大革命的洗礼，也经受住大革命失败的考验。

四、中共中央训练班

自蒋介石在上海发动四一二反革命政变后，共产党人和革命群众遭到惨绝人寰的大屠杀。据不完全统计，到1928年上半年，被杀害者达31万人之多，其中共产党员2.6万人，占当时党员总数的45％以上。加上脱党与叛变者，中共党员从五大时的5.7万人下降到1万余人，革命陷入低潮。[①] 在严峻的白色恐怖形势下，共产党的组织和活动由公开转入地下。至1929年3月，中央委员中牺牲、病逝、被捕在狱的近三分之一。“各级党部都发生干部人才缺乏的恐慌”。

1927年8月1日，中国共产党领导的南昌起义打响了武装反抗国民党反动派的第一枪，标志着中国共产党独立地创建革命军队和领导革命战争的开始。1927年8月7日，中共中央在汉口举行秘密会议（即八七会议），

① 中共中央党史研究室编：《中国共产党简史》，中共党史出版社2001年版，第27页。

确定了土地革命和武装反抗国民党反动派的总方针。八七会议后，各地党组织相继发动了一系列武装起义。毛泽东在秋收起义失败后，改向敌人力量比较薄弱的山区寻求立足点，开创了井冈山革命根据地。中国共产党在全国各地相继建立了若干块革命根据地，到 1928 年底中国共产党又发展到 4 万余人。

面对新的革命形势，转变斗争策略，坚定革命信念，培养大批适应新的革命道路需要的优秀干部，成为中国共产党一项重要任务。1929 年 2 月 8 日，《共产国际执委给中共中央关于中国革命现势、前途和目前任务的信》提出，目前的“第二个任务，就是在思想上武装自己的党，为达此目的，第一，必须认真研究马克思主义的理论。……第二，必须向党员群众施行政治教育。必须在党员及革命青年中施行特别的教育工作以提高全党底政治水平线（党校、政治训练班、自习组、出版和发行通俗马克思主义著作等等）”。①

周恩来（1898 年 3 月 5 日—1976 年 1 月 8 日），1929 年—1930 年主持筹办中共中央训练班并担任主讲教员

按照共产国际的指示和中国革命的需要，中共中央政治局于 1929 年 2 月批准中央宣传部和中央组织部关于开办中央训练班的课程纲要，并付诸实施。

中央训练班分干部训练班和特别训练班 2 种，其具体负责人是中共中央工作的实际主持者周恩来。《周恩来年谱》称：“1929 年春夏间，中共中央在上海举办干部训练班。由中央常

① 中央档案馆编:《中共中央文件选集》第五册（一九二九），中共中央党校出版社 1990 年版，第 56 页。

委兼中央组织部长周恩来主持，由恽代英为班主任，余泽鸿为副主任，周恩来、李立三、项英等讲课，轮训各省委干部。周恩来审定讲课提纲并讲授‘马列主义’‘党的建设’等课程，向各地中共党组织和苏区输送党的干部和政工干部。参加过训练班的有唐宏经、王立功和金贯真、恽雨棠、吴亮平等。”[①]训练班的日常工作由中央组织部和中央宣传部负责，余泽鸿、方英、陈泽煌、沈建华等人担任事务工作。训练班的校址尚待查考。

1929年2月至8月，中央干部训练班办了3期。第一期，2月28日开学，4月6日结业，学员14人（其中留英归国者10人，国内4人）。训练班成立党的支部，选举田起（典琦）、峻山、志叔3人组成支部干事会，受中共中央直属支部领导。第二期，5月11日开学，7月16日结业。学员16人（其中工人11人，学生5人）。这期训练班接受了上期训练班的提议，中共中央指定秘书处、组织部、宣传部共同组成党校委员会，负责训练班的日常工作。第三期，8月5日开学，学员20多人，是来自满洲、顺直、河南、安徽、浙江、湖南、湖北、江西、四川、云南、山东等省担任领导工作的干部。中央组织部指定训练班由方英任教务主任兼训练班的党支部书记，陈泽煌、沈建华为支部干事。

8月24日，党中央领导人彭湃、杨殷、颜昌颐、邢士贞被国民党反动派逮捕，30日，彭湃等人惨遭杀害，中共中央面临严重危机，训练班于当日仓促结业。

中央宣传部和中央组织部对训练班的课程、教学大纲、学科分量和指导人都有详细的规定。中共中央政治局1929年2月批准的中央宣传部和中央组织部关于开办中央训练班的课程纲要，规定了如下课程：1.“政治任务及争取群众的策略”，讲课6次，24小时。2.“职工运动的策略”，讲课6次，24小时。3.“土地问题与农村工作”，讲课6次，24小时。4.“组

① 《周恩来年谱（一八九八——一九四九）》（修订本），中央文献出版社1998年版，第179页。

织问题”，讲课6次，24小时。5.“士兵运动”，讲课2次，10小时。6.“武装暴动”，讲课3次，10小时。7.“秘密工作”，讲课2次，8小时。8.“宣传工作”，讲课1次，4小时。9.“列宁主义”，讲课8次，32小时。10.“国际概况”，讲课4次，16小时。另外还有2种实习课：1.“各省问题实习”，讲课8次，有32个课时。2.“支部工作实习”，讲课4次，有32个课时。以上课程如全部实现，需要讲授56次，240小时。

中央训练班分科设教员和指导员，每天上课2次，每次4小时。周恩来、恽代英、李立三、彭湃、杨殷、项英、李震瀛等担任教员。教学方法一般是先由学员预习，再由教员讲课，指导员进行指导讨论，最后学员复习。训练班的纪律很严格，规定教员和指导员绝对不能缺课或迟到。各课的研究大纲和参考资料，必须于开学前4天交党校委员会审查。①

六届二中全会后，中央宣传部和中央组织部曾总结中央训练班的经验，写了《怎样办训练班》一文，探讨了为什么办训练班，训练班的设置，训练班的课目、材料及内容，教员与教授法，学员的条件与学习的方法，训练班的党组织及其作用，训练班的管理，训练班的秘密工作等问题。②

中共中央特别训练班有军事训练班、兵运训练班、无线电训练班等，主要是为武装斗争和苏区培养各种急需的人才。周恩来、李富春、聂荣臻、陈为人、朱瑞、李强、方仲如等担任过特别训练班的负责人和教员。中央军事训练班的学员，多系苏区和白区的地方军委和中央机关直接选送的干部，每期30人。《周恩来年谱》记载，1929年夏，周恩来主持举办中共中央军事训练班，培训红军急需的军事干部及政工干部。9月，中共中央军事部、中央组织部派遣在训练班结业的许光达、孙一中到洪湖苏区工作。

---

① 干部训练班人数、课程等参见王仲清主编:《党校教育历史概述》(1921—1947)，中共中央党校出版社1992年版，第44—47页。

② 参见王仲清主编:《党校教育历史概述》(1921—1947)，中共中央党校出版社1992年版，第49页。

特别训练班坚持办学的时间较长，《周恩来年谱》记载：1930 年 9—10 月间，周恩来和聂荣臻还在上海为前往中央苏区的同志举办军事训练班，传达共产国际和中共中央的指示，讲述党的工作中心开始转到苏区后的任务以及军队政治工作等。张爱萍、黄火青等参加学习后被派往中央苏区。[①] 有资料称，福建省委曾经送闽西特委秘书长黄春圃（即江华）到军事训练班学习过。学习科目还包括战术、爆破、巷战等。

1930 年 10 月，在周恩来和中央特科领导下，由李强、方仲如负责，在上海法租界巨籁达路（今巨鹿路）四盛里一座三层楼开办了秘密的无线电通信训练班，培训党的无线电报务专业技术人员。训练班对外称“上海福利电器公司”的零件加工厂，学员都是老板雇用的学徒。方仲如担任无线电报务教学工作，并负责训练班的党务和行政管理工作。1930 年 12 月 17 日，无线电通信训练班被敌人破坏，方仲如、张沈川、陈坦、石光、苏刚达等 20 人全部被捕。[②]

无线电训练班不止一个。《周恩来年谱》记载，1931 年 1 月，周恩来指示聂荣臻安排参加过无线电训练班的伍云甫、曾三等前往中央苏区，与王诤、刘寅等会合。后来他们利用反“围剿”中缴获的电台，于 1931 年秋，沟通了在上海的中共中央经香港与中央苏区的无线电通信联络。

1931 年 3 月，周恩来指示中共中央军委朱瑞、李富春举办兵运策略训练班。袁血卒（袁汉澄）、王超、李肃参加了兵运训练班。训练班办学的地址就在他们三人住的旅馆里。袁血卒回忆：“当时，周恩来同志负责中央军委的工作，他派李富春同志和中央军委负责兵运的朱瑞同志（接头暗号叫‘丰收在望’）来给我们开办了‘兵运训练班’。他们在训练班的讲授题目有：两个高潮之间、新军阀战争的不可避免性、反对盲动冒险主义、兵运的最

---

① 《周恩来年谱（一八九八——九四九）》（修订本），中央文献出版社 1998 年版，第 167 页。

② 中共陕西省委党史研究室编：《方仲如》，陕西人民出版社 2002 年版，第 29 页。

高目的是武装暴动等。除了听讲之外，就是看书。我们看了《共产党宣言》《社会科学概论》之类的书。训练班结束后，组织上决定我们到二十六路军去。”[①]经过党在二十六路军的工作，1931年12月14日，二十六路军在赵博生、董振堂等率领下于宁都起义，17000多人全部加入红军。

综上所述，20世纪20年代，中共中央不仅向全党提出了开办党校的任务，而且身体力行举办了党校和训练班，为全党培养了许多得力的干部，推动了全国的革命运动。在办党校的方针方法上，中共中央举办的党校为全党提供了若干示范。其要点是：1.以马列主义基本理论、中国革命基本问题、党的方针政策和时事为主要教学内容；2.授课、自学、讨论、答疑相结合的教学方法；3.党组织的主要负责人亲自授课；4.学员采用自我管理的方式；5.理论学习和实际工作能力的培养相结合的办学原则。

北京党校是中国共产党举办的第一个脱产学习的党校，是这些方针方法的首创者，其主要筹划者和创办人李大钊、罗亦农、赵世炎、陈乔年、陈为人等革命烈士的功绩将永远铭刻在中共党校史上。

① 袁血卒：《宁都暴动纪实》，见陈毅、肖华：《回忆中央苏区》，江西人民出版社1981年版，第217—218页。

第　二　章

中央苏区的干部教育与马克思共产主义学校

工农武装割据、农村包围城市的新的革命道路的开辟，为中国革命找到了一条正确的道路。它不同于俄国革命之路，也不同于马克思主义经典作家之预想。中央苏区的党组织作为这条道路的主要开创者和代表者，在政权建设、军队建设、经济建设、文化建设等各方面都进行了有益的探索，积累了党在局部区域执政的经验。在干部教育方面也是如此，从湘赣边界特委训练班到苏区中央局党校，再到中共中央局党校-马克思共产主义学校，一脉相承，影响深远。

马克思共产主义学校是中共中央首次在自己掌权的区域公开举办的党校，也是建党之后党中央举办的规模最大、存续时间最长的党校，共培训学员 1000 余人，在校学员最多时达 10 余个班 600 人左右。许多学员在党校不仅学到了党的基本理论和基本知识，接受了马克思主义的启蒙，而且摘掉了文盲的帽子，变成了有文化素养的人。他们中的大多数在反“围剿”战争和长征途中牺牲，幸存者中有不少开国将领、中央和省部级的重要领导人。

一、根据地干部教育的紧迫性及湘赣边界特委训练班

在革命根据地，党的队伍迅速扩大，党员的成分也随之发生了重大变

化。大革命时期工人成分占多数，在土地革命时期，农民成分占了党员的绝大多数。1928 年 1 月 18 日《江西省委王 ×× 关于江西组织的谈话》披露："江西全省同志在一月份大概有 4000 人左右，其职业成分，农民约占 90%，工人 8%，其他为 2%"。[①] 干部人才缺乏、干部队伍素质不高也成为一个突出的问题。1928 年 7 月 8 日，江西省委向中共中央的报告中说："党在各种斗争中，虽然有新的发展，质量有相当的进步，可是得力干部分子仍然感着极度的恐慌……目前不仅感觉工农干部分子之缺乏，而且还感着知识干部分子缺乏之恐慌了，各地秘书之缺乏，苏维埃政府写布告都没有人。这也是江西工作的困难和缺点。"[②] 闽西特委曾如此评价党员的政治理论水平："党员政治水平很低——多数党员不能根据党的策略去解决问题，不懂得讨论政治问题，阶级意识很模糊，甚至党的常识也不明白；至于革命理论简直整个的党员也难找到相当的基础的一个。"[③] 白色恐怖一来，党员干部"反水"的状况也十分严重。

面对党员和干部队伍的这种现实状况，怎样才能使党和红军不至于成为乌合之众，怎样才能始终坚持革命军队正确的政治方向，怎样才能始终保持党的马克思主义的无产阶级政党性质，是对中国共产党的新的考验。

在党内，对这个问题认识得最早、抓得最紧的是中国革命新道路的主要开创者毛泽东。1928 年 11 月 25 日，毛泽东在致中共中央的信（即《井冈山的斗争》）中提出："我们感觉无产阶级思想领导的问题，是一个非常重要的问题。边界各县的党，几乎完全是农民成分的党，若不给以无产阶级的思想领导，其趋向是会要错误的。"[④]

---

① 江西省档案馆、中共江西省委党校党史教研室选编:《中央革命根据地史料选编》上册，江西人民出版社 1982 年版，第 529 页。

② 江西省档案馆、中共江西省委党校党史教研室选编:《中央革命根据地史料选编》上册，江西人民出版社 1982 年版，第 8 页。

③ 江西省档案馆、中共江西省委党校党史教研室选编:《中央革命根据地史料选编》上册，江西人民出版社 1982 年版，第 616 页。

④ 《毛泽东选集》第一卷，人民出版社 1991 年版，第 77 页。

1929年12月下旬，毛泽东主持召开了中国共产党红军第四军第九次代表大会，并起草了“大会决议案”（即《古田会议决议》）。《决议》指出：“红军第四军的共产党内存在着各种非无产阶级的思想，这对于执行党的正确路线，妨碍极大。若不彻底纠正，则中国伟大革命斗争给予红军第四军的任务，是必然担负不起来的。四军党内种种不正确思想的来源，自然是由于党的组织基础的最大部分是由农民和其他小资产阶级出身的成分所构成的；但是党的领导机关对于这些不正确的思想缺乏一致的坚决的斗争，缺乏对党员作正确路线的教育，也是使这些不正确思想存在和发展的重要原因。”《决议》要求“教育党员用马克思列宁主义的方法去作政治形势的分析和阶级势力的估量，以代替主观主义的分析和估量”，“使党员注意社会经济的调查和研究，由此来决定斗争的策略和工作的方法，使同志们知道离开了实际情况的调查，就要堕入空想和盲动的深坑”。

《决议》规定了教育党员的材料：1. 政治分析；2. 上级指导机关的通告的讨论；3. 组织常识；4. 红军党内八个错误思想的纠正；5. 反机会主义及托洛茨基主义反对派问题的讨论；6. 群众工作的策略和技术；7. 游击区域社会经济的调查研究；8. 马克思列宁主义的研究；9. 社会经济科学的研究；10. 革命的目前阶段和它的前途问题。《决议》提出了办党报、政治简报、编辑各种教育同志的小册子、办训练班等18种党内教育的方法。

《决议》还规定了上政治课的十大教授法：1. 启发式（废止注入式）；2. 由近及远：3. 由浅入深；4. 说话通俗化（新名词要释俗）；5. 说话要明白；6. 说话要有趣味；7. 以姿势助说话；8. 后次复习前次的概念；9. 要提纲；10. 干部班要用讨论式。①

《古田会议决议》总结了2年多来党领导武装斗争的经验，明确规定了红军的性质和任务，解决了怎样把以农民为主要成分的革命军队建设成为

---

① 《毛泽东文集》第一卷，人民出版社1993年版，第78、94—96、104—105页。

无产阶级性质的新型人民军队的问题，是红军及后来的八路军、新四军、人民解放军建设的纲领性文件。这个决议也为整个党的建设确立了一条马克思列宁主义的路线，影响深远。

在实践上，湘赣边界的干部培训工作也几乎是与红军和根据地的建立、发展同步的。因为这些训练班与后来的马克思共产主义学校有着直接的渊源关系，故略加记述。

早在1927年12月，毛泽东率工农革命军攻克茶陵回到宁冈后，就创办了一个“军官教导队”，培养和训练下级军官和湘赣边界各县的赤卫队指挥人员。军官教导队设在宁冈县碧市的龙江书院内。队长由黄埔军校四期学员、参加过北伐战争的吕赤担任（后梁军），党代表蔡钟（后蔡会文）。陈士渠、张令彬、陈伯钧等任区队长，袁炎飞等任教官。学员有谭震林等100余人，都是从部队和地方武装选派的骨干。前委书记毛泽东在开学典礼上发表讲话，要求大家拿出移山倒海的气魄，学政治、学军事、学文化。教导队的主要课程有阶级斗争、土地革命、政权建设、革命文化等。教导队还经常组织学员到根据地附近农村、山地开展群众工作，进行实地军训。1928年2月下旬，军官教导队第一期结业。据此，中国人民解放军国防大学将1927年12月7日定为建校日。

1928年10月上旬，毛泽东主持边界特委召开了湘赣边界各县党的第二次代表大会。大会决定“特委要办经常训练班，各县亦应尽量多办短期培训班，造成干部人才”。1928年10月下旬，湘赣边界特委在宁冈茅坪象山庵创办党团训练班。据参加训练的张桂庭、刘桂生、谢梅香等回忆，党团训练班的学员有100多人，由各县党团组织选派，分期分批，集中学习，时间一般为一个半月。特委还为训练班制订了《训练大纲》，明确规定了训练的内容、方法和要求，请有知识的老党员干部辅导、讲课，进行党的性质、政治形势、阶级斗争、土地革命、政权建设和基本理论等方面的教育。毛泽东、朱德、陈毅等领导人也经常到训练班视察或讲课。1928年11

月间，湘赣边界特委又在茨坪办了一期党团训练班。有 100 多名党员参加了训练，时间 3 个月。训练内容为：阶级斗争史、革命发展史、政治工作、群众工作、时事。①

1929 年 4 月，毛泽东率领红四军第三纵队到达兴国，在潋江书院的崇圣祠秘密主办了土地革命干部训练班。参加训练班的有兴国县委、东一区、西南区和县城区的主要干部和党团活动分子，如陈奇涵、胡灿、萧华、蔡馥兰等 40 余人。训练班一共办了 7 天。第一天到第五天，由毛泽东讲课。第六天和第七天，由兴国县委宣传部长邱会培和总工会委员长谢云龙讲课。上午上课，下午分 3 个组讨论，毛泽东等领导人分别参加小组讨论。对此，《毛泽东年谱》写道："1929 年 4 月下旬，为贯彻执行兴国县《土地法》、开展土地革命运动，毛泽东在潋江书院的崇圣祠按照广州、武昌农民运动讲习所的办法主办了一期土地革命干部训练班。参加训练班的有陈奇涵、萧华等四十余人。毛泽东担任主要课程的讲授。"② 据当年学员回忆，毛泽东讲授的课程有：政治形势报告、中国共产党第六次全国代表大会的主要精神、农民问题、土地问题、武装夺取政权、中国共产党十大政纲。课前，毛泽东领学员唱《国际歌》，课间休息时，毛泽东还教学员唱《工农革命歌》。③

1929 年 7 月 25 日中共闽西特委成立后，在特委驻地上杭县苏家坡"鸿玉堂"举办了多期干部训练班。1929 年 10 月至 11 月，毛泽东化名杨先生在苏家坡养病。他经常关心训练班的工作，并给学员讲课。在龙岩革命博物馆保存了一份当年闽西特委的《特委训练班课程表》。训练班 14 天开设 14 门课程，每天授课 6 小时。据笔者辨认，从 10 月 29 日到 11 月 2 日，

① 参见余伯流：《中国共产党早期干部教育新探》，《中国浦东干部学院学报》2007 年第 1 期。

② 《毛泽东年谱（一八九三——一九四九）》（修订本）上卷，中央文献出版社 2013 年版，第 271—272 页。

③ 参见蔡馥兰：《毛泽东同志主办的土地革命干部训练班》，见陈毅、肖华：《回忆中央苏区》，江西人民出版社 1981 年版，第 58—62 页。

毛泽东讲授六大“政治决议案”，共4个上午。特委书记邓子恢讲授“土地问题”“城市政策”“剪刀问题”“合作社”四门课程。红四军前委委员兼上杭县委书记谭震林讲授“群众工作”。闽西特委组织科长蔡协民讲授“党的组织问题”“阅报方法”两课。上杭县苏维埃政府主席李立民讲授“政权问题”。伍、朱、梁三同志分别讲授“武装暴动”“士兵运动”“CY工作”。另有“共产主义与共产党”和“秘密工作”两课，看不清任课教员姓氏。

土地革命初期，中央根据地各种干部训练班的开办，为苏区培养了各方面急需的人才，促进了红军的发展和根据地的巩固与扩大。

二、苏区党校的创办及苏区中央局党校

（一）中共中央关于创办苏区党校的指示

经过将近3年艰苦卓绝的奋斗，到1930年底，全国已有红军10万人，有了赣南闽西、湘鄂西、鄂豫皖、闽浙赣、湘鄂赣、左右江、湘赣、琼崖、东江等10余块根据地。革命的星星之火，已燃成燎原之势。为了适应迅速发展的革命形势，各苏区纷纷创办党校，大量培养红军指挥人才和苏维埃工作干部。

1930年9月24日—28日，中共中央在上海召开扩大的六届三中全会。会议对朱毛红军给予高度重视，选举毛泽东为中央政治局候补委员，增补朱德为中央候补委员。1931年1月15日，在江西宁都小布赤坎村成立了以周恩来为书记（暂由项英代理）的中共“苏维埃区域中央局”，简称“苏区中央局”，代表中共中央指导全国苏维埃区域及红军中党的工作、政治军事工作，以及将要成立的中华苏维埃共和国临时中央政府。1931年2月，又相继成立了以夏曦为书记的中共湘鄂西中央分局、以沈泽民为书记的鄂豫皖中央分局。革命形势一片大好。

然而，领导人才的生长远远跟不上形势的发展，在苏区和白区都出现

了“干部恐慌”的严重局面。中共中央认为，苏区的党组织有条件开办党校大规模培养干部，于是多次发文要求各苏区立即开办党校，以疏解苏区和全国的“干部恐慌”，并为苏区党校制定了教学计划。

1931年4月21日，《中央关于苏区宣传鼓动工作决议》作出22条规定，要求各苏区立刻执行。其中，“1. 苏区内各中央局必须要有健全的宣传部。2. 各苏区中央分局所在地必须创办一种党的与苏维埃的机关报。……5. 在各苏区中央分局所在地，必须设立一个以上的党校，培养党、苏维埃与职工会的中等干部，要造成苏区以后把工农干部送给中央的前途，而不是专由中央供给苏区。必须把干部的培养，当做是苏区各中央分局中心任务之一，坚决同那种一切依靠中央派人的观念做斗争。关于这学校的计划，应该是三分之一为军事训练，三分之一为实际工作的常识，三分之一为政治经济的常识（学校计划另行抄上）。”《决议》要求，各苏区地方党部接到这一决议后，必须立刻有一简单明了的与具体的宣传鼓动工作（计划），连同这一决议，发给各级党部。[①] 6月16日，《中央给苏区各级党部及红军的训令》重申：“中央给苏区的关于宣传工作的指示，必须全部实行”，“苏区党部对于中央关于发展党的组织的决议与苏区办干部学校的计划，必须加紧进行”。[②]

1931年8月27日，《中央关于干部问题的决议》指出：“因干部需要的增加与干部的缺乏，形成干部恐慌的现象，成为党在执行政治上组织上的紧急任务中一个严重的困难问题。”“目前革命高潮进一步的向前发展，更明显地反映着现时干部问题的严重性，万分迫切的要求全党加以最高限度的注意，采取最有力的办法求得解决；因为干部是党的中心枢纽，实际

① 中央档案馆编：《中共中央文件选集》第七册（一九三一），中共中央党校出版社1991年版，第266、267、268页。

② 中央档案馆编：《中共中央文件选集》第七册（一九三一），中共中央党校出版社1991年版，第325、326页。

解决一切问题的钥匙，没有真正能工作的干部，一切计划和决定，将成为纸上空谈。”“特别是苏区的党部没有很好的利用公开的便利经常举办大规模的党校、军事训练班等造成干部的工作。”“苏维埃区域最近更需要特别去做提拔与训练干部的工作，经常利用这种公开的便利大规模的去举办各种人材的训练，如党校、政治军事学校等，必须保证苏区干部的自给，并能派送干部到苏区周围的主要城市，农村，以及白军中去工作。”①

1931 年 8 月 30 日，《中共中央致苏区中央局并红军总前委的指示信》再次强调：“要举办苏区干部学校，有系统的训练党的干部，当然这种训练是要与当前的战争任务紧相联系的。你们对干部的引进和训练，不仅要做到自给，还要做到能派遣大批的干部到临近区域去发展工作。”② 革命战争和苏维埃建设的迫切需要，促使苏区克服困难在艰苦的环境中开办党校，培养干部。

（二）中央苏区的党校

中共中央关于在苏区开办党校的指示在中央苏区得到了贯彻执行。1931 年 5 月底苏区中央局机关留驻江西永丰县龙冈后，中央局常委、组织部长任弼时和宣传部长王稼祥即按照中共中央的决议，开始策划办党报和建党校的事情。经过一个月的筹备，7 月 1 日，由王稼祥任主编的中共苏区中央局机关报《战斗》创刊。与此同时，由任弼时负责的苏区中央局党校（党训班）开学。对此，在 7 月 8 日苏区中央局向上海临时中央的报告中明确写道：“苏区中央局机关已固定地点，组宣两部正在建立工作，《战斗》报已出版，党训班已开学。”③ 这是苏区中央局成立后举办的第一个党校（党训班），培训时间可能不到一个月，其具体办学情况（教员、学员、

① 中央档案馆编：《中共中央文件选集》第七册（一九三一），中共中央党校出版社 1991 年版，第 348、351、353 页。

② 中央档案馆编：《中共中央文件选集》第七册（一九三一），中共中央党校出版社 1991 年版，第 382 页。

③ 《任弼时年谱》，人民出版社、中央文献出版社 1993 年版，第 169—170 页。

教学内容等）现在已无从知晓。

8 月 21 日，苏区中央局在白石召开会议，讨论并通过了《土地问题决议案》等文件，并根据任弼时的提议，由毛泽东接替项英任苏区中央局代理书记。在毛泽东、朱德的领导下，1931 年 9 月 15 日，第三次反“围剿”胜利结束，赣南、闽西根据地连成一片，形成拥有 21 座县城、面积 5 万平方公里、居民达 250 万人的中央革命根据地。11 月 1 日—5 日，中央苏区第一次党代表大会在瑞金叶坪召开。会议通过了《政治决议案》《党的建设问题决议案》《红军问题决议案》《苏区工会和青年团工作》等 5 项决议案。《党的建设问题决议案》指出：“党内教育工作与思想斗争也是很缺乏，一般党员对党的基本主张与重要策略的了解是很浅薄的。还有许多党员不认识党的阶级性，把党看成工农或穷人党，相信党的个人甚过于相信党的组织，马克思列宁主义最基本常识的系统教育工作，尚未能引起党严重的注意。”决议案提出，党的一个重要任务，是“创造党的新干部”，“坚决提拔干部训练干部”，“对于干部的培养，除开在实际工作训练外，还须要有计划的组织各种党的，军事，政治以及群众和苏维埃工作的训练班或学校。经常挑选一部［分］下层积极工农分子去受训练”，并强调要加强“对于马克思列宁主义基本理论与中国革命基本问题的教育”，“以达到提高党员政治理论水平的效果”。[①]

据考证，中央苏区第一次党代会前后，不定期举办的苏区中央局党训班正式成为苏区中央局党校，校长由苏区中央局常委、组织部长任弼时兼任，校址在瑞金叶坪洋溪村“满太屋”。11 月 7 日—20 日，中华苏维埃第一次全国代表大会在瑞金叶坪召开。大会期间，组织部长兼党校校长任弼时给代表们讲党的建设课。[②] 对此，王震 1950 年回忆说：任弼时将全体代

① 江西省档案馆、中共江西省委党校党史教研室选编：《中央革命根据地史料选编》，江西人民出版社 1982 年版，第 637、643、644 页。

② 《任弼时年谱》，人民出版社、中央文献出版社 1993 年版，第 176 页。

苏区中央局委员，摄于第一次全苏大会纪念日（1931 年 11 月 7 日于瑞金）
左起顾作霖、任弼时（时任苏区中央局党校校长）、朱德、邓发、项英、毛泽东、王稼祥

表化为一个训练班，拟出代表团的学习计划日程，由毛主席、朱总司令以及其他的同志讲课，任弼时亲自讲授党的建设。20 世纪 80 年代初，王震还说过，全苏一大后，他曾到瑞金党校学习。①

1931 年 12 月底，周恩来从上海抵达瑞金。半个月之后周恩来正式就任中共苏区中央局书记。任弼时任中央局副书记兼组织部长及党校校长。②

由于资料的匮乏，我们难以了解瑞金中央苏区党校的详情。据《红色中华》1931 年 12 月 28 日、1932 年 2 月 10 日、3 月 2 日、6 月 16 日 4 篇消息报道，临时中央政府曾主办苏维埃工作人员训练班，由工农检查人民委员何叔衡任班主任。共办 3 期，每期学习 1 个月。第一期和第三期的学

---

① 参见王渔：《中共苏区中央局党校》，《学习时报》2011 年 9 月 26 日。

② 《任弼时年谱》，人民出版社、中央文献出版社 1993 年版，第 179 页；《周恩来年谱（一八九八—一九四九）》（修订本），中央文献出版社 1998 年版，第 219 页。

员都是县一级苏维埃政府主席、部长、委员，第一期实际到校者 24 人（福建 15 人，江西 9 人，其中瑞金 3 人），第三期到校 47 人。第二期学生纯系瑞金各区苏维埃的主席和委员，学员人数不详。

笔者以为，苏维埃工作人员训练班很可能就是苏区中央局党校的一种班次，办班地点就在党校。因为这年底团中央也曾在苏区中央局党校办过列宁团校。后来的马克思共产主义学校也分党班、团班、苏维埃班等。

还有两件非常宝贵的史料和文物反映了党校的作用和地位。其一，1932 年 7 月 21 日，周恩来从后方到前线主持军事工作，由任弼时在后方代理苏区中央局书记。9 月 17 日，周恩来“于宁北之小元”给中央局写了一份关于前线上的地方工作问题的报告，向苏区中央局提出对地方工作的 13 条建议，其中：“三、江西省委现在训练中的二百多干部应以一半送至总政治部分给各军团组织部组织地方工作团到白区去做工作。另一半首先分给宜黄及南广两中心县委，这种干部继续训练与派遣，省委须负全责。四、中央局须准备以自己党校学生中三分之一派到这一线做工作，以集中火力来争取这一块苏区的扩大”。[①] 这份报告不仅确切地证明了苏区中央局党校的存在，而且反映了党校在土地革命时期的重要作用。

其二，瑞金革命纪念馆保存了一本 1932 年中央军事政治学校（校长萧劲光）使用的号谱。那是当年瑞金各机关部队的号谱汇编。“党校”的号谱印在第一页第一段。

中央苏区各省委、特委也开办了训练班或党校。从 1929 年到 1930 年 10 月，赣西南特委已经办了“训练班三期，党校一次，下级都有短期训练班，材料有些，如党员须知，等等”。1930 年间，赣西南特委还办有一所

① 《周恩来给中央局报告——关于前线上的地方工作问题》，原件存中央档案馆。《周恩来年谱》第 231 页记录此事。

300多人的红军学校、一所有学生七八十人的赤卫军干部训练班（准备扩充为300余人的干部学校），赣西南共青团组织也办了一所有七八十个学员的青年军事干部学校。[①]

1931年8月，中共赣东北省委在横峰县枫树坞开办共产主义学校。方志敏兼任校长。这所学校是党校性质，旨在培养和造就县、区级领导骨干，提高他们的政治理论水平和领导艺术，以适应革命战争不断发展的需要。该校的主要课程有：马列主义基本理论、白区工作、土地问题、青年工作、婚姻法。该校的学员都是县区领导骨干，学习时间为3个月或4个月。学校共办了3期培训班，直到1934年，该校才因环境日趋紧张而停办。[②]

1932年5月，中共湘赣省委开办党校，培训党政干部。由各县选送学员120多人，学习2个月。开设的课程有：政治、党的建设、苏维埃实际工作、群众工作等。学员毕业后大部分分配担任区委工作。党校共办3期，招收学员共300多人。1932年7月，湘鄂赣临时省委也开办了党校，学习内容有：革命理论、政治形势、党的政策、军事斗争等，为红二十六军和各级苏维埃政权培训了一批政工干部。[③]

中央苏区的各级党校和其他干部学校的开办，普及和传播了马克思列宁主义，探索和总结了中国革命战争和苏维埃运动的经验，为中央苏区造就了一大批党政军群领导骨干和优秀管理人才，也为全国的苏维埃运动、红军的建设和白区工作输送了人才。

土地革命时期，各苏区中央分局都创办了党校。其中陕北省委党校、

① 江西省档案馆、中共江西省委党校党史教研室选编:《中央革命根据地史料选编》，江西人民出版社1982年版，第627页；1930年10月7日赣西南特委书记刘士奇给中央的报告，同上书，第362页；《赣西南刘作抚同志（给中央的综合性）报告》（1970年7月22日），同上书，第240、254页。

② 李小三主编:《中国共产党干部教育简史》，中共党史出版社2009年版，第61页。

③ 中共湖南省委党史资料征集研究委员会主编:《湖南党史大事年表（新民主主义革命时期）》，湖南人民出版社1986年版，第97—98页。

红四方面军党校（即原川陕省委党校）在长征结束后与中央党校合并。湘鄂西省委党校校长谢觉哉在延安曾担任过中央党校副校长。

三、马克思共产主义学校

1932 年 12 月底，共产国际决定中共临时中央政治局全部迁入中央苏区。于是，临时中央政治局成员张闻天、刘少奇、秦邦宪、陈云、杨尚昆先后离开上海，于 1933 年 1 月中下旬先后抵达中华苏维埃共和国首都瑞金。[①] 苏区中央局党校成为中共中央局党校，即马克思共产主义学校。这所党校是建党之后至抗日战争之前党中央举办的规模最大、时间最长的党校。

（一）马克思共产主义学校的创办

1933 年 1 月下旬（30 日之前），临时中央负责人博古（秦邦宪）在瑞金主持召开政治局会议，与会者有临时中央政治局常务委员秦邦宪、张闻天、陈云，委员刘少奇；苏区中央局常务委员项英、任弼时，委员邓发、顾作霖等。会议决定：1. 将上海的“临时中央”和苏区中央局合并，对外采用“中共中央局”名义，对内仍是“临时中央”，推选秦邦宪负总责，由秦邦宪、张闻天、陈云继续担任中央局常务委员，张闻天兼任中央宣传部长和中央党报委员会书记，陈云兼中华全国总工会苏区中央执行局党团书记，任弼时任中央组织部长兼党校校长。2. 将苏区中央局原来出版的《实话》与《党的建设》两刊合并改名《斗争》，在 1933 年 2 月 4 日出版，由中央宣传部长和中央党报委员会书记张闻天任主编。中华苏维埃共和国机关报《红色中华》周报从 1933 年 2 月 4 日起改成三日报，成为党、团、政

① 《张闻天年谱（1900—1941）》上卷，中共党史出版社 2000 年版，第 189 页；《陈云年谱（一九〇五——九九五）》上卷，中央文献出版社 2000 年版，第 145 页；《杨尚昆回忆录》，中央文献出版社 2001 年版，第 74 页。

府和工会合办的机关报。3. 决定中共中央局及全总执行局与临时中央政府合办党校。[①] 会后，苏区中央局各机关成为“中共中央局”机关。

2 月 10 日，“中共中央局”称谓第一次见诸报端。该日《红色中华》第 51 期报道：1 月 31 日，中华苏维埃共和国临时中央政府人民委员会召开第三十一次常会，讨论了若干问题，其中“四、议决与中共中央局及全总执行局合办苏维埃党校，并通知各地选送苏维埃班的学生”。

可以肯定的是，不仅临时中央政府，党、团、工会的招生通知想必也会在2 月初即送达各地。2 月底，第一期学员已经开始入校。据萧锋日记记载：“1933 年 2 月底，结束了在列宁团校第一期学习后，少共中央决定选送我和王炳章、邱会玉等三位曾做过共青团工作的学员到党校深造”，“党校就设在团校老房子，我们由东房搬到北房就算报到了”。[②] 实际上，列宁团校的校址即苏区中央局党校校址，如今又成为中共中央局党校之所在。

据笔者研究，中共中央局党校改名为“苏味”十足的马克思共产主义学校，既与“临时中央”的主要负责人皆为“留苏生”有关，也与当年一项临时性的政治活动有关。1933 年 2 月 17 日，中共中央发布《中央关于马克思逝世五十周年纪念的决议》，责成全党各级党部组织群众纪念大会、报告会，成立各种公开的学术组织，各地党刊出专号。中央宣委编译马克思主义和列宁主义之理论基础等各种小册子。委托中央宣委考察党内教育系统概况，且拟定加强党内教育工作的具体建议，在中常委会讨论。[③] 将中共中央局党校命名为“马克思共产主义学校”，并决定在 3 月 13 日（应为

---

① 参见《张闻天年谱（1900—1941）》上卷，中共党史出版社 2000 年版，第 191、192 页；《任弼时年谱》，人民出版社、中央文献出版社 1993 年版，第 201 页；《陈云年谱（一九〇五——九九五）》上卷，中央文献出版社 2000 年版，第 145 页；《毛泽东年谱（一八九三——九四九）》（修订本）上卷，中央文献出版社 2013 年版，第 393 页；《杨尚昆回忆录》，中央文献出版社 2001 年版，第 74 页。

② 萧锋遗稿，南溪、孙翊整理：《萧锋征战记》，中央文献出版社 2010 年版，第 47、46 页。

③ 《中央关于马克思逝世五十周年纪念的决议》，《中央文件彙集》1933 年（上），第 55 页，1957 年内部印制。原件存中央档案馆。

出賣招商局五個頭工友

紀念科學社會主義之父！
馬克斯共產主義學校
三月十三日開學

閩贛兩省裁判部會議總結

1933 年 3 月 12 日《红色中华》

3 月 14 日）马克思逝世五十周年纪念日举行开学典礼，正是这一纪念活动的一大举措。

关于马克思共产主义学校的开学时间，当年公开发行的《红色中华》明确地记载为 3 月 13 日。3 月 12 日，《红色中华》第 60 期刊载报道《纪念科学社会主义之父！马克斯共产主义学校三月十三日开学》。文中写道："今年是马克斯逝世五十周年，中央局为了纪念我们的科学社会主义的鼻祖，广泛的有系统的来传播马克斯所创造的共产主义，故集中了党团政府工会的力量，创办一个大规模的苏维埃党校，大批训练新的工农干部，以适应目前革命和战争的需要，彻底改造和加强党团政府工会的工作，争取战争的全部胜利。现在这一党校经过长期的准备，就要在三月十三日开学了。"

3 月 15 日，《红色中华》第 61 期《马克思共产主义学校开学了》一文报道："十三日下午一时，全体学生暨各机关代表均到达该校，齐集礼堂，举行极庄严的开学典礼。中共中央局、中央政府与全总执行局代表均有重要演说……最后由校长训词。学生答词后，即宣布散会。晚上举行晚会，工农剧社表演歌舞，活报，新剧等，节目均极精彩，博得观众的热烈鼓掌喝彩声，直至十一时，始尽兴而散。"

但是，当年高级班学员萧锋的日记却这样记载："3 月 7 日上午，125 名党校学员坐在教堂（祠堂）改成的礼堂里，听教导处逐个点名编班，我被编在高级班"；"3 月 9 日上午举行开学典礼，校长任弼时，副校长董必武（实为教务长——笔者注）到会。董老宣布教学计划和教学方针，即采取理论和实际相结合，自修与重点讲解相结合；开设 11 门课程，其中苏维埃运动史由毛泽东讲授，中共党史由任弼时（后调湘赣苏区任分局书记）和邓颖超同志讲授，职工运动史由刘少奇和陈云同志讲授，少共史由顾作霖同志讲授，军事课由朱总司令上，自然地理常识由徐特立和陆定一同志上，西方革命史是董必武讲，政治常识是杨尚昆同志讲。赖大超同志代表学员表决心：一定要努力学习，用马列武装头脑，锻炼改造自己，更加适应苏维埃运动的形势，以实际行动报答中央领导和党对学员的期望”。①

萧锋当年名萧忠渭，他的日记记载 3 月 7 日上午点名编班，3 月 9 日开学，与《红色中华》报道 3 月 13 日开学不符。笔者以为，萧锋记错的可能性不大。存在两次开学典礼的可能性，前者以中央党校之名，后者以马克思共产主义学校之名。这种事情在那个讲究革命形式的年代是完全可能的。

（二）马克思共产主义学校的校领导、校址、机构

马克思共产主义学校的首任校长仍然是任弼时，副校长杨尚昆（兼第一期高级班班主任），教务长董必武。② 1933 年 4 月 22 日，中央局讨论决定，免去任弼时中央局组织部长职务，调任中央局代表兼中共湘赣省委书记，原因是博古等认为任弼时执行进攻路线不彻底，工作“不合手”。李维汉接任中央局组织部长，张闻天兼任马克思共产主义学校校长。5 月底，杨尚昆调任中革军委总政治部副主任，9 月，任红三军团政委，董必武接任副校长兼党委书记，主持党校日常工作，冯雪峰任教务长。1934 年 1 月，六届五中全会后，中央局组织部长李维汉接替张闻天兼任马克思共产主义学校校长。2 月初，第二次全国苏维埃代表大会之后，董必武调任最高法院院长，冯雪峰任马克思共产主义学校副校长。

① 萧锋遗稿，南溪、孙翊整理：《萧锋征战记》，中央文献出版社 2010 年版，第 48 页。

② 此为一家之言，其根据见本篇及附录《马克思共产主义学校的前身》一文。

任弼时（1904—1950），中共中央局党校－马克思共产主义学校首任校长（1933年2月初—4月下旬）

张闻天（1900—1976），马克思共产主义学校第二任校长（1933年4月下旬—1934年1月中旬）

李维汉（罗迈）（1896—1984），马克思共产主义学校第三任校长（1934年1月中旬—10月中旬）

杨尚昆回忆："1933年3月，中央局创办了一所名字很大的学校，叫马克思共产主义大学，代替原苏区中央局党校，原党校校长任弼时调湘赣去后，共大由张闻天任校长，我任副校长，董老任教育长。课程有中国革命形势、苏维埃建设、党的建设等。校址先在瑞金的洋溪村，是三栋砖瓦房，四周有围墙，不久又迁到沙洲坝的黄竹堪村，借用一个大祠堂和附近的民房作校舍。说是'大学'，实际上是训练班，学员从最基层的干部到省级干部都有，谭启龙是高级班的学员，也有好多学员还是文盲。我在学校里又干行政工作又教书，教员中有人请假时，我就代课，成了'万金油'。罗明同志经过批判后，调到党校任教务处长，兼班主任。长征时，他率领100多名学员，编入叶剑英任司令员、邓发任政委的中央后勤纵队，参加长征。"①

《董必武传》写道：董必武"被中共中央委任为新建立的马克思共产主义学校即中央党校教务长。不久，副校长杨尚昆调任红三军团政治委员，董必武接任副校长。此时的校长是党中央政治局负责人之一的洛甫（即张闻

① 《杨尚昆回忆录》，中央文献出版社2001年版，第80—81页。

天）。他是接任弼时兼任这一职务的。因张闻天忙于中共中央的工作，实际上是由董必武主持全盘工作”，“教学计划的安排，讲课教员的聘请，师生的政治思想教育、食宿等各项具体事宜，董必武都得一一亲自解决。除了行政工作以外，董必武还要给三个班的学员讲苏维埃政权建设和党的建设”。[①]

李维汉回忆：“一九三三年三月十三日，为了纪念马克思逝世（三月十四日）五十周年，宣布成立‘马克思共产主义学校’，即中央党校。校址设在江西瑞金。首任校长任弼时，副校长杨尚昆。不久任、杨离职，改由张闻天兼任校长，董必武兼任副校长，罗明（即受王明‘左’倾冒险主义打击乃至撤职的原福建省委代理书记）任教务主任。专职教员仅有成仿吾、冯雪峰。他们是一九三四年为参加六届五中全会到苏区的，讲政治常识。其他都是兼职教员，如董必武讲苏维埃建设，刘少奇、陈云讲工人运动，我讲党的建设等。这一时期的教学，基本上是训练班性质的。”[②]

马克思共产主义学校的校址最初在苏区中央局党校旧址——瑞金绵江河畔洋溪村西南面之“满太屋”。这里原为刘姓豪绅私产，有三栋砖瓦房，分前后厅，中有天井，厅堂比较宽敞，兼做教室、饭堂、俱乐部、办公室。门口挂着一块白底红字的校牌。当年门前是一块空地，学员们自己动手做了两副篮球架和两张乒乓球台。据萧锋回忆，“学生宿舍和教室在村西头两家地主的大院”，还有一个“教堂（或为祠堂）改成的礼堂”。

1933 年 4 月底，国民党军多次空袭叶坪，党校和中央机关一起迁往沙洲坝。党校新校址在黄竹勘下新斤村肖氏私祠。罗明回忆：“这里的校舍是一所较大的祠堂，并且借用了附近许多民房作为各班的教室和宿舍。董必武同志当时住在祠堂左边横屋楼下第一间，我住在正厅楼上，还有冯雪峰、陈潭秋、杨文仲等同志也住在党校。为防敌机空袭，学员还开挖了一个可

① 《董必武传（1886—1975）》（上），中央文献出版社 2006 年版，第 265—266 页。

② 李维汉：《回忆与研究》（上），中共党史资料出版社 1986 年版，第 385 页。

马克思共产主义学校校址之一——瑞金叶坪洋溪村满太屋（1933年3月—4月）

容纳几百人的防空洞。”[①] 萧锋回忆：“正厅就是我们高级班的教室。我坐在靠里面那个位置。董必武校长住在左边横屋楼下第一间，教导主任罗明住在正厅二楼上，正厅楼下左右正间住女学员”，“在东南方向二三百米远的地方，有一所祠堂，那就是当年的党校俱乐部。党的六届五中全会就在这里召开的。参加大会的有一百多人。”[②] 在沙洲坝期间，由于校舍不够，无法开展教学工作。为了解决这个难题，校领导带领全体教职员工在校部左侧搭起了竹木结构、泥巴涂墙的简易教室。大部分学员宿舍是借来的民间草房，地上铺着稻草就是床铺。

马克思共产主义学校校址之二——瑞金沙洲坝黄竹堪下新斤村肖氏私祠（1933年5月—1934年7月）

1934年7月间，党校转移到云石山田心村侣玉公祠。中华苏维埃临时中央政府开办的苏维埃大学于7月中旬并入马克思共产主义学校。

马克思共产主义学校设教务处（罗明

① 《罗明回忆录》，福建人民出版社1991年版，第154页。

② 萧锋：《对瑞金革命旧址的一些回忆》，见陈毅、肖华：《回忆中央苏区》，江西人民出版社1981年版，第432—433页。

马克思共产主义学校校址之三——瑞金云石山田心村侣玉公祠（1934 年 7 月—10 月）

曾任主任）、总务处（处长姓陈）、教材编审处、列宁室等机构。校部成立党总支（党委）、团总支（书记邓湘君），各班设党团支部（在学员中选举），设班主任负责学习辅导和生活管理。教务处主任负责在中央组织部领导下，确定各期招收学员人数，编排班级，编制教学计划和每周教学进度表，按各种班级的需要，请中央领导同志讲课。教务处干事负责办理学员入学手续，保管学员名册，印发教材，了解学员学习进度，学员毕业时写信介绍学员回各地工作等。总务处设处长 1 人、干事数人，分工管理学校的膳食和事务等工作。陈潭秋、潘汉年、冯雪峰、罗明、李培南、杨文仲、吴仲濂、成仿吾、贾拓夫、陈焕武等先后担任校党委委员、班主任或教学辅导。①

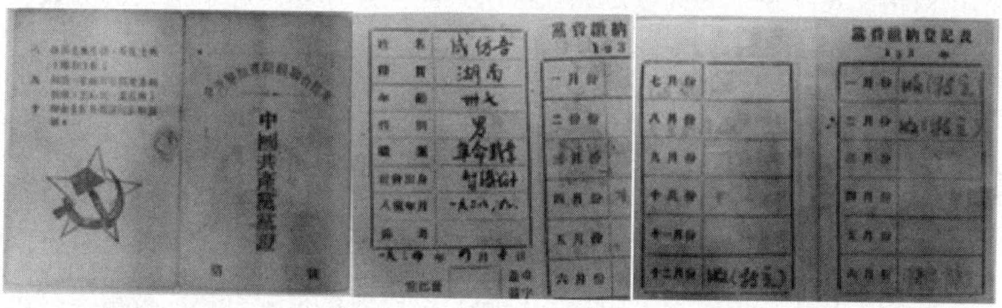

成仿吾的党证。内有 1934 年 4 月至 1935 年 12 月缴纳党费的记录，其中三次由徐特立收。

① 参见《罗明回忆录》，福建人民出版社 1991 年版，第 154 页。

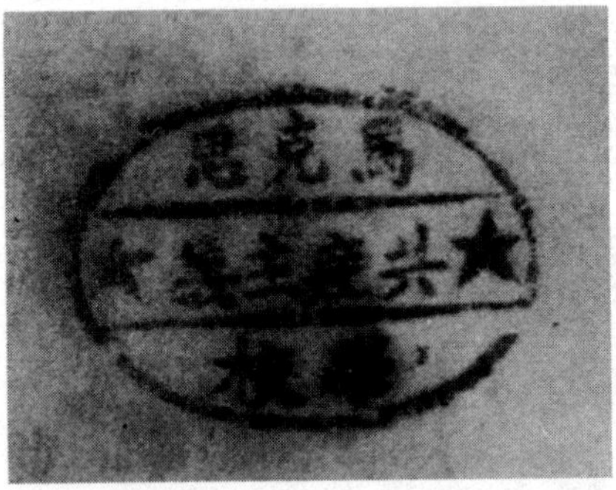

马克思共产主义学校钤记

（三）马克思共产主义学校的培养目标、招生对象、班次设置

关于马克思共产主义学校的培养目标、招生对象，当年的教务主任罗明回忆，在开学典礼上“马克思共产主义学校校长讲话，说明党校宗旨有三：一是要培养无限忠诚于党、忠诚于工农大众的干部；二要学习马列主义，总结亲身革命经验，提高政治思想水平；三要锻炼思想意识，洗掉旧社会带来的脏东西，使大家能适应土地革命战争的需要，为彻底粉碎国民党反革命‘围剿’做出贡献”。[①]“中央党校主要招收党的县级干部和省级有关干部，都是由地方政府和部队根据实际需要择优送来的。培养目标是使他们能够运用马克思主义原理，联系实际，做好政治工作，解决实际问题，完成工作任务，成为县级党、团、政府、工会、妇委和白区工作的骨干。党班高级班的学员，分配到部队去的是充任红军或游击队的总支书记或政委，到地方去的是担任县委书记或区委书记。学员分班先按工作性质分为党班、团班、工会班、妇女班、新苏区班和白区工作班，再按政治文化水平分为高级班和初级班。随着学校规模逐步扩大，班数也由少到多，最多时达 10 余个班，每班约 60 人，学员近千人。”[②]

在自己掌权的地方有了这样一个党校，好比有了一个领导干部蓄水池。除了被着力培养的干部，那些调离原处未及安排新工作的干部如陈潭秋，到中央汇报工作或开会而无法立即回到原地的干部如贾拓夫、成仿吾，都被安排到党校工作或学习。中央党校同时也成为被正常审查或被错误打击

① 参见《罗明回忆录》，福建人民出版社 1991 年版，第 153 页。
② 参见《罗明回忆录》，福建人民出版社 1991 年版，第 154、155 页。

的干部暂住之处。比如马克思共产主义学校开学后，临时中央把犯“罗明路线”错误的人都弄到党校去学习。罗明被撤了福建省委代理书记职务，调到中央党校学习检查，后任教务主任。被怀疑和罗明有“集团关系”的新泉县委书记杨文仲也被撤职，送到党校学习，后任普通班班主任。江西省委批了“江西罗明路线”也有不少人被调到党校学习。

关于班次设置，1933 年 3 月 12 日的《红色中华》作了具体介绍：“党校共分三班：（一）新苏区工作人员训练班。学额原定八十人，主要的是造就新苏区与白区的工作人员，学习时间定两月毕业。（二）四月的训练，分党、团、苏维埃、工会工作四班，每班五十人。（三）高级训练班。以六月为限，学额四十人。由各省委、省苏及省工会派送。党校科目，各班不同，主要的是马克斯列宁主义的基本原理，与党的建设苏维埃的建设，工人运动，历史、地理和自然科学常识等。”（《纪念科学社会主义之父！马克斯共产主义学校三月十三日开学》）新苏区工作人员训练班又称初级班。4 个月的班又称中级班。首期计划培训学员 320 人，实际上总人数在 250 人左右。[①]

萧锋日记记载：“高级班共计 35 个人，都是来自苏区红军团以上、地方少共县委书记以上的主要领导干部。班里青年小组最小的是福建省儿童局书记赖大超，14 岁，最大的也不过 18 岁，青年小组有我、阙庭俊、王炳章、谭启龙、陈丕显等 9 人，妇女小组有李贞、邱会玉、陈碧云、彭儒等 8 人，成年小组有罗桂华、余立金、辛原林、王逸群等 18 人。高级班班主任是杨尚昆同志（5 月份后调 3 军团当政委），职工总工会的戴波淘处长当书记。全校成立了少共总支，我任组织委员，兼做班里团的工作。”[②]当年的学员赖大超回忆，青年组还有赖如昌，妇女组还有贺怡，成年组还有从北平、

① 参见《红色中华》第一〇七期，1933 年 9 月 3 日。《红色中华》第一〇四期，1933 年 8 月 22 日报道，党校雇员工会支部“于七月十五日宣布正式成立，全校会员共有二百四十四名”。

② 萧锋遗稿，南溪、孙翊整理：《萧锋征战记》，中央文献出版社 2010 年版，第 47—48 页。

上海等白区来的十余人。[①]《瑞金县志》记载，王首道也是第一期高级班学员。

1933年，高级班可能只办了一期，原计划学习半年，实际学习了9个月。赖大超回忆：12月12日举行了第一期毕业典礼。董副校长讲话，肯定我们克服了许多困难，完成了学习计划。他希望我们到前方和各地努力工作，为粉碎蒋介石的“围剿”而奋斗，并希望与学校保持联系，以利今后教学。学校用自己饲养的肥猪做了一顿丰盛的毕业会餐。[②]萧锋日记总结了他的学习收获：“打开了学习马列主义的大门，向老师、同学和校外广大工农群众学到了许多阶级斗争的知识。尤其是毛主席、朱总司令、刘少奇、董老、徐老等首长给我们讲课，对我们教育最大。我在同志们的帮助下，文化水平得到很大提高，能看《红色中华》等报刊，写日记和写报告的水平也有所提高。我的个性强、性情急躁等缺点有所改进。”[③]

1933年，新苏区班至少招生3期。6月14日，第一期新苏区班毕业。原计划招收学员80人，毕业人数不详；原计划学习2个月，实际学习3个月。四月班至少招生2期。8月13日，第一期四月班毕业。该班分党、团、苏维埃、工会工作4个班，原计划每班招50人，实际毕业人数150人；原计划学习4个月，实际学习5个月。

1934年，马克思共产主义学校培训学员500人以上。高级班至少办了2期，年初开学一期，福建省委妇女部长李坚贞就是这一期的学员。7月份开学一期，瑞金革命纪念馆有一件文物，是1934年9月校长罗迈（李维汉）和冯雪峰给学员谢访贤签发的毕业证书，上写：“高级班二月学习期满准予毕业”。可能是因为长征在即，这期高级班学制缩短为2个月。据成仿吾、罗明回忆，这一年在高级班学习过的还有宋任穷、唐天际、胡嘉

---

① 赖大超著，朱惠玲整理：《一个红小鬼的风雨人生——赖大超回忆录》，中国青年出版社1998年版，第27页。

② 赖大超著，朱惠玲整理：《一个红小鬼的风雨人生——赖大超回忆录》，中国青年出版社1998年版，第27页。

③ 萧锋遗稿，南溪、孙翊整理：《萧锋征战记》，中央文献出版社2010年版，第58页。

宾、钟月林、朱志辉、邓六金、危秀英、吴富莲、陈碧英、李贵英、蔡丽贞、吴秀香、吴仲耿等人，以及越南的黎平和洪水同志。这一年党校还办了六七个普通班，每班五六十个学员，学习时间一个月。[①]

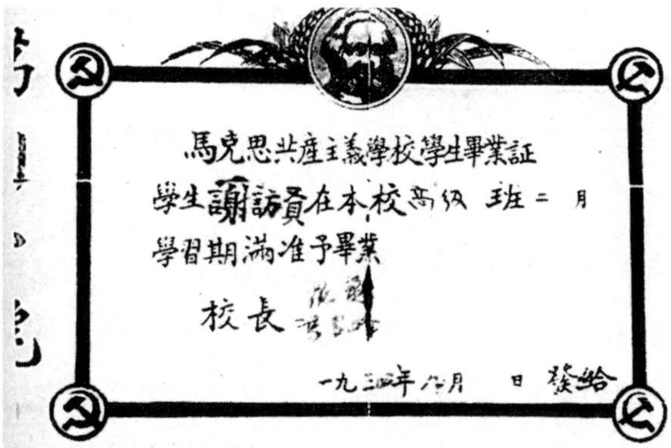

1934 年 9 月，由罗迈、冯雪峰签发的马克思共产主义学校毕业证

在马克思共产主义学校办学期间，也有一些学员因为工作需要或形势紧张而提前毕业。比如，1934 年 6 月，第五次反“围剿”已经进入后期。战火逐渐燃向中央革命根据地的腹心地带，形势十分严峻。为了改变这种局面，中央决定从红军大学和马克思共产主义学校挑选一批学员提前毕业，充实各个革命根据地的军事和地方工作力量。刘俊秀就是被抽调的学员之一。[②]7 月初，中央军委决定组建中国工农红军北上抗日先遣队，北上牵制敌人，减轻敌人对中央苏区的压力。中央党校调了孟平等许多同志参加抗日先遣队。[③]

（四）马克思共产主义学校的课程设置和中央领导在马克思共产主义学校的授课

马克思共产主义学校的课程安排因班次的不同而有所区别，主要课程

① 1965 年 9 月 11 日在山东大学对成仿吾访谈，陈作梁、刘克廉记录。

② 参见刘俊秀：《七大——使党永葆生机和活力的大会》，见中共中央党史研究室第一研究部编：《七大代表忆七大》上，上海人民出版社 2006 年版，第 298 页。

③ 《罗明回忆录》，福建人民出版社 1991 年版，第 164 页。

有马列主义原理、政治经济学、政治常识、中国革命史、西方革命史、党的建设、工人运动、妇女运动、白区工作、经济建设、自然地理、语文、军事、唱歌等。

学校的专职教员很少，许多课程都由中央和有关部门的领导同志讲授。据考证，先后在马克思共产主义学校任课的教员如下：中共党史（任弼时、邓颖超）、政治常识（杨尚昆、冯雪峰、成仿吾）、中国革命基本问题（洛甫）、苏维埃运动史（毛泽东）、西方革命史（董必武）、联共党史（博古）、军事战略战术（朱德、周恩来、刘伯承、李德）、党的建设（罗迈、罗明）、中国职工运动史（刘少奇、陈云）、经济建设（吴亮平）、自然地理常识（徐特立、陆定一、成仿吾）、语文（成仿吾）、政治形势与任务（周恩来、冯雪峰）、妇女运动（蔡畅）、军事训练（刘振亚）、唱歌（李伯钊）、扩大红军（金维映）……[①]

1933年，中央领导同志经常到党校授课。后来，随着第五次反“围剿”的失利，授课主要由冯雪峰、成仿吾、罗明等专职教员担任，有些课程被迫停开。

领导们讲课一般没有课本，学员学习全靠听、记和讨论。针对学员文化水平普遍较低的特点，领导同志讲课尽量联系中国实际，深入浅出，生动具体，通俗易懂，使学员能听懂、理解，记忆深刻。

当年的高级班学员李坚贞回忆说：董老讲党是工人阶级的先锋队，他把党比作是火车头，人民群众好比火车厢，党的先锋作用就好比是火车头带动整个车厢有节奏地飞奔前进。董老讲课就是这样通俗易懂，引人入胜，我们大家都喜欢听他讲课。[②]

---

① 参见《罗明回忆录》，福建人民出版社1991年版，第155—156页；萧锋遗稿，南溪、孙翊整理：《萧锋征战记》，中央文献出版社2010年版，第48、53—55页。

② 参见李坚贞：《刻骨铭心，永志难忘》，见湖北省社会科学院组编：《忆董老》第2辑，湖北人民出版社1982年版，第19页。

高级班学员萧锋的日记对领导们的讲课有生动的记录。杨尚昆讲政治常识，第一课讲猿猴变人，劳动创造世界。开始学员都不相信，人怎么会是猴子变的呢？杨尚昆说："人就是猿猴变的，当然不是十年百年就会变，而是经过千百万年的劳动，演变成今天的人。""由于猿猴大脑比其他动物发达，为了生存，经常劳动，前脚慢慢地变成了手，为了开阔视野和自卫，身体渐渐地直立用后脚行走，后来又学会了制造简单工具，尾巴没有什么用处，就慢慢地进化掉了，这样经过千百万年的演变就成了人。如果大家不信，可以摸下自己的屁股骨还有个尾巴根子。"大家都好奇地摸摸自己的尾巴骨，将信将疑，但明确了劳动创造人类的观点。

刘少奇讲中国职工运动史的第一课是"中国民族工业的形成和发展"。他从中国小手工业的出现，讲到帝国主义列强对中国的侵略，又讲到中国民族工业的产生和发展。当讲到一些名词、术语时，学员们一时听不懂，他好像猜透了大家的心思似的，总是停下来耐心地解释，直到大家听懂了为止。

毛泽东讲苏维埃运动，密切联系学员最关心的问题，释疑解惑。中国的"红旗到底能打多久"，这是学员们最关心的问题。毛主席分析了中国的国情，指出：中国是一个半封建半殖民地的国家，人民受多国帝国主义的压迫，民不聊生。各地经济发展不平衡，军阀混战、割据，也有利于红色政权的存在和发展。再加上，我们有很好的党，有正在发展中的能征善战的红军武装，有有利于作战的地形、地势，有广大被压迫被奴役劳苦大众的支持，所以红色政权能够在白色政权的包围中存在和发展，能够长久地发展下去，而印度和其他一些不发达地区就没有这些好的条件，不能开展游击战争。有的学员问道：我们为什么不能进行议会斗争和其他合法斗争？毛主席又根据我国的国情，详细论述了"枪杆子里面出政权"和"从农村包围城市的武装斗争"的道路。

博古手拿一本厚厚的俄文书讲联共党史，由于没有教材，他讲的那些苏联的人名、地名，什么孟什维克、民粹派、哥萨克、邓尼金，听来像腾云驾雾一样，搞得大家头昏脑胀。李德上军事课，旁边跟着个翻译，讲了半天，说了两个问题，即袭击、伏击的战法，举的全是拿破仑进攻俄国和第一次世界大战的例子。①

领导们不仅亲自讲课，还亲自答疑。《刘少奇年谱》记载：1933 年 5 月 10 日，刘少奇“在马克思共产主义学校讲授《职工运动史》，至 7 月，共讲课十二次，解答问题二次”。②

1934 年春夏间，成仿吾在讲授社会发展史时，把一些书籍上的有关插图翻出来，并亲自画了一些图片，把它们加以编排，陈列出来，办了一个社会发展史展览，使学员加深理解。③

马克思共产主义学校的学术活动比较活跃，经常组织演讲会。根据《红色中华》发布的海报，1933 年组织演讲活动多次，如：3 月 18 日，董必武演讲“巴黎公社”；4 月 9 日，洛甫演讲“中国苏维埃政权的现在与未来”；4 月 16 日，唐开元（刘少奇）演讲“劳动法”；5 月 14 日，洛甫演讲“目前红军建设中的几个基本问题”；12 月 3 日，洛甫演讲“广州公社”。1933 年 4 月，洛甫在党校演讲后提议成立了马克思主义研究会。

马克思共产主义学校出版的教科书

马克思共产主义学校也很重视教材的编写，成立了教材编审处，由董必武负责，先后编印了《列宁主义问题》《共产党宣言》《论清党》《二月革

① 参见萧锋遗稿，南溪、孙翊整理:《萧锋征战记》，中央文献出版社 2010 年版，第 50、51、55—56 页。
② 《刘少奇年谱（一八九八——一九六九）》上卷，中央文献出版社 1996 年版，第 128 页。
③ 《成仿吾年谱》，东北师范大学出版社 1994 年版，第 72 页。

命至十月革命》等译著，封面均署名“马克思共产主义学校出版”。1934年1月，张闻天在马克思共产主义学校的讲稿《中国革命基本问题》由该校出版，苏区中央局发行，全书8万字，分2讲。第一讲“中国革命的社会经济基础”，第二讲“1925—1927年中国大革命”。初版印行1万册。1934年3月又由中共闽北分区委翻印，并对文字作了校订，书上注明为洛甫讲，挺群记。1934年5月12日，马克思共产主义学校出版了《政治常识讲义》，全书20万字，此书是目前发现该校出版的最后一本书。

（五）马克思共产主义学校的教学方针和学习方法

马克思共产主义学校的教学方针是“理论与实际相结合，为革命战争与阶级斗争服务”。学习方法是“自修为主与重点讲解相结合。检验学习成果的办法，不仅要在课堂考试，而且要深入实际进行实习”。[①]

党校大多数是分班上课，有时也会合起来上大课。中央领导同志在中央礼堂作报告时，党校也会安排学员排队前往参加听讲。党校学员学习热情很高，教师要求也很严格。上课时大家都认真听课，边听边记笔记。有个别同志因文化水平低，在课堂上记笔记有困难，则用心听讲，下课后再抄别人的笔记。许多学员在学习期间还学会了查字典，记笔记，写日记，提高了文化水平。党校的学习方法是自修为主与重点讲授相结合。学员按小组自学，也有讨论。讨论时他们互相提出问题，回答问题，发言热烈，敢于争论。对于他们认为是错误的东西，斗争性也很强。各班还定期出墙报，学员踊跃投稿，发表学习心得和感想，交流学习经验。

学校还安排军事课学习军事知识，主要学习步兵操练，每天早上起来集合点名，进行军事操练，下课后则擦拭枪支，也经常外出练习野战。有时候晚上上课，讲如何利用天空的星座判断方位，使所学军事知识能运用于实战。[②]

---

① 董纯才:《中国革命根据地教育史》第一卷，教育科学出版社1991年版，第132页。

② 参见《罗明回忆录》，福建人民出版社1991年版，第156页。

为了提高学员的实际工作能力，学校还组织高级班学员到基层实习。1933年7月12日至8月5日，第1期高级班学员到对敌斗争环境比较艰苦的粤赣边区筠门岭县实习。五六个学员到一个区，具体抓工作，而不是当观察员。学员何金田、赖如昌、赖大超、王炳章、萧锋等人在招财区做了3项工作：一是放手发动群众，使各个区、乡、村都成立了赤卫队、赤少队，防范靖卫团随时随地的进攻，对地、富分子实行工农专政。二是深入复查分田情况，了解到田岸村、河口屯、新许屯等3个村子有35%的人没有粮食，处于饥寒交迫之中。他们立即提出建议，请县、区政府给予适当的救济。三是整顿了县独立营。这个营游击习气很重，纪律涣散，组织不纯，实习组来之前，该营中队长、坏分子曾田吉带3人3支枪反水。实习组协助营长、政委打了4仗，边打边整顿，并在战斗中吸收19名苦大仇深的国民党俘虏兵当红军，开除了几名动机不纯分子，组织战士学习背唱“十六字令”和“三大纪律、八项注意”，并落实到行动中。经过一段整顿，纯洁了县独立营的队伍，提高了战斗力。实习结束，先由各实习组在高级班内部汇报，然后到实习所在县委进行总结，回到学校由主持工作的副校长作最后的总结。①

（六）马克思共产主义学校的优良作风

马克思共产主义学校的学习、生活条件十分艰苦。宿舍是借来的民间草房，地上铺些稻草就是床铺，这种“床铺”不够用，一些学员就干脆睡在楼板上。教室也是借来的民房和祠堂，条凳、桌子有些是从老百姓家里借来的，有些是用木板钉成的，大小不一，凑合使用。在洋溪村，敌机不断袭扰，学员们经常头上戴着草编的伪装帽，一边坚持听课记笔记，一边随时准备转移到树林里上课。在沙洲坝大埠村黄竹堪下，由于场所小，学员多，无法开展教学工作，校领导带领全体教职员工在校部左侧搭起了竹

① 萧锋遗稿，南溪、孙翊整理：《萧锋征战记》，中央文献出版社2010年版，第56—57页。

木结构、泥巴涂墙的简易教室。为防敌机空袭，学员们开挖了一个可容纳几百人的防空洞。粮食定量供应，学员每人每天 1 斤，工作人员是 7—8 两。原定每天吃 2 餐，后来为了便于分上午、下午上课，改吃 3 餐，早上吃稀粥，中午和晚上吃糙米饭。由于敌人对苏区长期进行经济封锁，严禁运进食盐，学员们吃饭时无盐无油，经常以辣椒和芋荷干送饭。但学员的精神状态很好，学习热情高涨，十分努力。

党校的学员和干部坚持密切联系群众的作风，积极参加星期六义务劳动，为附近红军家属干活儿。每到插秧、中耕和收割等农忙季节，学员、干部全体出动，帮助农民劳动。党校所在地附近的农民与党校学员、干部的关系十分亲切，如同一家人。[①]

党校教职员工还积极响应中共中央局和中央政府的号召，带头参加各项政治活动，如成立消费合作社、反帝拥苏互济会、工农剧社分会等；多次进行募捐活动以援助东北义勇军；慰劳红军；师生每人每天减少二两米支援前线；到各县扩大红军……业余时间大家唱歌跳舞演戏打球，生活丰富多彩，心情非常舒畅。

党校很重视与毕业学员进行联系，了解他们的工作状况，收集他们的工作经验，征求他们对党校工作的意见。党校在《红色中华》两次登出启事，请毕业学员立即与党校联系，并盼望他们写信给学校，回答下列问题："当时学习的科目，对你们出校后的工作有帮助的是什么？依照你们当时的学习和现在工作的经验，对党校的教育，关于各科的内容、教材、教法和课内外学习方法等有些什么意见？""你们在工作中，曾遇到什么理论的和实际的问题不能解决的？""你们除了写出自己的情况，还要写出知道的别的毕业学员的情况，包括那些叛变革命的反水分子。"[②] 这种做法，有利于党

① 参见《罗明回忆录》，福建人民出版社 1991 年版，第 158—159 页；萧锋遗稿，南溪、孙翊整理《萧锋征战记》，中央文献出版社 2010 年版，第 56—57 页。

② 《红色中华》第二一六期，1934 年 7 月 19 日；《红色中华》第二一九期，1934 年 7 月 26 日。

校积累工作经验，改进日后的工作。

（七）马克思共产主义学校的长征

1934 年 6 月下旬，经共产国际同意，中共中央局开始准备转移。除了物资准备，还更加猛烈地扩大红军，加紧训练干部。马克思共产主义学校加强对学员的政治教育和军事训练，并安排学员到各县参加扩红工作，还增设了训练班，培训开辟新区的干部。随后，中央局组织部长兼党校校长李维汉（罗迈）把 500 个学员中的 300 余人陆续送到红军部队，还有 100 余人等候调动。

10 月 12 日，教务主任罗明参加了中共中央局召开的紧急会议，才得知中央主力红军要退出中央苏区，突围转移。这之前，从副校长到所有学工人员，都不知道红军将要离开中央苏区。10 月 15 日，李维汉派人通知党校部分干部和 100 余名学员，到沙洲坝一个大坪集合，自带晚饭，准备于黄昏时行军。党校学工人员被编入中央机关第二野战纵队（即“红章纵队”，又称中央后勤纵队，叶剑英任司令员，邓发任政委，李维汉任政治部主任）的干部团（也叫工作队），开始了艰苦卓绝的长征。党校学工人员在李维汉领导下做红军的宣传鼓动工作、沿途群众的宣传组织工作，并承担纵队伤病员的收容工作。

党校参加长征的人员是怎样确定的，李维汉回忆：“一九三四年十月，党中央和中央红军开始长征，董必武、成仿吾、冯雪峰等党校的干部参加了长征。党校的一部分学员和由地方调来准备创立新苏区临时放在党校学习的干部，也参加了长征。这部分人员处理工作是我负责进行的。处理原则主要是两条：一是个人能力能否胜任新苏区工作的需要，二是身体情况能否适应长期行军的艰苦生活。参加长征的教职员和学员都编入中央军委第二纵队的干部队。”①

① 李维汉:《回忆与研究》（上），中共党史资料出版社 1986 年版，第 386 页。

罗明回忆："苏区中央局内部决定转移时，罗迈同志来校和我谈话，说要派学员去苏联学习，要我提出学员百余人名单。这些人的条件一是政治坚定，有工作经验和能力；二是身体强健，能过艰苦生活和能长途行路到海边起程去苏联。我和学员个别谈话，看看是否符合条件。当时我不便说是去苏联，后来罗迈同志来取名单，问我有没有说要派去苏联。我说为了保密，说要派去四川红四方面军工作。罗迈同志拿了名单笑了一笑。到了要我们出发参加长征时才知道，罗迈同志要选的学员不是派去苏联而是参加长征。"①

当组织上通知罗明夫妇随军转移时，夫人谢小梅刚生了一个女儿，孩子尚未满月，夫妇俩就把女孩送给了附近的红军家属。罗明在第二纵队政治部做联络和宣传工作。谢小梅在第二纵队干部休养队（董必武任队长）。休养队有 20 个女干部（大多是病号、孕妇）。据徐特立说，她们都是党校的学生。其中邓六金、危秀英、钟月林、钱希钧、李伯钊等是妇女队的骨干。她们除了走路，还要担负宣传群众、动员民夫、管理担架队、扩大红军、筹粮筹款等工作。②

成仿吾因为长期害疟疾，身体虚弱，领导上让他留在苏区。李维汉征求他的意见，他表示自己走惯了路，请求随军转移，遂被批准参加长征。出发时，他的全副装备是一床毯子、一袋干粮、一个装着简单衣物的挂包，手持一支新发的红缨枪。他和党校副校长冯雪峰是参加长征的两位知名作家。长征初期，冯雪峰任红九团地方工作组副组长。③

长征开始的时候，是大搬家式的行军，谁也不知道要走一年，走两万五千里。教职员把党校的书籍教材拣重要的搞了十几个担子带上走，一

---

① 《罗明回忆录》，福建人民出版社 1991 年版，第 160 页。

② 徐特立：《长征中的医院》，见刘统整理注释《红军长征记》，生活·读书·新知三联书店 2019 年版，第 670—671 页。

③ 《成仿吾年谱》，东北师范大学出版社 1994 年版，第 72 页。

路上边走边丢，几乎丢光了。11月15日，红军突破了敌人的第三道封锁线，占领了湖南宜章县城。部队休息了两三天。湖南党组织来联系，要求派干部去帮助工作。李维汉叫罗明在中央党校学员队中选调5人，还有几个病员也留在宜章帮助地方工作。[①]

12月，黎平会议后，因为大量减员，中央机关两个纵队合编为军委纵队，直属中央军委，刘伯承任司令员，陈云任政治委员，叶剑英任副司令员。纵队下辖3个梯队，李维汉改任中央机关梯队队长，还担任总政治部地方工作部部长。罗明和党校学员队仍随地方工作部行动。董必武被调到林伯渠主管的没收征集委员会任委员，不久调到中央纵队干部休养连任党支部书记。董必武与徐特立、谢觉哉并称干部休养连“三老”，成仿吾也在这个休养连。

遵义会议之后，毛泽东指示要起用被王明路线打击的干部。罗明被总政治部地方工作部派到红三军团政治部地方工作部任部长。董必武、徐特立、谢觉哉、李一氓、冯雪峰、成仿吾等被编入红色干部团上级干部队，以“政治教员”的身份随队行动。党校学员（大多是长征前在党校学习的地方县级干部）则被编进红色干部团上级干部队地方工作科。红色干部团团长陈赓，政委宋任穷。上级干部队实为长征期间的红军干部学校，设军事指挥科、政治科、地方工作科，队长萧劲光、政委莫文骅。行军途中，每休息一天以上，董必武等人都要给干部队上政治课。[②] 9月，陕甘支队成立后，军委直属纵队成为第三纵队（叶剑英任司令员、邓发任政委），上级干部队归属第三纵队管辖。10月19日，中共中央和红一方面军胜利到达陕北吴起镇。马克思共产主义学校参加长征的绝大部分学工人员走完了两万五千里。据目前掌握的资料，党校有一位班主任杨文仲在长征中光荣牺牲。

---

① 《罗明回忆录》，福建人民出版社1991年版，第166页。

② 参见《莫文骅回忆录》，解放军出版社1996年版，第257—260页。

长征过程中，1935年8月5日，中央政治局沙窝会议通过《中共中央关于红一、四方面军会合后的政治形势与任务的决议》。在“目前的中心工作”部分写道：“加紧对于全体党员与红色指战员间的基本的阶级教育，使他们能够在各种复杂的与变化的环境下坚决不动摇的为苏维埃革命斗争到底。设立红军大学与高级党校，大批地培养军事的与政治的干部。”[①]可惜的是，由于张国焘的分裂破坏，高级党校并未办成。

① 中国人民解放军历史资料丛书编审委员会:《红军长征文献》解放军出版社1995年版，第613页。

第　三　章

初到陕北的中央党校

1935年11月中共中央决定中央党校复校，并正式定名为中共中央党校。到1937年2月迁至延安，在14个月的时间里，中央党校先后在瓦窑堡、保安、定边3处办学，培训学员近1000名。师生们一边学习，一边战斗、转移，度过了一段十分艰苦而动荡的岁月，写下了一段可歌可泣的历史。这批学员成为扩大红军，保卫、巩固和扩大陕北苏区，以及日后开辟新的抗日民主根据地的中坚力量。

一、在瓦窑堡

瓦窑堡是中共中央机关在陕北的第一个落脚点，也是中央党校在陕北的第一个校址所在地。结束了两万五千里长征，中央党校一个崭新的历史阶段就在这里开始。

（一）复校 开学

1935年11月3日，中共中央在陕甘边苏维埃政府所在地甘泉下寺湾召开政治局会议，讨论中央对外名义和组织分工等问题。会议决定目前对外用中共西北中央局和中华苏维埃中央临时政府西北办事处名义；决定成立中共西北军事委员会、中华苏维埃中央临时政府西北办事处和西北军委后方办事处，毛泽东为中共西北军事委员会主席，博古为中华苏维埃共和国西北办事处主席，周恩来为西北军委后方办事处主任；决定由洛甫和博古率领中央机关从下寺湾北去陕甘晋省委驻地瓦窑堡，开展党和政府工作，毛泽东、周恩来、彭德怀率红一方面军向南，准备粉碎敌人的“围剿”。

11 月 7 日，洛甫等人率中央机关（即陕甘支队第三纵队）离开下寺湾，11 月 10 日到达安定县瓦窑堡镇（今子长县县政府所在地），省苏维埃政府组织数千群众在南门夹道欢迎中央红军的到来。瑞金时期曾在党校担任领导工作的李维汉、董必武、冯雪峰、成仿吾等人都在被欢迎的队伍里。

中共中央究竟在哪一天决定恢复党校，目前尚未看到当时的文字记录。林伯渠长征日记中有一条记载：“十一月十九日，晴，八时党校开会，博古报告肃反工作。”有文章据此认为，这里的“党校”应该就是“中央党校”。党校的恢复时间应当在 10 日至 19 日之间。①

笔者以为，林伯渠日记中提到的“党校”，应该是陕甘晋（陕北）省委党校（中共中央到瓦窑堡时，省委党校还有二三十人，校长高长直。鲁振华、李登瀛等人在党校任职）；确定中央党校复校的时间应该在 11 月下旬；中央党校校址的确定应该在 12 月初。

其根据是，中央党政机关到达瓦窑堡后的首要任务是解决中央红军万余人的粮食、住宿和冬装问题。为此在下寺湾中央政治局会议上建立健全了以博古为主席的中华苏维埃共和国西北办事处，由林伯渠、邓发、王观澜、崔田民、徐特立、蔡树藩、邓振询分别为财政、粮食、土地、国民经济、教育、司法、内务、劳动等部的部长，罗梓铭为工农检查局长。在组织上则是尽快处理陕北“肃反”问题，以安定陕北苏区党员干部的人心，巩固这个硕果仅存的苏维埃根据地。为此在下寺湾中央政治局会议上建立了以董必武为主任，董必武、王首道、张云逸、李维汉和郭洪涛 5 人组成

① 王渔:《在陕北瓦窑堡时的中央党校（上）》,《学习时报》2011 年 10 月 17 日。

的“党务委员会”。洛甫等人到达瓦窑堡后必然要集中精力分头抓好上述两项工作。中共西北中央局组织机构的健全和人事安排只能稍后一点进行。

目前看到的审查“肃反”问题的资料记载：11月18日，毛泽东、周恩来、彭德怀联名致电洛甫、博古，指出陕北“肃反”“错捕有一批人，定系事实”，应予以平反。19日，“博古报告肃反工作”，正是对这个电报的回应。26日，西北中央局作出《西北中央局审查肃反工作的决定》。30日，西北中央局党务委员会作出《关于戴季英、聂鸿钧二同志在陕甘区域肃反工作中所犯错误的处分决议》。同日，中央组织部在瓦窑堡第二高小召开平反大会，洛甫主持，博古、邓发、张浩、朱理治、聂鸿钧、戴季英及党务委员会成员和陕北部分干部参加。王首道代表五人委员会宣读了两个决定，为已经获释的刘志丹等人平反，仍被错误关押的100多人全部获得平反释放。

根据上述资料所透露的信息，笔者推测，西北中央局讨论并决定党中央的机构和人事安排的时间很可能就在11月26日，即中共西北中央局作出“审查肃反工作的决定”那一天。这次会议决定中共西北中央局仍然由洛甫负总责，下设宣传部（洛甫兼部长，吴亮平任副部长）、白区工作部（张浩任部长）、组织部（罗迈任部长），履行中央职责，领导全党工作，因而才有30日中央局各部门负责人同时出席平反大会的情况。

董必武（1886年—1975年），中共中央党校校长（1935年11月—1937年4月）

也应当是在这次会议上，中共中央决定恢复党校，并正式改称中央党校，董必武任校长，陕北省委党校与中央党校合并。援瑞金旧例，中央党校仍由中央组织部管理，其招生和毕业分配工作

中央党校在瓦窑堡的校址——安定县立第二高级小学（1935 年 12 月—1936 年 6 月）

由中央组织部干部科具体负责。

董必武着手中央党校开学事宜应当在平反大会之后。中央党校的校址就选在平反大会的会场瓦窑堡县立第二高级小学。学校位于安定县瓦窑堡镇中山街旁龙公巷，为砖窑建筑。其首创于清朝同治年间，由时任延安府绥德知州龙锡庆修建，称“正谊书院”，1903 年改为“县立第二高级学堂”，辛亥革命后改为“县立第二高级小学”（简称“二高”）。为了办中央党校，苏维埃政府将学校迁至后桥。①

复校时没有设教务主任。龙标贵负责总支工作，原陕北省委党校的李登瀛等人负责总务后勤工作。

中央党校第一期开学的时间大概在 12 月 6 日至 11 日之间。其根据是

① 1936 年 6 月党校撤出瓦窑堡后小学迁回，1937 年改名为“龙公巷小学”。1940 年与米粮山学校合并为“安定第二完小”，因此关于中央党校瓦窑堡校址的三种说法“第二高级小学”“龙公巷小学”“安定第二完小”，其实指的都是同一个学校，即现在的子长县瓦窑堡小学。

12月6日和16日《红色中华》的两篇报道。前一篇报道预告12月11日瓦窑堡将举行反日讨蒋示威大会，会后有文艺汇演："由工农剧社公演文学家成仿吾新著的剧本《出卖华北》，同时红大、列小亦将参加这一晚会云。"尚无中央党校的消息。后一篇报道介绍演出盛况："此时天已中午，乃举行各种反日的游艺——唱反帝拥苏等歌曲（列宁剧团）；操哑铃操（列宁小学）；并公演著名文学家成仿吾的新著《出卖华北》（列宁剧团），及冯雪峰的《誓死不作亡国奴》（党校）等剧本，到下午二点钟才尽欢而散。"这是中央党校在陕北的活动第一次见诸报端，证明党校已经在12月11日前开学了。

第一期学员只招了2个班，人数不详，由冯雪峰和成仿吾各任一个班的班主任。学员主要是长征干部和陕北干部。教学内容基本沿用瑞金时期的课程，主要任课教员和课程为：李维汉讲授"党的建设"，董必武讲授"苏维埃建设"，成仿吾讲授"政治常识"，红军副参谋长张云逸、学员罗炳辉和赖传珠讲授"游击战争"。当时党和红军的中心工作是扩大红军、巩固和扩大根据地。学习内容也与此相联系。[①]

中央党校开学不久，12月17日至25日，中共中央在瓦窑堡召开政治局扩大会议（即瓦窑堡会议），讨论军事战略、全国的政治形势和党的策略方针问题。会议通过了《中共中央关于目前政治形势与党的任务决议》，决定建立最广泛的抗日民族统一战线，规定党的策略路线是"发动、团结与组织全中国全民族一切革命力量去反对当前主要的敌人：日本帝国主义与卖国贼头子蒋介石"。会议在讨论制定统一战线的策略时，着重批评了党内长期存在的"左"倾关门主义倾向，对党的若干政策予以必要的调整，如知识分子政策、白军政策、富农政策、民族工商业资本家政策、华侨政策等，确定了抗日民族统一战线的策略路线。决议阐述了新形势下党的建

① 1965年9月11日在山东大学对成仿吾的访谈。陈作良、刘克廉记录。

设问题，指出："为了完成中国共产党在伟大历史时期所负担的神圣任务，必须在组织上去扩大与巩固党。在新的大革命中，共产党需要数十万至数百万能战斗的党员、才能率领中国革命进入彻底的胜利。""必须大数量的培养干部，党要有成千成万的新干部，一批又一批的送到各方面的战线上去。"①

12 月 27 日，中共中央在中央党校召开党的活动分子会议。毛泽东在会上作了《论反对日本帝国主义的策略》的报告，着重阐明了建立抗日民族统一战线的可能性和必要性，并强调了党和红军在这个统一战线中的领导作用。党校师生都听了这个报告。这不但极大地帮助了学员们对党的抗日民族统一战线方针、策略的理解，还使陕北的学员们第一次见到了毛泽东、张闻天、周恩来等中央领导，给他们留下了极深刻的印

1935 年 12 月 27 日，中共中央在中央党校召开党的活动分子会议，毛泽东作报告《论反对日本帝国主义的策略》，党校全体师生参加

① 中共中央文献研究室、中央档案馆编:《建党以来重要文献选编(一九二一—一九四九)》第十二册，中央文献出版社 2011 年版，第 536、546、550 页。

象。会后，传达和学习瓦窑堡会议决议和毛泽东的报告成为党校学员的重要教学内容。

为了使苏区党政军干部尽快熟悉抗日民族统一战线的方针和政策，1936年2月初，中央党校招收了第二期学员，招生人数不详。目前只知道第二期学员中有一部分是在陕北“肃反”中被错误关押、当时尚未分配工作的干部，如孙君一、马亚夫、张策等人。[①] 第一期学员是否已经毕业也不得而知。

（二）随军东征

中央党校从创建之日起，就是完成党和政府各项中心任务的一支生力军。在瓦窑堡时期，党校师生光荣地参加了举世闻名的东征。1936年2月17日，中华苏维埃人民共和国中央政府、中国工农红军军事委员会联合发表《东征宣言》，宣告组成由彭德怀任总司令、毛泽东任总政委的中国人民红军抗日先锋军，“为实现抗日，渡河东征”。

为了便于做地方群众工作，东征军要配备一批陕北的干部。由于党校学员中有相当部分是来自陕北的红军和地方干部，因此，中央决定由成仿吾和冯雪峰分别率领中央党校部分学员参加东征，组成地方工作队，随军做群众工作，其中有个班刚开学7天就参加了东征。因成仿吾曾经在鄂豫皖苏区与徐海东、程子华、郭述申共事，中央指派他带领一部分学员到红十五军团。冯雪峰曾在中央苏区工作，则带领一部分学员到红一军团。董必武当时也跃跃欲试，想随军东征，但因他已经年过半百，中央留他在瓦窑堡继续办学。孙君一、马亚夫、张策等学员皆留在校内。李景膺则是2月下旬红军东征后经中央组织部长罗迈同意到中央党校学习的。

① 根据1963年12月11日在中央高级党校对李景膺、张鹏图、马亚夫、孙君一等人的访谈。郝耀亭、刘克廉、王渔记录。

2月20日晚8时，东征战役开始。红一军团、红十五军团1.3万人分别从陕西省绥德县沟口、清涧县河口等地强渡黄河，一举突破阎锡山晋绥军的防线，占领了山西境内三交、留誉、义牒等乡镇在内的纵深35公里、横宽50余公里的地区。当晚，成仿吾与彭德怀坐同一条船渡河。

3月1日至7日，成仿吾率中央党校学员随红十五军团在水头、双池、川口一带开展群众工作，打土豪分浮财，宣传抗日救国。东征期间，成仿吾与毛泽东常有接触。成仿吾曾回忆说："一天夜里，我同毛主席在一个山头过夜。阎锡山的部队从山下过，主席幽默地说：'仿吾同志，我们在检阅阎锡山的部队呢！'"[①]4月底，成仿吾收到党中央的电报，命他速返党校，担任中央党校教务主任。他带了警卫员、勤务员、饲养员各一名提前返校，在兴县渡过黄河，在延川过"五一"，很快回到瓦窑堡。[②]

冯雪峰率领的红一军团地方工作队在红军前委领导下，在山西石楼的平底区（10个乡）、中阳的三交区（5个乡）发动和组织群众建立救国农民会、游击队、赤卫军、开展游击战争；建立党的秘密组织、开展党的工作；筹集抗日基金，动员群众参加红军，在扩红和筹款两方面取得了很大的成绩。3月4日、4月11日，中共西北中央局机关报《斗争》第九十三、九十四期连载冯雪峰的文章《山西新苏区工作的经验与教训》。全文分6个部分：1. 怎样争取逃跑群众回家；2. 发动群众与组织群众；3. 武装群众；4. 分土地，筹抗日基金；5. 党的秘密组织与游击战争；6. 对敌人政策和工作作风上的教训。文章详细生动地记述了党校师生随红一军团到山西后开展地方群众工作的过程、经验与教训。文章提出，在新的形势下，根据山西具体的环境特点，必须认真地了解和掌握党目前新的策略，必须充分相信群众，从群众的切身利益出发对群众进行耐心艰苦的教育和动员，不能

① 《成仿吾年谱》，东北师范大学出版社1994年版，第76页。

② 《成仿吾年谱》，东北师范大学出版社1994年版，第77页；1965年9月11日在山东大学对成仿吾的访谈。

“囿于过去在农村工作的经验”，或者“机械地运用在陕北苏区工作的那一套”，“必须争取最广泛的群众到抗日战线上来，上层分子也尽量要争取”。

3 月 20 日至 27 日，中央政治局在山西隰县大麦郊召开会议（即晋西会议），讨论共产国际七大决议和目前的战略方针。在 3 月 25 日的会议上，党中央决定派冯雪峰为中央特派员前往上海，恢复上海地下党与中央的联系。冯雪峰是著名诗人、作家、文艺理论家，1927 年入党，曾在上海工作多年，先后担任“中国左翼作家联盟”党团书记、中共中央宣传部文化工作委员会书记、中共上海中央局宣传部干事、中共江苏省委宣传部长，是鲁迅的挚友。4 月中旬，党中央负责人张闻天同冯雪峰谈话，向他交代去上海的任务：1. 同南京方面联络，进行“外交”（上层统一战线）活动；2. 同上海各界救亡运动领袖、群众团体建立关系，传达抗日民族统一战线的策略，扩大统一战线的组织；3. 恢复党中央与上海地下党的联系，建立上海党的工作，并发展上海原有的工作；4. 附带管一管文艺界工作。他叮嘱：“到上海后，务必先找鲁迅、茅盾等，了解一下情况后再找党员和地下组织。”[①]冯雪峰行前，毛泽东和他长谈了一次，嘱咐他一定要好好团结鲁迅先生，因为他是一面大旗，能够唤起民族的抗战热情。冯雪峰随即离开中央党校东征队伍赴上海。

在陕北复校后，冯雪峰一方面做班主任工作，一方面进行文学创作和党的宣传工作。1935 年 12 月中旬，冯雪峰为党校师生写作剧本《誓死不作亡国奴》，年底为苏区工农剧社写《苏维埃活报剧》；1936 年 1 月 18 日在《斗争》第八十二期发表论文《怎样办训练班》；东征期间在《斗争》第九十三、九十四期连载《山西新苏区工作的经验与教训》。

成仿吾在瓦窑堡的创作和社会活动也十分活跃，11 月 27 日，少共中央局、全总执行局和陕北省委联名发起成立西北反日讨蒋同盟，“选举蔡乾

① 《张闻天年谱（1900—1941）》上卷，中共党史出版社 2000 年版，第 314 页。

（台湾代表）、成仿吾等十七人为该同盟的筹备委员”。12 月 11 日举行的纪念广暴反日讨蒋群众大会“选举成仿吾等七同志为大会主席团”。成仿吾还为工农剧社写了话剧《出卖华北》和《三姐妹》。①

冯雪峰和成仿吾是既参加过长征又参加过东征的两位知名作家，他们担任党校教员，不仅向学员传授了党的理论和文化知识，也提高了党的声望。延安整风期间，《解放日报》曾发表中央党校一位学员的文章《十五年思想变化的反省》。这位同志 1935 年 12 月曾进过瓦窑堡中央党校，入党校前在陕北某县苏维埃政府工作，因为县干部的文化水平普遍较低，故觉得共产党缺乏人才。到了党校，听到某某同志介绍，知道成仿吾和冯雪峰是文学家，说毛泽东和周恩来是何等伟大的人物，这样一来，就把他的党没有人才的观念打消了。

东征期间，留守瓦窑堡的中央党校不但坚持办学，而且有了新的发展。4 月下旬，在董必武的主持下，中央党校办了一个高级班。董必武任班主任，李景膺任班长。李景膺、张策、孙君一、马亚夫等 10 余人进入高级班学习。②

（三）党校的扩大和组织机构的健全

东征结束，1936 年 5 月上旬，中央党校学员返回学校继续学习。此时的党校有 3 个普通班，每班人数增加到 50 多人。由廖志高、马定邦、李甫山分别担任班主任。中央又抽调一批陕北根据地的县委书记、县长和长征干部到党校高级班学习，高级班学员增加到 23 人，董必武仍兼班主任，李景膺仍为班长。当时的陕北省苏维埃副主席霍维德回忆：“1936 年 5 月，党组织决定调我到中央党校学习。我在中央党校学习了 8 个月，系统地学习了马列主义理论，进一步提高了文化水平。12 月，从中央党校毕业后，

① 参见《红色中华》第 242 期，1935 年 12 月 1 日、243 期，1935 年 12 月 6 日。

② 1963 年 12 月 11 日对李景膺等人的访谈记录。

按中央的指示与罗迈（李维汉）、刘景范一起筹建陕甘省。”[①]

新组建工会工作班，中共中央委派刚从苏联携密电码回国的刘长胜任班主任，学员30多人，主要是东征带回来的工人，有少数非党员。为落实中共中央局《关于目前兵运工作的形势及策略问题的决议》（1936年2月3日），党校新组建白区和白军工作班，由张策任班主任，专门训练到国民党统治区和国民党军队中做秘密工作或统战工作的干部，学员30余人。

中央党校的组织机构得到进一步完善。校长董必武，教务主任成仿吾，总支书记龙标贵，不久李景膺任书记，龙标贵、张策先后任副书记，总务处长李登瀛，团总支书记刘秀梅，油印室工作人员白瑶、李庄，还有一个医务所。政治教员马定邦、刘有恒、吴文遴、廖志高、李甫山等，军事教员黄元庆、马树良、王鸿藻。学员除了班的组织，还有赤卫军组织，学校有20多支枪，学员轮流担任警卫。全校学工人员总数将近400人。随红一方面军到达瓦窑堡的彝族红军战士潘占荣、王占清、王悦峰等人被调到党校学习，因为人少没有单独编班，廖志高负责他们的组织管理。

没有现成的教材，讲义由董必武、罗迈、成仿吾编写，蜡纸刻好后由董必武一一校对然后油印。当时有规定，讲义未经董老校订不能付印。党校增加了一门主课“中国革命问题”。学员的学习期限不统一，有学几个月的，也有长期学的。主要是上大课，各班一起听。党中央领导不时到党校作报告，5月21日，周恩来为全校师生作了《论中国的抗日民族统一战线》的报告。[②]

粮食紧张仍然是陕北苏区的一大难题。5月下旬，中央粮食部向互济会和义仓发出借粮的号召，苏维埃中央政府向各机关部队发出节省粮食的命令。中央党校带头响应，在党校列宁室召开了党的活动分子会议。经过深入的讨论，达成一致决议：1. 每人每天节省粮食1两（中府规定1斤4

① 霍维德：《革命战争年代的回顾》，见中共中央党史研究室第一研究部编：《七大代表忆七大》（上），上海人民出版社2006年版，第131页。

② 1963年12月11日对李景膺等人的访谈记录。

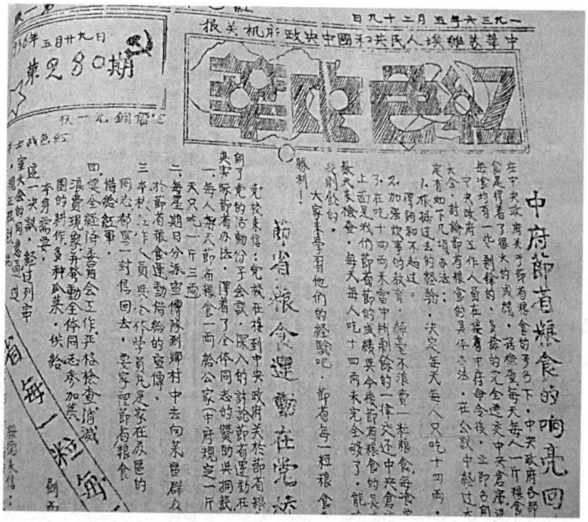
中華蘇維埃共和國中央政府機關報

紅色中華

一九三六年五月二十九日

中府節省糧食的响亮回

節省糧食運動在黨校

1936 年 5 月 29 日《红色中华》报道《节省粮食运动在党校》，党校时在瓦窑堡

两，现在每天只吃 1 斤 3 两）。2. 每星期日分派宣传队到乡村中去向苏区群众进行关于节省粮食、借粮食给红军的宣传。3. 本校工作人员与全体学员凡是家在苏区的同志都写一封信回去，要家里节省粮食借给红军。4. 健全经济委员会工作，严格检查消灭浪费现象，并发动全体同志参加菜园的耕作，多种瓜菜，供给本身的需要。党校的行动和决议通过《红色中华》报道后，在苏区机关部队中产生了积极的影响。

1936 年 6 月初，中央党校开办了研究班，也就是教员班，董必武兼班主任、李景膺任班长。学员有白栋材、李景膺、吴文遴、马定邦、吉汉杰、杨一木、廖志高、姜旭等 20 人左右。高级班由成仿吾兼班主任，学员增加到 50 多人。6 月上旬，因形势紧张，为保留干部，陕甘宁边区 60 多名地方干部被调入中央党校学习，编为一个普通班，由路思温带队。路思温回忆：“1936 年，我在延长县任县苏维埃土地部长时，6 月初，接到陕北省苏维埃政府土地部通知，让我到省府所在地瓦窑堡开会（当时党中央也在这里）。会开了几天就停止了。一天下午，领导找我说：‘现在时局突

1936年6月23日，中央党校学员抬着红军医院的伤员撤离瓦窑堡

变，我们都要撤出瓦窑堡，有六十多人要你带领去中央党校报到。’当时中央党校也随中央机关住在瓦窑堡，我很快带领这批新学员到党校报到后，就立即进行撤退准备工作。”①

6月14日，为避免与国民党军冲突，中共中央召开会议，决定撤离瓦窑堡。红军撤离前，周恩来曾亲自到党校作动员，告诉大家撤出瓦窑堡是为了开辟新区，巩固苏区。中央党校的撤离时间是6月23日（端午节）。那天凌晨，组织部长罗迈在操场向学员讲话，说红军医院的伤员无法撤退，要党校的学员去帮助抬担架。学校立即组织了一个担架队，由李景膺任队长，抬着伤员撤离。学员张鹏图头一天刚进党校，也当了担架队员。党校师生列队出发，每人都有一件武器，不是枪，就是梭镖或马刀。撤离前师生们把院子、窑洞打扫得干干净净，还写了欢迎东北军的标语。②

二、在保安

7月初，党校的队伍经安塞县的杨家园转移到保安，路上下雨，一

① 路思温:《回忆我在中央党校的生活片断》,《春秋》2011年第2期，第35页。路思温时任延长县苏维埃土地部长。

② 1963年12月11日对李景膺等人的访谈记录；张邦英:《片断回忆》，中国社会出版社2007年版，第123页。张邦英时任关中红军政治部主任。

共走了10天左右。保安是陕西北部一个偏僻的小县城，四面环山，土地贫瘠，人烟稀少，交通不便，物产匮乏，群众生活贫困。经连年战争，保安县城只剩下几间破庙、几栋土屋、几座旧石窑，人口不足千人。中央党校被安排在保安县城西北、离城20里的一条山沟里。当时的说法：保安上20里中央党校，下20里红军大学。中央党校驻扎保安3个多月，既没有一间教室，也没有一间像样的宿舍，在荒郊野地里坚持办学。

（一）露天课堂的教与学

到保安的第二天，在刘家坪召开全校大会，分班分驻地。4个普通班都驻在刘家坪。校部、高级班及研究班驻任家坪，白区和白军工作班驻胶泥庄，工会班驻保儿沟，四个村子蜿蜒20里。

师生们很快安定下来，开始了紧张的学习生活。每天早上要进行2小时的军事训练，早饭后上课。路思温回忆："白天听课和进行军事训练，晚上小组讨论。因为连吃的油都没有，所以晚上不点灯。小组讨论都在窑洞中摸黑进行，虽然互相看不见，却讨论得很热烈，逢有月亮的晚上，大家就坐在月光下开会。每周只给各队部发蜡烛两支，供晚间有重要事或看文件和哨所用，用后立即熄灭。"

课程和在瓦窑堡差不多，教员略有变化。罗迈讲授"党的建设"，成仿吾讲授"社会发展简史"，吴亮平讲授"苏维埃政权建设"，张云逸讲授"游击战争"，林伯渠讲授"党的历史"。普通班的学员"一边识字，一边学习革命理论。每天一堂文化课，一堂政治课，隔一天一堂军事课，有时还学点历史、地理"。[①] 当时陕北苏区正在推广新文字（即拼音文字），中央党校也开始教学新文字。

---

① 霍美蓉：《延安时期的党校生活散记》，见延安市政协文史与学习委员会编：《延安文史》第10辑《延安岁月》，第443页。霍美蓉时任延川县委妇女部长。

9月间，张闻天为白区和白军工作班讲授《关于白区工作中的一些问题》，当年曾印成小册子。周恩来和邓颖超也到白区和白军工作班讲过课。学员徐锡麟回忆“听过毛主席四次讲话”，具体时间和内容不详。

当时全校的办公用具只有一包油印材料。校长董必武和教务主任成仿吾共用一张条桌一条长凳，用一个粗瓷破碗底作砚台。后来管理科长马亚夫给买了一个铜墨盒，用破棉花做墨子，还挨了董老批评。黑板是自己做的，用泥做成棒棒当粉笔。没有书，有时候就用敌人飞机上撒下来的传单背面印讲义。没有教室，就在野地里或树下讲课。一到上课时，你拿一块砖，他拿一块破木板或几个人搬根木条，席地而坐，主要是听讲，用心记。虽然每人也有一个自做的笔记本，但很少有人用。①

回忆当年教员们讲课的情境，高级班学员张邦英写道：“他们讲课都很认真负责，特别是罗迈同志对学员抓得很紧，要求很严，并力求理论联系实际。记得一次，他讲完了党内民主集中制后，要大家对民主伸缩性的问题举例说明。在什么情况下可以伸？什么情况下可以缩？伸至什么程度？缩至什么程度？结果无一个能确切的回答出来。他紧锁眉头，非常的生气，批评同志们不动脑筋，随即又作了明确、生动的解答，使大家恍然大悟。他的这种严肃认真的态度，感人至深，至今不忘。”“特别印象深的，是成仿吾同志在讲社会发展简史时，每讲到学员难懂的问题，便用他身边放的一根小木棍子在地上划写一下，使人大有天作课堂、地作纸，树枝作笔、任你学之感。”②

由于学员居住分散，校领导要往返几十里到各村去上课和检查工作。一些课程就由教员先给研究班和高级班讲，再由他们给普通班讲。成仿吾回忆说：“学员共分七八个班，集中上课比较困难，我们就采取‘小

① 1963年12月11日对李景膺等人访谈记录，张邦英:《片断回忆》，中国社会出版社2007年版，第125页。

② 张邦英:《片断回忆》，中国社会出版社2007年版，第125页。

先生制’，把班主任们集中起来，先给他们讲。他们作详细记录，然后再回去给其他学员讲。当时担任班主任工作的我记得有廖志高、白栋材、马定邦、吉汉杰等。”[①]为了提高教学水平，“小先生”们讲课，成仿吾常领着其他教员去听，回去后大家再评论他们讲课的优缺点。董老有时也听课。

（二）食不果腹的物质生活

在保安的3个多月是中央党校物质生活最困难的时期。没有房屋，师生们大多住在废弃的荒窑或羊圈里，晚上席地而卧。普通班学员霍美蓉回忆：“我们七八个女同志挤在一个旧土窑洞里，既没有炕，又没门窗，在地面上铺一点麦草睡觉，自己动手打个草帘子挂在窑洞口就算是门，晚上风吹得呼啦呼啦的响。”[②]教员们也一样，成仿吾与董老同住一间破窑。在保安几个月，成仿吾没有打过铺，睡觉时草帽往头上一盖就睡了。他给学员讲课时，虱子就在身上爬。不少人连吃饭的碗都没有。路思温回忆：“如果谁有一个碗或缸子，那就很不错了。有些同志没有吃饭碗，经常等别人吃过后借用。有的同志，只好在河里找一块石板或到村子里找一些破盆烂罐来代用。”长途行军加上经常往来山间石子小路背柴背粮，鞋子早就穿烂了，有一半的学员经常赤着脚。[③]

按规定高级班学员每月有3角钱津贴，普通班2角，但经常没有钱发或者只发5分。没有菜吃，用1角钱苏区票只能买一小捆菜，而且经常无处去买。只好组织学员去挖苦菜，能挖来多少就吃多少。最困难的是没有粮食，党校地方工作委员会每天出去采购粮食，背回洋芋吃洋芋，背回南瓜吃南瓜，什么东西都背不回来就喝白开水。董必武和大家

① 《成仿吾教育文选》，教育科学出版社1984年版，第271页。

② 霍美蓉：《延安时期的党校生活散记》，见延安市政协文史与学习委员会编：《延安文史》第10辑《延安岁月》，第443页。

③ 路思温：《回忆我在中央党校的生活片断》，《春秋》2011年第2期，第35页。

一样，后来中央才决定每月给他一斗麦的面粉。最紧张的时候，把各班支部的地方工作干事全部派出去搞粮食。学员们曾找到一个地主的粮窑，可惜粮食在地里埋了多年，吃起来是臭的。4个月吃过2次肉，一次是母猪肉，一次是阉羊肉，煮不烂、嚼不动。有一位东征后到校的青年知识分子，一下子吃不了党校生活的苦，便写了一首打油诗："身住任家坪，苦菜自己寻，晚上没有灯，米臭吃不成。"（另一个版本是"住在任家坪，苦菜自己寻。东西南北风，肚里闹天宫。"）校领导发现后，曾对他进行了批评教育。[①]

7月下旬到陕北苏区采访的美国记者埃德加·斯诺访问中央党校。他是当时第一个到中央党校来访问的外宾，理应从优招待一番。成仿吾派人跑了几个村子买食物，只买到几个鸡蛋，用白水煮熟了请他吃。高级班学员钱维仁是从天津来的大学生，给斯诺当翻译。在《西行漫记》中，斯诺提到共产党有一个400余人的党校，并介绍成仿吾，说"他是一个著名的文学批评家"。

生活是艰苦的，但师生们革命立场坚定，心情愉快，学习勤奋，同学之间充满了阶级友爱的精神。班里经常开生活检讨会，批评和自我批评开展得很好。学校为了改善生活，特地办了一个合作社，动员学员入股，每人多者几角，少者5分。虽然大家手中都很紧，仍能踊跃入股，积少成多。每到共产主义星期六劳动日大家还要帮助红军家属和群众劳动。7月19日《红色中华》第二版发表一篇通讯《红属谈：我们第一次才见到》，介绍了党校工会班利用星期日帮助红军家属干活儿的情景。

东征回师陕北后，中央军委决定红一方面军主力西征。1936年5月19日至7月底，西征军先后占领洪德、环县、曲子、华池、固原、豫旺、海

① 1963年12月11日对李景膺等人的访谈记录；张邦英：《片断回忆》，中国社会出版社2007年版，第125页。

原、灵武、定边、盐池等地，新老苏区连成一片，扩大了红军，陕甘根据地发展为陕甘宁根据地。9 月下旬，中央决定成立定边工作委员会（一说为伊蒙工作委员会），由李维汉担任工委书记。因为李维汉分工管理党校工作，为了领导方便，同时也是为了解决党校师生员工的粮食、住宿及过冬的问题，中共中央决定中央党校移至定边。转移前夕，驻在刘家坪的普通班学员用合作社的盈利会了一次餐，每人分到一小碗有肉的烩菜，4 个黑面小馍馍。这在当时算是一次最丰盛的会餐。

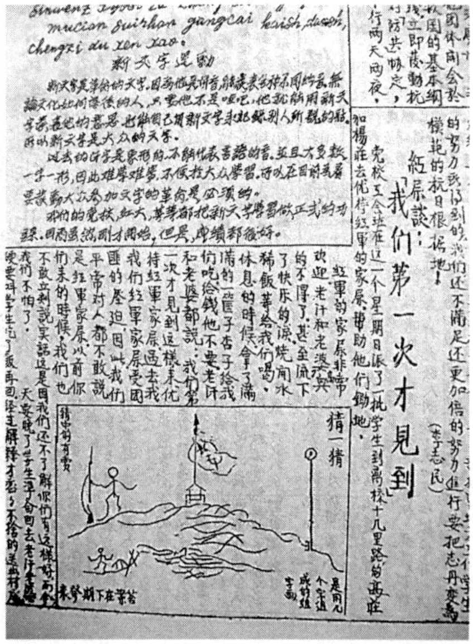

1936 年 7 月 19 日《红色中华》通讯《红属谈：我们第一次才见到》，党校时在保安

三、在定边

10 月上旬，中央党校教职员工到达定边。定边县位于陕甘宁蒙四省（区）七县（旗）交界处，古有“东接榆延，西通甘凉，南邻环庆，北枕沙漠，土广边长，三秦要塞”之说，是陕甘宁边区的西北门户。由于地理位置特殊，加上定边的咸盐、毛皮、甜甘草“三宝”远近闻名，定边成了 4 省客货集散地。自古以来，素有“旱码头”之称。城外骡马大道四通八达，城内外商埠、客店、货庄林立，商品繁多，四面八方的客商来来往往，骡马队、骆驼队络绎不绝。定边是座古城，有城墙、4 座城门对应 4 条街：北大街、南大街、东正街、西正街。城中心有座钟鼓楼。东正街北侧是县衙门，南侧是文庙。中央党校的校址就设在文庙和旁边的小庙里。

中央党校校址——定边文庙（1936 年 10 月—1937 年 1 月 29 日）

（一）四方面军党校合并到中央党校

党校迁到定边，吃住的问题基本解决了。比起保安，物质生活条件有很大改善。用钱找中央国民经济部长毛泽民，他对党校很照顾。党校每月预算 2100 元（苏区票子），连马吃的草料都在内。没有碗筷的同志领到了碗筷，每个小组还领到 2 个搪瓷脸盆，供集体打饭、打菜用，能经常吃到黄米干饭、羊肉、圆白菜。学员们学习的劲头更足了。各班的课程与保安时期基本相同，只是学习期限更加灵活了。

成仿吾回忆："在定边县时，我们在一个地主家里偶然发现一本上海出版的列宁的《共产主义运动中的'左派'幼稚病》，大家像得了宝贝一样的高兴，当成党校的一件大事，立即到当地的石印馆中去翻印，董老亲自一个字一个字地校对。"①

红军三大主力的会师，促进了中央党校的进一步发展。11 月底 12 月初，山城堡战役后，党中央决定四方面军党校合并到中央党校，四方面军

① 《成仿吾教育文选》，教育科学出版社 1984 年版，第 272 页。

党校的学员全部到中央党校继续学习。学校开了动员会，要求大家和四方面军的学员搞好团结。成仿吾代表中央党校，带着几位工作人员和党校仅有的6匹骆驼到陇东迎接四方面军党校学员。原四方面军党校学员王文章写道：“成老来到会宁后，直接到了我们红四方面军党校的驻地。不等休息好，很快就和我们同学们见面。成老对我们讲话说：‘同志们辛苦了，你们长途跋涉，爬雪山、过草地，顽强地同一切困难作斗争，战胜了敌人，胜利地到达了甘肃会宁，与中央红军第二次胜利地会师了。根据中央决定，红四方面军党校的学员都到中央党校去学习，中央党校派我来欢迎同志们，并接同志们去中央党校学习。’按中央党校和成老的计划安排，我们红四方面军党校的学员和部分工作人员很快就准备好行装和干粮，就在成老的率领下往陕北定边行进。我们和成老一道，在行军途中一路都感到无比地高兴。成老对我们每个学员都非常关心，无论对那一位学员都像对待自己亲生儿女一样的亲切关怀。成老在行军途中不顾劳累，每到休息时就到学员中去同学员聊天，说话和气，态度和蔼，平易近人，在行军途中学员病了或走不动了，成老就把自己的马给学员骑，自己坚持和学员一样的走路。每到宿营地，成老就到学员中去问寒问暖。成老始终坚持和同学们同吃、同住、同行军，没有任何特殊化。同学们都愿意接近成老，无论哪一位同学有什么事都无拘无束地毫不避讳地愿意去找成老谈，无论谈什么问题，成老都不厌其烦地把问题讲清楚，道理说透，使人心悦诚服。”① 一路上成仿吾还给大家介绍陕北的风俗民情和生活习惯。

红四方面军党校有学员300多人，校长刘西平、王涛（广东人），驻在洪德县（现环县）河连湾吉家院。他们经过近两年的长征，三过草地，衣服破烂，已是冬天，有的还穿着短裤。红四方面军党校合并到中央党校

① 王文章：《怀念我们“慈祥的妈妈”——成仿吾校长》，见《成仿吾校长纪念文集》，中国人民大学出版社1992年版，第58—59页。

后，学校曾想了很多办法来改善他们的生活条件。新中国成立后曾任国务院副秘书长、国家安全部长的罗青长，曾任山东省委书记的苏毅然，曾任中共中央高级党校秘书长的牟泽衔，曾任中共中央高级党校党委书记的伍辉文……都是这时从红四方面军党校来到中央党校学习的。

四方面军党校带来了杨东生（协饶顿珠）、沙纳、桑吉悦希（天宝）、郭锐、孟托（孟特尔）、罗德干6名藏族红军战士。中央党校在保安时，即有随红一方面军长征到达陕北的王占清、王悦峰、潘占云、王占有、李木林、李海清、冯云和7名彝族红军战士在党校学习。后来，红二方面军又送来扎喜旺徐、何通司、王寿才3名藏族干部。为了加强蒙古族、回族的工作，中央又调来祁海天等8名蒙古族干部，调来马占奎、马永祥、马建英、李占荣等10几位回族同志到中央党校学习（其中有少数马鸿宾部队的下级军官和士兵）。于是，中央党校开设了第一个少数民族班，学员40多人，由廖志高担任班主任，马绍良、李养南协助廖志高管理这个班。[①]

少数民族学员基本上都是贫苦出身，许多人还是文盲，有的甚至连汉话都不会说。在这些学员中间，只有桑吉悦希、扎喜旺徐、沙纳、孟特尔、潘占云几名中共党员，其他全部是非党员。不少学员相信菩萨，相信“真主”，入学后还经常到山沟里祭“俄博”、打卦问卜，或作“礼拜”。还有调皮的，经常打架，成仿吾就去调解。党校尽量尊重各少数民族的风俗习惯和宗教信仰，生活上按不同民族风俗习惯尽量给予照顾，有时还单独给他们弄顿白面吃。民族班的课程有新文字、汉语、唱歌、自然常识、时事、军事知识。少数民族学员也要参加打柴。党校文艺会演，少数民族学员唱民族歌曲，给陕北的学员留下了很深的印象。[②]

---

① 参见王渔：《在陕北保安、定边时的中央党校》，《学习时报》2011年11月1日。

② 参见王渔：《在陕北保安、定边时的中央党校》，《学习时报》2011年11月1日；张邦英：《片断回忆》，中国社会出版社2007年版，第126页；1964年3月2日在中央高级党校对桑吉悦希、扎喜旺徐、沈遐熙的访谈，王渔、吴璋、刘克廉记录。

中央党校与红四方面军党校合并之后，全校学员在 700 人左右，12 个班。除了研究班、少数民族班，高级班分为高级一班和高级二班，普通班增加到 8 个，班主任分别是马定邦、任志新、任治国、白栋材、吴文遴、吉汉杰等人。文化程度高的编在一二三班，四五六七八班先补习文化。从四方面军党校来的学员多数是文盲半文盲，个别识字的也装着不识字，因为张国焘在鄂豫皖和川陕搞"肃反"，残酷打击过知识分子。到中央党校后这些学员大多数被分在补习文化的班。成仿吾手把手地教这些学员学习语文、算术、历史、地理，算术从加减乘除讲起，亲自批改作业，为培养这些经过长征的年轻干部付出了很多心血。他诲人不倦的高尚精神，使学员们深受感动。苏毅然曾回忆："成老非常关心我们这批红军学员，他身负全校教务重任，却几乎每天都要到我们各班巡视上课和知悉情况。我眼睛不好，他给我换上大煤油灯。……初到党校，由于我的文化程度低，还不能正式上政治和党建课程，被编入补习文化的第六班，三个月后，迁到延安，才转入第二班正式学习，不久又转到一班学习了半年多。"[①] 这些学员后来大部分成为党、政、军的高、中级干部。

随着办学规模的扩大，行政机构也有所扩大。总务处设了 2 个科，会计科 2 人，管理科 8 人，工作人员都是从学员中选调的。学校要求教职工全心全意为学员服务。管理科长马亚夫回忆："定边是半牧半粮区，米里沙子多，大家有意见，董老很关心，经常检查，让我们把沙子弄干净。董老工作严肃认真，记性也好。布置工作一件件说得清清楚楚。做错了或做得不好，耐心批评。有时把一个人名字写错了，也给你指出来。"[②] 全校上下团结紧张、生活愉快。

---

① 苏毅然：《怀念成老》，见《成仿吾校长纪念文集》，中国人民大学出版社 1992 年版，第 40 页。

② 参见 1963 年 12 月 11 日对李景膺等人的访谈。

（二）打柴 筹粮 备战

定边地接毛乌素大沙漠，天气冷得早，冬季气温在零下30摄氏度左右。10月间师生们还没有棉衣，早上出操时，有的同志只好披着被子上操场。11月才发了棉衣。为了御寒，学校给许多人发了个羊毛絮的被子，盖在身上觉得暖烘烘的。但用了不久，不仅羊毛向外钻，而且被子里边成了一团一团的疙瘩，好些地方成了空心，盖在身上不起作用，冷得要命，只好在睡觉时把两腿蜷曲在一起。同志们曾打趣张邦英说："你这官当得好，白天是组长，夜晚是'团长'。"不少人被冻得患了感冒。[①]

另一个问题就是烧柴十分困难，定边周围是一片沙漠，一望无际，大风一吹，黄沙弥漫，铺天盖地，没有什么可以烧的东西。全校师生几乎每星期都要抽出1天时间，集体去10多里以外的沙丘上拔沙蒿，那是一种带刺的野生植物。当时规定每人每天打20斤沙蒿，打完后各人自己捆好背回党校当柴烧。教务主任成仿吾虽然已到中年，也和十八九岁、二十几岁的学员一样去打柴背柴，一点也不示弱。好些同志尽管手上打起了泡，一时腰疼腿酸，有点疲劳，但心情舒畅。[②]

11月，山城堡战役前夕，党中央电示李维汉、董必武负责组织筹粮委员会，高岗、贾拓夫为委员，为红军筹粮。筹粮委员会派出若干工作队，协助三边特委深入乡村城镇，号召民众为抗日救亡"有钱出钱，有粮出粮"。校长董必武曾受定边工商抗日救国会主席李志恒邀请，给全城的商贩作报告，动员他们将库存的货物卖给苏维埃政府支援红军。学校还派出一大批学员，分组去农村进行筹粮工作。张邦英带领一个小组到盐池县以北伸进沙漠里的一个村庄筹粮。经过宣传教育，发动群众，单从两家地主、富农家中，就搞出埋藏在沙子里存放多年的粮食20多石，超额完成了

① 张邦英：《片断回忆》，中国社会出版社2007年版，第137页。

② 罗青长：《诲人不倦的良师——缅怀尊敬的老师成仿吾同志》，见《成仿吾校长纪念文集》，中国人民大学出版社1992年版，第37页；张邦英：《片断回忆》，中国社会出版社2007年版，第126页。

预先分配的任务。高级班学员白坚被派到定边县上帮助工作，任二区征粮工作队队长兼游击支队政委。在梁台一带征粮的学员队，曾被敌人全部俘走，后来红军打败了敌人，将他们营救回来。[①]筹粮委员会仅用一个月时间就完成了筹粮任务，并筹款 2 万余元，有力地支援了红军前线部队。“西安事变”发生，红军主力即日南下，筹粮任务才宣告结束。

12 月间，正值隆冬，蒋介石发动了对陕甘根据地的又一次进攻，宁夏马鸿逵部队一度窜到盐池县惠安堡、红井子一带，胡宗南部和安边的张廷芝匪部一度包围定边城。国民党的飞机天天在定边上空飞，还投弹炸伤了人。定边军民进行了一场紧张的防御战。高级一班学员罗青长回忆：“当时形势是很紧张的，南边有胡宗南的中央军，西边和北边有马鸿逵的马家军，在军事上已形成了南北夹击之势，定边城郊战斗已打响了，敌机在上空投弹扫射。面临这种形势，我们党校也进行了战斗紧急动员，实行军事编制，党校全体学员成立了一个干部大队，编成全副武装的四个连，成老任大队长，董老任政治委员。初冬，陕北的天气很冷，风也很大，在操场上，记得董老的胡子都冻成了冰，成老头发眉毛结了霜。但他们一丝不苟进行严格的军事操练，准备迎击敌人的进犯。”[②]定边城郊一仗，我军打退了敌人的进攻。党校学工人员经受了一次临战的考验，进一步锻炼了革命意志。

（三）西安事变　中央党校奉命迁至延安

12 月 12 日，中央党校师生参加了定边纪念广州暴动 9 周年大会。全定边城的工农商学兵、汉回蒙古各族都参加了这一盛会。会场设在城隍庙。党校的学员举着旗帜、排着整齐的队伍来到城隍庙，整齐地站在会场前面。演讲结束，队伍依次走出庙门，上街游行。天黑后，队伍又回到城隍庙，进行文艺演出。党校学员在会上演出了活报剧，节目虽是临时编排，但受

---

① 参见张邦英：《片断回忆》，中国社会出版社 2007 年版，第 126—127 页；史梓铭：《难忘的 1936 年》，见马骥主编：《三边往事》，中共定边县委史志办公室 2006 年印制，第 83—84 页。

② 罗青长：《诲人不倦的良师》，见《成仿吾校长纪念文集》，中国人民大学出版社 1992 年版，第 39 页。

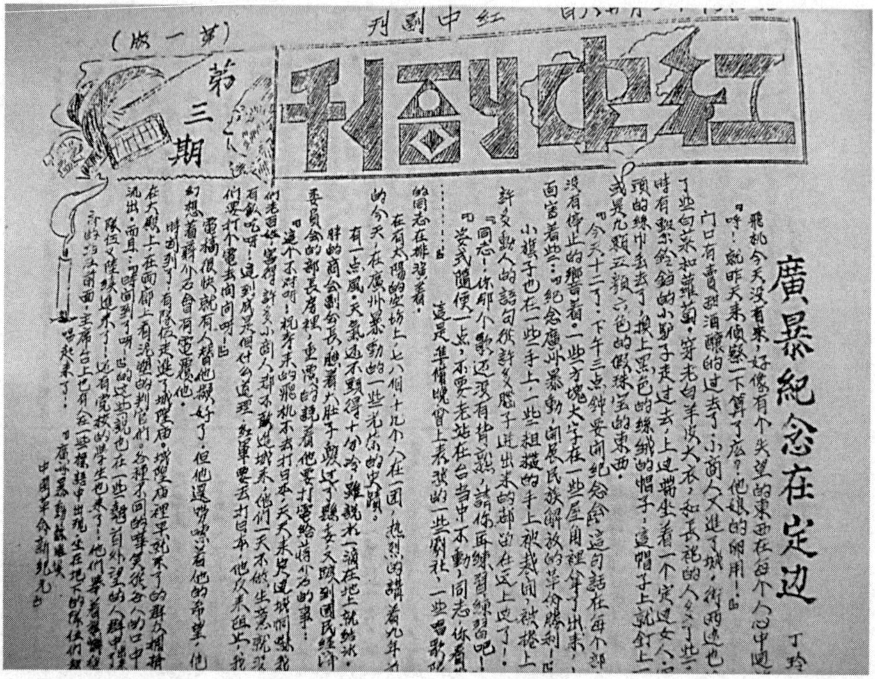

紅中副刊

（第一版）

第三期

廣暴紀念在定边

丁玲

1936 年 12 月 28 日，《红色中华 · 红中副刊》发表丁玲的特写《广暴纪念在定边》，文中提到中央党校

到观众欢迎，气氛热烈。《红色中华》12 月 28 日第三一九期“红中副刊”发表丁玲的特写《广暴纪念在定边》，以文学之笔记录了这一活动的盛况。

同日，西安事变爆发，张学良和杨虎城二将军兵谏蒋介石，国内政局发生了重大变化。

12 月 13 日，《红色中华》第三一六期发表通讯《西安抗日起义 蒋介石被扣留 ——张学良杨虎城坚决的革命行动》，报道西安事变的消息。得知这一消息，定边广大群众敲锣打鼓，欢呼跳跃，中央党校全体师生与中央、特委等党政军的干部战士，云集在北街老爷庙前，召开“祝捷大会”。李维汉、毛泽民、董必武、甘渭汉、成仿吾、丁玲、王首道、贾拓夫、文年生、高岗等到会。定边工委书记李维汉、红二十九军政委甘渭汉讲了话。大会还通过了给党中央的电文。最后，会议在“枪毙蒋介石！中国共产党万岁！”等响彻云霄的口号声中宣告结束。党校师生一致赞扬张、杨二位将军了不起，为人民立了大功。有人提出：立即向中央建议杀了蒋介石，为死难的红军将士和革命人民报仇雪恨。12月14日上午，党校师生和驻定边部队集合在城外，听取中央党校校长董必武的报告。他讲了西安事变的经过和当前的形势。关于西安事变怎样解决，蒋介石如何处理，董必武强调，党中央会有正确办法，总之是要争取实现抗日民族统一战线，共同抗日，把日本侵略者从中国赶出去。12月15日，三边特委传达了党中央关于和平解决“西安事变”的决定。当时在定边的许多同志对党中央的这一决策很不理解，经过传达解释，方知释放蒋介石对促成抗日民族统一战线的重大意义。董必武、成仿吾召集党校全体人员大会，传达中央的决定，向大家指出，此事关系重大，一切要听中央的。①

12月24日，蒋介石接受了停止内战、联共抗日等条件。中国共产党毅然捐弃前嫌，从民族大义出发，推动西安事变和平解决，为实现国共两党再次合作、团结抗日铺平了道路。党校部分学员得到蒋介石被释放回南京的消息，很是想不通。董老、成老等校领导，反复向学员进行教育，说明道理，讲明当前我们面前最大、最主要的敌人是日本帝国主义，是我们中华民族的大敌。为了抵抗日寇侵略，挽救中华民族危亡，西安事变只能和平解决。我们反蒋是为了抗日，联蒋也是为了抗日。我们是马克思主义者，无论在什么时候、什么情况下都不能脱离实际。蒋介石承诺了停止内战，抵抗日寇侵略，我们就要拥护他领导抗日。这是我们党自九一八事变以来的一贯主张。在董必武和成仿吾的反复教导下，大家思想转过来了，一致拥护中央的正确决策。②

鉴于西安事变后的局势变化，12月下旬，党中央决定从党校抽调90

① 李志恒:《怀顾当年事历程多艰辛——在定边工作的片断回忆》，刘葆璋:《红二十九军纪事》，见马骥主编:《三边往事》，中共定边县委史志办公室2006年印制，第116、129页。

② 参见苏毅然:《怀念成老》，见《成仿吾校长纪念文集》，中国人民大学出版社1992年版，第41页。

多人，由李维汉率领，返回保安，到中央局报到。这是复校以来抽调学员最多的一批。高级班被抽调得所剩无几，比如张邦英、李华生、杨一木、霍维德等人都被调出，组建新成立的陕甘省委。有的学员刚刚参加征粮回来，还没有上过课，又出发了，在保安过了春节。路思温回忆："西安事变发生后，党中央决定从党校抽调九十多人，由李维汉（罗迈）同志率领，返回志丹县到中央局工作。""我在中央党校只学习了六个月，虽然生活很艰苦，但和大家一样，始终情绪很高。尤其我们这些工农出身的党员，参加革命只知道是为穷人打天下的，具体工作就是斗地主，分田地，打敌人，革命道理知道得很少。经过半年学习，使我懂得了许多革命道理，从此心胸开阔了，眼睛也更亮了，对革命事业充满了信心。"①之后，因形势发展迅速，学员又被陆续调出多批，分赴新的工作岗位。前前后后一共有300多个学员被分配了工作。

这之前也有少量学员被抽调到新区开辟工作。比如，1936年9月，陕甘宁省委在庙儿掌董家庄设置固北县，其辖区包括原固原县庙儿掌、车道和豫旺县毛居井、梨花嘴4个区，14个乡。该县与国民党统治区接壤，是陕甘宁省的西部门户，战略地位十分重要。为了巩固革命成果，迫切需要一批干部。中央党校迁至定边后不久，李维汉（罗迈）就调派普通班学员陈德政、张敏珍（又名云山）、刘孔雀、康雄世、白明昌等人到中共固北县委去工作。②

12月27日，中共中央政治局召开会议，毛泽东作关于西安事变问题的报告。毛泽东指出：巩固西北根据地，扩大红军和苏区，改造东北军和西北军。做好全国群众工作，把群众组织起来，这是工作的重心。加强对国民党的工作，特别要做好左派、中派和军队的工作，重视宣传工作，党

① 路思温：《回忆我在中央党校的生活片断》，《春秋》2011年第2期，第36页。
② 资料来自定边县志。

报应办起来。培养干部，要办党校和红军学校，造就群众的、军事的、党的、政治的四种人材。①

也可能是在这次会议上，中共中央作出有关中央党校的3项决定。12月29日，张闻天致电周恩来、博古："（甲）王主任（指王稼祥）、张心余及托夫、德峰之妻现均在延安待机。（乙）党校必须扩大，招收白区同志来训练（后）再派出去工作，西安方面能招一批否。（丙）罗迈暂留党校工作一时期。党校与中央皆开（往）延安城。"②

党校正式得到转移的通知是在1937年1月27日。张闻天给驻定边的二十九军发电报称："二十九军转罗梓铭：（一）枪（的）问题望与董校长直接协商解决，党校如尚未移动，望转告即移延安……"③

接到命令后，中央党校师生欢欣鼓舞，因为又可以回到党中央身边了。第二天，董必武立即出发，带了几个人到延安打前站。第三天，党校全体学工人员300余人在成仿吾带领下离开定边，往延安行进。

成仿吾配有一匹马，但他从来没有骑过，马背上骑的一直是伤病员或驮着粮食。学员们很受感动，很受鼓舞。大家冒着寒风和大雪，一路有说有笑。

---

① 参见《毛泽东年谱（一八九三—一九四九）》（修订本）上卷，中央文献出版社2013年版，第632页。

② 《张闻天年谱（1900—1941）》上卷，中共党史出版社2000年版，第403—404页。

③ 《张闻天年谱（1900—1941）》上卷，中共党史出版社2000年版，第419页。

第　四　章

桥儿沟的激情岁月

1937年2月到1939年2月，中央党校师生在延安东郊桥儿沟度过了2年激情澎湃的岁月。由于抗日统一战线的建立，中央党校有了相对安定的办学条件。中央党校的培养目标进一步明确为“训练有坚定政治立场的敢作敢为的区县级党的干部与群众工作干部”[①]。七七事变后，一批知名学者到达延安，担任了中央党校的专职或兼职教员。一批地下党员和大批青年知识分子从全国各地奔赴延安到中央党校学习，丰富了中央党校的学员构成。1938年初，按照中央政治局的决定，中央党校开始设立各学科研究室，课程设置也进一步规范化。在桥儿沟的2年，中央党校常规班次共招收35个班，毕业29个班1500余人（2个月以内的短训班人数不详），为抗战初期党组织的发展、人民军队的壮大和抗日民主根据地的开辟，培养了一批领导骨干。

一、迁驻桥儿沟

1937年2月10日，阴历大年三十，连续行军的第13天。党校学工人

① 《党校一年工作报告》（1940年2月）。原件存中央档案馆。

中央党校校址——延安桥儿沟天主堂（1937 年 2 月—1939 年 2 月）

员清晨从志丹县的杨圈沟出发，步行约百里，傍晚到达延安城外。董老前来迎接，他告诉大家，党中央指定党校驻在延安城东 5 公里处桥儿沟，李登瀛等人已经将校址选在桥儿沟的天主堂内。虽然大家已十分疲劳，又马不停蹄继续前进。到桥儿沟时已经是晚上了，老百姓正在迎神放鞭炮烧香过除夕。当雄伟的天主堂出现在师生面前，大家都高兴得拍手。因为党校运输队和大队伍同时到达，除夕之夜既没粮也没柴，大家躺在冰冷的地上睡了一宿，直到第二天上午还没有吃上东西。

初到桥儿沟，师生们吃的大部分是山西运来的高粱、黑豆，有一段时间天天三顿喝高粱稀饭。还有一次运输队没有驮回粮食来，只好把马料磨成面给大家吃。1937 年 8 月，中国工农红军改编为国民革命军第八路军（不久改称为第十八集团军）。国民党政府根据两党达成的协议，发给八路军干部战士每天每人 5 分钱菜金，夏天发 1 套单衣，冬天发 1 套棉衣裤和棉鞋帽，被褥也由公家发给。党校学员也得到这个待遇，小米饭可以吃饱，每顿饭 1 个组有 1 小盆水煮萝卜，偶然有一两片土豆。学员每人每月发 1 元边区纸币（又说 1.2 元）为津贴，1 块边币可以买 2 条肥皂，或 1 条半牙膏，或 2 斤肉包子，或十几个鸡蛋，2 块边币买 1 双布鞋。干部多 2 块钱，毛泽东等中央首长每月领5块钱边币。[①]

桥儿沟天主堂是中央党校自成立以来最好的校舍。教堂成了中央党校的礼堂兼教室，用它作为上大课、开会和举行集体活动的场所。大一点的窑洞和院子里的空地就是分班上课的课堂。教堂院内外有7排52孔石窑，还有十来间平房。学员10个人住1个窑洞，轮流值日打扫卫生。学校买了一些芦席谷草铺在地上当床。

搬到桥儿沟不久，斯诺夫人尼姆·威尔斯到访中央党校。她在《续西行漫记》中，以《马克思主义学生们和成仿吾》为题，描述了她所见所闻的中央党校："6月8日清晨，我们计划到共产党党务学校去。这学校在城外数十里，必须步行两三个钟头。""我们到时，发现党校多少是个惊异。它设在山坡上，一所壮丽的天主教堂内。""党校的校长是罗迈。""这学校是为共产党干部人员的特殊训练而设的，有300学生，其中只有10个女子。""有12个住校教师，其他教师都是党的重要人物，他们每星期从城里来讲授一两次。所授的主要课程是：政治经济学、中国及苏联共产党史、列宁主义、中国根本问题、世界政治、各派哲学包括辩证法唯物论在内。非常专门的课程，是训练在民众中从事党的工作和一些军事科学。"

尼姆·威尔斯参观了教堂（党校礼堂兼教室），她写道："共产党非常以这座房子为骄傲，把它收拾得整洁非凡。教堂里面仍是宗教的虔诚气概——因为马克思主义的圣人们暂时设在神座里。掩蔽着圣母玛利亚的，是斯大林胡须耸然的像。恰在他上面的神座里，是列宁立在十字架上耶稣的前面。墙上四周是深红色丝质的长旗，上面有马克思和列宁的圣书的句子。我未曾出席在这教堂中的集会，但当我环顾的时候，几乎能够听到《国际歌》的曲调。"

尼姆·威尔斯参观了学员宿舍，她看到："校内附设的各宿舍里，间间

① 参见黄华:《亲历与见闻——黄华回忆录》，世界知识出版社2007年版，第42页。

都极其整齐。每间里，墙上都象征地挂着一支枪，连同牙刷、面巾、面盆在一起——实际上，那就是这些共产党学生们的全部所有物了，除了他们回到‘白’区工作时又要穿着的那一小卷衣服之外。女学生们似乎特别聪明而有趣（她们中一个北平人是美丽的）。而所有的学生，在我看来都是非常高等的人物。他们似乎比延安那些惯常的嬉闹习气要严肃得多，好像他们已在肩头感到新世界的重量一般。”①

桥儿沟时期，中央党校在延安的政治生活中开始扮演着一个重要的角色。学校曾多次接待国内外各方面人士的参观访问，通过他们向外界传递共产党和红军的消息，也让学员了解外面的世界。比如，1937 年 5 月 30 日上午，以涂思宗为团长的国民党中央考察团考察了抗大、中央党校及武装部队。事后，考察团对记者说，此次考察印象甚佳，苏区各界对国共合作的愿望非常有诚意。（5 月 30 日《新中华报》）1937 年 6 月 30 日下午，毛泽东陪同柯罗曼先生率领的世界学联代表团一行 4 人参观中央党校。7 月 5 日《新中华报》报道：“党校全体师生，欢迎代表团前去参观，与参加其晚会。在晚会上，代表团诸君报告他们此来的任务，与世界青年及人民对中国抗战的同情及援助的情形。”

中共中央经常在中央党校举行重要的活动和会议。1937 年 7 月 1 日，中共中央在党校召开纪念建党 16 周年大会，在延安的中央负责同志都出席了大会，李维汉主持，毛泽东和张闻天发表了讲话。许多学员自入党后第一次参加如此公开、隆重的大会，第一次接受到党史的教育，心情十分激动。

1938 年 9 月 29 日至 11 月 6 日，中央党校还有幸成为中共六届六中全会的会址。会前学校组织全校师生修路，并组织了一个实习团到县乡实习，挤出了几间石窑给代表们住。出席六届六中全会的代表共 55 人，其中有政治局委员 12 人，中央委员 5 人，各地区各部门负责人 38 人，是六大以来

① ［美］尼姆·威尔斯：《续西行漫记》，陶宜、徐复译，解放军文艺出版社 2002 年版，第 149—151 页。

1938 年 9 月，中共六届六中全会在中央党校举行。出席会议的中央政治局委员合影。前排右起：王明、项英、朱德、王稼祥、毛泽东、康生（1938 年 5 月—12 月任中央党校校长）。后排右起：张闻天、周恩来、刘少奇、彭德怀、秦邦宪、陈云

参会人数最多的一次中央全会。六中全会的会场就设在党校院内西北角那间最大的石窑。10 月 12 日、14 日，毛泽东代表中共中央在这里作了《论新阶段》的政治报告，总结抗战 15 个月的经验，提出中国共产党在民族战争中的地位问题。在 14 日的会议上，毛泽东向全党发出开展马克思主义学习运动的号召。他指出："指导一个伟大的革命运动的政党，如果没有革命理论，没有历史知识，没有对于实际运动的深刻的了解，要取得胜利是不可能的。""普遍地深入地研究马克思列宁主义的理论的任务，对于我们，是一个亟待解决并须着重地致力才能解决的大问题。我希望从我们这次中央全会之后，来一个全党的学习竞赛，看谁真正地学到了一点东西，看谁学的更多一点，更好一点。在担负主要领导责任的观点上说，如果我们党有一百个至二百个系统地而不是零碎地、实际地而不是空洞地学会了马克

思列宁主义的同志，就会大大地提高我们党的战斗力量，并加速我们战胜日本帝国主义的工作。”毛泽东向全党提出了使马克思主义在中国具体化、把马克思主义和中国的民族特点相结合的历史任务。他强调，“政治路线确定之后，干部就是决定的因素”。[①]王稼祥在会上传达了共产国际执行委员会主席季米特洛夫的意见，明确指出中国人民的领袖是毛泽东，进一步确立了毛泽东的领导地位，解决了党的统一领导问题。

在六届六中全会筹备和开会期间，从各根据地、各八路军办事处回来的领导同志都曾到党校讲课，介绍各地的情况，阐述党的方针政策。如谢觉哉介绍甘肃的情况，彭真介绍晋察冀边区的形势和发展。党中央负责人张闻天、朱德、周恩来、王明、陈云、项英等给党校学员作过报告。饭后的文娱活动时间，学员们也有机会接触会议代表。朱老总喜欢打排球，当时打排球每边9人，分前、中、后3排，朱老总和同学们玩排球，常常站在2排右边。会议期间，副校长柯庆施从各班选出了20多个同学和与会的中央领导联欢。在联欢会场，大家席地而坐，同学们唱了《延安颂》《到敌人后方去》《我们在太行山上》《游击队歌》。不少同学是从国统区来的青年学生，第一次近距离接触毛主席和那么多中共中央领导同志，心里非常高兴。[②]

1938年11月20、21日，日军飞机连续两日轰炸延安，30余架敌机投弹159枚。延安军民死伤150余人，毁民房309间，炸死牲口90余匹。延安古城被炸得几乎没有一间完好的房子。[③]中央组织部训练班的房子也被炸塌了，有几个学员遇难。为防日本飞机轰炸，12月间中央党校师生搬到离桥儿沟教堂3公里外的山沟里学习生活。学校分为2个区，分别住在桥儿沟南面和延河北面。师生都在老百姓家里住宿，白天就在场地里上课、讨论，在严寒的冬天过了一阵打游击的生活。

---

① 《毛泽东选集》第二卷，人民出版社1991年版，第526、533页。

② 2010年11月25日笔者对当年二十八班学员洪戈的访谈，他当年参加了联欢活动，地点在洪戈家中。

③ 参见《新中华报》1938年12月20日。

二、“干部决定一切”与“建立党内的教育网”

中央党校驻桥儿沟期间，正是全民抗战局面初步形成，全国人民同仇敌忾、奋起抗战的时期。在抗日统一战线旗帜下，中国共产党肩负起抗日战争的领导地位，在全国人民中具有很高的威望和号召力。这种大好形势对发展党的组织、壮大人民力量极为有利，也为党的教育事业的大发展提供了机遇。

（一）新形势 新要求

毛泽东从民族和阶级的长远利益出发，把党组织的发展问题和提高党员领导干部的素质问题提到了前所未有的战略高度。在1937年5月举行的中国共产党苏区代表会议（后称党的全国代表会议）上，毛泽东作题为《为争取千百万群众进入抗日民族统一战线而斗争》的结论报告，他指出：“指导伟大的革命，要有伟大的党，要有许多最好的干部。在一个四亿五千万人的中国里面，进行历史上空前的大革命，如果领导者是一个狭隘的小团体是不行的，党内仅有一些委琐不识大体、没有远见、没有能力的领袖和干部也是不行的。我们党的组织要向全国发展，要自觉地造就成万数的干部，要有几百个最好的群众领袖。这些干部和领袖必须懂得马克思列宁主义，有政治远见，有工作能力，富于牺牲精神，能独立解决问题，在困难中不动摇，忠心耿耿地为民族、为阶级、为党而工作。党依靠着这些人而联系党员和群众，依靠着这些人对于群众的坚强领导而达到打倒敌人之目的。这些人不要自私自利，不要个人英雄主义和风头主义，不要懒惰和消极性，不要自高自大的宗派主义，他们是大公无私的民族的阶级的英雄，这就是共产党员、党的干部、党的领袖应该有的性格和作风。”①

---

① 《毛泽东选集》第一卷，人民出版社1991年版，第277页。

这年10月，毛泽东在《目前抗战形势与党的任务报告提纲》中向全党提出“建立全中国的强固的共产党”的要求，关于干部政策，他列出3条：“（一）目前干部的恐慌，加强对干部的教育、培养与提拔，‘干部决定一切’。（二）审查干部，与考察干部政治面目与工作能力。（三）使我们的干部不但能治党，而且能治国，要懂得向全中国与全世界人民讲话，并为他们做事，要有远大的政治眼光与政治家的风度。”①

党校担负着党内领导干部的培养训练之责，根据新的形势，中共中央对加强党校工作作出了若干新的决定。1937年5月在苏区代表会议上，博古代表党中央作《苏区党代表会议组织问题报告提要》。关于“加强党的马克思列宁主义教育”，他提出：“我们需在思想上武装我们的干部，使他们能够掌握列宁主义，能够明晰复杂的政治环境的变化，而坚定地实行党的正确的路线，为此必需：a. 建立党内的教育网（除中央党校外，省县区应按期开训练班；党的补习学校，新党员训练，及党员理论自习的帮助）；b. 加强与创立党报，分省（分区）应该要自己的报纸，必须在支部中组织党报的阅读和讨论；c. 必须以出版适用的党内教育的课本与材料及准备教育训练干部，当做目前宣传教育工作的第一等任务；d. 理论的训练教育，应该和革命的实际工作渗透在一起，在实际工作的过程，在工作中的错误与弱点的纠正当中，个别地，具体地教育干部。”② 报告提出“党内生活之民主化”问题，要求“苏区一切的党的组织，从代表会议后，即行开始选举各级委员会”。

这个文件第一次明确提出“建立党内的教育网”，对共产党领导区域内各级党校及训练班的举办提出了具体的要求，促进了抗日战争初期全国各抗日民主根据地党校事业的发展。文件所提出的党的组织建设的各项要求

① 《毛泽东文集》第二卷，人民出版社1993年版，第60页。

② 中央档案馆编：《中共中央文件选集》第十一册（一九三六——九三八），中共中央党校出版社1991年版，第220—221页。

在党校得到了认真贯彻执行。例如，党报的阅读和讨论被列入党校教育计划，更加注重理论训练和实际工作相结合，从各学员支部到校党总支都采用民主选举的方法。

1938年10月15日，张闻天在六届六中全会上作《关于抗日民主统一战线与党的组织问题》的报告。“关于党校教育”，他讲了5个问题。“(甲)教育方针:(A)理论与实际的联系，特别着重于马列主义的革命精神与方法的教育，着重于拿实际问题说明马列主义的原则。(B)依照程度，由浅入深，由近(中国)到远(外国)，由具体到抽象，由少到多，以启发、发挥自动性、真能懂得为原则。”“(乙)教育计划的拟定:(A)新党员训练班，即流动训练班或临时训练班。学习时间一个星期到一个月。课程一般为统一战线、党员须知、军事常识等。(B)普通党校。吸收党支部或区委工作干部学习。学习时间一个月至三个月。课程一般为统一战线、党的工作、军事训练等。以上两种党校可由地方党委的县委、省委或区党委办理。(C)中级党校。吸收区委、县委工作干部学习。学习时间一个月至三个月。课程一般可为社会科学常识、统一战线、党的建设、军事常识等。中级党校可由省委、区党委、中央局、中央办理。(D)专门人才训练班。培训县政、游击、财政、公安等特殊人才。这类干部学校可由省委、区党委、中央局、中央办理。(E)高级党校。吸收县委以上的干部学习。学习时间三个月到六个月。课程一般可有列宁主义、政治经济学、中国革命运动史与中国问题、中共党史与党的建设。高级党校由中央直接办理。(F)马列研究院。主要是培训理论干部与教员。学习时间不定。(G)军事院校。……(丙)中央与中央局宣传部的责任：供给各地教员、教材、教育计划、研究讨论大纲。(丁)各地方党应负责供给高级党校及马列研究院以需要的学生。而中央、中央局方面则一般保证送来学生‘送回原籍’。(戊)理论干部的培养与理论人才的搜集。搜集理论人才，文化方面的名人与名教授。搜集文化程度很高，有发展前途的党员加以培养。搜集精通中国旧学的学者（老先生在内）。”[①]

张闻天的报告总结了我党多年来培养干部的经验，根据党组织发展状况和抗日战争的需要，将“党内的教育网”明确划分为新党员训练班、普通党校、中级党校、专门人才训练班、高级党校、马列研究院、军事院校几个不同类别和层次；对党校的教育方针、各级党校和干部学校的招生对象、学习时间和课程，中央、中央宣传部和地方党组织对党校工作各自应负的责任等问题，都提出了明确的要求，是指导党校规范化发展的重要文件。

（二）张闻天具体指导党校工作

中央党校受中共中央直接领导。遵义会议以后，张闻天作为中央书记处的总负责人，主持党中央日常工作，对中央党校的复校及复校后各方面的工作经常给予具体的指示。

到桥儿沟的第 7 天，1937 年 2 月 17 日，张闻天主持召开中共中央常委扩大会议讨论中央党校工作。董必武作关于党校目前状况的报告，张闻天作总结发言。他指出：党校任务应完全改变，最低要造就县委书记，培养干部的重点要放在培养白区干部上面。因此，课程、教材要完全改造，过去的都不适用，应重新讨论一次。现在的学生，除研究班要保留外，其他各班 2 月底要结束。二班应取消，五班、六班在一星期内结束，其中能到红军学校的送步兵学校，个别好的可留，三、四班选择好的并为一班，其余分别处理。这样并为三班，限 2 月底结束。党校的待遇要改善，但不一定与红大平等，教员、学生津贴由必武同志规定，可比红大稍低些，完全发白票（指法币）。房屋等照需要开预算。红大一百几十个从白区来的学生行政上由红大管，课的教授由我们管。时间缩短到 2 个月至 3 个月，功课加到 5 点至 6 点。对新来的人，应考虑分配到党校研究班。党校应靠近

---

① 中央档案馆编:《中共中央文件选集》第十一册（一九三六—一九三八），中共中央党校出版社 1991 年版，第 707、710—711 页。

中央。张闻天发言后，董必武说："照洛甫同志意见执行。"[①]据当年管理科科长王大甫回忆，刚到延安时党校伙食不如红军大学，红大每人每天8分钱，1斤半粮，粮食由供给部给；党校是5分钱，1斤2两粮，供给部不发给粮食，只发给买粮的钱，由自己去买。1938年才与抗大伙食标准一样。[②]

1938年1月4日，张闻天主持召开中共中央政治局常委会议，讨论党校工作问题，"洛甫、泽东、陈云、康生、国焘、凯丰、富春"出席。毛泽东提出，中国革命问题课程，党校高级班和低级班都从辛亥革命讲起。会议决定党校教员训练班与抗大、陕北公学教员班合并，中央一级干部也参加，办成一个高级研究班。各种教材都编2种，高级研究班集中在清凉山上课，以130人为限。张闻天宣布了各门课程研究室指导人："中国问题——洛甫指导；党与群众工作——陈云、康生指导；列宁主义——凯丰指导；政治经济学——王学文、张国焘指导"，还宣布"何干之、李伯材调陕北公学，陈伯达到党校"。[③]另据《陈云年谱》记载：1938年1月成立的中共党建与群众工作课程研究室，其成员主要有张闻天、谢觉哉、李葆华、陶铸、杨尚奎、王德、王鹤寿等。[④]

1938年1月30日，张闻天主持召开中共中央政治局常委会议，讨论党校工作问题，出席会议的有"洛甫、康生、凯丰，参加者：罗迈、王学文、张启龙、曹一欧"。李维汉报告了党校目前的状况。张闻天在总结发言中指出：党校工作一般说是有成绩的，最近因外面工作需要，调出许多干部，减弱了学校的干部。现在党校中老干部少了，最大多数的学员都是新党员，今后的教育方针要注意到这方面来。因此，党校的干部要加强，教员班更要加强，要造成一座大熔炉来熔炼这些新干部。学校工作人员生活

① 《张闻天年谱（1900—1941）》上卷，中共党史出版社2000年版，第428—429页。

② 1964年4月20日对时任总务处干事王大甫的访谈，孟凡、王渔、吴璋、刘克廉记录，地点在国家计委。

③ 《张闻天年谱（1900—1941）》上卷，中共党史出版社2000年版，第537页。

④ 《陈云年谱（一九〇五——九九五）》上卷，中央文献出版社2000年版，第240页。

待遇可以改良一些，使他们能安心工作。现在培养高级干部比过去条件好了，已经有不少列宁主义的书籍。但学校中学习理论还是一个中心问题，如果没有理论，即使有许多实际材料，还是找不出问题来。至今我们有许多干部还没有接触过理论，今后必须使党校干部安心地学习与教书，要保证好的教员不经常调动，教员的质量要重新审查，目前教材很贫乏，新的东西很少。陕北公学写的农运教材很不好，苏联现在还没有一部固定的党史。我们要紧紧抓住列宁主义的原则。党校的会议要减少些，让学生都能多看些材料，只是听报告还不够，必须深入的研究。此外学员的健康要注意，总要给学生一定的空闲时间，党校的生活可以改善些，伙食改为七分，津贴也增加一些。中央各方面的负责人尽可能的请到党校作报告，各种书籍党校须多发一些。现在还准备在陕北公学找 50 个优秀分子培养教员。①

在 1938 年 11 月 30 日的中共中央书记处会议上，毛泽东提议：关于抗大、陕公、党校等各学校教育工作应进行一次专门讨论，规定教育行政、教材、教员、经费各方面的统一方针。12 月 7 日，张闻天主持中共中央书记处会议，讨论干部学校的教育方针等问题，出席会议的有毛泽东、张闻天、康生、王稼祥、陈云，参加者有李富春、罗瑞卿。会议决定组织一个委员会，负责抗大、陕公、中组部干部训练班、中央党校全部学员的编组计划，由王稼祥任主任，陈云、李富春等人参加；组织抗日战争研究委员会，毛泽东为主任，王稼祥为副主任。张闻天提议："我主张党校仍办，但须搬（至）抗大三大队驻地，为陈云管理。"会议最后决议由陈云任党校校长。②

仅从上述几次会议的简单记录，我们可以看出，张闻天对中央党校工作的指导是何等具体细致，把党校比喻为"大熔炉"也是他的创造。

---

①《张闻天年谱（1900—1941）》上卷，中共党史出版社 2000 年版，第 541—542 页。

②《张闻天年谱（1900—1941）》上卷，中共党史出版社 2000 年版，第 595 页；《陈云年谱》（修订本）上卷，中央文献出版社 2015 年版，第 233 页。

三、校长变动频繁　知名学者到校任教

桥儿沟时期，形势发展迅速，到处都需要干部，校领导及各部门负责人变动十分频繁。初到桥儿沟，校长仍然是董必武，教务主任成仿吾，总务处长张子良，总支书记廖志高，自卫军大队长陈庆先。

1937 年 3 月，中国人民抗日军政大学成立了四大队（即“白区工作干部队”）。学员主要是第一批从全国各地及海外到延安参加革命的知识分子、大中学生和张学良、杨虎城部下的青年军官，以及从国民党统治区来延安的地下党员、共青团员。鉴于这个队的特殊情况和工作需要，党中央选择董必武兼任四大队的政治委员。为了方便领导四大队的工作，董必武搬到延安东门外孔庙院里居住。在新校长未到任期间，他兼管中央党校的工作，常常奔波于抗大和桥儿沟中央党校之间，十分辛苦。

1937 年 5 月，李维汉接任中央党校校长，成仿吾仍任教务主任，9 月，成仿吾调任陕北公学校长后由王学文继任。在李维汉任上，各部门领导的变动特别频繁，他曾经开出一份长长的名单：一年之间“总支书记先后有廖志高、李景膺、方仲如、张德生、张启龙，宣传委员先后有罗青长、夏耘、温建平、张拓，组织委员先后有章夷白、秦化龙、余代生，秘书王安邦；总务处长先后有乔立清、白栋材、吴文遴、张志良、马定邦，副处长赵成群，管理科长王大甫，会计出纳牟泽衔，后为杜天长；自卫军大队长陈

李维汉，中共中央党校校长（1937 年 5 月—1938 年 4 月）

庆先，副队长李振运、赖传珠”[①]。1938 年 3 月，中央政治局会议决定免去李维汉中央党校校长职务，调任陕北公学党组书记、副校长。

1938 年 4 月，康生接替李维汉兼任中央党校校长，柯庆施任副校长，柯庆施当时名为“柯敬史”，即崇敬斯大林之意。党校增设干部部，康生夫人曹轶欧任部长。康生自己住在中央社会部，周六到党校，周日便离开。他在党校成立了一个管理委员会主持日常工作，由教务处主任王学文任主任，成员有总支书记张启龙、干部部长曹轶欧、秘书处长刘仁。党校增添了一些秘密工作色彩。学工人员都发有出入证。学员出校，不管到什么地方，都不能说是党校的学员；还规定不能在校内会客，不允许校外群众进学校里来。每周开一次生活检讨会。学员红戈有一次丢了出入证，进不了校门，门卫让他请自己的小组长出来把他领进学校，还挨了批评，写了检讨。11 月，因王学文调马列学院、刘仁调晋察冀，康生宣布由柯庆施任管理委员会主任，委员有曹轶欧（干部部长）、刘芝明（教务主任）、杨群一（秘书处长）。[②]

1938 年 12 月 7 日，中共中央书记处会议决定由中央组织部长陈云兼任中央党校校长。1939 年初，副校长柯庆施调中央统战部任副部长。1939 年 2 月，谢觉哉接任中央党校副校长。校长陈云主要在中组部上班，由谢觉哉主持党校日常工作。谢觉哉为“延安五老”之一，德高望重。他是清末秀才，1919 年参加五四运动，1921 年加入新民学会，1925 年加入中国共产党，长期从事宣传教育和法律工作。他在上海办过党报党刊，在鄂豫皖中央分局党校当过校长，在中央苏区当过毛泽东的秘书，主持过中华苏维埃共和国若干法律的制定，到中央党校之前任中共中央驻兰州办事处代表。谢老懂教育，对党校各方面的工作都抓得很到位。他住在党校，与教

① 李维汉:《回忆与研究》(上)，中共党史资料出版社 1986 年版，第 387—388 页。

② 参见 1964 年 4 月 2 日在文化部对刘芒明的访谈，1964 年 4 月 16 日在全总工人运动史研究室对张承民的访谈，2010 年 11 月 25 日对洪戈的访谈。

职员工打成一片，学员和教职员们都喜欢他。

迁驻桥儿沟后，一批知名学者如王学文、刘芝明、王思华、艾思奇、何思敬等陆续到达延安，担任了中央党校的专职或兼职教员。

1937 年 4 月，著名经济学家王学文到达延安，被中央组织部分配到中央党校作政治经济学教员。王学文毕业于日本京都大学，是著名马克思主义经济学家河上肇的学生，1927 年加入中国共产党。他曾担任上海法政大学、暨南大学等几所大学的经济学教授，曾任江苏省委宣传部和“左翼社会科学家联盟”（简称左社联）的主要负责人。9 月初，成仿吾调离中央党校，王学文接任中央党校教务主任。王学文接任后，在教学上建立了一些制度，其中最重要的是学业鉴定制度，就是对学员学习马列主义理论的情况进行考核或评定，对学员的学习起到很大的促进作用。①

1937 年 8 月 1 日，中共中央组织部分配方仲如到中央党校工作，任列宁主义课程教员。方仲如 1922 年考入北京大学预科，开始接受马克思主义，参加学生运动。1924 年加入社会主义青年团，1926 年加入共产党。大革命时期做学生工作和兵运工作。1927 年 8 月被党派往苏联，先后在莫斯科东方劳动者共产主义大学和中国劳动者共产主义大学（简称劳动大学）学习，并专门学习过无线电通信技术。1930 年 10 月回国，在周恩来领导下从事机要通讯工作。12 月，在举办无线电通信训练班时被捕。在敌人严刑拷打面前，他坚贞不屈，始终未暴露自己的真实姓名和身份，坐牢近 6 年，于 1936 年 8 月被取保释放。方仲如到中央党校报到未及 2 周，即奉命接替廖志高任学校党总支书记兼列宁主义课程教员。

1937 年 9 月，刘芝明到达延安，中央组织部分配他到中央党校任政治经济学教员。刘芝明原名陈祖謇，1929 年毕业于日本早稻田大学政治经济

① 李维汉:《回忆与研究》（上），中共党史资料出版社 1986 年版，第 38 页；1964 年 4 月 13 日在中央宣传部对王学文的访谈，王渔、刘克廉、吴璋记录。

专修科。1930 年在上海加入左翼社会科学家联盟。1931 年初，他代替王学文在上海法政大学、暨南大学等几所高校教授政治经济学，以教授的合法身份从事地下工作。1931 年 11 月加入了中国共产党，先后担任“国民御侮自救会”“中国领土保障大同盟”等党领导下的抗日外围组织的党团书记、上海反日救国联合会理事、上海反帝大同盟负责人、中共江苏省委宣传工作负责人之一。1933 年 8 月被捕，1937 年 8 月在周恩来、叶剑英的大力营救下，刘芝明和他的难友陶铸、钱瑛、刘宁一、王鹤寿等 500 余人从南京陆军监狱出狱，奔赴延安。不久，其夫人冯淑媛、弟弟陈放和两个女儿也辗转来到延安。冯淑媛到党校后勤部门工作，陈放被安排在中央党校任教。刘芝明博学多才，知识广泛，有教员回忆，哲学、政治经济学、马列主义、中国问题、文艺理论刘芝明都可以讲，还在几个学校兼课。1938 年 10 月，王学文调任马列学院副院长，刘芝明任政治经济学研究室主任，不久任教务处主任。

1937 年 9 月，马克思主义经济学家、北平大学和中法大学经济学教授兼高中部主任王思华到达延安，由中央组织部分配到中央党校教授政治经济学。王思华曾就读于南开大学，毕业于北京大学经济系，1926 年赴法国里昂大学攻读经济学，后在伦敦政治经济学院完成博士论文《马克思主义与普鲁东主义》，获博士学位。他在留学法国期间即已着手翻译《资本论》。1932 年 9 月，他与侯外庐合译的《资本论》第一卷上册由北平国际学社出版。1936 年 6 月，二人合译的《资本论》第一卷中册和下册在上海世界名著译社出版。延安时期的中央党校有他们的译本。因帮助中共地下党并参加“大学教授联盟（简称“大教联”）”“反帝大同盟”“抗日救国会”等共产党外围组织的活动，王思华被日本宪兵队列入逮捕对象，七七事变一周后被迫撤离北平。王思华到山西后，经中共山西省委组织部长李葆华介绍去延安。虽然他当时尚未入党，但得到党组织高度信任，并且在物质上受到优待，每个月发给他几斤肉。5 个月后，其家人到达延安，夫人李润诗是个医生，被分配在党校医务室工作。1938 年 10 月，王学文调走，王思华接任教务处主任。不久，王思华调军委总政治部日本问题研究会任主任，离开了中央党校。

这批知名学者到校任教，大大提高了中央党校的教学水平，满足了各方面学员的需要。1937、1938 两年正是中央党校学员构成最丰富的时期，学员中有经过长征的老红军和党的地下工作者、从国外回来的华侨知识分子以及从全国各地来的大、中学生，当时称为三大潮流汇合。学员的斗争经验、政治水平、文化水平差异很大。这些教授级的学者到党校任教，无论学养气度、教学经验、工作态度都深孚众望。他们共同的特点是作风朴实，平易近人，经常同学员们一起谈心聊天，了解来自不同地区不同部门学员的经历、学历和思想状况，然后根据学员的实际情况，精心备课。他们讲课深入浅出、条理清楚、生动具体，大家都能听懂受益，得到学员的普遍欢迎。

按照中共中央的要求，1938 年 2 月，中央党校各课程研究室基本组建完毕。中国问题课程研究室由洛甫指导，主任先后为姜旭（任职时间极短）、何干之、陈伯达，成员杨松、周荣鑫、张承民、刘晋、邓力群。党建与群众工作研究室由陈云、康生指导，主任柯庆施，成员王任重、王鹤寿、李景春。列宁主义课程研究室由凯丰指导，主任方仲如，成员金铁群、李培之、张琴秋。政治经济学课程研究室主任王学文，成员先后有高维昆、钱维仁、刘芝明、王思华、宫释夫、陈放。军事研究室教员由学员兼，赖传珠、陈伯钧、罗炳辉、郭化若、朱良才、贾若瑜等都讲过课；专职教员王智，主讲军事技术知识，主管军事训练。①

从到桥儿沟开始，常规课程的讲授主要依靠本校的专职教员。当时已

① 参见李维汉:《回忆与研究》(上)，中共党史资料出版社 1986 年版，第 388—389 页；1964 年 4 月 2 日在文化部对刘芒明的访谈、1964 年 4 月 16 日在全国总工会对张承民的访谈、1964 年 4 月 13 日在中央宣传部对王学文的访谈。

经有条件外请延安的专家学者来校讲课。比如抗大的教员艾思奇、何思敬，中宣部的吴亮平、杨松，中组部的刘锡五、王鹤寿等人都在党校任过课。各门课都有讲义，中国问题讲义是洛甫编的。1938 年，延安开始印刷图书。最早印了 2 本书，其中一本是《论马克思恩格斯及马克思主义》。由张闻天组织翻译的《列宁选集》20 卷、《马恩丛书》10 卷也陆续出版。党校的青年教员为了承担教学任务，都非常认真地阅读这些著作。中央党校教员刘芝明所著《社会科学概论》、王思华所著《大众资本论》，也于 1938 年在延安出版。给学员发过的教材有《国家与革命》《列宁主义问题》等。

四、常规课程与“大报告”

按照张闻天在六届六中全会的报告，中央党校的理论课程为列宁主义、政治经济学、中国革命运动史与中国问题、中共党史与党的建设。军事课是全校必修课。桥儿沟时期究竟开了哪些课程，究竟有哪些教员给学员讲过课，笔者至今并未掌握课程表之类的历史资料。下面几则当年学员的访谈和回忆，可以多少弥补这一缺憾。

四班学员杨和亭（1937 年 5 月入学）回忆：“我们学的课程有：联共（布）党史、政治经济学、中国问题。此外，还有文化课和军事课。联共（布）党史是成仿吾讲，王若飞和他的爱人也来给我们讲过几次。政治经济学是王学文、钱维仁讲。政治常识是一位阎同志讲。中国问题主要是罗迈同志讲，姜旭也讲过几次。军事课主要是罗炳辉、王智（原是东北军的一个连长，起义来到边区，新中国成立后在兰州军区还任过骑兵师副师长）讲，赖传珠也讲过几次。文化课是一个女同志名叫贺林讲的，我们四班上了两次就不上了。还有一门群众工作课程，学习提纲很好，也很秘密。艾思奇同志还讲过哲学。中国问题，是从鸦片战争开始讲起，一直讲到‘双十二事变’，主要是讲革命运动史。罗迈同志上课很严格，讲课时，常提出问题叫同学回答，有时同学们回答不出来，他就让那个同学再看书，再来回答。所以，那时大家对罗迈同志讲课都有些害怕。”“在党校学习了几个月，收获还是很大的。主要的是知道了社会发展规律，知道了中国和苏联革命是怎样发展来的。另外，在军事上也学了不少东西。来校前我虽然也搞过游击队，但军事上很多东西都不懂得，学了后，不但懂得了一些军事，而且也学到了一些军事技术。”①

四班学员王秉祥（1937 年 3 月入学）回忆：“那时讲课是讲条条的，大半是由远到近，由国外到国内，讲政治经济学举例多是希腊、罗马的例子，学员就是背条条。各门课都进行考试，政治经济学考试比较多，那时为了背条条，我就在中午人家都休息的时候，用被子把头蒙上，背什么生产力、生产关系。不过还不错，经济学的考试，我还得了 80 多分。现在想起来那时学习收获还是不小的。联共（布）党史，讲得多，听不懂。当时上课比较容易接受的是中国问题。罗迈同志讲课，都是先提出问题后讲，重点比较突出，印象深的还是这门课。上课以班为单位，坐的都是木椽。我们四班，还上了两次文化课，以后再没上，就是讲点儿地理、常识。”②

五班学员（1937 年 8 月入学）邓力群回忆：主要课程有马列主义、经济学、党的建设、中国革命问题（包括统一战线）四门。“吴亮平老师讲马列主义，王学文老师讲经济学，罗迈老师讲党建，中国革命问题换了几个老师，后来还是陈伯达讲得比较好。我记得陈伯达讲课的内容，题目好像叫双管齐下的剥削制度。说明封建地主的剥削和商业资本的剥削，是农民被压迫、引发农民战争的原因。军事课是罗炳辉和郭化若讲，他们两个人既是教员，又是学员。在五班里，我做的笔记最好，一些老干部下课之后，想留下一点东西，都要来和我对笔记。……在几个月里，虽说学习只是初

① 1964 年 3 月 30 日在中央高级党校对杨和亭、王秉祥的访谈，王渔、吴伟、刘克廉记录。

② 1964 年 3 月 30 日在中央高级党校对杨和亭、王秉祥的访谈，王渔、吴伟、刘克廉记录。

步的，但对我来说，每堂课都是丰富的精神美餐。”[①]

邓力群刚到党校是在教务处当秘书，他回忆：“当时，罗迈讲党建课，他自己写讲义，交给油印室刻蜡版，刻完之后，让我做校对。那是我第一次干这个工作，校对时，我还是用了心思的。但罗迈是个非常认真、仔细的人，我校对之后，他还不放心，自己又拿去校对，而且还真发现了我没校出来的问题。后来的故事，宛如昨日。那一天，已经是黄昏了，罗迈把我叫到他的办公室，也是他睡觉休息的地方。那时，延安用煤油灯，这个煤油灯是刚刚点燃的，还没有把它挑亮。我进去之后，站在他的桌子对面，‘是你校对的？’‘是啊。’‘校对时，你发现错误的地方没有？’‘发现了，都改过来了。’他拿着讲义，一边指一边说：‘你没有看出来，你看这个字错了没有？’他连着点了好几个地方，都是我没校出来的。他非常严肃地批评了我，说你这个人校对这么一个东西，不过一两个小时的工作，就有这么多的遗漏，你这么粗心、这么不负责任，这还行啊！他板起面孔，狠狠地训了我一顿。这件事情，距离今天七十年了，历历在目啊！李维汉用这件事情教育了我一生。”[②]

军事训练（邓发摄影）

在桥儿沟，军事课（主要讲游击战争和军事技术）也是党校的一门主课。学校实行军事化管理，学员完全和战士装备一样，每人发一

① 邓力群：《在中央党校的工作与学习》，《学习时报》2013年3月18日。

② 邓力群：《在中央党校的工作与学习》，《学习时报》2013年3月18日。

支枪，天天上操，轮流放哨，还进行军事演习。李维汉回忆：“内战刚刚结束，又响起卢沟桥抗日的枪声，全党都要学习军事，准备打仗，党校也不例外，因此开设了军事课。赖传珠、罗炳辉、陈伯钧、郭化若、黄治（疑为学员提到的王智）等军事干部除作学员外，还兼任军事教员，对学员进行制式教练和作战训练。还组织过半个月的野营学习，在从延安到延长二百多里的路程上，每日进行数十里的急行军，还要学习进攻、防御、侦察等科目，虽然十分艰苦，但情绪很高涨，受到了一次严格的军事和纪律教育。”①

四班学员杨和亭回忆：“有一次到延长打野外，住半个月，行军时背着铺盖和枪，白天晚上，还要轮流放哨。这次打野外，赖传珠是政委，罗炳辉、王智管军事。当时学校里经常搞紧急集合。有一次吹紧急集合号，我们四班学员都是刚从农村来的，不知道吹号干什么，就没有去。待了一会儿来人叫，我们才去。到了操场上，罗迈同志正在操场批评我们，说我们四班是老太爷班。这件事发生后，我们支部还开会讨论了这个问题，并作了决定，不多时就克服了这个疲沓作风。”②

五班学员黄华回忆：“记得为了学习军事和游击战术，有时我们进行军训和演习。每个学员都发给一支步枪，这些步枪是各式各样的，给我的那支很长很重，……是19世纪沙俄生产的普辛式，可能是红军同马鸿逵部队作战时缴获的。”③

到桥儿沟以后，党中央的主要领导人不再担任党校常规课程的系统讲授，正如尼姆·威尔斯所介绍的，“他们每星期从城里来讲授一两次”。其内容主要是当前形势、党的大政方针等问题，形成中央党校一大教学内容——大报告。在桥儿沟，毛泽东、张闻天、周恩来、邓发、博古（秦邦

① 李维汉:《回忆与研究》(上)，中共党史资料出版社1986年版，第390页。

② 1964年3月20日在中央高级党校对杨和亭、王秉祥的访谈。

③ 黄华:《亲历与见闻——黄华回忆录》，世界知识出版社2007年版，第41页。

宪）、陆定一、康生等人都到中央党校作过报告，但目前所了解的仅有如下内容：

1937 年 6 月 27 日，周恩来在中央党校为党校和抗大学员作政治报告《和平、抗日与民主 —— 统一战线的政治目标》。他指出：和平是基本上取得了。彻底的和平需要对外抗战对内民主。南京政府有被迫抗战的准备，但尚没有彻底抗战的决心，然而那些进步已经可以运用之以扩大抗日运动了。在和平道路上发动抗战需要民主运动来推动，没有民主抗战的发动不能广大深入，甚至抗战发动不起或者遭受挫折，脱离抗战来谈民主将更失去中心、失去领导而流为资产阶级的尾巴。民主运动的目的是在发动抗战，扩大抗战的力量。最彻底的民主共和国也只能在抗战彻底胜利中取得。

1937 年 11 月 2 日，毛泽东在桥儿沟给延安的干部和中央党校全体师生作《上海太原失陷以后抗日战争的形势和任务》的报告。他分析了抗战的形势，强调必须坚持统一战线中的独立自主原则，在党内在全国均须反对投降主义。

1937 年 12 月 9 日至 14 日，中共中央召开政治局会议（又称“十二月会议”），王明传达共产国际精神，检查抗战以来统一战线工作的经验教训。王明在会上作报告《如何继续全国抗战与争取抗战胜利呢？》，批评中央政治局 8 月洛川会议过分强调独立自主和解决民主民生问题，提出“一切经过统一战线”“一切服从统一战线”，幻想依靠国民党军队以求速胜。会议决定增补王明、康生和陈云为中央书记处书记。会后，康生到党校连续作报告五六次，传达 12 月会议精神，在党校学员中引起不同的反响。四班的学员大都是陕北土地革命时期的领导干部，他们提出，毛主席讲抗日战争时期的独立自主问题，王明讲统一战线是长期的，一切经过统一战线，王明的讲话和毛主席的报告不一致，要求学校解答，学校未作答复。从国统区来的知识分子党员反应有所不同，邓力群写道：“所有讲话的内容都是新鲜的，我们分辨不清与毛主席的主张有哪些不同，哪些对、哪些不对。

根本没有这个识别能力，听了以后都觉得好。”[①]

1938年8月22日，毛泽东参加中央党校十六班、十九班81名学员的毕业典礼，向全校师生作《当学生、当先生、当战争领导者》的讲演。当年的记录稿写道：“主席入场时学生迎以热烈之掌声，主席频频答礼，学生呼‘拥护领袖毛泽东同志’‘毛泽东同志万岁’，再经长时间热烈的鼓掌”。关于当学生，毛泽东指出：党校是学校，住在这里就是当学生。但学校生活是一种开门性质，真正要研究东西，不是在学校。学校虽只几个月，但学了一个方法，党校所学的是马列主义的方法、革命的方法、群众工作的方法、党的工作方法。学校学习是第一章，以后要不断地学下去，活到老，学到老。在实际斗争中，在工作中，尤其要老老实实当学生。中国也可以有列宁、马克思，党校七百人中间出一二十个马克思，并不稀奇。

关于当先生，毛泽东说：当先生的除了学校教员外，每一个共产党员和革命分子都有责任，在做事中间要当先生，也就是当学生同时当先生，每一个人有责任教育别人。同志们不久要出去做各种工作，无论做城市工作、乡村工作、军事工作、政治工作、文化工作、教育工作，都要学孔夫子对学生“循循善诱”，“诲人不倦”，又“学而不厌”，随时当学生。但如果宣布“我做先生”，那就坏了，群众都会慢慢地脱离你，最后剩下你一个。要有当先生的精神，但没有先生架子。

关于当战争领导者，毛泽东说，党校毕业生大多数要去做党的工作与群众工作。那么如何说战争领导者呢？现在战争参加者是共产党与国民党，共产党是抗日战争的领导者，如果共产党员不懂得战争的道理，不懂如何指挥，就当不成功战争的领导者。在中国今天干革命，离开了战争就不行。因此不论做哪一项工作，都要管战争，要和战争配合。现在有一批同志到山东去干党的工作，他们除了和游击队配合以外，还有什么办法？不然只

① 邓力群：《在中央党校的工作与学习》，《学习时报》2013年3月18日。

有走，或者坐监。那些日本占领了的地方，除了武装，除了战争，还有什么办法呢？不干战争，如何做工作，如何办农会工会，如何办学校呢？党的主要工作要放在战区，用战争方式来扩大游击区，来挤日本。毛泽东还风趣地说，你们 81 个学员就是 81 万人马，一个顶一万个。[①]

1938 年 9 月 17 日，周恩来在中央党校作《三期抗战形势》的报告。

1939 年 1 月，国民党在重庆召开五届五中全会，确定了“溶共、防共、限共、反共”的方针，设立了“防共委员会”，秘密通过了《防制异党活动办法》，各地反共摩擦加剧，国民党顽固派掀起了抗战期间第一次反共高潮。1939 年 2 月 5 日，毛泽东在中央党校作题为《反对投降主义》的演讲。他指出：要达到抗战必胜、建国必成的目的，中心的任务就是要巩固和扩大抗日民族统一战线。要巩固统一战线，就要进行两条战线的斗争，反对关门主义与投降主义。统一与斗争是统一战线的原则问题，统一是统一战线的第一个的基本的原则；斗争是统一战线的不可缺少的原则，这是不能也不应当忘记的。现在国民党采取防共政策，要从政治上组织上瓦解共产党。我们的原则是：人不犯我，我不犯人；人若犯我，我必犯人。要记取陈独秀投降主义使大革命遭受失败的教训，反对政治上的软弱症，使自己的力量增强起来，才能巩固与扩大抗日民族统一战线，战胜日本帝国主义。[②]

从桥儿沟时期开始，中共中央还安排各地各方面负责同志到中央党校作报告，以便学员了解各地各方面的实际情况，树立全局意识。1937 年 5 月，方方受闽西南军政委员会委派，到延安向党中央汇报工作。毛泽东、张闻天、朱德接见了方方，听取了他的汇报。毛泽东请方方在中央党校和抗大作《三年游击战争》和《三年群众斗争》的报告。红军长征后，在方

---

① 参见《党的文献》2013 年第 6 期。

② 《毛泽东年谱（一八九三——一九四九）》修订本中卷，中央文献出版社 2013 年版，第 111 页。

方、张鼎丞、邓子恢、谭震林等同志领导下，闽西南游击队坚持3年游击战争，与数十倍的敌人斗争，使闽西南的红旗始终未倒。他的报告使学员受到一次深刻的理想信念和革命精神的教育。

六届六中全会期间，中央也安排一些地方的负责同志给党校学员作报告。比如1938年9月17日，谢觉哉在中央党校作《甘肃状况》的报告。介绍：1. 甘肃的一般情况；2. 甘肃在国际上的关系；3. 政治的经济的剥削情形；4. 现在统治者的情形；5. 民众对我们的认识；6. 民族问题；7. 外交关系；8. 我们工作的情形。

五、大批地训练干部到抗日前线去

中央党校在桥儿沟期间正是全民抗战的高潮时期，从全国各地奔赴延安的青年“过五关斩六将，像潮水一样涌向延安，滔滔而来，源源不断”（毛泽东语）。他们当中的共产党员、共青团员和少数非党青年进了中央党校。1937年至1939年初，党校共招生35个班，其中有6个班1939年初刚刚入学即迁驻小沟坪。1937年在校学员300—500人，1938年在校学员始终保持在700人以上。鉴于各方面急需干部的实际情况，这两年的主体班次以3—6个月的短班为主。

根据1937年2月17日常委扩大会议上张闻天讲话的精神，2月中旬中央党校毕业2个班，2月底其余4个班也学习结束。3月初，中央党校新学期开始，中央负责同志参加了开学典礼。新老学员合编为4个班，从此改为按数字顺序连续编班。一、二、三班的学员大多数已经在党校学习了几个月，主要是原四方面军的中下级干部，大部分是连营级干部，少数是团级干部，还有原少数民族班的部分学员，每班50人到70人不等（也有学员回忆，一、二班是四方面军学员，三班以外边来的知识分子为主，有少量陕北干部）。四班的学员基本上都是陕北地县级干部。从1937年开始，中央专门把陕北的县委书记、县苏维埃主席和特区一级干部分期分批送到中央党校轮训学习。

1937年初，中共中央曾考虑中央党校把重点放在培养白区干部上面，因而向全国各地党组织发出通知，要求选派干部到延安中央党校学习。各地接到通知后，派出了一批长期坚持地下斗争的党员干部到延安学习，其中包括一批从敌人的监狱中刚刚获得释放的党员。5月底，中央党校先后开设五、六、七班，全校共有学员约400人。五、六班集中了不少由北平等大中城市党组织选派的学员。五班有长期从事地下工作的老干部如王任重、陈少敏、高文华（曾任北方局书记）、邹凤平（曾任四川省委负责人）、李培之、李华生、郭伟人；有黄华、林肖硖、邓力群、严顾行（中共北平市东城区委委员）、李剑白（中共北平市东北特委群工委员，原名李文杰，一入校组织上就要求他改名字）、苏苇、史洛文、徐迈伦等青年党员；还有张启龙、郭化若、罗炳辉、赖传珠、朱良才、焦若愚、陈伯钧、龚逢春、刘其仁等老红军，全班共40多人。当年四班的学员评论说："五班好像是做地下工作的，和别的班不多来往。五班、六班文体活动好，墙报也出得好。"

七班是少数民族班，共有藏、回、彝、蒙古等少数民族学员33人，其大多数已在党校学习了几个月。少数民族班的课程有唱歌、新文字、地理、历史、汉语、党课、时事、抗日救国十大纲领、孙中山遗嘱、军事知识。教新文字的是薛向晨。不久，大家就可以看新文字报纸、用新文字写文章。学校把大家用新文字写的文章拿给中央领导看，中央领导觉得不错，才开始学汉语汉话。从说汉语发音一点点教起，成仿吾亲自教发音。时事课主要讲日本、苏联的情况，由其他班学员讲。文化课不仅使学员学到了文化，而且使他们的思想觉悟有了明显提高。扎喜旺徐就曾经说过，他关于神的观念，就是在听这些文化、自然课时开始发生变化的。这些课使他明白了地震、下雨都是自然现象，不是什么地下火牛活动或发怒，也不是神对人的惩罚或安排。[①]

尼姆·威尔斯在她的《续西行漫记》中首次向世界介绍了中央党校的少数民族班，并刊登了彝族、回族、藏族、蒙古族学员的照片。她写道："参加党校学习的少数民族代表，33 人中大多数是在长征中加入红军的，只有蒙古人来自长城附近的内蒙古。这 33 个人是从红军的其他人中选出来进行专门训练的。他们都年轻，聪明，和汉人一样对我这个来访的美国人很友好。当我提议照张相时，他们很有礼貌地立正敬礼。""根据成仿吾的介绍，因为他们的教育刚刚开始，少数民族学员只读四门课：拉丁化文字、中文、马克思主义基础知识以及自然科学，例如他们感兴趣的动物学和植物学。""他们把自己看成是将来各民族复兴的领袖。"[②] 毛泽东和朱德多次接见少数民族班学员，请他们介绍民族地区的情况，留他们吃过两次饭，还照了相。毛泽东亲自为班长桑吉悦希（藏语的意思是"佛祖的宝贝"）起汉名天宝。

1937 年 8 月至年底，党校先后开设第八、九、十、十一、十二班。八、九班主要是从抗大二期毕业转过来接受党的训练的党员。十、十一、十二班学员中有不少是来自全国各地的地下党干部，包括刚刚从国民党监狱获得释放的干部和曾经失掉党的组织关系的干部，也有从国外归来的共产党员，比如中共东京党支部书记林基路。他 1937 年 10 月初到达延安，进入中央党校第十二班学习。此时，在校学员达 600 多人。

1938 年 3 月，党校招收十三、十四、十五、十六、十七、十八、十九、二十、二十一班。在校学员 700 余人。十三班有部分从国民党监狱中释放出来的干部。十四班是文化水平较低的干部。十五、十六、十七、十八、十九班学员大部分是从全国各地来延安的青年知识分子，也有陕北公学第一期毕

---

① 1964 年 3 月 2 日王渔、吴璋、刘克廉在中央高级党校对研究班学员桑吉悦希（天宝）、扎喜旺徐、沈遐熙的访谈。

② ［美］尼姆·威尔斯:《续西行漫记》，陶宜、徐复译，解放军文艺出版社 2002 年版，第 157—159 页。

中央党校少数民族班的回族学员（尼姆·威尔斯摄于1937年6月）

中央党校少数民族班的蒙古、藏族学员（尼姆·威尔斯摄于1937年6月）

中央党校少数民族班的彝族学员（尼姆·威尔斯摄于1937年6月）

业的党员和预备党员。新中国成立后在中央党校工作过的汪琼（十六班）、杜晴（十九班）、杨长春（先在十七班，后转到十九班）都是从陕北公学转到党校学习的。十六班学员中有宋平、陈舜瑶、丁昭、王振东、孙岩、王玉琴（王震的夫人）、丁意兰等。陈云的夫人于若木在十九班。

1938年8月，新开设二十二、二十三、二十四、二十五、二十六、二十七、二十八、二十九班。二十二、二十三班的学员多半是山西同蒲路的铁路职工。全校学员保持在700多人。各班人数不同，比如二十一班30多人，二十八班60人左右。二十八班学员中有董边、孙维世、胡克实、周会、陈佩明、谷铁流等人。此班学员按秘密工作要求进行学习和训练，几乎每个人都改了名字，董边改名伊万，孙维世改名苏菲，谷铁流改名铁流，王瑞平改名红戈，后写成洪戈。

1939年初，党校新招收三十、三十一、三十二、三十三、三十四、三十五班6个班。三十、三十一班是妇女工作班，三十二、三十三班（有部分原七班的少数民族学员）需先补习文化，三十四班文化水平较高，三十五班大部分是陕北的县级干部。学员红戈1938年底从二十八班毕业被分配到马列学院。到中央组织部办手续时，王鹤寿与他谈话，认为他年龄还小（18岁），最好在党校再学一个学期。于是，他又回到党校继续学习，被编入三十四班。同学中有朱仲丽等人，还有几个南洋来的华侨，因他们很调皮，大家叫他们大宝（陆步舒）、二宝（陈浩）、三宝（陈明）、四宝（鲁尔）。

受外部环境影响，学员入学和毕业的时间并不统一。开学后有陆续进校的，也有随时调出的。比如四班有3月进校的，也有5月、6月进校的。班上人数最多时76人，后来只剩下40多人。五班有5月进校的，王任重、龚逢春、邓力群、黄华等人是8月进校的，陈伯钧是10月进校的。黄华只学了2个月，龚逢春学了3个月，邓力群学了4个月。谢觉哉到校后，总支书记方仲如曾给他汇报过这个情况。1939年2月20日谢觉哉日记记载："方仲如同志说，学员程度不可能弄得齐一，到校时期也不可能划一，以致编班迟延，教授困难，以后应做到编小班，二十人上下即成班，教员要多几个，但小班班主任可兼课，也不必有助理员。此提议可取。"①

① 《谢觉哉日记》，人民出版社1984年版，第285页。

关于学员集体毕业的时间和班次，笔者至今尚无完整的资料。据现有资料分析，四班的部分学员毕业于1937年10月，他们被派往绥德、米脂、葭县、吴起、清涧5个县，名义上是组织抗敌后援会，实际上成立了5个县委，张鹏图、黄静波任米、葭两县的县委书记，郭洪涛、刘澜涛、李合邦等同志任绥德地委的负责人。1937年12月底，一、二、三、四、五班全部毕业。1938年2月，六、八、九、十、十一、十二班毕业，十一班有个别学员转到十三班继续学习。1938年5月，有几个班毕业。1938年8月，十六班、十九班毕业。1938年底，十七、二十、二十一、二十八、二十九班毕业。这两年毕业的学员绝大多数被分配到前方和敌后，一部分到国统区，少数学员留校。李维汉回忆："中央党校在我任职的这一年里，先后毕业学员约五六百人。"桥儿沟时期共毕业29个班，毕业学员总数应在1500人左右。

随着抗战形势的发展与持久抗战的需要，抗日前线和迅速扩大的各抗日根据地迫切要求派大批干部去开展各项工作。但现有的干部队伍，无论在数量上和质量上都远远不能满足这种需要。中央党校学员就成了各地争抢的对象。比如，1938年12月10日，彭真致电杨尚昆、朱瑞，称："整理冀东工作，需要大批干部，特别是部队东去时。晋东北五台区也需要大批干部补充。最近中央党校十七班、二十班、二十一班毕业，内中有一批县委和群众工作干部，特请你们去电给我们分一批。"① 1939年2月3日，彭真致电杨尚昆："冀中、冀察热都需大批干部去充实，此间都抽到无法再抽，请中央设法从党校抽调七八十人去做党的工作。"② 为解决前方急需干部的紧迫问题，中央党校不仅让相当部分学员提前毕业分配工作，1938年11月还制定"四五六计划"，短期轮训干部，招收学员到校学习4周或5周、6周即分配上前线。短训班学员人数不详。

---

① 《彭真年谱（一九〇二——九四八）》第一卷，中央文献出版社2012年版，第102页。

② 《彭真年谱（一九〇二——九四八）》第一卷，中央文献出版社2012年版，第107页。

在桥儿沟，每个学员班都有班主任，由学校选派。桥儿沟时期至少应该有35位同志担任过班主任，但笔者目前只知道少数几个人的名字，他们是吴文遴、白栋才、邓鹤皋（邓洁）、方仲如、柯庆施、刘仁、刘芝明、苏华、唐赋、王文郁。估计原来研究班（即教员班）的学员在未调出党校前都做过班主任。每个学员班都有班长和支部书记，由学员自己在本班同学中选举。

当年学员进党校由党组织选派。入校时教务主任要分别谈话，王学文回忆："从三班到十几班都经过我谈话，按文化水平和理论水平编班。学习期限，开始规定八个月，后压缩为六个月。六个月分为两期，一期三个月。当时学完一期即可出校，敌占区和白区需要大批干部去开辟工作。学习结束要考试，要作毕业鉴定。当时有两种鉴定：支部鉴定，考察学员党性修养，由总支书记负责。学习鉴定由教务处负责，分项目，一次鉴定要搞几天。毕业学员大多数被分配到敌后和国统区开辟工作。"[①] 学员毕业分配前，总支书记或干部处长要逐一征求学员意见，何去何从最后由中央组织部决定，由中央组织部干部科办手续去单位报到。那些被派遣担任重要领导职务的学员，中央组织部长陈云要亲自找他们谈话。

六、生动具体的党性教育

中央党校十分注重学员的党性修养。党校本身就是执行党章党纪的模范，潜移默化地影响和教育着学员。李维汉回忆：党校"按民主集中制原则组织党内生活。党的多数组织均由民主选举产生，党内生活充满民主气氛，上下左右互称同志，大家平等相待，友爱相处，亲密无间。批评与自我批评也开展得很好。许多同志至今还怀念党校生活，这是一个重要原因"。[②] 四

---

① 1964年4月13日在中央宣传部对王学文的访谈。

② 李维汉：《回忆与研究》（上），中共党史资料出版社1986年版，第391—392页。

班学员杨和亭在访谈时谈道："改选支部和总支时，候选人都是大家提出来的，然后再酝酿选举。我记得改选总支时，罗炳辉是候选人，大家对他提了许多意见，他还作了检讨，就这样，最后还是没有选上总支委员。那时各班的协作精神也好，文化高的班就帮助文化低的班学文化。同学们之间来往也多。学员和干部的关系也很密切，干部常下班和同学谈话，学员也常到干部那里去，同志们之间的革命情谊很深。不仅校外的群众工作做得好，校内的群众工作也做得好，学员常给炊事员帮厨，让炊事员同志也能轮流休息。"①

党校坚持对学员进行革命传统教育，要求师生"坚决发扬忠诚、团结、紧张、活泼的校风和艰苦奋斗的传统。党校的领导和教员对学员都十分注意革命气节教育，帮助大家了解建党以来为共产主义事业英勇牺牲献身的无数先烈，如李大钊、王荷波、彭湃、蔡和森、方志敏、陈延年、赵世炎、陈乔年、向警予等的英雄业绩，激励他们要像革命先烈那样为共产主义的伟大事业奋斗终身"。②

党校学员毕业后大部分要做党的工作和群众工作，"党的建设"课程是学员的一门主课。在桥儿沟，这门课由校长李维汉和中组部刘锡五、王鹤寿主讲。除了讲党建理论、党的历史、规章制度，还要讲怎样接收新党员。在小组讨论时学员们就把接收党员的全过程模拟一遍，包括党员条件的讨论、介绍人如何介绍、怎样开小组会、怎样批准为预备党员、怎样转正、怎样宣誓等等。这对于那些从国统区来的青年学生很有实用价值。③

在桥儿沟，由于学员中青年学生占很大比例，学校要安排新来的学员到农村去生活一段时间，与农民同吃同住同劳动，作为入校第一堂必修课。这对提高学员的思想素质，培养学员的群众观点、实践观点和劳动观点，有很大帮助。1937 年 8 月，成仿吾安排八班全体学员下农村调查苏区的社

---

① 1964 年 3 月 30 日在中央高级党校对杨和亭、王秉祥的访谈。

② 李维汉:《回忆与研究》(上)，中共党史资料出版社 1986 年版，第 391—392 页。

③ 1998 年笔者对当年十六班学员汪琼的访谈。

会政治和人民生活情况，体验革命根据地的实际，而后又亲自给这些学员上党课，使这些年轻党员懂得不少党建的基本知识。1938 年，干部部长曹轶欧曾带领少数民族班到延长实习锻炼了 3 个月，和老乡同吃同住同劳动。

为了解决理论与实际相结合，提高学员分析解决实际问题的能力，在桥儿沟学校组织了学员实习团，在教员的带领下到陕甘宁边区的县区乡做细致深入的社会调查，并参与建党建政改善民生等工作。时间短则半年，长则一年。1938 年 10 月，学校组织了第一个实习团到陕北安塞县实习调查区、乡党和群众工作。由党建与群众工作研究室主任刘晋任团长兼支部书记，下分 2 个组，谢北一是支委兼一个组的组长。1939 年初又组织了 2 个学员实习团，下到县区乡，一边工作，一边调研。延安实习团由杨英杰带队，实习半年。延川实习团由马列主义研究室主任金铁群带队，实习将近 1 年。2 月 23 日，第三实习团准备就绪，出发前召开座谈会，副校长谢觉哉出席并讲话。其要点为：1. 实习的重要；2. 在边区实习比往华北较有意义；3. 注意边区原有状况，从发展上来看；4. 尊重当地干部及当地群众意见，向他们学习；5. 不可有与当地干部或群众关系不好的表现；6. 收集经验供给本校；7. 物质上略为补充。① 3 个实习团都是党校迁到小沟坪后才返校。

党校也善于利用一些具体案例对学员进行党纪党风教育。1937 年 3 月中共中央召开政治局扩大会议，批评了张国焘的错误，作出了《关于张国焘同志错误的决定》。随后全党开展了批判张国焘分裂主义错误的斗争。鉴于党校学员中有不少四方面军的干部，在批判张国焘的错误时，校领导董必武、李维汉、成仿吾坚决执行党中央的方针，把四方面军的干部和张国焘个人的错误加以严格区别，四方面军干部要保护，张国焘错误要批判，并发动四方面军干部一起批判。达到既清算张国焘的错误又团结四方面军同志的目的。成仿吾以自己在鄂豫皖苏区的亲身经历，揭露了张国焘排除异己，“肃

---

① 《谢觉哉日记》，人民出版社 1984 年版，第 284—285 页。

反”扩大化，实行逃跑主义，使党和红四方面军受到严重损失，以及分裂党、分裂红军的错误。原四方面军干部陈昌浩、张琴秋也联系自身经历批判张国焘并做了自我批评。校领导和干部的现身说法使学员们大大提高了反对张国焘路线的自觉性，纷纷起来揭露张国焘分裂党分裂红军的错误，总结历史教训。大家放下包袱心情舒畅，团结一致在党中央领导下，准备迎接抗日高潮的到来。黄华回忆说：“批判张国焘分裂中央，是我在党校学习期间的一件大事，大大提高了我对毛主席为首的党中央正确路线的认识，对坚持党的组织原则和维护党的统一、严肃党的纪律的重要性的认识。”[①]

1937 年 10 月 5 日晚，延安发生了一起凶杀案，抗大三期六大队队长黄克功，与陕北公学学员刘茜谈恋爱逼婚不成，残忍地枪杀了刘茜。这件事在当时的延安成为爆炸性新闻，人们议论纷纷。中央领导同志认为，黄克功用封建主义思想，把恋爱对象当私有财产，并自恃有功，无视法纪，杀人者必须偿命，主张依法判处死刑，并且要用这个关系到民主与法制和共产主义恋爱观的典型事件教育党员、干部、战士和群众，为各根据地作出示范。各单位进行了有组织的讨论。中央党校老干部班的学员与中央领导的意见基本一致，多数建议判处死刑，但也表示惋惜。不少青年同志、刚到延安的知识分子，尤其是他们中的女同志则认为，黄克功刚刚经历了二万五千里长征，是红军的团长，屡建战功，年轻，有才干，能打仗，主张给他戴罪立功的机会，不同意让他偿命。在新干部与知识分子占多数的班对是否应判黄克功死刑争论很激烈，一时难于统一认识。

中央党校教员金铁群听了几个班的讨论，党总支又安排他和教员吉汉杰听了全校各班的汇报，并指定他俩作为中央党校的代表出席公审大会。10 月 11 日，陕甘宁边区最高法院在陕北公学的大院里召开公审大会，陕北公学全体师生和各单位代表约 1 万人参加。会上，审判长雷经天宣读了

① 引自李维汉:《回忆与研究》(上)，中共党史资料出版社 1986 年版，第 392 页。

处以死刑并立即执行的判决书。黄克功没有表示任何反抗、抵触、激动或消沉的情绪。正当他随着执刑队向刑场走去时，法庭收到了毛泽东给最高法院审判长雷经天的亲笔信。因为信上建议要当着黄克功本人的面宣读，审判长又命令把黄克功追了回来，重新站在犯人的位置上，听审判长宣读毛泽东的信。

毛泽东的信中说："你的及黄克功的信均收阅。黄克功过去斗争历史是光荣的，今天处以极刑，我及党中央的同志都是为之惋惜的。但他犯了不容赦免的大罪，以一个共产党员、红军干部而有如此卑鄙的，残忍的，失掉党的立场的，失掉革命立场的，失掉人的立场的行为，如为赦免，便无以教育党，无以教育红军，无以教育革命者，并无以教育做一个普通的人。因此中央与军委便不得不根据他的罪恶行为，根据党与红军的纪律，处他以极刑……"[①]黄克功被带走枪决时，会场气氛相当凝重，还传来竭力压制的哭声。

随后中央书记处负责人张闻天讲话。主要内容为：1. 要树立共产主义的恋爱观，在恋爱与婚姻问题上，更不允许用封建主义思想来支配。2. 在恋爱、婚姻与家庭问题上，要同时重视政治与生活两个方面的协调，首先是志同道合的同志、相敬如宾的朋友，其次才是爱人与夫妻。3. 要反对"杯水主义"，坚持严格的一夫一妻制。4. 要正确认识恋爱、民主与法制的关系。张闻天的讲话，消除了分歧，统一了人们的认识。会后，金铁群、吉汉杰向全校学工人员如实传达了审判大会的情况、毛泽东的信和张闻天的讲话。[②]黄克功事件对广大学员是一次极深刻的党性和人性、纪律和法律的教育。当年的校长李维汉回忆说："在这一事件中，每个学员都经受了一次政策水平的检验。"

---

① 《毛泽东书信选集》，人民出版社 1983 年版，第 110—111 页。

② 参见金铁群：《黄克功事件目睹记》，见任文主编：《延安时期的大事件》，陕西师范大学出版社 2014 年版，第 64—75 页。

学员们的互帮互学也是加强党性修养的重要途径。桥儿沟时期，红军将领、白区党的领导干部、青年学生同在一个班里学习，老同志言传身教，是青年党员学习的榜样。邓力群在回忆郭化若的文章中写道："化若同志一点也不特殊，同普通学员一样遵守规矩。特别是轮到他讲'游击战争'，也还是照样同全班同学一起整队进入教室，然后再从位置上站起来，到前面讲课，讲完课后，依然坐回到他的位置上，一起整队离开教室。他真正把自己看作是这个集体中的普通一员。还有一件事，也让我感动。我们五班的教室是在党校的最后一排窑洞。后面有一座门，是党校的后门。这座后门站岗的任务，就交给了我们五班。大约是两个钟点换一岗。在我想来，这本来应该是一般学员的事。化若同志来党校前是庆阳步兵学校的教育长，在五班又兼任教员。可是他和其他老同志不要照顾，照样同大家一样轮流站岗。化若同志以及其他老同志的这种以普通一兵自处的态度和作风，使得我们的集体真正成为一个平等、和睦、自由的革命大家庭。"①

原四方面军学员蒲运明回忆党性教育的收获时写道："经过一年的学习，在各方面都有了很大的进步和提高。在政治上开始懂得党的政策和政治主张，如党关于抗日民族统一战线的各种政策主张，并认识到革命的远景和党的最终目的。这为我在政治上打下一个向前进步的基础，在组织思想上解决了个人与组织关系的原则认识问题，并开始懂得党内民主及用批评和自我批评的方法来教育同志，对党的生活也逐渐熟悉，逐渐学会了做党的支部工作的领导方法。我认识到在张国焘的领导下，党内没有什么民主，也缺乏党的教育，只盲目地服从领导和个人；更认识到在张国焘的领导下，共产党员的政治生命得不到保障。只有到了党中央和毛主席的领导下，才有了政治生命的安全保证，使我们敢于靠近党靠近组织，敢于暴露个人的历史问题和思想问题，以得到党的教育和改造，从而使自己在组织

① 《邓力群自述》，人民出版社 2015 年版，第 52—53 页。

观念和思想认识上都提高一步。因此，在党中央开始反对张国焘错误路线的斗争中，我们是拥护党中央的正确领导，同张国焘的错误作斗争的。”[①]

1938年底，中央组织了对各机关部门的大检查。对党校的大检查认为“党校的教育及党性锻炼很好，即党校学生在工作中党性把握很好，吃苦耐劳精神也很好”。[②]

七、丰富多彩的校园生活

在桥儿沟，师生们积极参加群众工作和各项政治活动。1937年4月，党校青年委员会为桥儿沟附近青年和儿童创办了一所列宁小学，由党校学员义务担任教职员，每日下午2至4时上课，课目有日本侵略中国的统计、常识、算术、识字、新文字、唱歌等，纸笔书籍皆由党校捐助。1937年7月，延安抗日救国会发动募捐运动，援助二十九军抗敌战士。中央党校捐56元9角8分，为各机关学校团体之首。1937年10月至11月，中央党校织袜子188双、手套199双，还有卫生衣1套，上交西北青年救国会和妇女各界救国会，支援八路军冬季抗战。

在学校俱乐部的组织下，党校的文娱活动开展得生动活泼，未开会，先唱歌，除了齐唱还有独唱。五班的王任重、十二班的女学员许明都是有名的歌手。许明唱《松花江上》唱得很感人，有时她自己也唱得掉下泪来。大家送给她一个外号“松花江上”。十六班有个女同学外号“卢沟桥”，因为她唱《卢沟桥》唱得好。有时还请中央剧社来指导中央党校俱乐部排练活报剧、歌舞等节目。

---

① 蒲运明:《在延安生活的一点经历》，见中共中央党史研究室第一研究部编:《七大代表忆七大》(上)，上海人民出版社2006年版，第571页。

② 参见《党校一年来工作报告》(1940年2月)，《中共中央党校校史文献史料选编》(上卷)，2013年编印。原件存中央档案馆。

1938 年春节期间，党校俱乐部演出京剧《捉放曹》。党校工作人员张承民演曹操，周荣鑫演陈宫，劳冬演吕伯奢。没有锣鼓，只有王任重一个人拉胡琴。在刘芝明夫人那里借了床单和红棉袄当戏装。用粉笔画白脸，髯口用麻和铁丝做，用墨水染黑。演出时礼堂（即教堂）坐满了人，鸦雀无声。十九班杜晴喜欢演戏，俱乐部组织演出老舍创作的反日剧《衣冠冢》，杜晴扮演牺牲者的夫人，她穿得较好，嗓音漂亮，看的人很多，称她是“东方美人”。1938 年底，中央党校十几个平剧爱好者组织了一个延安平剧研究会。毛泽东出席了成立会，还讲了话。

1937 年 8 月 1 日，延安“八一抗战动员运动大会”开幕。中央党校有 53 名选手参赛，参赛人数名列第二，抗大 125 名为第一。排球：延安师范学校对党校三比二获胜，篮球：抗大对党校二比零获胜，足球：党校对中央机关一比零获胜。铁球（似为铅球）：党校李林以 7.85 米获第三名，孟特尔以 7.59 米获第五名，侯绍贵以 7.44 米获第六名。田径 800 米高级组：党校杨安民获第二名。1500 米高级组决赛：党校杨有清获第三名。200 米接力赛初级组预赛中，党校有 7 位同志获得一、二、三名。8 月 6 日《新中华报》报道，运动会闭幕，毛泽东致闭幕词，号召大家学习军事体育来武装我们的手足，学习政治来武装我们的头脑。希望把运动大会的精神带到各地方各部队去。

第　五　章

创业小沟坪

1939年2月底，中央党校从桥儿沟搬到小沟坪。至1941年底，陈云、邓发先后担任中央党校校长。党校领导机构、教员队伍、教学内容相对稳定并有所发展。3年共培训学员1500余人，学习时间半年至1年。其间，抗日战争进入相持阶段，日寇侵华方针改为以“剿共”为重点，国民党确定了“溶共、防共、限共、反共”的方针，停发了八路军、新四军的军饷，掀起两次反共高潮。国际上，德国法西斯入侵苏联，太平洋战争爆发。面对国际国内的严峻困难，为了巩固自己、积蓄力量、谋求发展，中共中央发起大生产运动和学习运动。中央党校师生响应党中央的号召，加紧生产，刻苦学习，半工半读，艰苦创业，在学习运动和大生产运动中都取得优异的成绩。

一、陈云、邓发先后主政中央党校

1939年2月底3月初，在校长陈云和副校长谢觉哉的组织领导下，中央党校由桥儿沟搬迁至延安北关小沟坪。小沟坪为东西向，沟不大，南、北、西三面环山，东向延河。延河对面是杨家岭。党校紧邻中组部，南山北坡是党校，南坡就是中组部，陈云来校或谢觉哉去中组部汇报工作都方

中央党校校址——延安小沟坪（1939年3月至1947年3月）

便了不少。北山南坡有不少原抗大三大队的旧窑，向阳干燥。南山北坡大多是新开的窑洞，潮气很大。刚到小沟坪，住处、供给各方面均感不便，师生发扬艰苦奋斗精神克服困难，开始了新的学习生活。

（一）陈云、邓发的领导风格

陈云、谢觉哉调整了党校的组织机构，撤销了康生时期的党校管理委员会。秘书处、自卫军大队部和总务处合并，成立校务部，方仲如任部长，在校长直接领导下统管党校一切日常行政事务。干部部合并于党总支，总支书记孙敬民。教务处处长仍然由刘芝明担任，凡教务性质的工作皆归教务处，包括党内教育等。学校的组织机构复归为3个部门：教务处、校务部、党总支。为保证党政教的一致，各部门负责人皆参加党总支。学员不用站岗了，出操也少了，外出也无须集体行动了。

1939年10月，中共中央任命邓发担任中央党校校长。谢觉哉仍为副校长，刘芝明仍为教务主任并兼邓发政治秘书，方仲如仍为校务部长，梁湘任党总支书记，党校组织机构变动不大。1940年9月，中共中央政治局

陈云（1905 年 6 月 13 日—1995 年 4 月 10 日），中央党校校长（1938 年 12 月—1939 年 10 月）

邓发（1906 年 3 月 7 日—1946 年 4 月 8 日），中央党校校长（1939 年 10 月—1943 年 3 月）

会议决定谢觉哉任陕甘宁边区中央局副书记兼陕甘宁边区政府秘书长，不再担任中央党校副校长。

陈云和邓发都是工人出身的政治局委员，都是中国革命史上许多重要革命运动和历史事件的参加者。他们同在 1925 年加入中国共产党，1933 年二人在红都瑞金开始共事，共同参加了中央苏区的建设、二万五千里长征和遵义会议。以后的经历颇有戏剧性，无论是到共产国际汇报工作、为长征立传、担任中共中央驻新疆代表，还是担任中央党校校长，二人几乎都是前后脚。

1935 年 6 月长征途中，陈云受中共中央委派去上海恢复白区党的组织，向共产国际汇报中共中央和红军的近况，尤其是遵义会议的情况。邓发 1936 年 6 月受党中央委派，化名杨鼎华前往苏联，代表中共中央向共产国际汇报工作。

1935 年秋，陈云在莫斯科向共产国际执委会汇报工作期间，化名廉臣写作《随军西行见闻录》，佯称一个被红军俘虏的军医，详细介绍了他所经历的长征。该文 1936 年 3 月连载于中国共产党主办的巴黎《全民月刊》。

1936 年 6 月，邓发赴苏联途中经过西安，又受命护送斯诺到陕北访问。回到陕北，他看到了巴黎《救国时报》上廉臣的《随军西行见闻录》，随即以化名杨定（鼎）华，写了《雪山草地行军记》和《从甘肃到陕西》2 篇文章，投给《救国时报》。文中佯称自己是被红军俘虏的国民党军无线电机务员，在红军中做无线电机务工作，详细记述了红军长征后半段的经过。1937 年初在《救国时报》连载。

邓发的 2 篇文章恰如陈云文章的续篇。1937 年 7 月，《救国时报》将 3 篇文章合集为《长征记》出版，第一次向中外读者介绍了红军长征的全过程，引起很大的反响。为支持出版，廉臣和杨定华于 1937 年 7 月 31 日在《救国时报》第 144 期上发表了捐赠版权启事。长征期间，陈云是中共中央政治局委员，邓发是政治局候补委员，其文章的权威性、真实性迄今无人能够超越。

1937 年 4 月下旬，陈云从莫斯科回到新疆，担任中共中央驻新疆代表，致力于建立与新疆军阀盛世才的统一战线，在接援西路军左支队和培养我党军事技术人才方面做了很多工作。邓发 1937 年 9 月由莫斯科返回新疆，与陈云等人筹办八路军驻新疆办事处。10 月，陈云任八路军驻新疆办事处党代表，11 月下旬回延安。邓发接替陈云任中国共产党驻新疆代表及八路军驻新疆办事处主任，为支持抗战、培养我军航空人才和建设新疆做了大量工作。陈云 1938 年 12 月任中央党校校长。邓发 1939 年 10 月接替陈云任中央党校校长直到 1943 年 3 月，是战争年代任职时间较长的校长。

陈云读过高小，邓发只读过 2 年私塾和 3 年初小，他们都是自学成才的典型。靠着坚持不懈的学习，他们的理论水平、文化素养与丰富的斗争经验和出色的领导才能相得益彰。他们任校长期间都亲自授课、作报告，并经常在报刊上发表文章。尤其是邓发，虽然 1940 年初开始兼任中共中央职工运动委员会书记，但他一直住在党校，不论是教学工作，还是政治思想工作、后勤工作，事无巨细，事必躬亲。他毫无领导架子，与教职员工打成一片，给大家留下很深的印象。他特别关心少数民族学员的学习，每半月就到少数民族班一次，亲自检查他们的学习笔记。扎喜旺徐回忆，他的笔记邓发就看过两三次，说他学得不错，鼓励他以后把字写得更清楚一点。

陈云和邓发任校长期间，改变了康生时期校长不讲课的情况，恢复了校长给学员讲大课的传统。当年的总结写道："从小班制变成了大班制，由许多有专门理论的同志讲课，这一方面能够把实际与理论联系得更好，因此课程内容丰富了充实了。如陈云同志、邓发同志、谢老同志以及其他同志。"①

陈云、谢觉哉、邓发都给全校学员讲授"党的建设"。《陈云年谱》记载：1939 年，中共党建与群众工作研究会 4 次讨论陈云拟在中央党校讲课的提纲，3 月初讨论《中国共产党》和《最低纲领》。3 月 8 日、13 日，讨论《支部工作》和《党员》。4 月 18 日讨论《党的组织原则》和《支部》。有学员回忆，在党校学习，"印象最深的是听陈云同志讲怎样做一个共产党员"。

《陈云年谱》还登载了 1939 年陈云撰写的几篇讲课提纲，4 月或 5 月，陈云撰写讲课提纲《共产党的基本组织原则》。他写道：党的组织形式可以根据客观环境的变化和党的需要而改变，但基本组织原则在一个长时期内是不能变的。这些原则是：每个党员都要直接参加党的组织并积极工作，有铁的纪律，实行民主集中制，支部是党的基础和堡垒，党要经过党团去领导群众组织。党的纪律是自觉的又是强制的，不准许有不执行党的决议的个人和小组织。"提纲"批驳了破坏纪律的种种理由，如"正确的服从，

① 《党校一年来工作报告》（1940 年 2 月），《中共中央党校校史文献史料选编》（上卷），2013 年编印。原件存中央档案馆。

不正确的不服从”“某人来说就服，差一些的人来说就不服”“对地位高的就听，对地位低的就不听”“我服从中央，但不服从你（指省委或县委）”等等。

提纲指出，中国共产党所以要格外强调纪律的重要性，是因为：1. 在半殖民地半封建的国家，革命特别艰苦，没有严守纪律的党是不能取得胜利的。2. 在小资产阶级占人口多数的国家，其影响很容易侵入党内。3. 处于与资产阶级建立统一战线的环境下，必须靠铁的纪律才能防止资产阶级思想的影响。4. 目前有大批小资产阶级成分（农民、学生）的新党员，他们缺乏纪律性。5. 在战争环境下更需要纪律。6. 党现在有军队、有政权，没有纪律就会分裂，就会丧失威信。①

4 月 24 日，陈云撰写《关于秘密工作与公开工作问题》讲课提纲，对秘密工作的分类、工作方法、秘密工作与公开工作的相互转变等问题做了考察和分析。②

9 月，陈云撰写讲稿《组织工作与领导方式》。讲稿指出：组织工作服从于政治路线，政治路线能否实现又决定于组织工作。组织工作的基本任务是组织党的决议的执行并审查执行情况。执行决议包括选择适当的干部，抓住工作中心环节，找出工作过渡点，并通过一点一滴的扎实工作取得成绩。审查决议执行情况是为了发扬经验，发现缺点，克服障碍，补充新内容。在领导方式上，要注意了解下层实际情形，一切先做学生后做先生；要从客观到主观，根据不同特点给以领导；要听取下级意见，开展自上而下和自下而上的自我批评；集体领导要有分工负责制，要与“跑腿”相结合，既不能妨碍集体领导，又不要隔离上下层关系；要注意总结经验，推动全面工作。在领导作风上，要善于从日常事务中抓住中心工作，对每件

① 《陈云年谱（一九〇五——九九五）》上卷，中央文献出版社 2000 年版，第 245—246 页。

② 《陈云年谱（一九〇五——九九五）》上卷，中央文献出版社 2000 年版，第 244 页。

工作要做到底，要善于使用干部，解决问题既要坚持原则又要态度诚恳，要大公无私、任劳任怨，对人以同志式的态度，不可有架子。[①]

《谢觉哉日记》记载：1939年3月至4月，谢觉哉在中央党校讲授“党的建设”课程。他写的讲课提纲共分6讲：1. 中国共产党（产生的内部原因、外部条件）；2. 中共产生的特点；3. 中共任务；4. 党员（包括入党资格、入党手续、吸收党员的对象、吸收方法、党员与党的关系、党员与群众的关系、怎样做个好党员、党员被捕后应采取的态度）；5. 民主集中制；6. 支部。提纲共17000余字。[②]

邓发任校长期间，党建课大部分由邓发讲授，1周1次，全校在大礼堂听，讲1次讨论1次。除全校的党建课，邓发还给职工班（三十九、五十班）讲授“职工运动”，其讲课提纲现存中央档案馆。在《抗战中的职工运动》一讲有《敌后工业与工人运动的变动》一节，用大量的数字和具体的事实，系统地分析了抗战期间敌后环境发生了很大变化，敌后的职工运动面临特殊的环境，其任务、方针、策略、斗争形式和内容都要随之而改变。邓发对教学工作兢兢业业，当年的学员荒苇写道：“记得有一次我和几个知识分子同志帮助他抄写‘讲授提纲’时，他很谦逊地说：‘这是要向全校同志讲课的提纲，我写的不够有条理，麻烦你们在抄的过程中也研究一下，给我提些意见。’”“记得有一次上大课，我们都觉得：邓校长太忙了，他已经两天没有睡觉了，最好今天让校长休息休息。教务处也很同意。可是，在将上课的前一刻钟，邓校长从中央开会回来了，他马上便叫通知上课。我们要他休息，而他只要10分钟的吃饭时间，绝不愿因为他一个人的休息影响了1000多人的学习，使得既定的教学计划时间延长。”[③]

在陈云、邓发任校长期间，党校各方面的工作都更加规范，对教务、

① 《陈云年谱（一九〇五—一九九五）》上卷，中央文献出版社2000年版，第258页。

② 参见《谢觉哉日记》，人民出版社1984年版，第286—307页。

③ 荒苇：《片段的回忆》，《解放日报》1946年5月2日。

校务、总支等工作都有明确的指导方针和原则。1939年党校的教育方针和教务工作原则为："1. 教育的基本方针是将马列主义原则、党的组织原则、党的斗争经验、当前的实际政治联系起来，使教学一方面能够把理论紧密联系到实际，另一方面也能够更多熟读与记忆马列主义原则。2. 根据班上具体情况，学生的政治及文化水平的发展变化，经常检查与研究教育计划。3. 使班主任与研究室成为领导学习的中心和教学质量检查的中心。更进一步的发扬学习的民主，使得同学能深入广泛的讨论研究问题。4. 教务处应该严格执行经常检查与定期检查的工作制度，从多方面反映意见，审查学习的进度与效果，以及教课的内容与课程准备的程度等。"①

学校把"保证教与学的完成"作为全校一切工作的目的和任务，以此规定教务的任务：1. 具体制定各班的教育计划，要实行民主，征求学生意见，不断的补充、改革。2. 领导各研究室讨论课的准备，检查其准备程度。3. 经常检查教育提纲，站在批判的态度。4. 检查教育的进度，这个工作应变为经常的。5. 督促教员及班助理员在学员讨论会结束后向教务处汇报。6. 各研究室定期供给各班的研究材料。7. 有计划的审查学生的笔记，看上中下3种笔记，这一方面可以了解是否教错，是否记错，抽查备课笔记，安排定期的考试。

校务方面：1. 奉校长命令负责对内对外的一切行政工作及校内干部的调动等。2. 管理全校之公务，队列编班根据学生程度，会同教务处协助总支办理学生出入手续。

总支委的具体工作：1. 领导一切支部，完成教与学的计划。2. 领导支部生活及党员思想意识的教育。3. 审查与了解各个干部及党员的本质。4. 办理党的组织手续。5. 俱乐部应由校务部领导，总支协同校务部发动全

---

① 《党校一年来工作报告》(1940年2月),《中共中央党校校史文献史料选编》(上卷), 2013年编印。原件存中央档案馆。

校文化娱乐工作。

班主任之职能：负责班上一切行政、教务、党的工作的全权代表，直接由校长指挥领导，教务部总支教务处对班主任之关系——与本部工作有关系者可以直接指导，各方面意见不一致由校长解决，总支对班的领导一切应经过支部起它的领导作用。

学生：1. 一切行动应服从本班主任。2. 必须按照规定上课，上课时归教员指挥。3. 课外讨论时事问题应排一定的时间与空间。4. 课外自习时间要计划统一，根据教务处计划及课堂准备。5. 课外活动文化娱乐墙报。6. 经常检查自己的进步，是否能用马列思想到意识中去。①

1941 年 9 月毛泽东发表《改造我们的学习》之后，中央党校对教育目的和方针的表述有一些变化："党校教育的目的：应当是培养能够掌握党的各种政策而做党的政府的和群众工作的干部。这是与一般的学校或其他干部学校所不同的。""根据上述目的，党校的教育方针应当是：教育学员能将马列主义运用到具体的国家环境中。应当是使学员懂得中国的实际斗争环境及中国革命的性质、中国革命的经验教训、当前的政策，为此，必须以中国革命实际的斗争为主要教育。为了使一些高级的干部，能于实际工作中独立决定方向，分析环境，总结经验，又必须给予必要的马列主义理论的教育。当然，这种教育，也不是亦不能是离开中国的。因此，个别同志认为'理论是主要的，实际是附带的'，或'先理论后实际'的说法，是错误的，必须破除这种认识。"②

（二）教员与组织机构

搬到小沟坪之后，党校的专职教研人员进一步增加。1939 年 2 月至

---

① 《党校一年来工作报告》（1940 年 2 月），《中共中央党校校史文献史料选编》（上卷），2013 年编印。原件存中央档案馆。

② 《中央党校教务处第二学期（5 月 11 日起至 8 月 30 日止）教学工作总结》（1941 年 9 月 15 日）。原件存中央档案馆。

1940年2月，共充实教研人员23人（政经4人、列宁主义5人、中国问题5人、党建2人、军事1人、时事1人、文化教员5人），“但正教只5人，余均助教，比过去质量方面好一些”。[①]

至1941年9月，全校教员33人，入党时间：1930年2人，1931—1936年8人，1937年七七事变后23人。抗战前做过工作的7人，抗战后做过一点工作的15人，根本没有实际工作经验的18人。留学生2人，大学生1人，高中生16人，初中生11人，小学生3人。经常教课的教员7人，平均教课质疑393小时，占工作学习时间42.7%；会议时间34小时，占工作学习时间3.8%；学习时间493小时，占工作学习时间53.5%。[②]

1939年至1941年，党校的组织机构健全，干部稳定，并有所发展。至1941年9月中央党校组织机构及各部干部如下：

校长（邓发）之下设教务处（主任刘芝明、副主任梁湘）、干部处（主任章夷白、副主任孙敬明）、校务部（主任方仲如、副主任牟泽衔）、党总支、考试编班委员会（负责人不详）。各部门负责人参加校务委员会。

教务处之下设政治经济学研究室（主任宫释夫）、党建研究室（主任刘晋）、联共党史及马列主义研究室（主任金铁群）、中国问题研究室（主任张承民）、文化教育委员会（主任何明英）、策略研究委员会（主任杨英杰、副主任王文郁）、图书馆（主任高山）、材料科（科长葛震）。

校务部之下设总务科（科长牟泽衔兼任，副科长黄立德、王大甫）、人事科（科长苏风）、俱乐部（主任姚铁）、收发科、卫生科、警卫班、托儿所。总务科管理灶房、水房、澡堂、磨坊、豆浆房、马房、修理所、菜园（80亩）。人事科兼管青年队（勤务）、理发所。

---

① 《党校一年来工作报告》（1940年2月），《中共中央党校校史文献史料选编》（上卷），2013年编印。原件存中央档案馆。

② 《中央党校教务处第二学期（5月11日起至8月30日止）教学工作总结》（1941年9月15日）。原件存中央档案馆。

教员：陈放、红戈、陈作良、姚昕、于行、王善德、乐一、路光、贺玉龙、张同舟、刘毅生、苏华、何冰、张召、王志君、韩惠芳、张台一、伊纹、卜一、赵玉峰。助教：彭三、丁明。

图书馆、材料科干事：吴正光、王一木、蔡奋年、陈洛毅、石玉申、高承明、余新。干部处有秘书3人，干事4人。校务部工作人员：凌霄（指导员）、射平、阎清海、王仲贤、何智、钟凌、刘子春、鲁刚，干事4人。①

1941年10月下旬，校务部长方仲如调任中共中央管理局任财务处长，不久接替张启龙任局长。党校校务部长由胡松接任。

各部门的秘书、干事主要由学员担任。1939年和1940年，各学员班级除设班主任外，还设班助理员（学习干事）协助教员和学员支部工作。1941年间，曾由教员担任各班班主任兼专职支部书记，全面管理班上的工作。

1941年12月17日，中共中央政治局决定："中央党校为培养地委以上及团级以上具有相当独立工作能力的、党的实际工作干部及军队政治工作干部的高级与中级学校。"中央党校不再招收县委书记一级的学员。学校组织机构也相应做了调整：

1. 设校长一人，负全校领导之责。

2. 设秘书长一人，协助校长处理对内对外之一切日常事宜，由黄火青同志负责。秘书长下设秘书二人（可在党校工作人员中选择）。

3. 教育处处长邓发暂兼，继续找人；副处长刘芝明。下设三科：（1）教务科：科长张承民，副科长梁湘，科员丁明、裴一、路光。（2）注册科：科长章夷白，副科长孙敬民，科员王玉、草原（尚缺一人）。（3）图书材料科：科长李仲敏，副科长高山，科员王一木、陈洛毅（再补四人，由章夷白同志从在调之84人中选出）。（4）教员：宫释夫、刘晋、杨英杰、陈放。（5）助教：许诺、陈作梁、王泽民、杨锐、刘一生、彭三、乐毅、贺愚农、何明英。

---

① 据《中央党校组织结构及各部干部的配备》（1941年7月14日）。原件存中央档案馆。

4. 校务处处长胡松，副处长牟泽衔。秘书张德温，工作人员支书谢石基。下设四科：（1）总务科科长牟泽衔兼。（2）会计科科长吴力夫。（3）卫生科科长陆华。（4）收发科科长吴德清。

5. 校务会议：由校长、秘书长，各处正副处长组织之。

6. 总支委书记：黄火青兼，其他委员不脱离生产。

7. 必要时各班可设事务协理员一人，帮助学生日常事务，并管理该班学生之特务员勤务员事宜。[①]

二、从三十班到五十四班

在小沟坪，主体班次以半年班和 1 年班为主，有学习 1 年半到 2 年的，也有学习 3 个月的。1939 年 2 月—1940 年 2 月，在校学员共 14 个班（三十 —— 四十三班），共 924 人，其中三十至三十五班在桥儿沟入校，三十六至四十三班在小沟坪入校。三十、三十一班是妇女工作班，三十二、三十三班（有部分原七班的少数民族学员）需先补习文化，三十四班文化水平较高，三十五班大部分是陕北的县级干部，三十七班是少数民族班（回民班），三十八班是青干班，三十九班是职工班。四十、四十一、四十二、四十三班学员 1939 年底 1940 年初才进校，主要来自八路军各部队、陕甘宁边区和晋绥根据地，敌占区和国统区来的青年知识分子大幅减少。“由学生成分转到工农成分占多数，由新党员转到老党员占多数。”[②] 在党校合作社工作的丁昭、朱德之子朱奇都是 1940 年初进的四十班。

1939 年 7 月成立中国女子大学，王明任校长。中央党校将 2 个妇女班三十班、三十一班拨给中国女子大学，作为其第一批学员。据当年学员、

① 《中央党校计划》1941 年底制定，1942 年 1 月 17 日中央政治局会议通过。原件存中央档案馆。

② 《党校一年来工作报告》（1940 年 2 月），《中共中央党校校史文献史料选编》（上卷），2013 年编印。原件存中央档案馆。

成仿吾夫人张琳介绍，女子大学学员受优待，不睡土炕，睡床板。

三十七班学员主要是回族，还有部分东乡族。全班40人左右，大多二十来岁，少数是桥儿沟时期民族班的学生，大部分是从马家军的俘虏兵中挑选的成分好的青年。班主任马青年在红军西征期间曾任回民独立师师长。教育干事先后由沈遐熙和王志强担任。学员主要是学文化，包括汉语、历史、地理、时事、唱歌、听一些报告，听了刘少奇《论共产党员的修养》。回民班的学生普遍信仰伊斯兰教，有的人要做礼拜、开斋。学校很照顾回民班，专门办了回民灶，炊事员是从班上学员中选的，一周吃一两顿白面，伊斯兰节日能吃上油饼。副校长谢觉哉对回民班很重视，常常亲自找这个班的学员谈话。[①] 三十七班培养的干部后来对开展西北民族地区的工作，起了很大的作用。班主任马青年新中国成立后曾任西北局统战部长，东乡族自治州的主要负责干部都是当时三十七班的学员。

三十八班（青年干部训练班）的学员有50人左右，都是从安吴青训班挑选的，杨诚担任班主任。杨诚是地下党出身，在陕北根据地待过。这个班的学员不少人在国统区闹过学潮，进了三十八班也闹了一次，反对杨诚当班主任。学校换了方仲如兼班主任。方仲如还推荐了一个老干部（总支副书记）来当这个班的驻班干事。

1940年初，四十四、四十五班学员陆续到校。加上原在校三十六至四十三班，学员总数在550人左右。1940年夏秋，四十八、四十九班入学。

1941年初，五十班、五十一班、五十二班学员入学。五十班是职工班，班主任何水，支部书记彭光伟。

1941年7月，马列学院改组为马列研究院。学员中的部分党员转到中央党校学习，编为五十三班和五十四班。

---

① 1964年3月2日，王渔、吴璋、刘克廉在中央高级党校对研究班学员桑吉悦希、扎喜旺徐、沈遐熙的访谈。

据1941年9月统计，在校学员总数638人，男505人，女133人，分别编入11个班（第四十、四十二、四十四、四十五、四十八、四十九、五十、五十一、五十二、五十三、五十四班），尚未编班者49人未计算在内。

学员文化程度：未上过学者104人占16.30%，小学251人占39.34%，初中129人占20.22%，初师36人占5.64%，高中54人占8.46%，高师27人占4.23%，专科2人占0.32%，大学33人占5.17%，留学2人占0.32%。

学员成分：工人150人占23.51%，店员4人占0.63%，学徒12人占1.88%，职员6人占0.94%，自由职业3人占0.47%，农民150人占23.51%，学生236人占36.99%，教员33人占5.17%，军人28人占4.39%，其他16人占2.51%。

学员籍贯涵盖23个省，其中：河南68人占10.66%，河北65人占10.19%，山东22人占3.45%，山西54人占8.46%，陕西111人占17.40%，浙江12人占1.88%，福建9人占1.41%，广东26人占4.08%，安徽17人占2.66%，湖南38人占5.96%，湖北32人占5.02%，江西36人占5.64%，广西5人占0.78%，云南3人占0.47%，贵州5人占0.78%，四川71人占11.13%，绥远2人占0.31%，甘肃5人占0.78%，江苏37人

内地革命青年奔赴延安（邓发摄影）

占5.80%，辽宁10人占1.57%，吉林8人占1.25%，黑龙江1人占0.16%，西康1人占0.16%

学员入党时间：1922年1人占0.16%，1925年4人占0.63%，1926年6人占0.94%，1927年18人占2.82%，1928年13人占2.04%，1929年14人占2.19%，1930年14人占2.19%，1931年17人占2.66%，1932年26人占4.08%，1933年29人占4.55%，1934年17人占2.66%，1935年40人占6.27%，1936年64人占10.03%，1937年76人占11.91%，1938年206人占32.29%，1939年62人占9.72%，1940年18人占2.82%，1941年13人占2.04%。

入党后做何种工作：党的工作——省级26人占4.08%，特委级39人占6.11%，县级84人占13.17%，区级35人占5.49%，支部174人占27.27%，小组65人占10.19%，共423人占66.30%。政权工作——省级1人占0.16%，县级7人占1.10%，区级5人占0.78%，乡级1人占0.16%，共14人占2.19%。群众工作——省级6人占0.94%，县级29人占4.55%，区级8人占1.25%，村级5人占0.78%，共48人占7.52%。军队工作——师级3人占0.47%，旅级2人占0.31%，团级18人占2.82%，营级8人占1.25%，连级6人占0.94%，排级7人占1.10%，共44人占6.89%。文化工作——教员28人占4.39%，教干6人占0.94%，编辑1人占0.16%，文化人2人占0.31%，医务工作15人占2.35%，杂务57人占8.93%，共109人占17.08%。①

这些统计数据为我们研究分析当年学员构成情况留下了宝贵的历史资料。

据当年中央党校有关部门统计，1941年11月，学员535人，干部168

① 《中央党校教务处第二学期（5月11日起至8月30日止）教学工作总结》（1941年9月15日）。原件存中央档案馆。

人，事务人员 95 人，小孩 38 人，合计 836 人。[①] 1939 年至 1941 年，中央党校每年在校学员基本保持在 500—700 人。

至于毕业时间和班次，目前仅仅知道 1940 年 2 月以前毕业 4 个班（三十二、三十三、三十四、三十五班），调去女大 2 个班，共 238 人。1941 年 9 月毕业 4 个班（四十、四十一、四十三、四十四）。1941 年 9 月中旬尚有学员 687 人，年底只剩下 241 人，短短 3 个月毕业分配的学员达 446 人。这 3 年毕业的学员大部分被分配到前方部队和敌后根据地。

需要说明的是，从 1940 年 6 月开始，一些地方的七大代表陆续到达延安，地方干部被分配到马列学院“特别支部”和中央党校“特别班”学习。军队干部多数到军政学院三、四队学习。中央党校“特别班”可能即四十六、四十七班。当年的统计似乎没有把这些学员计算在内。例如：

晋察冀分局所属北岳区党委、冀中区党委、冀东区党委选出的七大代表，1940 年 4 月由赵振声（即李葆华）带队，从阜平县出发赴延安参加七大。途中曾遭遇敌人袭击，有代表被打死、打伤或被俘。6 月底，代表们到达延安。因七大延期召开，中央组织部分配赵进、王世勋、刘廉民、阮泊生、陈洪、李一了等到中央党校四十七班学习。

陕西七大代表吕建人、曹冠群、彭毓泰（当时用名戴盛莲）、黄葳等 7 人由吕建人带队，1940 年 5 月从蒲城出发，为躲避敌人阻挠，经甘肃庆阳，走人烟稀少的山间小路，6 月到达延安，被分配到中央党校“特别班”学习，与代表们同行的张军、王立、江仁风等人被分配到党校别的支部学习。

中共中央东南局 42 名七大代表经过了长达 13 个月的长途行军，跨越 11 个省，行程万里，一路上几次遭受敌伪袭击，但在新四军、八路军的掩护下无一伤亡。1940 年 12 月 26 日到达延安。到达当天，党中央安排他们住在中央党校。中央党校领导怕南方来的同志住不惯窑洞，特地把教务处

---

① 引自中央党校档案处抄件。下文学工人员统计皆出自档案处抄件。

的平房让出来给他们住。随后，古大存等几位同志被分配到中央机关工作，部分代表到马列学院学习，大部分同志被安排进中央党校“特别班”学习。为了确保党的秘密，中央组织部通知：大后方来的代表，一律改用化名，不要出去访亲会友，不准随便照相，不准同大后方通信；七大代表以普通学员名义对外活动，不得用七大代表的名义。

这3年，学员的流动性问题仍然无法解决，正如1941年9月15日中央党校教务处的教学总结所言：“四十班、四十三班开始时每班80—90人，因不断调动，两班合并，仍有106人，到毕业时不到60人，这两班真正学到毕业的只有七分之一到八分之一。还有中途插班的。四十五班也是如此。”“按照现在的情况，学员不断流动，随来随去，像流动训练班一样。学员今天来两个，明天来三个，或者今天走两个，明天走三个，一个班从开始到毕业，不断添新生，又不断地调走，结果不仅教育计划很难规定，而且也无法实现。”

怎么办呢？当年教务处提出的办法是：“第一，实行按期招生制度，避免一个班由开始到毕业仍不断插班的现象，同时就可按照不同程度编班。第二，分别规定学制和不同班次。如临时班（三个月到六个月），只讲一些政策后，即分配工作。如文化班，即文化低的干部班，应有较长的时间，一年到两年，一年学文化、地理及一般自然常识，一年学政治。如长期班，曾做过一些工作的老干部及文化程度高的新干部，应规定一年到一年半的学习时间，学习党的政策、中国现状及马列主义的初步理论。第三，根据目前情况，想完全消灭流动现象是不可能的，但在规定学制及不同班次之后，即可减少流动现象，并确定计划与完成计划。否则，学员好像什么都学了，实际上什么也没有学到。学习计划也不成其为计划。如果说完成计划的话，也只是主观上按照计划完成课程进度而已。”①

---

①《中央党校教务处第二学期（5月11日起至8月30日止）教学工作总结》（1941年9月15日）。原件存中央档案馆。

事实上，在战争年代，在3种不同政权不同区域共存、斗争你死我活、交通极不方便的情况下，要想做到按期招生、准时入学、按时毕业几乎是不可能的。

三、党中央发起学习运动　加强和改进党校工作

抗日战争进入相持阶段，党和军队的发展时期已经过去。为巩固党的组织、提高干部素质，落实中国共产党六届六中全会关于学习问题的决议，中共中央发起学习运动，并多次对加强党校教育作出决定和指示。

1939年2月8日，中共中央书记处会议决定设立中共中央干部教育部，管理各学校的教育方针、教学工作、招生工作等，领导全党的马克思列宁主义学习运动。以洛甫（张闻天）为部长，罗迈（李维汉）为副部长（1940年6月，中央干部教育部与中央宣传部合并，改称中央宣传教育部。同年10月，又改称中央宣传部。部长、副部长仍然是张闻天、李维汉）。

1939年5月20日，中共中央干部教育部召开学习运动动员大会。毛泽东、洛甫、王明等出席，中央党校师生参加了大会。李维汉作学习动员报告，毛泽东、张闻天讲话。毛泽东在讲演中说：共产党要领导几千万、几万万人的革命，假使没有学问，是不成的。我们要建设一个大党，不是一个“乌合之众”的党，而是一个独立的、有战斗力的党，这样就要有大批的有学问的干部做骨干。学习的方法是“挤”和“钻”，工作忙就要挤时间，看不懂就要钻进去。学习的最大敌人是不学到底，懂一点就满足了，满足是学习的最大顽敌。大家都要学到底，把全党办成一个大学校。①

1940年1月3日，中共中央发出《中央关于干部学习的指示》，要求“全党干部都应当学习和研究马列主义的理论及其在中国的具体运用”。

---

① 参见毛泽东:《在延安在职干部教育动员大会上的讲话》，见《毛泽东文集》第二卷，人民出版社1993年版，第177—182页。

《指示》“依据由浅入深、由中国到外国的原则”，规定了干部学习的课程：1. 初级课程：中国近代革命史、中国革命与中国共产党、游击战争、社会科学常识；2. 中级课程：联共党史、马列主义；3. 高级课程：政治经济学、历史唯物论与辩证唯物论、近代世界革命史；4. 时事政治课程（分中国、日本、国际 3 方面经常研究）；5. 军事课程（军队中必须有的课程），《指示》决定将这些课程作为初级、中级、高级党校课程的一般标准。

《指示》首次提出建立 2 项学习制度：1. “在职干部平均每日学习两小时的制度”；2. 提高党校质量，“轮流征调干部入学”的制度。[①] 党中央将征调干部轮流进党校学习制度化，进一步提高了党校在党的建设和干部教育工作中的地位。

1940 年 3 月 24 日，中共中央发出《关于在职干部教育的指示》，将在职干部按文化程度和理论水平分为 4 类，按类规定了不同的课程和共同的课目。采取自学为主和小组讨论的方法，学习的组织责任在支部。决定从 1940 年开始，将每年 5 月 5 日马克思诞辰日作为学习节，总结每年的经验并举行奖励（以集体奖励为原则），并成立以毛泽东为主任的学习委员会。

从此延安出现“吃小米饭，攻理论山”的情景。中共中央政治局领导带头学习，毛泽东、张闻天、陈云等人领导的学习小组系统地学习研究马克思主义经典著作，坚持一两年之久。中央党校当年刚刚留校的红戈、王惠德等 4 个 20 岁左右的青年教员也开始埋头钻研《资本论》。

中央党校在学习运动中依据文化程度将教职工分为甲乙丙 3 类，规定了学习方法和学习纪律，指定阅读书目并定期检查完成情况。各研究室以自学讨论为主，并紧密联系各自的教学工作。比如 1941 年第二学期“政治经济学研究室本期读完《资本论》第二卷、《经济学说史》、《中国工业与中

① 中央档案馆编：《中共中央文件选集》第十二册（一九三九—一九四〇），中共中央党校出版社 1991 年版，第 227—228 页。

国资产阶级》。党建研究室本期读完《九一八以来的中国政治》。马列主义研究室本期读完《中国的保甲制度》并参加杨家岭的唯物史观讨论会，整理了《联共党史参考资料》。各研究室组织了时事座谈，研究施政纲领，参加施政纲领辩论会，参加劳动政策、文化教育政策讨论”。[①] 而文化水平低的丙类干部，则由专人负责讲授《共产主义与共产党》及文化课。1940 年 6 月 6 日，中央宣传教育部在中央大礼堂召开延安在职干部学习周年总结大会。中央党校甲类小组和乙类小组都被评选为模范小组。学习运动对提高党校教职工素质发挥了很大的作用。

中央直屬學校
幹部學習總檢查
工人學校

1939 年 6 月 16 日《新中华报》报道中直学校开展学习运动的情况

这一时期，中共中央对党校教育给予高度重视。1940 年 2 月 15 日，中共中央书记处发布了第一个专门阐述党校工作和党校教育的文件《中央关于办理党校的指示》（张闻天起草）。指示共 16 条，规定了一系列办理党校的原则和方法。

文件指出：“为了巩固与发展党，各地党的领导机关均应办理党校以加强对党的干部的马列主义教育。”“各级党校的基本任务是在以马列主义的理论与实际来教育干部，而来校干部的基本任务也就是学习。因此整个党校的组织形式与工作方法，均应服从于这个基本任务。”“教学方面应以由少至多、由浅入深、由中国到外国、由具体到抽象为原则，以达到学生对

① 《中央党校教务处第二学期（5 月 11 日起至 8 月 30 日止）教学工作总结》（1941 年 9 月 15 日）。原件存中央档案馆。

所学的功课真能切实懂得之目的。”“学习方法，应采取在教员指导下以个人自习（即自己读书）为主的原则。小组会的集体研究只是帮助个人学习的辅助办法。”“党委必须慎重地选择教授人才，学校中须有必要的专任教员。学校所在地党的领导机关的负责同志，必须有计划的经常的到学校作报告，能够任课的必须担任教课。”“求得理论与实际的一致，是党校教习的中心目标。但在学校生活中，求得这种一致的方法，应该同在实际工作中不同。在学校中为了求得这种一致，应该使学生切实了解马列主义的精神和方法，应该经常研究与讨论党中央与党的领导机关的各种文件与指示。应该经常多请当地的和外来的负责同志报告各种时事问题及各种实际工作的情况与经验。这些均应成为党校的主要功课之一部。为了这个目的，学校可专门指定一天为党日（每星期内五天上课，一天党日）。”“从党员在学习生活中，在对于各种问题的了解中，在思想上去考察他们的党性。”“在学校生活中应该充分的发挥民主。在学习中应提倡敢于怀疑，敢于提出问题，敢于发表意见与争论问题的作风。对于错误的、不正确的思想，主要的应该采取说服、解释与共同讨论的方法来纠正。”“为培养更高级的干部，各地党的领导机关须有计划的尽可能的派送县级及县级以上的干部送中央党校及马列学院学习。”①

1941年2月12日，陈云为中共中央书记处起草《关于延安由中央的党的系统直辖各校学生的使用原则》，规定马列学院、中央党校、陕北公学的全部学生统由中央组织部分配于党的各方面工作。

1941年6月20日，中央宣传部发布《关于党的宣传鼓动工作提纲》，在其“党内教育工作”部分对党内教育的目的、内容、材料的供给等作了具体规定。《提纲》将党内教育分为3个主要部分：在职干部教育、支部教

① 中央档案馆编:《中共中央文件选集》第十二册（一九三九——九四〇）、中共中央党校出版社1991年版，第301—304页。

育和党校、党的训练班及政治学校。提出“每个党的干部经过相当时期的工作后，进党的学校去学习，以提高理论水准是非常必要的，尤其在根据地内办党校办训练班办政治军事学校，大批的培养干部是非常必要的。应当逐渐使党校正规化，提高党校的质量，慎重挑选党校的教员”。[①]这个文件第一次提出“使党校正规化”的要求。

1941 年 12 月 1 日，中共中央政治局会议在讨论“干部学校改造计划”时，张闻天提出：党校应由党务研究室管理为适宜。一般马列主义课程，宣传部要负责。主要课程要由中央负责去做。党的政策教育只有让党务室的干部去担任教员。中宣部主要管原则精神计划与宣教干部人员计划。在讨论《对目前党校的整理办法》时，任弼时发言认为：1. 今后中央党校学员主要招收地委书记以上的干部，要多学些马列主义理论，学会运用理论分析问题，同时学习些实际政策。2. 中央党校应由中宣部管理；整个在职干部教育工作都应由中宣部管理，负总责；党务研究室负责政策的制定、供给党校学习材料和教员。3. 中央党校过去的教员要继续使用，要由中宣部管理，使之理论联系实际；同时应培养新教员；中央的同志可以担任教员，但不能完全由中央的同志来教。会议根据毛泽东的提议，决定如果军政学院不与中央党校合并，中央党校则组织管理委员会，由任弼时、陈云、邓发 3 名同志参加，任弼时为主任，王若飞为秘书；如两校合并，则增加谭政参加管理委员会。会议决定由张闻天写成决议，并收集各学校的教育计划。[②]在这个会议上已经提出“今后中央党校学员主要招收地委书记以上的干部”的动议。12 月 8 日中央政治局会议决定中央党校不再办县级干部班和文化班，而集中力量培训党的高级干部。

---

① 中央档案馆编：《中共中央文件选集》第十三册（一九四一——一九四二），中共中央党校出版社 1991 年版，第 132—133 页。

② 参见《毛泽东年谱（一八九三——一九四九）》（修订本）中卷，中央文献出版社 2013 年版，第 342 页；《张闻天年谱（1900—1941）》上卷，中共党史出版社 2000 年版，第 660—661 页；《任弼时年谱》，人民出版社、中央文献出版社 1993 年版，第 414 页。

12月17日，中央政治局会议通过《中共中央关于延安干部学校的决定》《中共中央关于延安在职干部学习的决定》《对目前党校的整理办法》等决定。《中共中央关于延安干部学校的决定》指出："目前延安干部学校的基本缺点，在于理论与实际、所学与所用的脱节，存在着主观主义与教条主义的严重的毛病。这种毛病，主要表现在使学生学习一大堆马列主义的抽象原则，而不注意或几乎不注意领会其实质及如何应用于具体的中国环境。为了纠正这种毛病，必须强调学习马列主义的理论的目的是为了使学生能够正确的应用这种理论去解决中国革命的实际问题，而不是为了书本上各项原则的死记与背诵。"

《决定》对中央党校的培训对象、办学目的作了进一步明确的规定："中央党校为培养地委以上及团级以上具有相当独立工作能力的、党的实际工作干部及军队政治工作干部的高级与中级学校。"并规定："凡地委及团级以上干部的教育，应由中央委员及中央各机关负责同志亲身担任指导；文化水平太低的老干部，应先补习文化。""中央党校直属中央党校管理委员会。"《决定》重申，"应在学校内养成学生自由思想、实事求是、埋头苦干、遵守纪律、自动自治、团结互助的学风，坚决反对主观主义、宗派主义、教条主义、好高骛远、武断盲从、夸夸其谈、自以为是及粗枝大叶、不求甚解的恶习。关于这种学风的养成，教职员应该以身作则"。①

《对目前党校的整理办法》决定：将八路军军政学院合并入中央党校，将已在延安的七大代表编入中央党校，从中央机关选调一些高级干部入中央党校学习，明年1月开学。决定增补王稼祥、洛甫参加中央党校管理委员会。

1941年底，根据中央政治局会议精神，由毛泽东和任弼时、陈云、邓

① 参见中央档案馆编：《中共中央文件选集》第十三册（一九四一——一九四二），中共中央党校出版社1991年版，第257—261页。

发等共同商定，由彭真执笔起草制定了《中央党校计划》。该计划明确提出："党校教育的目的主要为培养具有理论及独立工作能力的高级干部。""学生入校必须具备下列条件：1. 地书、地常委（担任常委工作一年以上）及旅团级、个别县书之干部。2. 文化程度能看理论书籍及作笔记者。3. 身体健康能保持正常学习者。"并对学生来源、进高级班正科或预科的条件、学生待遇、学校组织机构等做了具体安排。1942 年 1 月 17 日，中央政治局会议通过了这个计划。

四、自成体系、计划周密的教学内容

1939 年，在陈云和谢觉哉领导下，总结了过去的经验教训，在教学上进行了若干改革："1. 研究了各种干部的政治文化水平及特点，实施不同的教授方法；2. 建立授课计划、讲前讲后的检查制度；3. 设立助教制度；4. 设立班助理员（学习干事）；5. 教学上配合一般教学和个别教学（特别在大班制采取以后）的方法方式。"①

这一阶段党校的教学内容形成包括 3 大部分的体系，即常规课程（理论课和文化课）、党内教育（1940 年后称策略时事）、实习（1940 年取消）。这一教学体系充分体现了党校特色。各班次皆有具体详细的教学计划，并以课前课后的检查制度作为执行教学计划的保证。

（一）常规课程

以一年制中级班为例，其主要课程为：党建、中国问题、列宁主义、政治常识、军事、政治经济学、文化课。学习时间共 53 周，每周 5 天，每天 8 小时，共 2120 小时。党内教育（党日、党报、时事研究）和自由支配时间在外。每门课程的具体内容如下：

---

① 《党校一年来工作报告》（1940 年 2 月）。原件存中央档案馆。

党建180小时：共产党讲4次，公开工作与秘密工作讲3次，党员讲3次，组织原则讲4次，支部讲3次，干部政策讲3次，组织领导与群众工作讲4次，两条路线斗争讲4次，宣传教育与党报发行工作讲4次，军队中的党的工作讲3次，政府工作讲3次，共38次114小时。讨论质疑每讲2次，共66小时，总计180小时。党建课结束后请人讲中共党史2—3次。

中国问题220小时：太平天国讲3次，质疑1次；戊戌政变中日战争义和团讲3次，质疑1次；辛亥革命讲2次，讨论1次；五四运动讲1次，质疑1次；国共合作与1925—1927大革命讲7次，质疑1次，讨论2次；1930年革命新高潮与立三路线讲2次，讨论1次；苏维埃运动讲10次，讨论和质疑3次；国民党十年统治讲2次，质疑1次；统一战线的历史与发展讲2次，质疑1次；中国经济的历史与发展讲1次，质疑1次，讨论1次；中国革命性质动力与前途讲1次，质疑1次，讨论1次；中国革命特点讲2次，讨论1次；边区与华北问题讲5次，讨论1次；职工运动讲12次，讨论与质疑4次。总计74次，220小时。

政治常识与列宁主义共58次173小时。A. 政治常识8次（包括解释名词及一般常识）：第一讲阶级与政党，第二讲马恩列斯的历史，第三讲资本主义与帝国主义（一般概念），第四讲反法西斯，第五讲反托匪。B. 列宁主义50次：马克思主义一般问题——第一讲马克思主义的社会历史根源，第二讲马克思主义的三个来源与三个组成部分，第三讲马克思主义是集几千年来人类思想的大成，第四讲马克思主义是在反对哪些敌人的斗争中发展起来的；马列主义基本问题——第一讲什么是列宁主义，第二讲方法，第三讲理论，第四讲无产阶级革命，第五讲无产阶级专政，第六讲发展不平衡与一国内建设社会主义社会问题，第七讲马克思主义对战争和平革命之学说，第八讲民主革命，第九讲民族问题，第十讲战略与策略。

政治经济学共56次170小时：什么是政治经济学讲2次，讨论质疑2

次；在资本主义前的社会是怎样发展的讲3次，讨论质疑2次；商品生产讲4次，讨论质疑2次；资本主义剥削的本质讲3次，讨论质疑2次；工资和资本主义制度中工人阶级的贫困化讲2次，讨论质疑2次；资本家瓜分剩余价值讲3次，讨论质疑2次；农村中的资本主义讲3次，讨论质疑2次；再生产的危机讲3次，讨论质疑2次；帝国主义讲5次，讨论质疑2次；战争与资本主义总危机讲3次，讨论质疑2次；资本主义总危机基础上的经济危机讲3次，讨论质疑2次。总计讲34次，讨论质疑22次。

军事课共70小时24次：抗日游击战争14次，政治工作6次，军事常识4次。

文化课40小时，包括写作文、读社论和《解放》论文，其他课程内容也可当文化课读。

课程次序：先上党建、中国问题，次上军事、列宁主义，后上政治经济学。①

邓发任校长后，教学内容基本没有改变。1940年1月3日，中共中央发出《中央关于干部学习的指示》，将“联共党史”“唯物史观”规定为中高级干部的学习课程。中央党校开始给学员讲授“联共（布）党史”和唯物史观。“联共（布）党史”用的是博古翻译的红皮本。校内教员金铁群、杨英杰、裴毅及校外的杨松、赵毅敏、李维汉等讲过这门课程。

1941年8月以前，每学期各班都要学习3—4门课程。比如1941年第二学期：五十一班（文化班）——文化课（国语、作文、算术）、地理、政治常识、党建。四十五、四十九班——哲学、中国革命史、联共党史、党建。四十四班——哲学、政治经济学、联共党史、党建。五十班——马列主义、联共党史、党建、抗战中的职工运动。五十四班——哲学、政治经济学、国际知识。除此而外，策略课、时事大报告、军事课为全校大

① 参见《党校一年来工作报告》（1940年2月）原件存中央档案馆。

课，策略课的课时数大部分班级为 78 小时，占总时数的 23%。

1940 年 2 月入学的四十四班学员高凤山访谈时说道：“主要课程为党的建设、唯物史观、社会科学概论、中国革命、近代史。唯物史观是金铁群讲，中国革命近代史是张同舟讲，社会科学概论记不起是谁讲了。这三门课是分班讲，天天讲，讲得多、看得少、讨论也少。党的建设是邓发校长讲，一周一次，全校上大课，讲一次讨论一次。教材有《唯物史观》《社会科学概论》《中国革命运动》《近代史》等，讲义是油印的，用边区马兰纸或买进的黄薄纸。笔记本大部分是自己用本贡纸钉的，也有人用旧书，个别从敌占区来的有好本子。大部分用铅笔、蘸水笔（用小木棍拿线绑上蘸水笔尖）。墨水是自己买点颜色用水合起来。学校只给每个学员发一两张本贡纸，学校没有纸了就不发。上课或坐高凳、或自己做的低凳、或砖头石头。”①

（二）党内教育（策略时事课）

党内教育是中央党校的一门必修课，在陈云、邓发任校长期间发展得更加完备。教学内容包括：1. 时事政策大报告；2. 党中央的各种决议文件；3. 阅读党报党刊，研究与分析国内外时事。党校将此视为提高干部政治素质、政策水平和工作能力的有效途径，也是党校教育的一大特色。这类课程一般占总学习时间的四分之一，有些班次约占三分之一。比如三十九班（半年班）教学时间的分配：党建 120 小时，中国问题 70 小时，列宁主义 78 小时，政治经济学 72 小时，党内教育 216 小时，军事 72 小时。

1940 年 7 月 6 日毛泽东在延安高级干部会议上提出要开展党内策略教育。他指出，党内至今还有许多干部不懂得统一战线中的策略问题，他们把复杂的问题简单化，各种错误便从此发生。他强调，必须加强干部的策

① 1964 年 2 月 26 日在中央高级党校对高凤山的访谈，刘克廉记录。

略教育，“决不能把复杂的问题简单化”。[①] 根据毛泽东的指示，1940 年 8 月 13 日，中央宣传部发出《关于加强干部策略教育的指示》，规定“在全党的在职干部教育中，党校和党的训练班中，及党领导的各种干部学校中，把党的策略教育列入正式教育计划之内，并作为成绩考察的重要标准”，并要求“在‘中国革命史’及‘中国革命基本问题’、‘联共（布）党史’及‘马列主义’‘党的建设’等课程的教授、研究和学习中，须尽可能充实策略的部分或方面”，“尤须注意提高干部学校教员及其他教育干部的策略知识的水平”。之后，中央宣传教育部有计划地组织各种关于策略教育的报告会或演讲，还在延安专门组织了“策略教育干部会”。10 月 20 日，中央宣传部又发出《关于提高延安在职干部教育质量的决定》，对策略教育提出了具体要求，并强调“为了提高学习质量，学习干部必须养成细心阅读和独立思考问题的习惯”。[②] 从这时候开始，中央党校将原来的“党内教育课”改为“策略时事课”。

中央黨校「七一」紀念大會
給黨中央委員會的賀信
陝甘甯邊區政府決定

1940 年 7 月 9 日《新中华报》发表中央党校“七一”纪念大会给党中央委员会的贺信

党中央凡有重要文件发布，党校都会安排专门时间组织学习讨论。陈云、邓发任校长时期，六届六中全会决议、《关于增强党性的决定》、《关于调查研究的决定》、《新民主主

① 《毛泽东年谱（一八九三——一九四九）》（修订本）中卷，中央文献出版社 2013 年版，第 197—198 页。

② 中央档案馆编：《中共中央文件选集》第十二册（一九三九——一九四〇），中共中央党校出版社 1991 年版，第 524—527 页。

义论》、《陕甘宁边区施政纲领》等重要文件及党中央的各项政策都是每个班的学员必须认真学习研究和讨论的材料。比如，1941 年第二学期全校学员学习讨论了《中央关于党员参加经济和技术工作的决定》《文化教育政策》《七七宣言》《中共中央对目前时局的声明》《论国际反法西斯统一战线》等文件和社论。对《陕甘宁边区施政纲领》不仅组织讨论，还进行了辩论和测验。

阅读党报党刊、研究时事，从工作人员到学员都当作一门课程在上。"过去认为阅读党报时事耽误学习，现在则不同了，大多数同志，能把马列主义原则、党的策略路线、时事联系起来。"尤其是在国际国内局势变化和重大事件发生后党校都要组织集中学习讨论。1939 年下半年国内政治形势面临妥协投降的严重危机，中央党校"提出加强阶级教育，思想上、政治上、组织上巩固党等问题"，以"加强政治教育及准备困难时期的到来为我们的工作重心"，"加强了对干部的阶级教育（如对三民主义与共产主义，国民党与共产党，无产阶级与资产阶级的认识和理解）"。①

1941 年 1 月 6 日，国民党当局制造了震惊中外的"皖南事变"，第二次反共高潮达到顶点。中央党校组织全校学员和教职员工学习《新中华报》发表的有关文件。大家痛斥国民党蒋介石集团围攻新四军的滔天罪行，一致表示，以搞好教学、做好本职工作的实际行动，坚决拥护中央军委提出的 12 条要求，坚决打退国民党的反共高潮。德国侵略苏联、太平洋战争爆发等重大国际局势问题也是党校师生关注讨论的重点。各班经常组织时事座谈会，还邀请校长邓发等同志参加。但困难也有，"一个班六七十人只有两份《解放日报》，白天忙课，晚上缺灯油，所以许多人无法读报"。②

时事政策报告少则 1 月 1 次，多则每周 1 次。1939、1940 年间中央

① 参见《党校一年来工作报告》（1940 年 2 月）。原件存中央档案馆。

② 《中央党校教务处第二学期（5 月 11 日起至 8 月 30 日止）教学工作总结》（1941 年 9 月 15 日）。原件存中央档案馆。

领导和各方面负责同志的报告演讲大多由中央宣传教育部主办，面向延安各机关的干部，中央党校的干部和部分学员代表也参加，回校后及时向全体学员传达。由于资料的欠缺，在党校举办的报告和演讲，目前知道的仅有：

1939 年 7 月 8 日、12 日，刘少奇在中央党校教务处门前的坪场上发表演讲《论共产党员的修养》。党校全体学工人员聆听了刘少奇的演讲。马列学院师生和延安的一些干部也参加了。那天天气很热，刘少奇穿着一件白衬衣。三十四班学员贺愚农身体不太好，听到一半，中暑昏倒在地，大家赶紧把他抬到屋边阴凉的地方休息。演讲由中共中央办公厅的速记员施铸英、张树德记录。记录稿经过刘少奇修改。毛泽东在审阅演讲记录稿后，给《解放》杂志编辑部写信，认为少奇同志这篇文章写得很好，提倡正气，反对邪气，是一篇很重要的文章，应尽快发表。8 月 20 日至 9 月 20 日出版的《解放》周刊第 81 至 84 期以《论共产党员的修养》为题发表了这篇演讲。11 月 7 日，延安新华书店出版了单行本。

1939 年 8 月 21、22 日，新四军第 2 支队司令员张鼎丞向中央政治局会议作了题为《关于新四军与东南党的工作》的工作汇报。当月下旬，张鼎丞奉毛泽东指示到中央党校作报告，介绍闽西 3 年游击战争和新四军 1 年多来英勇抗战的情况。听过他报告的学员回忆说：那天，1000 多名干部、学员围坐在中央党校院里的坪场上，张老站在中间，操着浓重的客家口音洪亮地作了整整 3 个小时的报告。他讲得很具体，很生动，引起了大家的共鸣，使大家深受教育和鼓舞。

1941 年 5 月至 8 月，杨尚昆给党校学员作《华北问题》报告多次，共 12 小时。刘芝明作《皖南事变的经验教训》报告 1 次，2 小时。

1941 年 6 月 22 日，法西斯德国突然向苏联发动大规模入侵，苏联卫国战争爆发。几天后，邓发给全校学员作《目前形势——苏德战争》的报告。

1941年8月上旬，在中央党校师生集中学习中央两个决定的过程中，邓发给全校师生作《关于加强党性和调查研究的决定》的报告。

1941年9月15日至11月15日，计划大报告7次，内容有:《兰州状况与统一战线经验》《陕甘宁边区财政政策》《山东的军队》《晋东南的军队》《华中的地方党》《晋西南的地方党》《陕西地方党》。

（三）实习

中央党校在瑞金就有实习制度。初到陕北，环境动荡，不停地转移，无法组织实习。在桥儿沟即已恢复了实习课，成仿吾、曹轶欧都带学员实习过。六中全会前，还派出一个实习团。1938年底，中直对各中央机关大检查后认为“党校的教育及党性锻炼很好，即党校学生在工作中党性把握很好，吃苦耐劳精神也很好，但它的缺点即是工作的实际性差，理论与实际联系差，拘束死板不活跃，在群众中的活动差，眼光不宽大等。因此要求党校的党的工作与教育工作应当更多的将理论与实际联系，改变机械死板的工作方法方式，依据干部的特点给具体教育，不仅要注意日常生活上的教育与锻炼，也要注意政治的教育”。①

根据这个意见，中央党校更加注重理论与实际的结合，强调“在教育上要训练有坚定政治立场的敢作敢为的区县级党的干部与群众工作干部。要给以初步的基本的马列主义教育，将马列主义原则与党的策略路线时事联系起来，采取实习制度，实施具体教育计划”。② 1939年至1940年初，“一年来组织了7个实习团共190人。通过实习，使学员锻炼了党性，学习了工作方式方法。学校及领导实习的同志充实了实际经验，了解了边区生活及党的工作，并且帮助了边区党的工作，表现在杨英杰《怎样做边区的支部工作》一文。还有很多材料没有整理出来”。③

① 参见《党校一年来工作报告》（1940年2月）。原件存中央档案馆。

② 参见《党校一年来工作报告》（1940年2月）。原件存中央档案馆。

③ 《党校一年来工作报告》（1940年2月）。原件存中央档案馆。

学员实习团到陕甘宁边区县区乡一边工作、一边调查研究，了解县情区情乡情，写出调查报告，作为教学的参考资料。实习团回校后要向学校作总结汇报。杨英杰1939年9月带领延安实习团实习结束回校后，又去延川实习团继续带领学员实习，直到1939年11月才回校。他与实习团成员张传启、任楚、彭三、晋川、周健、余平等，共同研究、整理材料，由杨英杰执笔写出3份调研报告，并向全校师生作了调查报告汇报，详细介绍了延川县禹居区的区情，受到师生好评。1939年11月19日至1940年1月24日，《共产党人》分4期发表中央党校3篇调查报告：《延川县禹居区三乡的阶级关系和人民生活》（《共产党人》第三期）；《延川县禹居区三乡党支部的特点、党员和干部》（《共产党人》第四期）；《怎样做边区的支部工作》（《共产党人》第五期、第六期）。《共产党人》第六期编者“附志”称：“（一）这几篇通讯是中央党校实习团的集体作品，它是对于一个支部工作的调查与研究，这对于‘支部工作通讯’（该刊物的栏目）和实习团可以说是一个好的榜样，所以本刊花了很多篇幅将它发表出来。（二）通讯中对于支部工作的意见，是研究性质的，还不是党组织的结论，但是值得参考的。”

有些班级的实习主要是学习在群众中做具体工作的方式方法。学员江平访谈时说道：“三十八班实习在延川，搞征兵、征粮，如何宣传、如何做群众工作，学得非常具体，对我们学做群众工作非常有帮助。定了三个月，实际大概两个半月。去安塞有一个多月，学习做青年工作。农村青年主要问题是文盲、迷信、不卫生，这是农村三大害，要按毛主席指示学文化，健康身体，消灭文盲，宣传科学，不讲迷信。一个团分成好几个小队，队下分组。”①

笔者几乎没有见到1940年以后党校学员实习的资料。刘芝明在访谈中

① 1964年3月对江平的访谈，王渔：《回忆中央党校》，中共中央党校出版社2013年版，第192页。

透露："谢觉哉当时称之为进行具体教育，理论联系实际。党校将实施具体教育的情况报告给中央，却受到张闻天的批评，说是割断了理论的系统性。以后实习团就没有继续搞下去。"①

在组织实习团的同时，教务处还在校内通过召开座谈会等方式搜集工作经验。当时已经搜集了内战时期及当时敌后工作的经验，一部分已经在讲课中采用。这对提高学员实际工作经验也很有益处。

（四）转变的开始

1941 年 5 月 19 日，中共中央在杨家岭召开高级干部会议，毛泽东在会上作《改造我们的学习》的报告。毛泽东指出了干部教育和研究工作中不注重研究现状、不注重研究历史、不注重马克思列宁主义的应用等缺点，批判了理论和实际脱离的主观主义、教条主义，全面系统地论述了马克思列宁主义的普遍真理与中国革命具体实践相结合的原则。报告提出，对于在职干部的教育和干部学校的教育，应确立以研究中国革命实际问题为中心，以马克思列宁主义基本原则为指导的方针，废除静止地孤立地研究马克思列宁主义的方法。

1941 年 8 月 27 日，中共中央政治局会议在讨论党内教育方针问题时，毛泽东批评说：延安的学校是一种概论学校，缺乏实际政策的教育。过去我们只教理论，没有教会如何运用理论，就像只教斧头本身，而没有教会如何使用斧头去做桌子。延安研究哲学是空洞的研究，不研究中国革命的内容与形式，不研究中国革命的本质与现象。我们要培养行动的理论家。改造学习要采用革命的精神，对干部教育、学校教育、国民教育都要有一个大的改造。②

毛泽东在这两次会议上的报告是有现实针对性的。当时延安干部学校

① 刘艺明访谈，参见王渔：《回忆中央党校》，中共中央党校出版社 2013 年版，第 179 页。

② 参见《毛泽东年谱（一八九三——一九四九）》（修订本）中卷，中央文献出版社 2013 年版，第 324 页；《张闻天年谱（1900—1941）》上卷，中共党史出版社 2000 年版，第 656—657 页。

教条主义影响较深。有的同志把《资本论》读得很熟，可是当人们提出为什么法币（1935年以后，国民党四大银行发行的纸币）贬值会影响边币（陕甘宁边区银行发行的流通券）的问题要求解答，得到的回答却是："这个，《资本论》中没有讲，我不能解答。"

王学文（时任马列学院副院长）访谈时回忆说："当时学院学员在墙报中曾给一位著名教授贴过一张墙报，说这位教授的讲课是：'马克思：……恩格斯：……列宁：……斯大林：……某某某（即这位教授）：0。'这就是说，这位教授讲课只讲马、恩、列、斯怎样说，而完全没有他自己的话。这自然是有些挖苦，但延安整风前各学校教课，确实多是照本宣科，只讲概念，从引证到引证，很少联系实际进行阐释。"①

中央党校也不例外，1941年9月教务处的总结认为："课程中只有党建和中国问题课讲到当前实际经验。政治经济学、马列主义、联共党史等与中国实际生活联系很少。"张承民（时任中国问题研究室主任）访谈时谈道："当时党校的教员大部分是刚参加革命不久的青年，就是文化程度比学员高一点儿，又没有实际工作经验，讲课就是照本本。那时书也少，能找到马列主义的书，讲课时就尽量引证。那时讲课不但学员不满意，教员本身也不满意，可是没有出路，不知道怎样讲，只好向引证方向发展。我给十一班讲第一次国共合作时，白治民就提出是不是联系讲一讲第二次国共合作，作为一个对比，我就讲不了。那时各门课主要靠讲，讲课和讨论复习时间3∶5，课程排得紧，学生没有时间看参考书、思考，讨论多是硬背甚至抠名词，有的学生不知孟什维克的'孟'字是什么意思，有的还将'孟'叫成'毛'字了，不知这到底是什么玩意儿。"②

1941年上半年，学员在讨论中提出了若干问题，例如：抗日根据地与陕甘宁边区的富农，为什么前者下降，后者上升？大后方土地分配情形怎

① 王渔：《回忆中央党校》，中共中央党校出版社2013年版，第48页。

② 1964年4月16日在全国总工会对张承民的访谈，王渔、刘克廉、吴璋记录。

样？“左”和“右”是否可以转化？资本主义原始积累问题，中国与西方有何不同？……教员基本上解答不了。

为了让党校教员了解实际，8 月 27 日会议之后，中央决定中央党校教员参加延安干部会议，各研究室主任可以到中办阅读各地给中央的报告，并指示党校各研究室按照中央的新精神编写各门课程的提纲。

1941 年 9 月，根据中央政治局会议精神，中央党校制定了两个月临时教学计划，几乎取消了基本理论的讲授，各种班次皆以中国现状和策略时事为中心。计划规定：1. 临时班，是随时准备调出工作的，主要讲当前的各种政策，如文化、劳动、军事、妇女、土地、政权、党建等。2. 文化班，第一年学中国地理、自然常识、算术；后半期学习各种政策、党的建设、中国问题。3. 长期班，学习中国现状、中国历史、抗日根据地的各种政策、党建、联共党史、政治经济学。计划还规定“中国现状”读下列书籍：《中国工业与中国资产阶级》《抗战中的中国政治》《各抗日党派的宣传活动》《保甲制度研究》《新民主主义论》《日本便览》（上下）。“党的建设”主要学《论干部政策》《组织领导》两讲。[①]

另据杨英杰、谢北一访谈时回忆：1941 年 9 月以后，党校将原有的研究室撤销，只保留文化研究室，新建时事政策研究室（主任杨英杰）、理论研究室（主任宫释夫）。时事政策研究室下设中国政治组、中国经济组、敌伪组织组。敌伪组主要收集和研究华北敌后的情况和日军活动的情况，同时参加中央敌工部组织的敌情座谈会，研究日本国内的动向，日本共产党领导人冈野进（野坂参三）也经常参加这个座谈会。政策研究室和理论研究室经常与中办联系，杨英杰和金铁群、刘晋、宫释夫等经常去中办看各地报中央的材料。学员的主要学习内容是抗战以来的中国政治、经济、军

① 《中央党校教务处第二学期（5 月 11 日起至 8 月 30 日止）教学工作总结》（1941 年 9 月 15 日）。原件存中央档案馆。

事、文化、敌工情况以及文化课。教学参考书主要是延安时事问题研究会编的《抗战中的中国政治》《抗战中的中国经济》《抗战中的中国军事》《抗战中的中国文化教育》。[①]

自改为学习研究现状以后，党校组织教学和讲课都遇到许多困难。12月1日中共中央政治局会议上，毛泽东和张闻天又批评了只强调研究实际，忽视研究理论的重要，以及只着重于实际政策教育，轻视理论学习的偏差。在1941年12月17日中央政治局会议通过的《中共中央关于延安干部学校的决定》中，特别强调理论与实际的结合，并指出了结合的方法。决定指出："目前延安干部学校的基本缺点，在于理论与实际、所学与所用的脱节，存在着主观主义与教条主义的严重的毛病。这种毛病，主要表现在使学生学习一大堆马列主义的抽象原则，而不注意或几乎不注意领会其实质及如何应用于具体的中国环境。为了纠正这种毛病，必须强调学习马列主义的理论的目的是为了使学生能够正确的应用这种理论去解决中国革命的实际问题，而不是为了书本上各项原则的死记与背诵。第一，必须使学生区别马列主义的字句与马列主义的实质；第二，必须使学生领会这种实质（不是望文生义，而是心知其意）；第三，必须使学生学会善于应用这种实质于中国的具体环境，而抛弃一切形式的空洞的学习。为了这个目的，除了正确地教授马列主义的理论之外，同时必须增加中国历史与中国情况及党的历史与党的政策的教育，使学生既学得理论，又学得实际，并把二者生动地联系起来。党地委以上，军队团级以上的干部（在解决了文化问题之后），应以联共党史为学习马列主义的基本教材，特别应注意具体应用辩证唯物论与历史唯物论的基本观点（不是其大堆的抽象原则）的学习，借以克服主观主义与教条主义这种极端恶劣的毛病。"[②]

---

① 参见1965年8月17日在国家基本建设委员会对谢北一（裴毅）的访谈，陈作良、刘克廉记录；1964年5月4日在友谊宾馆对杨英杰的访谈，王渔、刘克廉、吴璋记录。

② 中央档案馆编:《中共中央文件选集》第十三册（一九四一——一九四二），中共中央党校出版社1991年版，第257页。

邓发是与会者，他感到党校只学抗战以来的政治、经济、军事、文化，只研究现状，不学习理论和历史，是不恰当的。于是，根据中央的决定以及党校将着力培训高级干部的要求，按照理论、历史、现状并重的原则，邓发组织教务科制定了《中央党校教育计划草案》。计划开设“马列主义”“中国通史”“党的建设”“策略时事”4大类20多门课程，所有课程皆由中央领导和知名学者讲授。其主要内容如下：

“马列主义”设4门课程：1. 联共党史（教员博古、凯丰、杨松）；2. 西方史（教员柯柏年、吴亮平）；3. 政治经济学（教员王思华）；4. 辩证唯物论与历史唯物论（教员毛泽东、艾思奇）。

“中国通史”分2部分：前部是一般的中国社会发展史（中国通史）（教员范文澜）；后部是自五四以来中国社会政治革命运动发展史，中国共产党史与国民党史（教员毛泽东、洛甫、陈伯达）。

“党建”则分为20章，由洛甫、邓发、王若飞、陈云、任弼时、毛泽东、康生、谭政、李富春、博古、冯文彬、王明、蔡畅分别负责讲授。

“策略时事”包含3方面内容：1. 各根据地一般情况及各项政策，包括政权政策、劳动政策、财政政策、锄奸政策、敌伪政策、土地政策、文化教育政策、经济政策、武装政策，分别由王明、邓发、李富春、康生、王稼祥、王若飞、洛甫、凯丰、朱德担任教员；2. 中央各种决议文件；3. 读《解放日报》，研究与分析国内外时事。[①]“消息传出后，轰动延安，争相投报入校。”[②]

五、在大生产运动中

生产劳动是中央党校的必修课，从在瑞金时期开始，师生们就要参加

① 参见《中央党校教育计划草案》。原件存中央档案馆。

② 延安《解放日报》1942年1月28日。

星期六义务劳动，帮助红军家属和群众干农活儿，还要种菜、养猪、打草鞋，以改善生活。初到陕北，学员们自己背粮食、挖野菜、打柴禾，以解决自己的吃饭问题。1939 年日寇侵占了大片国土，边区主要交通线被封锁。国民党在 1 月颁布《防制异党活动办法》，各地反共摩擦加剧；10 月又完全撕毁了国共两党达成的协议，停发了八路军、新四军有限的军饷和军需物资，给边区造成极大的经济困难，逼使边区军民生产自救。

早在 1938 年底，党中央估计到将来的困难，就提出要开展生产运动。1938 年 12 月 8 日，在后方军事系统干部会上毛泽东曾说："我们现在钱虽少但还有，饭不好但有小米饭，要想到有一天没有钱、没有饭吃，那该怎么办？无非三种办法，第一饿死；第二解散；第三不饿死也不解散，就得要生产。我们来一个动员，我们几万人下一个决心，自己弄饭吃，自己搞衣服穿，衣、食、住、行统统由自己解决，我看有这种可能。"[①]1939 年 1 月，中共中央成立了以林伯渠为主任、李富春为副主任的生产运动委员会，领导陕甘宁边区开展大生产运动，号召边区军民"自力更生、自己动手、生产自给"。1939 年 2 月 2 日，中共中央在延安召开生产动员大会。毛泽东、张闻天、王明、陈云等人出席，党、政、军、学、民众团体的干部和陕甘宁边区参议员参加。毛泽东在大会上讲话，他说："我们克服困难的办法就是'自己动手'四个字。"他还说：陕甘宁边区有二百万居民，还有四万脱离生产的工作人员，要解决这二百零四万人的穿衣吃饭问题，就要进行生产运动。生产运动还包含一个新的工农商学兵团结起来的意义。这二百零四万人中，有学生、军人、老百姓等等，今年都要种田、种菜、喂猪，这是农；要办工厂，织袜做鞋等，这是工；要办合作社，这是商；全体都要学习，老百姓要开展识字运动，这是学；最后是军，八路军自然是军，学生要受军训，老百姓要组织自卫军。这样，工农商学兵都有了，聚

① 《毛泽东传（1893—1949）》，中央文献出版社 2004 年版，第 632 页。

集在每一个人身上，叫作工农商学兵团结起来，也叫作知识与劳动团结起来，消灭了过去劳心与劳力分裂的现象。①

1939 年 3 月初，中央总生产委员会给各单位下达了生产任务，并划分了开荒种粮的地块。中央党校按 700 人计算，要求每人全年生产 3 斗 3 升细粮及一部分蔬菜，共完成细粮 231 石，需要开荒 462 垧，约合 1500 亩，700 余亩在离党校十几里的深山老林，其余的在杨家岭后沟。

党校立即召开了全校生产动员大会，在校领导主持下，完成了各项春耕准备工作：1. 成立生产委员会，主任（方仲如）、副主任、生产指导员各 1 人。2. 将全校教职员工按劳动力及行政单位分为 4 个大队，每队又划分为若干生产小队，设队长和生产指导员各 1 人。3. 立即准备开荒播种的一切工具和种子，购买耕牛、犁头、镢头、大小锄头、铁锨、镰刀等工具，购买谷子、糜子、荞麦种及各种菜种。4. 费了很大周折找到了种菜的地。5. 校总务处增设生产科（科长黄立德）、供给科，加上原有的管理科（科长王大甫）、会计科（科长牟泽衔兼），共 4 个科。生产科负责党校生产计划的实施。

3 月下旬至 4 月上旬停课 2 周，全校师生在谢觉哉和方仲如带领下上山开荒。当时党校实际人数是 550 名，学校组织了 240 多名男性师生组成开荒队，分编为 4 个大队，下分为 3 个小队，因工具少，轮流挖地，人歇工具不停。女性师生分编为烧水队、送茶饭队、洗衣队，为开荒队服务。大家劳动时你追我赶，不怕苦不怕累，休息时痛快地娱乐、唱歌，或在政治委员的领导下研究讨论各类问题，把学习与生产联系起来。由于组织合理，党校开荒效率较高。苦战半个多月，共开荒 1462 亩，共用人工 4830 个，种谷子 800 亩、糜子 600 亩、荞麦 20 亩、小麻子 3 亩。中央党校还帮助鲁迅艺术学院和中央统战部开荒百余亩。党校的开荒播种情况在中直机

---

① 《毛泽东年谱（1893—1949）》修订本，中卷，中央文献出版社 2013 年版，第 110—111 页。

党校学员开荒

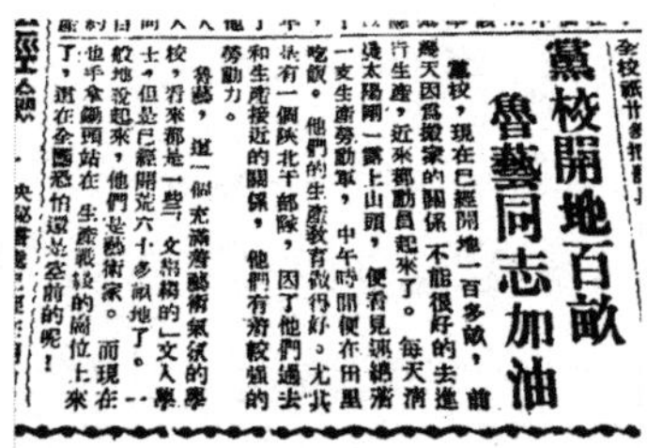

黨校開地百畝
魯藝同志加油

黨校，現在已經開地一百多畝，前幾天因爲搬家的關係不能很好的去進行生產，近來都動員起來了。每天清早太陽剛一露上山頭，便看見满满一支生產勞動軍，中午時間便在田里吃飯。他們的生產教育做得好。尤其是有一個陝北干部隊，因了他們過去和生產接近的關係，他們有着較强的勞動力。

魯藝，這一個充滿着藝術氣氛的學校，看來都是一些"文縐縐的"文人學士，但是已經開荒六十多畝地了。——較起來，他們是藝術家。而現在也手拿鋤頭站在生產戰線的崗位上來了，還在全國恐怕還是空前的呢！

1939 年 3 月 22 日《新中华报》报道

关排名第三。其开荒质量、生产组织方法和劳动协助精神受到中直总生产委员会的表扬。

经过几个月辛苦的田间管理，浇水、施肥、除草，迎来了第一次丰收。1939 年 10 月 5 日至 12 日，校务部长方仲如组织领导全校师生突击秋收。7 天半共割谷子 900 多亩、糜子 500 多亩，挖洋芋 2 万多斤，还收了一些玉米、杂豆和不少的南瓜、西红柿等蔬菜。这一年共收获谷子 1634 斗、糜子 1040 斗、荞麦 135 斗、小麻子 12 斗、小豆 3 斗，约 300 石，解决了半年的口粮。收获谷、糜草 3 万斤，够用 3 个月。这一年还成立了枣园种菜组和校部养猪班，种了 16 种蔬菜 87 亩，共收获蔬菜 63500 斤、瓜 5807 个、蒜 2340 头，菜蔬自给约 4 个月。全年生产收入 9807 元，减去实际支出（生产费用）513.4 元，则纯收入为 9293.6 元，再减去劳动力折价 5390 元，则纯盈余 3903.6 元。按实际人数算，全校完成中央下达任务的 111.8%。延安组织第二届工农业展览会，党校从所收获的谷子、玉米、糜子以及菜蔬、豆、瓜、洋芋、西红柿等农产品中拣选出一批样品送展。

这一年教职员工自己动手修校舍做家具，“全年新打窑洞 70 余个，建平房 43 间，重修与撑窑百数十个，修整旧平房 20 余间，打井一口，建围墙 170 余丈，打飞机防空洞 200 余丈，凿大号碾子一座，做桌子 50 余张，做凳子 300 余条，修理桌凳之数更多。新筑卫生所一所，种过牛痘、打过预防针、全校检查身体”。[①]

为防敌机空袭，党校在每个窑洞里都挖了防空洞，洞口有一人多高，两个人稍微侧身可同时进入。每个窑洞的防空洞互相连接，在一定的位置还有通向后山的出口，以防窑门被炸塌时无处可逃。

党校在桥儿沟即开办中山合作社。1939 年春夏间，在副校长谢觉哉的支持下，党校开办了一个对校外营业的中山食堂。没有砖瓦等建筑材料，校务部便动员全校学工人员，利用晚饭后到延河滩散步的机会，往回捡鹅卵石，不几天就备足了盖食堂所需要的材料。又组织学员中的能工巧匠自己砌墙盖房。7 大间宽敞美观的中山食堂很快便在山坡下建成了。营业后，它深受延安各界人士和群众的欢迎。不久又增加旅店部，对外营业。中山合作社和中山食堂的盈利，用来补贴了党校经费的不足。1939 年党校合作社共赚纯利约 2000 元。

中央党校的农工商生产基本保障了供给，1939 年，“衣食住行各方面同志们都还觉得不坏，伙食费虽减少，货币价值虽低落，但我们饮食并未受什么影响，冬季的炭火也不感觉缺乏”。[②]

党校学工人员在菜园里劳动

1939 年秋收之后，由小组会上提名讨论，然后又经大会讨论全校选出劳动英雄 89 名，其中特等 4 名、甲等 36 名、乙等 33 名、丙等 16 名。学校对这些劳动英雄在精神上、物质上都给了一些奖励。生产科长黄立德带领的种菜组成绩显

① 《党校一年来工作报告》(1940 年 2 月)。原件存中央档案馆。

② 本节数字参见《1939 年 11 月 28 日中共中央党校给陕甘宁边区政府建设厅的报告》，见《党校一年工作报告》(1940 年 2 月) 等。原件存中央档案馆。

著，得到广泛好评，黄立德被评为边区特等劳动英雄。这年冬天，毛泽东接见了黄立德，就如何在生产方面取得更大成绩交流意见。

1940年上半年，由于陕甘宁边区脱产人员已由1938年的16000人，增加到65000人，全年收入800万元，而支出已达2500万元，加上国民党拨给八路军的军饷减少，使财政入不敷出，经济非常困难。1940年11月19日，国民革命军军需局面告八路军西安办事处，奉何应钦部长命令，从本日起停止发给十八集团军经费，即10月份未领之20万元，亦一律停发。朱德、彭德怀曾通电质问何应钦，称："军费特少，早已饥寒交迫，今并此少数经费而亦停发，不啻置敝军于死地。"面对这种局面，中共中央政治局会议议决主要用进一步发展生产的办法解决财政困难。

中央党校在第一年生产开局良好的基础上又有进一步发展。3月22日，中央党校召开了1940年生产动员大会。校长邓发讲话阐述了大生产的意义。他指出：生产运动在边区，由于共产党的领导把口号变成现实，胜利地粉碎了日寇的经济封锁。为了坚持抗战，改善生活，不仅边区进行生产运动，全国也应进行。他还说，在生产运动中，在困难面前，是否有不怕困难、克服困难的精神，对年轻的党员是一个很好的考验。会后在校务部长方仲如的组织下，从全校同学中选出最健壮的学员编成4个大队，3个大队种小米，1个大队种菜。身体不健康的做轻便生产，如挖洋芋种子等。有病的完全不参加生产。妇女同志也不上山挖地，留在校内，替上山的劳动英雄们3天洗1次衣服，以示慰劳和帮助。

这一年党校在桥儿沟后山、邓家沟后沟、小沟坪上山新开荒1000多亩。全年种谷子、糜子1000多亩，种蔬菜600多亩，还养了一大批猪羊保证全校师生每周至少吃1次肉。全年共收获谷类320多石、洋芋6万多斤、菜类12万多斤，超额116%完成粮食生产任务，全部生产所得净值5万余元。这一年学员参加生产和上课的时间为4∶3，开荒、播种、除草、收获全部由学员自己承担。收获的粮食洋芋也靠学员或抬或背运回学校。

1940年，在校的四十四班学员高凤山谈到当年的生产生活："每人发一套单衣，睡木板支起的床和土炕。学校组织生产大队，班上是中队。生产工具不多，轮班干活。生产地点在桥儿沟后山、邓家沟后沟、小沟坪上山。每天一早上山，中午饭在地里吃，饭后休息一会儿，一直干到天快黑。1940年全校开荒一千几百亩，这一年打了260多石粮，洋芋6万多斤，由学员抬或背回学校。我在校7个多月，上课3个月，生产4个月。"①

1940年秋冬，党校还组织了2项工程，一是自己动手烧冬天烤火的木炭10万斤，二是建筑1所大礼堂。中央党校的礼堂修在小沟坪西山坡下面，由邓发校长亲自领导，校务部主任方仲如和管理科长王大甫具体负责，学工人员自己动手，邓发同学员一起搬砖运料，没有花政府一分钱。1940年11月17日，《新中华报》曾刊发报道《中央党校自建大礼堂》。文章说：中央党校建大礼堂，"一切皆靠自力更生。木料，到山上去砍；石头，去开山；火砖，自己打；一切建筑工程，均自己动手。上月的二号动手，现在已有一个多月了。礼堂的面积共四十方丈。礼堂是平屋假楼式，长十丈，阔四丈，分十间，共六个门，门窗有二十多个"，"礼堂里不放凳子，有事学员自带凳子，一方面是节省木料，另一方面也好打扫卫生"。

12月初礼堂建成。12月5日，党校在自建的大礼堂举行生产总结大会。校务部长方仲如作报告。报告分3个部分：1.1940年的生产成绩：自建大礼堂1座、全年收获谷类320.2石、菜类12万多斤，全部生产所得净值5万余元，粮食生产超额216%完成任务。2.全年生产的经验教训。3.1941年的生产任务：以普遍纺毛线为主，设纺织厂；加强扩大现有营业，但不放弃有利条件下的农业生产。邓发校长向80多名劳动英雄和40多名在生产中有特殊成绩表现者，颁发了奖品。当晚，党校俱乐部在礼堂公演苏联四幕话剧《破坏》，该剧描写的是十月革命时克隆斯达得海军暴动，响应彼得堡布尔什维克攻打冬宫的史实。

---

① 1964年2月26日在中央高级党校对高凤山的访谈，刘克廉记录。

礼堂建成后，中共中央多次在这里举行延安干部会议。陈云在这里作过报告，邓发在这里讲大课。青年教员红戈初次上讲台，在这里给四十一班讲政治经济学，邓发在窗外来回走了两趟听他讲得怎样。

1941 年，大生产运动在各抗日根据地展开，王震率领八路军三五九旅开赴南泥湾实行军垦屯田，“自己动手、丰衣足食”成为延安最响亮的口号。党校的农工商各业都有了进一步的发展，新办了毛纺厂、磨坊、豆浆房、修理所，扩大了合作社，成立了运输队。邓发对生产抓得很紧，为了改善大家的生活，他提议扩大养猪场，并亲自树立起养猪英雄杜忠才这个先进典型。1941 年 5 月，中央党校响应边区政府运盐的号召，组织了运盐大队，前往盐池县运盐，增加了学校收入。

从这一年开始，党校的农业生产除春种秋收，主要依靠校务部杂务人员、青年队等非教学人员担任。4 月 6 日，《新中华报》报道：党校杂务人员及青年队 50 余人，完成了今年的生产任务，主动向校方提出，愿意担负全校农业生产工作，使学员有更多的时间学习。6 月 14 日，《解放日报》报道：“入夏以来，风调雨顺，禾苗茁长，中央党校校务部全体人员，已于本月十一日开始除草工作，共锄地一千一百五十五亩，并锄两次，在一月半内完成任务。其余学生工作人员，在家中轮流做饭，帮助生产，以免全体上山妨碍学习和工作。”

从这一年开始，中央党校教职员工人人都有个人生产任务，都要上交公粮并完成纺纱任务。七大代表班学员伍洪祥回忆：“1941 年是很不平凡的一年，我们一面学习一面生产，动手种粮食纺纱织布。中央党校的学员要学会纺纱，每人一台木制纺纱车，发给 4 斤棉花，纺了纱交给公家。当时生活上是比较艰苦的，但大家过得很愉快。”①

七大代表班学员钟明回忆：“中央领导同志亲自参加生产劳动。在党校门

① 伍洪祥：《整风学习与七大》，见中共中央党史研究室第一研究部编：《七大代表忆七大》（下），上海人民出版社 2006 年版，第 1249 页。

学员的课余生活（一）

学员的课余生活（二）

学员的课余生活（三）

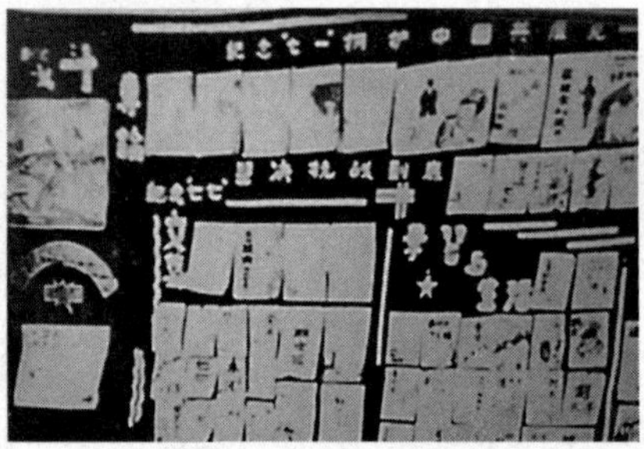

学员们办的墙报

前的路上，每天清晨，我们都看见朱德总司令背着箩筐拾粪积肥。中央党校作出规定：每个学员每年要生产南瓜或土豆500斤，作为公粮上交学校，没有耕地就要挑水上山点种浇水。党校的大食堂也相当困难，我们吃的除了小米饭就是南瓜、萝卜，经常是一个星期吃不上一顿肉。学校发不出零用钱，我们几个‘老广（东）’就凑合起来，用生产得来的钱杀狗会餐改善生活。”①

1941年冬天，中共中央决定党校校址向前扩展几百米，把中央大礼堂、胜利食堂（中央组织部办的营业性食堂，已停业）和一大块菜地都划拨给党校。中央大礼堂即成为党校大礼堂，毛泽东“二一”报告即在此礼堂作，胜利食堂改为党校俱乐部。为迎接七大代表，党校还修建了一个可

① 钟明:《党的七大教育我成长》，见中共中央党史研究室第一研究部编:《七大代表忆七大》)（下），上海人民出版社2006年版，第1193页。

容纳 1000 人左右的食堂。

1941 年，党校已经做到了粮食大部分自给，蔬菜和猪饲料自给。

学习生产之余，党校俱乐部也办得红红火火，在俱乐部的组织下，成立了京剧班、合唱团、器乐组、文学组，还有篮球队、排球队、乒乓球队等。党校四十五班的学员蔡天心是个作家，1941 年他牵头建立了文艺创作组，成员 10 余人，编了几期油印刊物和手抄的文艺壁报。

第　六　章

延安整风期间的中央党校（上）

1942年初，来自各地各方面的近300名高级干部走进改组后的中央党校，开始了他们的学习生活。两个月之后，中央党校在延安各机关中率先开始整风学习。1943年3月20日，中央政治局会议决定毛泽东兼任中央党校校长，彭真任副校长。整风运动期间，中央党校从一校2科（正科、预科）逐渐发展成一校6部，是中央党校历史上规模最大的时期。中国共产党各个历史时期各方面的1000余名高级干部、2000余名中下级干部和延安之外的七大代表（占代表总数的53%）集中在中央党校，经受了一场马克思列宁主义的教育运动和思想解放运动的洗礼和考验。师生们在这里提高了各方面的素养和能力，成就了自己，也造就了中央党校历史上的第一次辉煌。

一、第一期高级干部入学　中央党校第二次改组

1942年1月，根据中共中央政治局会议的决议，在校长邓发和新到任的秘书长黄火青的领导下，中央党校开始招收改组为高级党校后的第一批学员。学员大多来自中央机关、军政学院、马列学院和中央党校，以及在这些机关学校工作或学习的七大代表。为了解学员文化程度以便编班，

1月22日，中央党校开始进行入学考试，参加考试的有300多人。如此大规模的考试在延安还是第一次。考试科目有国文、自然常识、政治常识等。中央政治局委员任弼时、陈云、王稼祥、邓发等人亲自参加监考。当年教务科长张承民记得，古大存国文得分最高。

1月28日，延安《解放日报》发表报道《新的教育方针下 中央党校彻底改组 中共领袖专门学者任各课教授 提高收生标准正进行编级考试》。报道称："根据党中央关于延安干部学校的决定，中央党校已进行了彻底改组。学习延长为两年，学生水准提高，课程重新编制，并由中央各负责同志和专门学者担任授课。入学学生以地委以上及团级以上具有相当独立工作能力的党的实际工作干部及军队政治工作干部为合格。其教育内容注重理论与实际、所学与所用的一致。时事问题占总学习时间的34%，关于中国情况与中国革命政策的学习占17%，党的建设占13%，马列主义学习占23%，分组研究占5%。授课教员多为在延安中共中央委员和各专门学者。我党领袖毛泽东同志主讲哲学、中国近代革命史、新民主主义论，范文澜、艾思奇、陈伯达等亦均分任各种专门课程之教授。消息传出后，轰动延安，争相投报入校。入校学生正连日进行编班考试，学习计划定于本年2月1日开始，至1944年2月1日结束。"

本期中央党校只招收地委和旅级以上干部，经过入学考试，编入正科和预科。正科设9个学员支部，以学习马列主义理论、中外历史（包括中国近代革命史和国共两党党史）、党的建设为主要内容。文化程度低的工农干部被编入预科。预科设甲乙丙3班，分为十、十一、十二、十三4个支部。预科主要是学文化，配有文化教员，教语文、算术、自然常识。学员班级改称支部，每个支部30余人，不分军队、地方、来自何地，混合编入支部。学校不再配备专职班主任或支部书记，由学员自己选出支部负责人——支部书记、学习委员、组织委员、生活委员等组成领导核心，下分若干党小组。支部是党政一体的基本组织单位，学习、行政、生活都归支部管，学校领导抓工作也主要是抓党支部。

开学之初，学员中的七大代表占了相当比例，支部书记几乎都是七大代表。第二支部主要是1939年来延安的第一批七大代表。第三支部的学员全都是七大代表，支部书记陈奇涵、宣传委员邵式平、组织委员阎红彦，宋时轮也在三支部。第四支部书记贺晋年，第五支部书记于光汉，成员有张景超、杨弟甫、王从吾、吕其恩、赵石等40余人。舒同、赵振声（即李葆华）、聂鸿钧、何英才、傅秋涛、杨勇、何辉等人也先后担任过支部书记。

正科学员的构成情况以于致远所在支部为例："我所在的支部下分四个小组。支部书记是何英才，组织委员是阎达开，学习委员是我，生活委员为罗少华。这个支部共有三十二个党员，其中男同志二十八人，女同志四人。年龄大都在三十岁上下。从文化程度看，大学十一人，中学六人、初中十五人。从参加革命工作的时间看，抗日战争时期的十人，第一、二次国内革命战争时期的二十二人，其中大革命时期的五人。跟着毛主席参加过井冈山斗争的一人（刘型），还有一九二八年留苏的一人，即罗少华。参加革命工作最晚的也在一九三七、一九三八年，共八人。从工作的地区看，从国民党统治区来的十二人（陕西、湖北、四川、河南、云南等），从各根据地来的十五人（包括陕甘宁边区、晋西北、山东、晋察冀等），中央机关的五人。地方工作干部二十六人，军事干部六人。三十二人都是地委以上的干部。"[①] 于致远时任中共冀中区委青年工作委员会书记、青年救国会组织部长。

预科学员的构成情况以何辉所在支部为例："1942年2月，我刚到党校时被分到正科，记得是和廖汉生同志住在一个窑洞里。那时还是邓发当

---

① 于致远:《我一生中最重要的时期》，见《延安中央党校的整风学习》第二集，中共中央党校出版社1989年版，第129页。

校长，他曾来我们住的窑洞了解过学员的学习和生活情况。我在正科住了十来天后，因为文化水平低，要求到预科去学习，便把我分到预科去了，廖汉生则留在正科。”“我那时是在预科甲班的第十支部担任支部书记。记得当时第十支部的成员有：孟昭亮、李荣彩、杨纪民、韦祖珍、黄惠良、曾宪荣、钟元辉、阎尊祥、康建民、谭生彬、王光、林忠昭、戴忠信、朱士焕、姚子和、陈悦长、林彬、李树荣、宋新怀、高厚祖、谢金山、曾宏涛、张士良、谢正浩、戴忠信、贾美玉（女）、陈慧清（女）、王前（女）等同志。还有个叫王大个子的同志。”[①] 何辉 1945 年 3 月 5 日离开党校到三五八旅任政治部副主任。

因争相报名入学，开学才几天，所有的窑洞都已住满。2 月 6 日，八路军军政学院副教育长陈伯钧拿着总政组织部开的介绍信，到党校找邓发校长和黄火青秘书长办理入校手续，因校内无房，只好暂住校外。延安各机关的干部曾纷纷要求入校旁听，但为了保证在校学员学习计划胜利完成，开学初也未能允许。

2 月 1 日下午，中央党校在大礼堂举行开学典礼。“中共中央高级党校开学典礼”的大红横幅高挂在主席台上端，党中央领导同志、被邀请之来宾及全体学员共千余人参加典礼。大会选出毛泽东及全体政治局委员、延安学者及学员代表共 20 余人为主席团。邓发校长报告中央党校改组经过和党校教育的新方针。毛泽东发表演讲《整顿学风党风文风》，他尖锐而幽默地批评了党内学风、党风、文风不正的表现及危害，向全党发出“反对主观主义以整顿学风，反对宗派主义以整顿党风，反对党八股以整顿文风”的号召，并指出，整顿三风要采取“惩前毖后、治病救人”的方针。毛泽东讲了两个小时，大家听得全神贯注，唯恐漏记了报告内容，听

① 何辉:《我的几点回忆》，见《延安中央党校的整风学习》第二集，中共中央党校出版社 1989 年版，第 251 页。

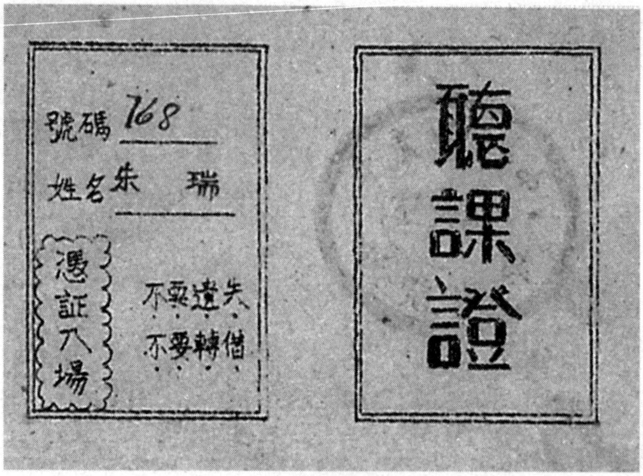

整风运动期间学员的听课证

到精彩处不由得发出一阵阵笑声与掌声。学生代表张鼎丞致答词后开学典礼结束。

2月8日下午，中共中央宣传部和中央出版局在中央党校大礼堂召开宣传工作会议，到会的有毛泽东、任弼时、王稼祥、凯丰等领导同志，党内外高级干部，延安理论界、新闻界、文化界的干部，以及中央党校全体学工人员，约800余人。会议由中央宣传部代理部长凯丰主持，毛泽东发表《反对党八股》的讲演。毛泽东详细论列了党八股的“八大罪状”，指出党八股是主观主义、宗派主义的表现形式，打倒党八股，就使主观主义、宗派主义没有藏身之处。

毛泽东的两篇演讲实际上是整顿三风的动员令，但是，当时党校的领导和教职员工并没有完全理解。“二一”报告在党校只讨论了一天便束之高阁，仍然按照1941年底制定的教学计划，开始中外历史的系统学习。2月7日，柯柏年开始讲“西方史”。2月10日，范文澜开始讲“中国通史”。课前给学员发了参考资料，自学阅读。因为范文澜、柯柏年所讲的历史知识学员不熟悉，很多人听不懂，笔记记不全。二位教授每次讲课之后，都由他们的助教张承民、杨英杰将自己的笔记整理出来，贴在教室，供学员们核对或抄录。

经过一段时间的学习，学员们纷纷提出意见，认为这样教学不切实际。张鼎丞便讲过：我都 40 多岁了，这样系统地学，学到什么时候？学了又怎么用呢？他认为这样学不行，并且把自己的想法亲自向毛泽东作了汇报。2 月 28 日，中共中央政治局会议讨论在职干部教育问题及党校课程改造问题。毛泽东指出，党校课程要改造。现在党校教中国古代史及西方史，离现实太远。应首先进行反对主观主义与宗派主义的教育，总课题为党的路线，研究季米特洛夫论干部政策与干部教育政策、列宁《共产主义运动中的“左派”幼稚病》和《六大以来》。会议作出《中央政治局关于党校组织及教育方针之新决定》：

“第一，停止过去所定课程，在本年内教育与学习党的路线。第二，军事学院高级班归并党校。第三，延安各机关学校高级干部（包括高级学习组）共以三百至四百人为限度，参加党校学习，其名单由中组部协同总政组织部、西北局组织部共同审定之（同时并审定中级干部学习组名单），限两星期完成。学习文具由党校统筹发给，十里以外来听课的干部，由党校招待餐饭。第四，今后党校直属中央书记处，其政治指导由毛泽东同志负责，组织指导由任弼时同志负责。其日常工作由邓发、彭真、林彪三同志组织管理委员会管理之。原有党校管理委员会即行取消。邓发同志仍为校长，并主持校务会议。彭真同志为教育长，并主持政治教育会议。林彪同志主持军事教育会议。第五，出版学习报，由彭真同志负责，陆定一同志副之。第六，关于党校增加校舍及经费问题，授权富春同志解决之。”[①] 从此，毛泽东开始直接指导中央党校，彭真开始主持中央党校教务工作。那

① 中央档案馆编：《中共中央文件选集》第十三册（一九四一——一九四二），中共中央党校出版社 1991 年版，第 354—355 页。

个管理委员会只有邓发、彭真在校，林彪从未到校工作过。3月2日，中央书记处办公厅发出《关于政治局对党校组织及教育方针之新决定的通知》。3月6日，范文澜最后一次讲授“中国通史”，原定教学计划随即停止执行。

在新领导班子的组织下，中央党校立即着手与军政学院合并、做好接待大批旁听学员的准备，并广泛征求学员对教学上的意见，制定新的教学计划。4月1日，《解放日报》发布消息《中央党校再度改组告竣 确定新教育计划》，宣称：“中央党校再度改组后，下礼拜内即可正式开学。”同日还发表了彭真关于中央党校再度改组的谈话。

从此，中央党校师生开始了以整顿三风为中心的学习生活。

二、整风学习

1942年4月3日，中共中央书记处会议通过了中央宣传部《关于在延安讨论中央决定及毛泽东同志整顿三风报告的决定》（简称“四三”决定），并指定了18个必读文件（4月16日增加4个文件，共22个文件）及考试范围。会议同意毛泽东的提议决定成立5个系统的学习委员会，由中央领导同志分工负责领导延安干部整顿三风与检查工作，中央党校系统由毛泽东负责。“四三”决定的通过是延安整风运动开始的标志。4月6日《解放日报》公开发表了“四三”决定。

（一）学习讨论“四三”决定 粗读22个文件

4月8日，毛泽东审阅修改并批准彭真主持制定的《中共中央党校关于政治教育的计划》（4月11日中共中央政治局会议讨论通过）。这个计划阐释了党校的教育方针、教学方法、编班方式，并将1942年度教育与学习党的路线的具体实施步骤分为3个周期和1个总的综合的学习研究阶段，分别加以规划。其中有长远影响的内容如下：

“办学目的和要求：现在的党校是高级干部学校，其教育目的应该是培养能够系统的周密的调查研究周围环境，依据党的政策独立坚持工作，并且实事求是的机动灵活解决问题的干部。要让干部养成遇事能够周密的调查研究，并且善于跟马、恩、列、斯商量，跟党的路线党的领导者商量的独立研究和独立工作的精神。也要让干部养成在自觉基础上，坚持民主集中制的生活习惯，保证党的思想和行动统一的遵守铁的纪律的习惯。不需要干部只会盲目地执行别人指定做的事情，也不容许那种个人主义、个人第一，甚至想在党内建立独立王国的自由主义思想在党内生存。同时，应该养成干部不尚空谈，不务虚伪表面，而真正朴朴实实，一心一意，忠实为党为革命工作的实事求是的作风。”

“关于分科和编班编组问题：在学习党的路线学期内，为使学员获得全面发展，不应按地区或业务性质编成单一的小组或班次，应采取混合编班的原则，使根据地与大后方的，这一根据地与那一根据地的，部队与地方的，知识程度高和程度稍低的（只限在正科或预科范围内），高级与中级的干部，老干部与新干部，男同志与女同志，都混合编班或编组，以便互相交换工作经验，并打破地域的和局部工作养成的狭隘的观点。”“每个支部以 30 人左右为宜”。

该计划还决定：“建立研究室。按问题的性质，分组研究敌、我、友的政权、经济、财政、军事、政工、民运、文化和党务等，并加强敌占区点线和大后方工作及时事的研究；另一方面按照地区分组进行对于各个根据地的综合的研究。并设立参考资料供给组，以提供研究党的路线和时事所必须的参考材料。”[①] 按照这一计划，在教务处下设一研究室，延安和外地一批资深学者陆续聚集于此，如王学文、何思敬、齐燕铭、吕振羽、范文澜、

① 内容主要摘自中央党校“党校教育史”研究组编:《延安中央党校史》（1941—1947），第 55—56、第 60—61 页。2004 年内部印制。参见《彭真年谱（一九〇二——九四八）》第一卷，中央文献出版社 2012 年版，第 212—213 页。原件存中央档案馆。

柯柏年、杨绍萱、萧三等。研究室资料组工作由裴毅（谢北一）负责，他们曾编写了《大后方记者眼光中的延安》《法国地下抵抗运动》《烽火中的希腊》《大后方的土地关系和阶级关系》等资料，供学员学习参考。党校原有教员被分配到资料室和其他行政教务部门工作。

4月9日至30日，中央党校进入整风学习的第一阶段，讨论“四三决定”、粗读22个文件。4月9日教育长彭真向全校学工人员传达中宣部“四三”决定，宣布整顿三风学习的18个文件。中央党校的整风学习正式开始。在延安，党校是第一个全面转入整风学习的单位。9日至14日，党校各支部学习讨论“四三”决定。讨论完毕，学校有关部门写出《中央党校研究中宣部“四三”决定的总结》。师生转入对整风文件的初步学习。学习方法按照“中央党校关于政治教育的计划”的步骤和方法进行：

“第一步，指定材料及参考书，限期自己阅读（正科各班完全靠自读；预科甲乙两级以自读为主，由国文教员帮助解答文字的疑难；丙级以下由国文教员按原文讲解）。教务处不发讨论提纲，各组按文件或问题自行讨论，并互相质疑。

第二步，各小组讨论质疑完毕后，由教务处综合各组学习讨论情况及所提问题，提出讨论大纲，交各组继续研究讨论，系统地周密地分析当时情况与党的政策，总结当时的经验。为此，就必须要详细研究文件和参考材料。

第三步，汇集各组研究讨论结果，提出问题，请人给以指导（作报告），然后再根据报告加以讨论，即结束对一个问题或一个阶段的研究（必要时再请人解答问题）。

军事班和预科各班，因为要以30%—40%的时间学习军事和文化，所读文件和参考书的数量必须减少。但对主要文件和主要问题必须认真加以研究。必要时，宁可稍延长学习党的路线的时间，或以其他方式补救之。”

对22个文件的粗读至4月底结束。4月23日，《解放日报》“党的生活”栏发表李杰整理的党校支干联系会讨论纪要《怎样阅读整顿三风的文件》。文章较详细地介绍了中央党校师生怎样阅读文件、怎样记笔记、怎样座谈、怎样开讨论会，客观地反映了当时认真而又热烈的学习情景。

5 月 1 日，《解放日报》发表通讯《谁学习得最好？》。文章说：“学习热潮在延安开始，中央党校打了第一炮。一般的学习动员，是 4 月 20 号开始，他们实际上把这个日子提前了几天，等到 4 月 14 号，他们已经把中宣部的‘四三’决定讨论完了。除去吃饭和休息的时间以外，正科的同学们每天都是埋头钻研，他们准备在‘五一’纪念节前，结束对 22 个文件的略读。‘在学习刚刚开始的时候’，中央党校总支书记黄火青同志告诉记者：‘个别的文化程度高的同志，总还不肯拿出全部的精力来对付文件，他们往往偷空读读英文和俄文，但是中宣部的‘四三’决定讨论过后，这种现象完全就不见了。’按照教育处的规定，预科要在‘五一’以前读完《增强党性的决定》《调查研究决定》《改造我们的学习》《反对自由主义》《宣传指南》等五个文件，但是由于文化程度的限制，作笔记用去了他们很多的学习时间，所以读不完的文件只有待于假期里来补习了。”

彭真主持制定的《中央党校学习整顿三风文件计划》对学习 22 个文件的进度、程序、学习篇目作了补充规定，5 月 1 日由中央党校教务处下发到每个党小组。计划要求在研究文件过程中，一切能记笔记的同志，必须写笔记。各小组开会时，必须作详细记录。各支干会及教务处将负责随时检查笔记、记录，并且随时作总结。按照 6 月初中共中央总学习委员会的分工，毛泽东和彭真负责抽阅党校系统的笔记。整风期间彭真读了 500 本学员笔记，其中好的他都转给毛泽东阅读。1942 年 8 月 25 日，毛泽东读了学员郭述申的学习心得《读季米特洛夫干部四条标准的反省》，亲笔批文给予肯定和鼓励，并对文中的错字和标点符号作了改正。[①]

---

① 大连市史志办公室编：《郭述申纪念文集》（上卷），大连出版社 1996 年版，第 508 页。

（二）学风学习

1942年5月6日至7月4日为中央党校学风学习阶段。学风学习主要解决的是思想方法和工作作风问题，破除把马克思列宁主义教条化、把共产国际和苏联经验神圣化的倾向。每个学员都要集中检查思想中、工作中的主观主义（教条主义和经验主义）的各种表现，检查自己在思想方法和工作作风上是否实事求是，重视不重视调查研究，有没有粗枝大叶、不求甚解、“下车伊始”就哇啦哇啦乱发议论的情况。通过学习，树立理论联系实际、调查研究、实事求是的思想作风和工作作风，从主观主义、教条主义的蒙蔽中解放出来。

学习方法是首先粗读文件一遍，接着将文件分类逐件精读，逐件作笔记，深入地研究讨论，领会文件的精神实质（即分析和解决问题的立场、观点和方法）。学校要求学员们在自学中做到“眼到、心到、手到、口到”，即阅读、思考、写笔记、漫谈、讨论相结合。学员们边阅读边思考边写读书笔记，随时组织3、5、10人的漫谈会，或小组、支部的讨论会。

整风期间党中央授权党校可以无所不谈，什么问题都可以讨论。根据毛泽东提出的校训，中央党校在整风学习中特别强调：“一、实事求是，不尚空谈；二、坚持真理，随时修正错误；三、把自己的言行当作客观事物来对待。”鼓励学员“自由思想”，充分发扬民主，提倡独立思考、敢于怀疑、敢于提出问题、敢于发表意见与同志式的辩论问题的作风。坚决贯彻“惩前毖后，治病救人”“既要弄清思想，又要团结同志”的方针，从团结的愿望出发，用批评和自我批评的方式，解决思想问题，解决党内矛盾。

党校领导对整风学习抓得很紧很细。整风学习开始后，各支部每天天不亮就要向秘书长黄火青汇报学习讨论情况，上午9点黄火青再去向教育长彭真汇报。有时彭真也参加汇报会，并对学习及时提出意见，进行指导。教务处的同志通过参加学员支部和小组会议等活动掌握学习动态，每周写一份简报将学员学习情况及讨论中有争议难回答的问题向校领导反映，同时送毛泽东阅看，“其中不规范的字他都一一改正”。[①]中央党校还出版了8开小报《整风通讯》，每隔几天出版一期，指导全校的整风运动。

几十年后许多学员对当年学习的情景还记忆犹新。何辉回忆：“在延安中央党校三年期间，我曾经在三个支部任过支部书记。那时候支部一般两三天就要把各个组学习讨论的情况向校部领导汇报一次，有时甚至天天要汇报。当时彭真副校长、黄火青秘书长都参加过汇报会，并对学习及时提出意见，进行指导。……学习中，有时为搞清一个问题，相互争论，谁也不让，有的人嗓门高，就像在吵架。同志们经常在一起交换不同看法，从马列主义的本本中，从中央文件中找根据。开饭前的食堂门口，饭后的校门口和延河边，都成了交谈和辩论的场所。学习讨论生动活泼，不拘形式。每次争辩过后，不管谁是谁非，相互之间不抱成见，不怀恶意，照样谈笑风生。上下级之间如此，同志之间也是如此。”[②]

苏惠回忆：“学员们也没有自己的桌子等家具。听报告、写学习心得、记笔记等，都是把自己的膝盖头当作桌子来使用的。我们不仅很快就适应了这种生活，而且非常热爱这种生活。在这里，同志之间以诚相待，互相启发，互相帮助，取长补短。我们讨论问题时，有时也争得很激烈，闹得面红耳赤，但到头来却能虚心地接受别人的正确意见，服从真理。争论之后，大家更加团结，更加亲密无间，又在共同提高的思想认识基础上，共同前进了。这样的同志关系，这样的学风，是应该传之于子孙后代的！”[③]

在精读文件的过程中，教育长彭真撰写了两篇文章发表在《解放日报》上。其一是以署名代社论形式发表的《领会二十二个文件的精神与实质》

---

① 彭真：《学习毛泽东》报告记录（1943年7月）。引自《彭真传第一卷（1902—1948）》，中央文献出版社2012年版，第266页。

② 何辉：《我的几点回忆》，见《延安中央党校的整风学习》第二集，中共中央党校出版社1989年版，第254页。

③ 苏惠：《去延安参加七大》，见中共中央党史研究室第一研究部编：《七大代表忆七大》（下），上海人民出版社2006年版，第1269—1270页。

（5 月 14 日），发表前经毛泽东审阅。文章指出，文件的精神与实质“就是指文件中分析解决问题的立场、观点和方法，亦即指导思想。我们领会了它，便可依据它、运用它来了解周围事变的内部联系，来预言事变的发展进程”。领会与否的“标准是实践，是会不会实际应用”。这些文件中的立场是无产阶级的立场，观点是唯物论的观点，方法是辩证的方法，三者是统一的、一致的。文件中的立场、观点、方法，就其本质的共同点来说，是百变不离其宗的，“但是就其实际的应用，就其所表现的各种各样的具体情形来讲，却又是变化无穷，是有无限丰富的内容的”。

其二是《怎样学习二十二个文件》（5 月 16 日）。文章指出，要真正领会这些文件的精神与实质，唯一的办法是精读，反复地深思熟虑地精读，深入地研究，热烈地讨论。要区别文件的形式与实质、字句与精神，看它用什么立场、观点和方法，根据什么来分析考虑和处理问题；同样的立场、观点和方法，如何实际应用于各种具体的不同的场合；同样的问题，过去自己如何分析，如何看法，如何处理，自己的经验如何，过去的优点缺点何在，正确还是错误。正确，究竟正确到什么程度，正确在哪一点上；错误，究竟错误到什么程度，错误在哪一点上。这样反复地加以思考，再系统地依照文件的精神加以反省。

在学风学习过程中，尤其是在学习讨论季米特洛夫论干部政策和干部教育政策时，学员们提出了若干问题。为加深学员对干部政策的理解，促进自我反省。5 月 29 日，学校请陈云给师生作了报告——《关于干部政策与干部教育政策问题的答复》。6 月 17 日，又请中宣部代部长凯丰作了报告——《关于干部教育问题的解答》。陈云回答了学员们学习讨论中提出的问题，并结合中国实际对季米特洛夫关于干部政策的 4 条标准作了阐述。他指出，挑选干部的标准是：对党无限忠心；大公无私，与群众有密切联系；负责任，守纪律；有一定革命经验和社会经验，看问题客观。每个干部也应当用这 4 条标准进行自我检查，没有做到的要补足。过去在主观主

学员们在听课

义、宗派主义占统治地位的时期，干部政策与这4条标准是相抵触的。许多从莫斯科回来的无经验的人做大官，而苏区和白区许多经过考验、与群众有密切联系的好干部受到排挤打击。这种政策直到遵义会议才改变。抗战后，干部队伍中又有了技术干部、新干部、非党干部。自1940年上半年起开始的对干部审查，注意了解干部的工作和历史两个方面，破除了主观主义。今后在提拔干部时，要坚持以下原则，即人事两宜，才德统一，政治条件、斗争历史、工作能力相结合，能上能下。关于干部教育政策，陈云指出，应重视在工作中教育的方法，采取工作教育、学校教育、在职学习等多种教育形式，使缺乏实际经验者在实际工作中学习，做局部工作者在全面工作中学习，并且部分地进行地方干部与军队干部的交换。在整个抗战阶段，干部工作可以以教育干部为中心。

结合陈云的报告，中央党校师生在领会文件精神与实质的基础上，进入学风学习的第二阶段——自我反省阶段，即按照“整顿三风中心在自己身上”的方针，反省自己的思想、工作和历史，大约用了两周时间。当时党校有一个形象的说法，叫作“自己钻文件，又用文件来钻自己”，“把文件中的道理当作尺码来量一量自己，当作天秤来称一称自己，当作镜子来照一照自己”。学校要求每个学员都要根据季米特洛夫提出的挑选干部的4条标准来衡量检查自己，并写成反省笔记。初稿写成后先交本组同志传阅，然后开小组会，认真地而不是敷衍地进行批评与自我批评，肯定正确的，批判错误的，分析错误产生的根源及其危害，提出改正的办法。然后本人再字斟句酌地修改，写出正式文本交支部审阅。此项笔记，亦作为学风学习的考试成绩之一。

学员刘俊秀对照文件回顾和反省自己从1926年当村农民协会主席以来，思想上有哪种进步，还存在着哪些非无产阶级意识？工作上有些什么成绩，又有哪些缺点和错误？在执行党的路线方面正确与否？写出了一篇六七万字的思想总结。

学员梁华对照文件，写出了《四川职工运动中的主观主义》一文。检讨1927年重庆“三三一”惨案后，重庆市工会有的人看不到政治形势的逆转，不了解阶级力量对比的变化，不讲斗争策略，犯了盲动错误，并坦率地承认，“我就是其中的一个”。

学员王从吾联系自己1927年入党以来15年的斗争实际写出了长篇反省笔记。从4个方面（“自己对于党、对于工人阶级事业是否抱无限忠心”“我与群众是否有密切联系”“我在复杂的环境中能否独立决定方向并不怕负责任解决问题”“要守纪律”）总结了经验，分析了“左”倾路线造成的危害，检查了教条主义和经验主义在自己身上的表现，并提出如何在斗争中克服错误思想的计划和方法。

学风学习结束，中央党校于6月23日—7月4日举行第一次学习考试。党校规定，除因重病或公务请假外，所有学员和参加学习的工作人员都得参加这次考试。预科各支部，有不能执笔的同志，可用口述，由教员执笔。考试期间，学校谢绝各方参观，除星期日以外，停止会客。

邓发、彭真主持考试并拟定了考试题，报请毛泽东审定批准。考题如下：

1. 什么是党的学风中的教条主义？你所见到的最严重的表现有哪些？你自己在学习和工作中曾否犯过教条主义错误？如果犯过，表现在哪些方面？已经改正过了多少？今后将如何改正或预防？2. 什么是党的学风中的经验主义？你所见到的最严重的表现有哪些？你自己在学习和工作中曾否犯过教条主义错误？如果犯过，表现在哪些方面？已经改正过了多少？今后将如何改正或预防？ 3. 你听了或读了毛泽东同志改造学习的报告及中央关于延安干部学校决定、中央关于在职干部教育决定以后，你对于过去党内的教育与学习反省结果如何？有些什么意见？对于你自己的学习和工作的检查结果如何？你如何改造自己的学习或工作？ 4. 你接到中央关于调查研究决定后，怎样根据它来检查并改造或准备改造你的工作？[①]

这份考题集中反映了中央党校学风学习所要解决的问题，引导学员紧密联系个人的思想和工作实际，没有框框，没有标准答案。考试进行了 10 天，同学们充分敞开思想，专心致志地逐题回答，反省自己的和见到的主观主义、经验主义表现。《王从吾传》披露了他当年写的《学风考试底稿》，从中可以看出，当年的学员对文件的精神实质钻研之深，解剖自己之严格，总结经验教训之深刻。这样的学习反省足以成为他们一辈子的财富。

在学风学习过程中，《解放日报》发表了中央党校 4 位学员的学习心得：于光汉《关于自学的方法》（5 月 21 日），刘型《读〈中央关于调查研究的决定〉和〈农村调查序言二〉以后》（6 月 27 日），曹里怀《改造自己的作风》（7 月 13 日），未署名学员《十五年思想变化的反省》（7 月 13 日）。于光汉来自冀南区，刘型和曹里怀是参加过井冈山斗争的老红军，未署名者来自陕北。

师生们办了《改造》《矢与的》《思想解放》等 10 多种壁报，以沟口布告栏、俱乐部附近贴得最多，来看的学员络绎不绝，大家兴高采烈，收益颇大。党校还创作了《整风运动歌》："野草除尽，苗儿易长，病菌消灭，身体健康。同志们，下定决心，忠诚坦白，严正直爽。克服不良作风，改正错误思想。一定要把自己锻炼得更坚强！造就优秀的干部，建设新社会的栋梁！"

① 参见《解放日报》1942 年 6 月 24 日；《彭真年谱（一九〇二——九四八）》第一卷，中央文献出版社 2012 年版，第 207 页。

（三）党风学习

学风学习结束后，中央党校的整风运动进入党风学习阶段。师生们在学习研究中共中央《关于增强党性的决定》和其他有关党风的文件时，提出了许多问题。例如：为什么在1941年中央发出《关于增强党性的决定》？为什么没有在遵义会议前提出来？在这个决定发出以前，我们党内是不是也有党性的锻炼？……

7月14日，彭真约请任弼时到中央党校作《关于增强党性的决定》的长篇报告。任弼时回答了学员们提出的问题，阐述了中央作出《关于增强党性的决定》之必要性和重要性。他指出："今天，我们党已经成为中国政治生活当中一个重要的决定因素。"我们党有着50万的军队。我们党在包括几千万人口的区域内，建立了"三三制"政权。因此"民族敌人——日本法西斯，国民党里面的反共顽固分子，汉奸和其他反动势力，他们在今天比过去任何时候还要想出更多的办法来分裂瓦解我们的党"。"我们今天处在这样的复杂环境和艰巨任务的前面，我们的党比任何时候更加需要内部的统一团结，更加需要思想一致、行动一致，更加需要巩固我们自己，防止敌人利用各种机会和间隙来破坏我们党的团结"。"其次，我们党在抗战以来和几年的统一战线当中，有了迅速的扩大，新成分涌进，已经由比较小的只有四五万人的党，变成今天这样一个大的有八十万党员的党。这八十万党员里面有七十五万是新加入的，而且是在抗日战争统一战线环境中加入到共产党里面来的，成分相当复杂"。"同时，我们党是处在比较分散的长期的游击战争的环境中，我们的同志就是在被分成许多小块的地方坚持斗争，坚持长期的战争，建立了根据地。而且，我们又是处在半殖民地半封建的小农经济为主的社会里。这样的斗争环境和这样的社会存在的思想意识自然会反映到我们党内来，使我们党内容易产生不正确的思想。比如：个人主义，独立主义，确认文件里所举出来的那些倾向，那些不好的东西。这些情形也告诉我们党，今天更加需要增强党性，克服不好的倾向来团结我们内部”。“第三，从我们党的历史上说，我们党内还存有一些弱点，需要我们党更加注意这些弱点。抗战过程当中的一些严重的事件和现象正向我们警告”。

任弼时报告的重点是整顿党风、反对宗派主义。他指出：“宗派主义是党性不纯的一种表现。宗派主义可以闹到使我们党完全孤立起来，可以闹到使我们党内部不团结，甚至使我们党解体。因此，毛主席把反对宗派主义与反对主观主义同时提出来，这不是偶然的。”“宗派主义的主要表现，就是对党外产生排外性，在党内产生排内性。”宗派主义的排外性“使我们党脱离我们的基本群众，拒绝一切可能的同盟者”。宗派主义的排内性有各种各样的表现，如本位主义、小团体主义，甚至“闹同党对立的独立主义，闹反集中的分散主义，闹无原则的纠纷；有的甚至结合少数人公开违抗党的决议，公开与党的路线政策对立起来，成为政治上一种反党的派别活动”。其结果，“造成党内无组织的状态，使党分成这一部分、那一部分，不能成为一个团结的整体”。比如张国焘，“他闹本位主义和独立主义，后来靠着枪杆子发展成军阀主义，公开反抗中央和分裂党。这是宗派主义的排内性最严重的表现和恶果了”。“宗派主义的社会根源，是中国这个半封建社会里各种各样的思想，特别是小资产阶级意识在党内的反映；同时，我们党内对于党员的教育和锻炼不够，也是一个原因”。“因此，克服和防止宗派主义，必须加强党性教育和党性锻炼”。“反对宗派主义，从加强党内教育方面来说，除了理论思想教育外，主要的是进行党的组织原则的教育”。“个人服从组织，少数服从多数，下级服从上级，全党服从中央，既是我党的根本组织原则，又是每个党员都必须遵守的纪律”。“组织的统一要靠思想的统一来保证。如果我们的同志都能把个人与党、下级与上级、局部与全体的关系摆正确，便可以保证政策的贯彻实现”。党的组织原则的教育“在一般党员中是很重要的，在高级干部和军队干部中更加重要。因为闹宗派、闹独立、闹本位的，多是负责的干部。特别是中国党是有军队的，有枪杆子。如果领导干部的思想意识不好，他拿到了枪便闹宗派、闹独立，这对党对革命事业的危害会是很大的”。①

任弼时的报告提高了学员们对整顿党风的重大意义的认识，他对宗派主义的分析批判对高级干部是极大的警醒。他的报告实际上已经明确地指出了中央党校在党风学习中所要解决的主要问题。

党风学习中每个教职员工都要自觉反省自己对党是否无限忠诚，与党的关系是否完全摆正了，有无不忠诚的事情？有无个人主义、本位主义、闹独立性的倾向？有无宗派主义、山头主义的情绪？在使用干部上是“五湖四海”、任人唯贤、德才兼备，还是任人唯亲、拉帮结派？是否党性不强或组织观念薄弱？是否严格遵守纪律，严格执行民主集中制？有无群众观点，是否做到从群众中来，到群众中去？有无官僚主义倾向？

当时党校流行的说法是：把“半条心”变成“一条心”，“事无不可对党言”，“脱裤子，割尾巴”，“不仅组织上入党，思想上也要入党”。在党风学习过程中，许多学员自觉自愿地进行认真的反省，决心清除自己头脑中的个人主义，洗净自己身上的尘土污垢，把自己的一切错误思想言行，统统向组织讲清楚。在工作中犯过或大或小错误的同志，也都作了检查。据彭真的秘书陈模介绍，各支部涌现了许多理论联系实际的典型，教务处于是组织了4场“典型发言”，在大食堂举行，学员、工作人员都参加了。这几场“典型报告”对全校的自我检查，起了非同小可的示范作用。②

通过学习反省，绝大多数学员树立起党的利益高于一切，一切服从党的利益的思想，摆正个人与党的关系、局部与全局的关系、党与人民的关系。大家充分认识到，作一个共产党员，必须具有坚强的党性，对党无限忠诚，全心全意为人民服务；闹名利、闹地位，不守纪律，对党阳奉阴违，

① 《任弼时选集》，人民出版社1987年版，第238—239、246—255页。

② 陈模：《我所知道的延安中央党校》，见《中共党史资料》2008年第2期，第60页。

学员们在进行小组讨论

交流学习心得

搞两面派，都是可耻的。有了这方面的毛病，就必须坚决改正。这些观念扎根在许多高级领导干部的灵魂深处，使他们不仅在战争年代一切行动听从党中央指挥，取得中国革命的伟大胜利，而且几十年如一日，严格要求自己，全心全意为人民服务。

党风学习的方法除学习文件、写读书笔记、自我反省、小组漫谈、支部讨论外，还开始举行全校讨论大会。由于党风学习深刻地触及每个人的思想和历史，也涉及党内路线是非和其他是非问题，因而部分学员的思想斗争是痛苦的，学员之间的思想争论也很激烈。八支部学员围绕李国华个人主义思想意识问题展开的争论，七支部学员围绕吴奚如的小说《未了的旅程》对其没落情绪的批评争论，由小组而支部，由支部而扩大到全校。9月16日，彭真在全校大会上作关于党校讨论大会的方针问题的报告，要求充分展开党内的思想争论，充分开展党内的批评和自我批评，只有这样才能把真理弄清楚，把是非曲直弄清楚。实事求是，是则是，非则非，对自己和别人都一视同仁。10月21日，彭真在全校大会上作怎样展开我们的思想斗争的报告。报告针对有的学员不愿反省自己、摆老资格等错误倾向，指出整风就是无产阶级思想与非无产阶级思想的斗争，在整风学习中基本的问题在于自觉——自我反省。强调对自己、对别人都要作为一个客观的事物来对待，要从客观实际出发。要区别事物质的优差，也要区别量的多少。全面性，有历史的全面性也有现实的全面性。问题本身就包含着解决问题的办法。[①]因为此时破获了“吴奚如特务案”[②]，彭真将1942年10月视为中央党校清算反革命的开始。

在党风学习过程中，中央党校相当部分师生参加或列席了中共中央西北局高级干部会议，历时80余天。1942年10月19日至1943年1月14日，中共中央西北局在延安召开高级干部会议，以整风精神讨论总结西北党和红军的历史问题，以及陕甘宁边区的工作及经验。毛泽东等中央政治局领导、西北局县团级以上干部、在中央党校学习的部分高级干部参加会议，209名学员到会旁听。会议解决了边区党的历史教训问题、统一领导问题和当前任务问题，是以整风的方式研究历史和当前工作的示范。高干会期间，毛泽东讲话4次：《在开幕会上关于国际国内形势、整顿三风、边区建设问题的讲话》《经济问题与财政问题》《关于斯大林论布尔什维克化十二条》《关于领导问题》。1月4日，彭真在会上介绍党校整风的经验教训，还结合党校破获的“吴奚如特务案”，详细“介绍如何与反革命斗争的实际经验，给到会干部以锄奸工作具体方法的启示”。一些在中央党校学习的高级干部在会上就自己所在地区部门的历史及工作发言。例如，郭述申就红二十五军同陕北红军会师问题作了发言。莫文骅就留守兵团的军政军民关系等问题作了发言。

在党风学习过程中，中央党校还按照中央总学委的要求，进行了一场反对自由主义、肃清延安“小广播”的运动。12月6日，中共中央总学习委员会发出《中央总学委会关于肃清延安“小广播”的通知》。通知指出，在整风学习中，暴露了党内有的人泄露党内政治、军事、党务、组织、经济、教育、锄奸、情报等秘密消息和机密行动；散布悲观言论，甚至对敌

① 《彭真年谱（一九〇二——一九四八）》第一卷，中央文献出版社2012年版，第221页。

② 编者注：吴奚如案实际上是个冤案。吴奚如1947年调东北，任牡丹江市及松江省总工会主席。1979年，中共中央否定了对他定性“叛徒”的结论，恢复了他老红军、老干部的政治身份。

有利的谣言；对领导任意污蔑，造谣中伤；散布整风是为了打击某些人的谰言，破坏党内团结……这些严重的现象，流行在各个角落。这种“小广播”是极端危害党的大事，是党内自由主义的具体表现。通知要求各学习委员会在反自由主义的斗争中，进行下列工作：1. 号召全体党员起来反对这种泄密造谣的“小广播”，指出这是阶级立场动摇的问题、是违背党的原则、组织纪律和秘密工作制度，而成为敌人的义务情报员。2. 号召每个党员深刻地反省自己和严正地批评别人，检查自己和别人是否犯了“小广播”错误，向党诚恳坦白地报告曾泄露了一些什么秘密，广播了什么消息，向党隐瞒了什么问题，听到了什么对党不利的消息没有向党报告……各学习委员会要把这种反省和揭发，当作学习考试和党性检查的尺度之一。3. 各机关学校应根据上述问题和各单位具体情况制发“小广播调查表”，分发给每个同志填写，并将调查材料加以整理研究，报告总学委。4. 对遵守纪律、保守秘密的同志给以表扬，对泄密造谣者根据情节轻重给以处分，对隐瞒不报者展开斗争使其觉悟。

在中央党校学习的高级干部也无一例外地进行了反对自由主义、“肃清小广播”的学习和反省，每一个学员都填写了“小广播调查表”，并进而对个人历史、社会关系、参加革命的心路历程进行反省。学员于致远写道：“我记得，在学习党的决定反对自由主义时，很多同志认真检查自己的思想和行动。有的同志检讨自己自由主义，小广播，写出八百条交组织上审查。这些小广播，内容很多是道听途说，以讹传讹、造谣惑众、流言蜚语、无事生非的。通过学习，自己深刻认识到这种自由主义泄露党的机密破坏党的威信，影响同志团结，对党对同志是十分不利的。从一个党员来说，从组织纪律和无产阶级道德来讲，也是绝对不能允许的。”[①] 学员曹冠群写道：

① 于致远：《我一生中最重要的时期》，见《延安中央党校的整风学习》第二集，中共中央党校出版社 1989 年版，第 140 页。

“在学习《反对自由主义》中给我的教益也是很深的。当时我记得个人都把听到的和互相议论的，不利于党，不利于团结的‘小广播’，对照文件自觉地进行了检查，领导上并不追究。由此使我懂得了什么是积极的思想斗争，懂得了自由主义的严重危害性是在客观上起着帮助敌人的作用，懂得自由主义的根源是小资产阶级的自私自利性，是把个人利益放在第一位。”①

一般研究资料认为，1942 年 8 月至 12 月中旬为整顿党风阶段，1942 年 12 月中旬至 1943 年 3 月中旬为文风学习阶段。但是中央党校的党风学习比其他单位起步早，结束得晚。1943 年 7 月 23 日在二部四部学习动员大会上，彭真曾讲道：“到 1942 年 6 月学风学习学完以后，接着学习党风文件，原计划三个月把党风文件学完，结果越学越深入，一年多了还没有学完。”② 笔者至今尚未看到有关中央党校文风学习的资料，故只能阙如。

三、审查干部

审查干部是党风学习的组成部分。中央党校一直承担着教育干部和审查干部的责任。到延安之后，这项工作更加规范。1940 年 8 月 1 日，中共中央发出《中央关于审查干部问题的指示》。文件指出：在今天复杂斗争的环境中，“对于干部的审查、考察与教育，成为巩固我党的一个极端重要的工作”。为此，中央决定在各级党委组织部及军队各级政治部组织部之下设干部科，干部科长由组织部长亲自兼任。文件特别提出“军政学校和党校干部科，应负责审查每个教职员及每个学生”。文件指出：“审查干部是一种极端耐心而负责的工作，除注意研究每个干部的长处外，特别要注意考察每个干部在政治上对党对革命忠实的程度。”注意研究每个干部的家庭背

① 曹冠群：《我得益于中央党校的整风学习》，见《延安中央党校的整风学习》第一集，中共中央党校出版社 1988 年版，第 63 页。

② 《副校长在二、四部全体学员大会上讲话速记》。原件存中央档案馆。

景、社会关系、个人经历，是否参加过反革命反党活动，被捕被俘过程中的政治表现，单独行动时有无贪污腐化和违背政策的行为等等。[①] 按照这些规定，中央党校学员入学时学校都要对他们进行资格审查。

（一）自觉的历史反省

从反对自由主义、“肃清小广播”运动开始，中央党校通过自我历史反省的方式展开了对干部历史的全面审查。学校要求每个人都要写思想自传、历史自传，对个人历史、家庭状况、社会关系、参加革命的心路历程进行反省，向党交心，主动接受审查。

其方法是：本人在小组或支部会上对自己8岁以来的历史作详细陈述，大家对不明白和有矛盾的地方可以提出质询，允许本人说明解释。支部在可能的范围内作些调查，结合组织掌握的情况作出结论，在支部大会上通过，支部提出结论性意见上报学校。通过这种自我的历史反省，有些同志把自己过去历史上没有向党交代过的问题，如在敌人监狱中不够坚定，在残酷环境中一度动摇、消沉，或参加过反动党派、反动团体，等等，都如实地向组织作了交代。

陈模所在的教务处秘书科、干部科支部，担负秘书、油印室、图书馆、干部、档案等工作，分3个小组，共20多名党员、干部。其中既有老红军、归国华侨，也有中学教师、知识青年。他回忆支部审干的情景：按照党组织的规定，每人要先写一份历史自传。党支部、老同志强调一点：一个党员对党要绝对忠诚，“事无不可对党言”，要以竹筒倒豆子的精神，毫无保留地讲出来。霎时间，山头上、校园里、窑洞中，到处是两三个人或一组人在交谈。供销社的稿纸、油光纸都脱销了。能写的干部写历史自传，少则两三万字，多的达七八万字。不擅长写作的工农干部则请知识分子帮助写。陈模用一周的业余时间，写了份一万多字的历史自传，还花费了不

① 中央档案馆编：《中共中央文件选集》第十二册（一九三九——一九四〇），中共中央党校出版社1991年版，第444—447页。

少时间，帮几个老红军把自传写了出来。历史自传写好后，先在党的小组会讲一次（一般为半天），然后讨论、质疑、回答，大家提出意见修改后，再到支部大会上讨论。

工农干部历史比较单纯，在党小组上讲一讲，大家再提意见，有两三个晚上就通过了。陈模和几个小青年，从小上学、受过国难教育，积极参加抗日救亡斗争，由党组织送到延安学习，历史轮廓也清清楚楚，都有证明人。他们都在支部大会上讲，从提意见到通过，一般都要六七个下午和晚上。

感到为难的是几位年长一点的知识分子以及在国统区工作过的同志。当时规定，如有自首叛变行为，主动交代了，有历史证明，自首后表现好的，可以继续当党员；当过叛徒，交代后仍开除党籍，可以做党的“朋友”；如果顽固不化，又不交代，组织上掌握了确凿的调查材料，可以送党的社会部审查处理。那时陈模的科长，当过河南某中学的老师，也组织过抗日宣传队，被国民党县党部逮捕过；还有一位图书馆的管理员，是个大学生，挺有学问的。那个阶段，他们整日愁眉苦脸，食不甘味，夜晚也总是在窑洞前呆坐或在山坡上走来走去。后来，科长在学校教务处领导的帮助下，向党交了心。原来，他被捕后，没有暴露党员的身份，也没有泄露党的秘密，取保释放，填写了“拥护国民政府、拥护蒋委员长”的保证书，组织上认为他是“半自首”，没有危害党的行为，保留党籍，只作为历史问题存档。那位大学生原来家庭是“小土地出租者”，属于地主阶级，他入党填志愿时写成“富裕中农”，自己写个检讨，更正出身成分，也就作罢。他们二人交心后，同志们和他们紧紧握手，欢迎他们回到党的队伍里来。原晋察冀北岳区的一位县农会干部交代，在一次边区反“扫荡”战斗中，他只扔了一颗手榴弹，炸死两个日本鬼子，报功时却说扔了三颗手榴弹，炸死了四个日本鬼子。他为自己向组织撒谎感到难过。[1]

---

① 陈模:《我所知道的延安中央党校》，见《中共党史资料》2008年第2期，第61—62页。

至“抢救运动”之前，中央党校一部和后来的三部（即当时的中央研究院），有100多人，还有几个事务员，向党坦白了自己的历史问题，大多数是自己觉悟自己主动讲的。“抢救运动”之后，二部、五部在党风学习阶段也用自我总结、自我反省的方式审查干部，取得很好的效果。比如，1944年12月下旬，五部组教科《中央党校五部党风学习总结》披露：“此次总结反省党籍问题者共8件；隐瞒党龄的共7件；入党动机不纯者16件；曾想自杀者2件；撤职后企图打死革命同志者1人；开小差和组织逃跑者9件；其他反省出来问题还有若干件。这些问题讲了以后，一般的都感到愉快，觉得自己放下了一个沉重的包袱，从包袱的重压下解放了出来。”①

通过审干，党组织更加清楚地了解了每个干部的历史、思想和工作，为正确地使用干部打下了基础。学员互相之间对各自的资历、能力、声望、贡献也有了更多的了解，为党的第七次代表大会通过民主选举产生中央委员会创造了条件。正如毛泽东所言：整风和审干两项工作做好，“我党百年大计即已奠定”。②

（二）防奸锄奸及对敌情的错误估计

1943年3月到10月，国民党发动了第三次反共高潮。国民党军在华中、华北袭击八路军、新四军；蒋介石发表反共的《中国之命运》，并利用共产国际解散之机，调动大量部队准备闪击中共中央所在地陕甘宁边区，妄图消灭抗日民主根据地，消灭共产党。

为应对国民党的进攻，1943年3月26日，中央书记处作出防奸锄奸的决定，中央政治局、中央书记处开始紧锣密鼓地布置防奸锄奸工作。

4月1日，因胡宗南要派一个代表团到延安和中共方面谈判，康生以“防止边区内部特务与胡宗南代表团来往”为由，亲自圈定名单，指令边区

---

① 参见《延安中央党校的整风学习》第二集，中共中央党校出版社1989年版，第297—299页。
② 《毛泽东年谱（一八九三——九四九）》（修订本）中卷，中央文献出版社2013年版，第444页。

保安处于当日夜晚，逮捕了200多名“特务”“叛徒”“反革命”，延安顿时空气紧张。

4月3日，中共中央发出《关于继续开展整风运动的决定》。中央决定从1943年4月3日至1944年4月3日继续开展整风运动。“整风的主要斗争目标，是纠正干部中的非无产阶级思想（封建阶级思想、资产阶级思想、小资产阶级思想）与肃清党内暗藏的反革命分子。一种是革命队伍中无产阶级思想与非无产阶级思想的斗争，后一种是革命与反革命的斗争。”《决定》明确指出，在党风学习阶段，“除学完党风文件外，主要地应审查每一个同志的思想与历史，以便弄清各同志的面目，了解其缺点与纠正其缺点。对于个别顽固的典型错误分子（党员），可以发动群众斗争，借以教育本人与教育群众。同时应开始着手选择确有证据的内奸分子，开展群众斗争，这对于继续发现内奸与教育群众都有极大作用”。①

4月5日，中共中央书记处会议决定：分别召开中共中央机关、中央军委直属机关和陕甘宁边区机关人员大会，号召特务、奸细分子自首。方式是公开号召，秘密向主管机关首长、党组织负责人或直接向党中央、西北局、中央军委总政治部、直属党委组织部办理自首手续。

4月17日，中共中央书记处会议决定成立组织和领导反内奸斗争的专门委员会，以刘少奇为主任，康生、彭真、高岗为委员，日常事务由康生主持。4月28日，任弼时向中共中央政治局会议报告了包括此项决定在内的反内奸斗争的各项工作。

6月24日，中共中央发出《关于国民党的特务政策和我党反特斗争的指示》。指示中对国民党的特务政策分为3个时期：1.“大革命失败后，国民党对我们是采取肉体消灭政策”；2.“从一九三一年顾顺章叛变后就采用了自首政策”；3.到“一二·九运动及抗战，国民党对我们就采取了有系

① 中央档案馆编:《中共中央文件选集》第十四册（一九四三——一九四四），中共中央党校出版社1992年版，第28—33页。

统的内奸政策”，并详细论述了国民党实施各种内奸政策的手段。指示认为“今天国民党向我们斗争的主要方式是特务斗争”，“各地所谓‘左’倾进步分子、‘左’倾文化人中有不少是国民党特务（日本特务也有）”。我们在国民党区域的党内“充满了内奸，有些地方党的组织，到最后几乎全部都是内奸，因此在国民党地区共产党的组织，很多都成了国民党或者是国民党替我们组织的。再经过这些地方党，又介绍内奸来延安到各根据地”。“到现在，我们在国民党地区党的组织，很多都成为特务组织”。指示还认为：“华北、华中各根据地内党政军民各机关中暗藏的日特国特分子，估计一定是很多的。”① 这一文件对敌情的错误估计，成为之后“抢救运动”中大整国统区及敌后地下党干部的根据。

7月1日，毛泽东致信康生，要康生在《防奸经验》第六期上登载以下几句话：“防奸工作的两条路线：正确路线是‘首长负责，自己动手，领导骨干与广大群众相结合，一般号召与个别指导相结合，调查研究，分清是非轻重，争取失足者，培养干部，教育群众’；错误路线‘逼、供、信’。我们应该执行正确路线，反对错误路线。”② “首长负责”等9句话就是有名的9条方针，但在“抢救运动”中，9条方针并未得到贯彻执行。

（三）在“抢救运动”中

7月初，蒋介石调集二十余师兵力包围陕甘宁边区，战事有在数日内爆发的可能，形势极度紧张。7月13日，中共中央政治局会议讨论关于国民党准备进攻陕甘宁边区和中央的对策问题。会议将“加紧进行清查特务奸细的普遍突击运动与反特务的宣传教育工作”作为对策之一。

7月14日，根据7月13日中共中央政治局会议精神，彭真在中央党校全校大会上作清查特务奸细的动员报告。他说：为了胜利地结束这次反

① 转引自党校教育史研究组:《延安中央党校的审干工作》，中央文献出版社2003年版，第133—134页。
② 《毛泽东年谱（一八九三——九四九）》（修订本）中卷，中央文献出版社2013年版，第448页。

共高潮，胜利地把这次反共高潮打下去，必须把我们内部搞清楚，就是把内部的奸细一定要坚决彻底干净地肃清，一定要达到这个目的。……我们的政策是两面的，宽大和镇压相结合。宽大，就是争取，能够争取的尽量争取，不管形势多么紧张，考虑一个时期再讲也可以。我们这个宽大之门，是对着一切愿意自觉、愿意觉悟、愿意改正的人开着的，现在是一个很好的机会，今天在国民党进攻边区的紧急时刻向党讲了，表明自己对国民党认识清楚了，有决心要革命，党更相信你。在清算历史的问题上，每一个同志都可以表明自己的态度，在行动上表明自己是真正革命的，党是欢迎的。今天党的宽大政策，还是继续宽大，宽大就是对于有觉悟的人宽大。共产党是与人为善的，但是宽大是有限度的，不然我们就成了右倾机会主义了。现在要把许多问题考虑清楚，还需要同志们互相帮助，但是首先是自己觉悟。总之，我们这一次反对国民党进攻边区，保卫边区，同时也巩固我们的党。①

7月15日，康生在中央直属机关紧急动员大会上作《抢救失足者》的报告。党校师生参加大会。康生说“现在是紧急军事动员时期”，“清除内奸，这是我们目前急不可缓的任务”，“还有一些失足的人至今没有向党坦白”，“失足的人们！现在应该觉悟，应该下最大的决心，向共产党悔过自新，赶快脱下特务的衣服”。“他们要在这紧迫的时间中挽救自己，而共产党员们也要在这短促的时间内挽救他。”他警告“那些不愿坦白的人们，宽大是有一定限度的，这点要严重注意”。会后，延安掀起所谓“抢救失足者运动”。

中央党校的空气顿时紧张起来，同志间由互不相信至互有戒心。各支部为了防止“有问题”的人互相串通，实行支部对外的隔离政策。规定未经过支部许可不得接见外人，出入必须三人结伴一起活动，不许单独行动。一部和三部成了“抢救运动”的重灾区。校部专门搭了一个台子，副校长

① 《彭真年谱（一九〇二—一九四八）》第一卷，中央文献出版社2012年版，第234页。

亲自主持，连续召开坦白大会，每个坦白的人都博得了热烈的掌声，校部领导安排女青年上台给坦白者献花。各支部大会小会相结合，搞群众性的逼、供、信。对怀疑对象小会追批，大会批斗，隔离审查，互相检举揭发。搞“车轮战术”，轮番审问，轮番轰炸，被审查的人精疲力竭，在神志恍惚中，胡说一通，有人一次竟供出好几个同伙。这种大轰大嗡的作法，不但将许多思想上工作上有缺点错误，或者在前一段审干中交代了政治历史问题的人轻率地列为“抢救”对象，甚至无中生有，连一些政治清白的同志也牵连进去。陕西、甘肃、河南、四川、浙江等省的地下党甚至曾经是中央苏区的闽粤赣党组织都被打成了“红旗党”。一部学员、七大代表、河南省的几位主要领导人危拱之、王志杰、郭晓棠等都以莫须有的罪名，被打成“红旗党”负责人，进而牵涉到他们领导的许多地、县干部。

五支部学员李兆炳回忆：“我所在的第五支部从河南及其他白区来的同志较多，因而“审查”任务也重。支委会的成员有没问题的，有被怀疑的，有已经坦白的“特务”。支部书记宋时轮无奈地说：“我们的支部成了一个统一战线的支部了。可以理解这些曾在国民党统治区的地下工作同志出生入死为党工作，而今天却被戴上‘CC’‘复兴’‘叛徒’帽子的心情是怎样的。”①

十七支部（非高级干部七大代表班）学员张妙根回忆：“‘抢救运动’一是排出身；二看是否从敌占区、大后方来的；三看社会关系；四看职业经历；五是言论排队。只要有一条‘排进’，即属怀疑对象。我是13岁学木工的工人，20岁入党，不久任党的沪东纱厂工作委员会书记，21岁作为党的七大代表奔赴延安。但是由于我来自敌占区，又在日本人开的同兴纱厂做工，因此被断定是日本人派来的特务。”②

① 李兆炳：《我在中央党校学习和参加七大》，见中共中央党史研究室第一研究部编：《七大代表忆七大》下，上海人民出版社2006年版，第1287页。

② 张妙根：《追忆参加党的七大》，见中共中央党史研究室第一研究部编：《七大代表忆七大》下，上海人民出版社2006年版，第1144—1145页。

就这样，仅半个月左右，就“抢救”出“内奸”“特务”“叛徒”和所谓“红旗党”分子190人。[①] 如果没有毛泽东提出的“一个不杀、大部不抓”的政策，其后果不堪设想。

7月31日，彭真在中央党校全校学工人员大会上作报告，对“抢救运动”进行总结。他说：抢救运动高潮是在军事紧急时期进行的。如果国民党顽固派进攻边区的仗打起来，把这些人作紧急处置，那是残酷的。但是我们没有作紧急处置，我们相信这些人是能够转变过来的。今天坦白了就是我们的革命同志了。本来有些同志的问题并不严重，说了就没有什么了。我们要了解各种情况，详细区别是非轻重。将来我们还要给每个同志作结论，一般不会冤枉一个人，是轻是重都会区分出来。这次坦白动员大会就要结束了，今后进入调查研究，个别地解决，把问题搞清楚，然后，该工作的工作，该学习的学习。[②]

8月5日，中央总学委通知“延安对失足分子的抢救运动亦已告一段落”。8月15日，中共中央作出《关于审查干部的决定》，决定指出：“这一次我党审查干部及一切工作人员，不称为肃反，不采取将一切特务分子和可疑分子均交保卫机关处理的方针，而采取首长负责，亲自动手，领导骨干与广大群众相结合，一般号召与个别指导相结合，调查研究，分清是非轻重，争取失足者，培养干部，教育群众的方针。”“如果是冤枉了的或被弄错了的，必须予以平反，逮捕的宣布无罪释放，未逮捕的宣布最后结论，恢复其名誉。”“只有少捉不杀，或少捉少杀，才可保证最后不犯错误。留得人在，虽有冤枉可以平反（确实冤枉的必须平反，绝无犹豫余地），多捉多杀，则一定会犯不可挽救的错误。”

实际上，中央党校的“抢救运动”还延续了一段时间。10月间学校把一部“问题严重”的七八十个学员编为一个临时支部，其中有七大代表20

① 《彭真年谱（一九〇二—一九四八）》第一卷，中央文献出版社2012年版，第237页。
② 《彭真年谱（一九〇二—一九四八）》第一卷，中央文献出版社2012年版，第237—238页。

多人，继续隔离审查。临时支部设在党校一部后山，开了一个山洞和一部相通。此处挖了一排窑洞，三面是山，一面筑了围墙，墙外有士兵站岗。支部书记先是耿飚，他干了不久，觉得自己长期在军队工作，不熟悉地下斗争情况，不适合干这个工作。学校又派聂洪钧来任支部书记。而他恰恰是1935年陕北错误“肃反”的负责人之一。临时支部基本上不学习了，专门审查别人和被别人审查，学员们互相审查，仍然在犯逼、供、信的错误。后来，钱瑛、廖志高被调到一部临时支部，负责该支部同志的甄别，弄清了绝大部分同志的问题。有些同志，比如曾志、赵石等人因为在临时支部被审查时坚持实事求是、政治坚定而被补选为七大候补代表。

按照中央决定，二部、四部不搞“抢救运动”，主要是学习文件，号召有问题的人主动坦白。二部审查学员历史，强调自觉，不追逼，自己讲，讲过也可以推翻，部里也不搞“坦白大会”，先后有80余人自觉坦白，但没有处分一个人，没有后遗症。

（四）甄别复审

12月初，中央党校组织了一个甄别委员会，由黄火青、陈仰山，及一、二、三部的副主任张邦英、安子文、阎达开5人组成，黄火青任书记。12月14日，这个委员会得到中央政治局会议批准。当时规定，有问题的和没有问题的同志都要进行复审，最后要给每个人作一个正确的结论。复审的方法，先由自己复审，重新写历史自传，原来没有讲的，就增加上去；原来讲多了，就把它去掉。原来讲错了的可以翻案。“合乎事实，才真正是对党忠实。要拿出一个‘真’字来，一点不增加，一点不减少，一点不隐瞒，一点不夸大。中心问题是（同党）一条心还是两条心。大家是一条心，都讲老实话，不用那一套阴谋诡计，问题就很容易弄清楚，因为大家的目的就是要把问题搞清楚。这样，党就可以很快作结论。”[①]

---

① 《彭真年谱（一九〇二—一九四八）》第一卷，中央文献出版社2012年版，第243—244页。

党校搞甄别采取了依靠群众、包干负责的办法。学校把需要甄别的同志的材料分到一部各个支部，每个党小组负责甄别一两个同志。党小组在仔细阅读材料的基础上，列出有疑问之处，然后一个一个问题调查落实。有时为了甄别一个同志，把延安所有的机关差不多都找遍了，通过这个找那个，通过那个找这个，把问题弄清楚。调查清楚之后，由党小组集体讨论作出结论，负责甄别的党小组全体成员和被甄别者本人都要在结论上签字。

一部曾经被“抢救”的其他100余位学员，问题不太严重，但一时无法查清，1944年春被送到二部，编成两个支部继续参加整风学习。张鼎丞、安子文要求二部全体学员和工作人员与他们平等相处，政治上一视同仁，学习上一样看待，生活上给以照顾。张鼎丞、安子文主动听取这两个支部的汇报，找这两个支部的同志谈心，并派组教科副科长丘金专门同这两个支部联系，及时反映情况。在甄别平反工作中，二部领导一方面要求参加甄别工作的同志实事求是对待受审查同志的历史问题，特别是要理解在白区搞地下工作同志的特殊处境。另一方面鼓励受审查的同志积极配合组织把问题搞清楚。凡有人证明，能做结论的，就作出结论。对于一时无法查证落实的问题，则相信本人的交代，予以甄别平反。日寇投降后，这100多个同志大部分被派到各个解放区工作。其中许多人在解放战争和社会主义建设中担负了重要职务，作出了显著的贡献。安子文后来长期担任中央组织部长，他曾说过，全国解放后，多少年来，没有发现经过延安中央党校甄别的人当中有一个叛徒、特务或其他反革命分子。

甄别工作一直进行到七大之前。据陈模回忆，所有冤假错案材料，他都复写过上报给毛泽东。毛泽东主动承担中央党校“抢救运动”的责任，曾4次在党校的大会上向被冤枉的同志赔礼道歉。当看到毛泽东在台上向大家脱帽鞠躬时，很多被冤枉过的同志都感动得流下了热泪，有的人甚至痛哭失声。而“抢救运动”的始作俑者康生，却从来不认错，也不道歉。

“抢救运动”给当年党校师生留下了难忘的记忆。大多数同志把错误变成了经验，不管是挨过整的还是整错人的在后来的审干工作中都能吸取教训，不犯或少犯错误。彭真在新中国成立后曾多次与人谈到他在延安整风中的错误，对被错整的同志见面就道歉，反复道歉。在他担任北京市委书记期间，在“四清”“文艺整风”和批《海瑞罢官》等运动中自觉的抵制了某些极“左”的做法。学员康永和写道：“我当时是支部委员，分管两个组的审查历史工作，冤枉了一些好人。我在抗大七分校管整风审干工作，冤枉的人更多。以后我对被冤枉的同志们承认错误，诚心诚意地检讨、解释，他们大部分都能谅解，但也有的心情一直不好。……吸取了在延安的教训，建国以后搞‘三反’、‘五反’和反右运动，我掌握政策十分严格，没有证据，绝对不能下结论。这样比较稳妥，不容易犯扩大化的错误。可以说在‘抢救运动’以后，我没有再弄错和冤枉过一个人。”①

四、高级干部重新学习和研究党的历史和路线

由于王明在1941年中央“九月会议”之后拒不承认错误，反而坚持认为抗战以来中央的路线错了。1943年5月共产国际解散后，王明甚至认为中国共产党可以“取消”，“合并”到国民党中去，因为国民党是民族联盟，实行的是民主政治。为了统一高级干部的思想，1943年9月，中共中央再次以政治局扩大会议的方式，在中央领导层讨论党的历史和路线问题。会议除了继续深入揭发批判苏维埃运动后期的错误路线，着重讨论抗战时期党中央的路线是非。9月30日，中央书记处会议决定，从10月起的5个月内，组织在延安的高级干部和七大代表学习讨论党史文件。10月5日，书记处会议决定学习时间暂定3个月，学习讨论历史从抗战后开始入门，

① 康永和:《整风与七大使我深受教益》，见中共中央党史研究室第一研究部编:《七大代表忆七大》上，上海人民出版社2006年版，第362页。

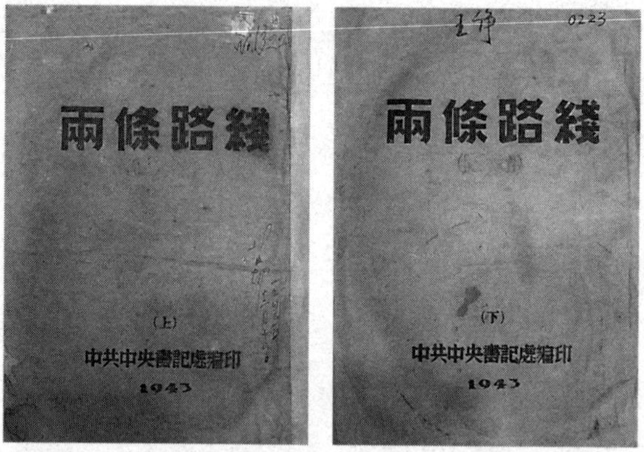

1943 年 10 月中共中央书记处编印的《两条路线》

然后再回到大革命、内战及抗战时期的问题，在参加学习者中间可公开宣布允许讨论党的路线问题。按照中央书记处的决定，在中央党校学习的高级干部开始了党史和路线学习。当时全延安参加党史学习讨论的高级干部共 700 余人，中央党校占一半左右。

1943 年 10 月，中央书记处出版了《两条路线》（上、下），作为高级领导干部研究和总结党的历史经验的主要学习文件。本书是毛泽东主持编写的《六大以来》和《六大以前》两本书的精选本，收集了从 1922 年党的二大宣言到毛泽东《在延安文艺座谈会上的讲话》共 137 篇文献。其中大革命时期文献 14 篇、内战时期 39 篇、抗战时期 82 篇。

12 月 14 日，中央书记处会议又决定，高级干部学习党的路线问题，学习时间为半年，从 1943 年 11 月起到 1944 年 4 月底；学习课本为 6 种，即《共产党宣言》《社会主义从空想到科学的发展》《共产主义运动中的“左派”幼稚病》《社会民主党在民主革命中的两种策略》《联共（布）党史简明教程》《两条路线》。大概是在这次会议后中央党校各部都开始了路线学习。

（一）学习文件，提高认识

1943 年 10 月，中央党校一部和四部的部分学员和在党校学习的七大代表开始了党的历史和路线的学习讨论。为了抓好这项工作，中央党校立即做了几方面的准备。一是确定参加学习的人员。据一部学员苏惠回忆，当时给一部每个人都发了一张表，要你自己填写，说明自己是哪一类人。一类是历史清楚的，可以学习《两条路线》；一类是自己认为还有些问题有待审查，还要住“土围子”。苏惠填的是“学习两条路线斗争”。[①]二是将四部的部分高级干部和七大代表重新编入一部。据四部学员何辉回忆：搬回校部后，开始我被分在第四支部，支部书记是贺晋年，和我一个小组的还有李立、徐运北、王近山等人。两三星期后，我被调到第二支部任支部书记，副书记是胡廷。我们支部的成员有：冯基平、何伟、丁盛、肖元礼、王明远、贺吉群、曲俊、王景云、孙明、王凤斋、杨泽江、江占春、李迎希、王思和、张士良、张绍武、郭树荣、萧前、李聚奎、黄庆熙、刘志杰、赵丙梓、曹振辉、朱继先、彭德、甘思和等，还有3个七大代表的女同志：一个是上海纱厂的女工，一个是赵振声的爱人，还有一个叫张英，是丁盛的爱人。七大代表在我们支部有10人以上。[②]三是指定二、四部少数团级干部参加党史和路线问题的学习。据四部学员沈东屏回忆：我1943年10月20日到达延安，22日到中央党校报到。党校根据文化程度把我编到四部十一支部学习。进党校不几天，组教科通知我们支部，指派田维扬（新四军第三师第七旅副旅长）、赵尊康（某分区副司令员）和我（新四军第三师第八旅第二十四团政治委员）三人参加党中央组织的学习党的“六大”以来的两条路线斗争史，每人还发了两本机密文件（即《两条路线》）。当时我内心很激动。因为在我们支部学员中有二十多名团级干部，而我被挑选去参加这样的学习，这是党中央、毛主席对我的信任和培养。我感受到这是有生以来第一次受到党这样的重视。[③]

按照中央书记处的要求，中央党校高级干部的路线学习也从学习研究抗日战争时期的历史和路线问题入门，然后再学习第一次和第二次国内革

① 苏惠：《去延安参加七大》，见中共中央党史研究室第一研究部编：《七大代表忆七大》下，上海人民出版社2006年版，第1272页。

② 何辉：《我的几点回忆》，见中共中央党史研究室第一研究部编：《延安中央党校的整风学习》第二集，中共中央党校出版社1989年版，第251—252页。

③ 沈东屏：《从新四军部队回延安》，见中共中央党史研究室第一研究部编：《七大代表忆七大》下，上海人民出版社2006年版，第1053页。

命战争时期的历史和路线问题，最后又回到抗日战争时期路线问题上来。把当前的现实问题和党的历史问题密切结合起来，从现实问题出发，经过历史问题的学习，总结经验，分清是非，再回到现实问题上来，从而更好地解决现实问题。

在党校学习的高级干部经历了整顿学风、党风和审查干部的全过程，党史和路线学习实际上是将他们对个人思想、工作、历史的检查扩展到对自己所在部门和地区的工作和历史的检查，扩展到对各个革命根据地的斗争历史和中国共产党20多年革命历史的研究和讨论。学习的方法，是对党的文献一篇一篇地学习鉴别，对比研究，漫谈讨论，看那些文件和决定是否符合当时的社会实际，对中国革命和党的事业带来了什么结果，然后判断哪些是正确的，哪些是不正确的。党校学员是许多历史事件的亲历者，有成功的经验，也有惨痛的教训。有些“左”、右倾错误的历史文件，堆砌了不少马列主义的词句和响亮的革命口号，什么“一省数省首先胜利”，什么“御敌于国门之外”，什么“苏维埃道路和殖民地道路的决战”，什么“一切经过统一战线”等等，貌似正确，曾经迷惑了不少人。现在用马克思主义的科学方法加以分析，再结合各自的革命实践加以讨论，其错误路线的本质就显露无遗了。

在12月14日的中共中央书记处会议上，彭真介绍了中央党校一个多月的路线学习情况，其要点是：有问题请示毛主席；引导大家钻研文件；请人给看不懂文件的作讲解；与重要文件有关的历史事实分别请人作一些必要的介绍；学校和各部都组织了核心学习组；支部以房子为单位设漫谈组，有问题提到小组讨论；按照学员的文化程度将指定的理论书目区分为选读与全读。缺点是：在浏览文件时期没有指出先看毛主席的正确的文件，没有及时解答漫谈中学员提出的问题。①

---

①《彭真年谱（一九〇二——一九四八）》第一卷，中央文献出版社2012年版，第245页。

通过这样的学习，大家熟悉了党的历史，对党史上两条路线的斗争，以及错误路线产生的社会根源和认识根源有了更清晰的认识，进一步分清了路线是非，统一了思想，为中国共产党第七次代表大会的召开做好思想上政治上组织上的准备。在这个阶段，许多学员读书是非常认真的。学员莫文骅写道："凡是经历过延安整风的人，所受的教育是终身难忘的。那时，除了中央规定的学习文件，在延安凡有中文译本的马克思列宁主义著作，我都找来读了，认真作笔记，写学习心得，可以说是自己入党以来较系统的马克思主义理论学习和党史学习。"①

党校四部学工人员创作演出的话剧《同志，你走错了路！》以真实的事例揭示了抗战初期右倾投降主义路线对党和革命事业所造成的危害，也给大家以深刻的教育和启示。

历史和路线学习的方法除了钻研文件、小组漫谈、支部讨论，还采用了全校"民主大会"和各根据地"山头会议"的方式。这些会议充分发扬民主，还原历史真相，总结经验教训，分清是非，分清功过。

（二）民主大会，形成共识

在党史和路线学习阶段，中共中央一再强调："在整风期间，凡参加学习者，人人有批评自由；对任何人、任何文件、任何问题都可以批评。"②中央党校充分保障学员的批评自由，并创造了"民主大会"的方式，对党的历史和路线问题展开批评讨论。1944 年 2 月底至 3 月初，一部学员首先采用民主大会自由发言的方式，讨论党的路线问题和历史问题。发言者自由报名，没有发言稿，也不用领导审批发言内容。比如，对六大的评价问题，大会发言讨论了近一周时间，各种不同观点畅所欲言，谁也说服不了谁。为了帮助大家了解历史真相，统一认识，学校请一部学员、当年出席六大

① 《莫文骅回忆录》，解放军出版社 1996 年版，第 418—419 页。
② 《胡乔木回忆毛泽东》，人民出版社 1994 年版，第 290 页。

的邓颖超、刘慎之给大家介绍过六大的概况。学校还请四部学员、六大代表、原六届中央委员张金保介绍了六届四中全会的情况。六届四中全会后，张金保因不愿意写政治意见书支持王明，被开除党籍。张金保在一部作报告后，党校将她调到一部学习，并通知她生活上享受中央委员待遇。毛泽东还亲自到党校向她了解六届四中全会的情况。

3 月 3 日、4 日，周恩来在中央党校作《关于党的“六大”的研究》的报告。周恩来首先说：“大家对六大有很多争论，这是启发思想的一种论争。党内思想从来没有像今天这样解放，这是毛主席领导整风学习的结果，是很大的思想上的进步。我参加中央学习组学习，知道你们有热烈的争论，也看过你们大漫谈会的记录。”他指出，研究党史“要有合乎历史实际情况的眼光，要有今天整风的思想方法，两者缺一，就不能得出正确的结论”。他的报告分 6 个部分：1. 中国革命的性质、任务和前途；2. 中国革命的动力和阶级关系；3. 大革命的经验教训；4. 革命形势和党的策略；5. 党的各项政策；6.“六大”本身及其影响。报告指出，六大正确地解决了中国革命的性质、任务、前途等问题。总路线基本上是对的，缺点是没有把中国政治、经济发展不平衡的问题同农民战争联系起来，对中国革命的长期性认识不足。周恩来还指出，六大是直接在共产国际领导下召开的，党的正确的地方和错误的地方，都受到了共产国际的影响。他的报告，有理有据，统一了大家的认识。

1944 年 5 月，全校各部的民主大会进入高潮。据中央档案馆《1944 年 5 月全校大会阶段的学习简报》称：中央党校以二、四部为基础，召开全校民主大会。从 3 月 27 日开始至 6 月 9 日结束，历时两个半月，大会报名发言的有 261 人，发言者 152 人。在二、四部影响下，五部也召开了民主大会。大会发言中较为生动、精彩和典型的报告，教务处均收集编入《学习通讯》辑中。(可惜这种《学习通讯》笔者尚未看到。)

二部在校部大礼堂召开全体学员的民主大会，并邀请党中央领导同志和其他各部学员代表参加。民主大会开了40多天，发言者七八十人，允许提不同意见，允许保留自己的不同意见，允许对过去的结论作重新的评价，也允许学员在大会上发牢骚。对中央领导同志和某些负责干部指名道姓地提出质问或者批评也是允许的。有时这些中央和地方的领导同志还亲自听会并作笔记。

发言涉及的内容十分广泛。工作方面涉及全国各个抗日根据地、延安各个机关，甚至国统区的地下工作；党的历史涉及“肃反”、长征、四方面军的问题等；现行政策涉及抗日根据地的经济建设、军事建设（具体到一个战役战斗问题）、敌军工作、党的建设，以及个人思想和对一些负责同志的看法等。学员们怎么想就怎么讲，毫无顾虑，倾囊而出。

彭真曾用朴素的语言指出民主讨论的好处，他说：理论与实际结合有两种方法，一种是自上而下地管大家，少数管多数的办法，这是管不好的；另一种办法是群众路线的办法，就是不管对的错的，有话都讲，不封嘴巴。现在大家都讲，双方意见不一致时，就会你批评我，我批评你，正风就会批评歪风，这样大家思想搞通了，正风就可占优势。在学校里，对路线、政策、组织问题，只有思想一致了，将来散到全国去工作，大家虽然互不见面，但由于思想一致，做法就会一样。①

民主的讨论和争辩使大家心情舒畅，懂得了什么叫与人为善，治病救人，弄通思想，团结同志；懂得了什么叫实事求是。这样的自我教育和相互教育，起到了分清是非，提高认识，统一思想，加强团结的重要作用。

（三）“山头会议”，总结历史

在党的历史和路线问题学习过程中，中央党校还通过召开“山头会议”的方式，组织学员检查本地区、本部门的工作，研究各个革命根据地的革

① 《彭真年谱（一九〇二——一九四八）》第一卷，中央文献出版社2012年版，第256页。

命斗争历史。闽粤赣边区、湘鄂赣边区、鄂豫皖边区、福建地区、闽西地区、赣东北边区、潮梅地区、红二军团、红七军、红五军团等地区和部队的学员分别参加了各自的历史问题研究会议。

比如：由张鼎丞牵头，召集闽粤赣边及闽西在党校和延安的同志，三个月内开了五六次会，每次都有二三十人参加，揭发了“左”倾路线和“肃反”扩大化的错误；解决了若干有争议的历史问题，如闽粤赣边区“社会民主党”冤案，以及临时中央在中央苏区搞的反“罗明路线”的斗争；形成了《中国共产党创建闽西革命根据地》的长篇报告，总结了闽西革命斗争的历史经验。

毛泽东曾召见在中共湘赣省委工作过的一些同志，了解湘赣省委工作中的情况和问题。随后，曾在湘赣省委工作过的几十位同志召开座谈会，总结湘赣省委工作的经验教训，研究解决了一些历史遗留问题。

贺龙曾召集在延安学习的同志开座谈会，总结红二方面军和湘鄂西苏区的历史，对“左”倾路线在湘鄂西苏区的危害作彻底的清理。廖汉生写道：“我们在延安的一二〇师干部由贺龙主持，在陕甘宁联防军司令部多次召开座谈会，讨论从红二方面军到一二〇师的历史，对其中一些重大问题进行深入分析。搞清楚：湘鄂西苏区为什么会全部丧失？红三军为什么会发生‘肃反’扩大化？段德昌、王炳南、宋盘铭等大批好干部为什么会被杀掉？这些一直在我们心中困扰难解的问题豁然明朗了。许多同志联系亲身经历，声泪俱下地控诉王明‘左’倾机会主义路线对党和革命造成的巨大危害！”①

一部学员莫文骅参加了红七军历史座谈会，并根据座谈会上大家的发言和收集的有关资料编写了《红军第七军简史》的小册子，作为内部文件印发给中央领导同志参考。

---

① 《廖汉生回忆录》，八一出版社 1993 年版，第 271 页。

据莫文骅介绍，红五军团的座谈会开得很激烈。因为红五军团是宁都起义加入红军的队伍，不被“左”倾路线信任，“肃反”时不少人被抓并被当作反革命而错杀了，连总指挥季振同也被杀害。军团长董振堂、参谋长赵博生、前政治部主任刘伯坚、后政治部主任曾日山也相继牺牲。部队随西路军过黄河时基本上打光了。会场上发言的人很激动，当有人拿出董振堂军团长被国民党杀害的头颅照片时，所有人都号啕大哭。后来，中央给“肃反”中被错杀的同志都平了反。①

中央党校二部曾邀请刘伯承、贺龙、陈毅等同志到二部和学员们座谈，共同讨论自己所在敌后根据地的重大历史问题，分清是非功过，大大提高了每个学员的思想水平和认识水平。来自冀中地区、冀南地区、鲁西南地区的学员和来自一二九师政治部和山东分局的学员，针对所在地区和单位工作中的错误，对有关领导人提出了批评和建议。来自冀中军区的学员讨论了为什么百团大战后冀中区的形势更加严峻，除日寇调集兵力疯狂对我根据地实行“拉网扫荡”和“三光”政策外，我们在军事思想和指挥艺术上有什么经验教训等问题。

通过“山头会议”，把全党的与各个地区的历史和路线问题结合起来进行研究、分析，总结党的历史教训，基本上达到“承认山头”“消灭山头”的目的。学员们的路线斗争觉悟普遍得到提高，以王明为代表的教条主义的错误路线被彻底清算，马克思主义中国化的理论成果——毛泽东思想深入每个学员的头脑。

对于党校学员在历史和路线学习期间提出的问题，毛泽东多次给予回应。1945 年 2 月 15 日，毛泽东给党校学员作报告，用很大的篇幅重点阐释了山头主义问题。毛泽东说：大家正在讨论党内山头主义，这是一个事实上存在的问题，是中国社会的产物，是中国革命特殊情形的产物，是苏

---

① 《莫文骅回忆录》，解放军出版社 1996 年版，第 414 页。

区和根据地被敌人分割的产物。像我们现在这样的党校，内战时期没有办过。现在西北、华北、华中、华南、东北，全国各处大概都有在我们这里学习的。但是我们的根据地还是被敌人分割的，不是连在一起的。应该承认这个东西。要消灭这个东西，需要我们开办党校来分析，来讲清楚。但是，只有在将来全国胜利了，有了大城市，到处交通很方便，报纸能够销到全国，电讯能够通到各地，开会也很方便，那时候才会彻底消灭山头主义。我们提倡各个机关开会，曾经在各个根据地奋斗的人、各部分军队的人开会，检讨历史，进行自我批评加以分析，其目的是什么呢？目的就是要消灭山头，使它溶化，全党都变成一个整体。检讨历史要有正确的指导思想，首先要从团结的目的出发，从团结全党，从团结一百万党员出发，从四万万五千万人民的利益出发。第二要分析，开展批评和自我批评，坚持真理，修正错误。

毛泽东上次在党校作报告，讲到各个革命团体的贡献，但把十五军团漏掉了。报告之后，有一个同志给毛泽东写信，说十五军团从前也有过很大的牺牲，应该讲到它。因此毛泽东在这次报告中，又专门补充了3个问题：南方北方问题、大后方党的问题、白区工作问题，再次回应了学员们的关切。毛泽东指出，南方、北方问题的性质是外来干部与本地干部的关系，军队干部与地方干部的关系。中国革命长期在南方发展，到了抗战时期才转移到北方。从太平天国到土地革命主要是在南方，南方很光荣，但是这些革命都失败了。只有陕北根据地保留下来了，其他根据地都丢了。南方有老布尔什维克，北方也有老布尔什维克，陕甘宁边区、华北、华中都有，都是光荣的。一方面军、二方面军、四方面军和陕北红军都是光荣的，各部分里头的每一个部分都是光荣的。抗战时期入党的有九十几万人，这应当引起几万外来干部的注意和重视；同时，这九十几万人应当感谢这几万人，因为他们教会了我们关于战争这一套经验。

在报告中，毛泽东根据1944年甄别的结果，肯定大后方党组织大多数同志是好的，是没有问题的，是纯洁的，少部分是不纯洁的、有问题的。同时强调，在战略方面来说，只有根据地也不行，要有3个方面——解放区、沦陷区、大后方，三位一体，缺一不可。这就否定了将大后方地下党污蔑为“红旗党”的错误认识。毛泽东还根据陈毅等同志的意见，纠正了“白区损失百分之百”等错误提法。他充分肯定内战时期白区工作的同志、干部的功劳，肯定他们为党为无产阶级做了英勇斗争，他们拿着命去拼，因为这样才坐了班房，应该估计到他们斗争的成绩。[①]

毛泽东的这次报告从下午4时开始到晚上8时多结束（中间休息二三十分钟），先后经久不息的掌声数十次，许多同志的手掌都拍肿了。他的讲话促进了高中级干部之间的相互尊重，相互理解，有利于团结全党，实事求是地解决历史遗留问题。

综上所述，中央党校的整风运动使学员改变了观念、改变了思想方法、改变了作风，为中国共产党和中华民族教育训练出一大批德才兼备的高中级领导干部。他们善于调查研究，密切联系群众，能自觉地用马列主义的立场观点方法去观察、分析和解决实际生活中的各种问题，掌握了批评与自我批评的武器。整风运动极大地提高了中国共产党的影响力和战斗力，在中共党史和党的建设史上写下了光辉的一页。

---

① 《毛泽东文集》第三卷，人民出版社1996年版，第252—260、264—267页。

第　七　章

延安整风期间的中央党校（下）

延安整风期间，在整风审干的同时，中央党校方方面面的工作都得到长足的发展。尤其是在毛泽东直接领导下的中央党校，其规模、影响在中国共产党党校发展史上前所未有；其所创造的经验历久弥新，至今仍有其现实意义。

毛泽东（1893年12月26日—1976年9月9日），中央党校校长（1943年3月—1947年3月）

一、毛泽东兼任中央党校校长

1943年3月20日，中共中央政治局会议通过《中央机构调整及精简决定》。会议推定毛泽东为政治局主席和书记处主席，决定由毛泽东兼任中央党校校长，彭真任副校长。原校长邓发调任中央民运工作委员会（简称中央民委）书记。毛泽东亲自兼任中央党校校长到1947年3月，是民主革命时期任职时间最长的校长。他为中央党校制定了“实事求是、不尚空谈”的校训，并具体领导了中央党校各方面的工作。

已故王渔教授曾经对毛泽东主办延安中央党校作了3点概括：1.对教学方针、教学内容和方法进行全面的改革，开创了具有中国共产党特点的办党校的道路；2.自己动手，开展大生产运动，创造并改善办校的物质条件；3.广泛开展文艺活动，配合教学，陶冶情操。①

对于毛泽东怎样为中央党校确立了新的教学方针、教学内容和方法，本书前面部分已经有所介绍，这里只作一点补充。1942年4月制定的《中共中央党校关于政治教育的计划》经过毛泽东亲自审阅确定。这个计划对中央党校教育方针的表述并不仅仅停留在几条口号上面，而是把理论联系实际的原则具体而微地贯串在对学员思想方法、工作方法、党性修养、工作作风的培育和训练等方方面面。当年的入学考试既考文化知识、自然政治常识，也有“你到一个新地区是怎样开展工作的？”之类检验思想水平和工作能力的考题。整风学习各个阶段的考题也充分体现了理论与实际的结合。

在毛泽东任校长期间，高级干部自学为主的原则贯彻落实到极致。除了需要补习文化的老干部，高级干部的学习方法就是自己阅读、写读书笔记、互相质疑讨论，以求得对问题的理解、对理论和知识的掌握，学员自己解决不了的问题才提交校领导请专家或党中央领导解答。不少干部初进党校觉得这不像个学校，又没有老师，又不上课。但经过一段时间的学习，才感到受益匪浅。许多干部仔细阅读和独立思考的习惯就是在党校学习期间养成的。当年先后在三部和六部学习过的陈野萍回忆道：“我对这种学习方法感到很满意，认为是一种很好的方法。它的基本特征可以说有两点：一是理论联系实际，有的放矢；二是民主的自由讨论的方法，也就是群众路线的方法。学习书本不是从词句上去抽象思考，空泛议论，而是联系主、

① 王渔：《毛泽东是怎样主办中央党校的》上篇，《学习时报》2004年3月22日。

客观的实际去理解书本上的理论、原理、原则的精神实质。自己提出问题，自己解答问题。个人解决不了，就相互讨论，敞开思想，畅所欲言，不同观点，展开争论，真理越辩越明，使自己学到的东西更扎实，更深刻。这是反教条主义的学习方法，是实事求是的学习方法。在中央党校，我第一次懂得学习马列主义最基本的要求是学习它的立场、观点、方法，学会用辩证唯物主义和历史唯物主义去观察问题，分析问题，解决问题。而要做到这一点，必须调查研究，了解真实情况。”①

毛泽东任校长期间的若干决策，充分体现出他作为领袖人物的深谋远虑。他在党校的言行，也是实行党的三大作风的典范。在毛泽东的提议和主持下，中共中央确立了送大批干部回延安保存培养的大政方针。1942 至 1943 年，毛泽东曾亲自多次给各战略区领导人发电报，敦促他们送大批高中级干部、高级文化人回延安保留培养。例如，1942 年 10 月 17 日，毛泽东致彭德怀电称：“送大批干部回后方保存甚为必要，后方经济虽困难，但可组织干部团，实行屯田政策及分散到后方部队中担任副职，一部则进军事学校或党校”。② 1942 年 11 月 30 日，毛泽东致彭德怀电称：“关于从华北抽出五千至一万干部到后方保存教育，我们正作接受准备，请你订出一个分批派送计划，作八九批陆续送来，免人注意。”③

1943 年 8 月 12 日，毛泽东为中央书记处起草致晋察冀分局电报，指出：“支持斗争与保存干部均属重要，如对保存干部认识不足，将犯严重错误。你处前送干部好的重要的甚少，兹决定由你们从直属机关、学校（抗大、党校）及北岳、冀中、平北各区抽调好的高级、上级干部四百至五百人送延安学习”，“最好的中级干部亦可选一部分”。④ 8 月 16 日，毛泽东

---

① 参见陈野萍:《延安精神的陶冶——中央党校生活琐忆》，见《延安中央党校的整风学习》第二集，中共中央党校出版社 1989 年版，第 67 页。

② 《毛泽东年谱（一八九三——九四九）》（修订本）中卷，中央文献出版社 2013 年版，第 401 页。

③ 《毛泽东年谱（一八九三——九四九）》（修订本）中卷，中央文献出版社 2013 年版，第 415 页。

④ 《毛泽东年谱（一八九三——九四九）》（修订本）中卷，中央文献出版社 2013 年版，第 464 页。

为中央书记处起草致邓小平转太行分局各同志电，要求他们“将全部干部分为支持斗争与保存学习两部分，而从直属机关、学校（抗大、党校等）及太行、太岳、冀南、冀鲁豫各区抽调好的有造就前途的高级、上级干部四百至五百人送延学习”。[①] 由于毛泽东的亲自督促，各战略区域都选送了一批优秀的高中级干部回延安保存培养。直到 1945 年七大前夕，还有不少干部陆续来到延安，成为中央党校的学员。这一重大决策及其实施，为党和人民保存了干部、教育了干部，为后来的战略反攻准备了干部。

学员来到党校就成为毛泽东的调查对象。除了在党校开座谈会，参加小组讨论，毛泽东还找学员个别交谈。当年毛泽东经常在延河边上散步，有时就信步走到党校来，遇见谁就跟谁聊，向他们做调查，更多的是有意识地找学员谈话，请他们到枣园他的住处，或者亲自到党校找他们交谈。这类谈话就我所看到的材料有近百人次之多。

1944 年 6 月 30 日，《解放日报》发表了丁玲的报告文学《田保霖》和欧阳山的报告文学《活在新社会里》。两位作者都是中央党校的学员，他们的文章介绍了陕北靖边县新城区五乡民办合作社主任田保霖的先进事迹。7 月 1 日，毛泽东给丁玲、欧阳山写信：“天快要亮了，你们的文章引得我在洗澡后睡觉前一口气读完，我替中国人民庆祝，替你们两位的新写作作风庆祝！合作社会议要我讲一次话，毫无材料，不知从何讲起。除了谢谢你们的文章之外，我还想多知道一点，如果可能的话，今天下午或傍晚拟请你们来我处一叙，不知是否可以？”[②] 当天上午，丁玲、欧阳山收到信。下午二人去了枣园毛泽东住处。毛泽东请他们吃饭，边吃边聊，向他们详细了解合作社的情况。

许多干部从前方和敌后回延安进党校学习，或者离开党校到陕甘宁边

① 《毛泽东年谱（一八九三——一九四九）》（修订本）中卷，中央文献出版社 2013 年版，第 466 页。

② 《毛泽东文集》第三卷，人民出版社 1996 年版，第 177 页。

区或其他根据地任职，毛泽东都要请他们去谈话。八路军山东军区政治部主任江华 1943 年冬进党校学习。他回忆：“我和吴仲廉住进党校后，一天，毛主席听说我回延安来了，就到党校副校长彭真处叫我去见面。毛主席关切地询问了山东敌后及我回延安沿途所见的情况，特别问了这些地区的群众生活，我简要地作了汇报。关于沿途所见的情况，我说，一路走马观花，没有深入了解，只看到一些表面现象，鲁西北、冀鲁豫、太行等地群众生活都比较苦，最苦的是太行山区，老百姓面黄肌瘦，衣衫破烂。在晋西北只住了一夜，匆匆忙忙，谈不出什么。毛主席说，我们的干部，每到一个地方，要察言观色，就是看老百姓吃得怎么样，穿得怎么样，脸色怎么样，情绪怎么样，通过这些现象的观察，就了解到群众生活的基本情况。当然，这还是不够的，但了解群众的第一步，应当是察言观色。最后，毛主席又问我各地的生产怎么样，要我写一个关于生产的材料。我因为一路上没有留心生产的问题，所以没有完成任务。从毛主席的谈话中，我看出，他当时是把组织生产，解决群众和军队最基本的生活问题，克服根据地经济困难，作为头等大事来考虑的。毛主席是十分重视调查研究的，他除了通过正式渠道，从文件、报告、电报中了解情况外，经常找各地回延安的同志谈，通过各种方式作调查，掌握更多的材料。这种深入调查研究的作风和方法是值得我们永远学习和继承的。‘察言观色’四个字，毛主席赋予了它深刻的含义，我铭刻在心，始终没有忘记。它教我观察问题从个别到普遍，从特殊到一般，从表象入手，进行深入的分析研究，从中找出普遍的本质性的东西；它还教我关心群众，热爱群众，把人民的冷暖甘苦时刻记在心里，当好人民的公仆。”①

整风运动期间是毛泽东到中央党校作报告最多的时候。据现有资料统计，1942 年 2 月至 1945 年 10 月，毛泽东到中央党校作报告 13 次。这些报

① 江华：《从投身革命到七大前后》，见中共中央党史研究室第一研究部编：《七大代表忆七大》下，上海人民出版社 2006 年版，第 852 页。

告除了谈时局，谈学风党风，谈工作方法，部署任务，也回答学员们讨论中提出的各种问题，帮助学员提高认识问题和分析问题的能力。他讲话深入浅出，一针见血，给学员启发很大，留下了深刻印象。尤其是在“抢救运动”之后，一些被冤枉的同志心里有气，毛泽东知道这个情况后多次在大会上向他们赔礼道歉。第一次是在 1944 年 5 月，一批学员要到前方去，毛泽东在给他们作报告时说道：“整风中的一些问题，是则是，非则非，搞错了的，摘下帽子，赔个不是。”讲到这里，毛泽东向大家敬礼赔不是，并说：“同志们，我举起手向大家敬个礼，你们不还礼，大家想想，我怎么放下手呢？”这时全场起立鼓掌。大家心情愉快地走上了抗日前线。[①]

整风运动期间，除了各部的常规班次，中共中央还根据形势需要在党校办了若干短训班。许多短训班的结业典礼毛泽东都要参加。1944 年 10 月 25 日，南下支队营以上干部训练班结业，毛泽东来了。他以生动的语言告诉同志们，共产党员既要有松树的原则性又要有柳树的灵活性，每到一地都要和那里的群众打成一片。同时他又一次为“抢救运动”承担责任。[②] 1944 年为配合苏联的远东抗日工作，中共中央在党校办了情报员训练班，中央党校也抽调了一些学员参加训练，学习结束后派赴东北，协助苏军工作。毛泽东出席了结业典礼，并讲了话，大意是孙行者善于钻进敌人的肚子里作战，你们就是现代的孙行者。讲话后，他与学员一一握手，并问及每一个学员是怎样来延安的。当问到一个学员是来参加七大的，毛泽东就有些奇怪，说会议代表怎么做这项工作了？接见后大约一两天，组织上就将这个学员调出了培训班。

毛泽东多次给学员和工作人员写信，肯定他们的成绩，回答他们的问题。最有名的是 1945 年 1 月 9 日看了《逼上梁山》后给杨绍萱、齐燕铭的信，毛泽东称赞他们的戏是“旧剧革命的划时期的开端”。学员刘琨林在整

① 参见《毛泽东年谱（一八九三——一九四九）》（修订本）中卷，中央文献出版社2013年版，第517页。

② 参见《毛泽东年谱（一八九三——一九四九）》（修订本）中卷，中央文献出版社2013年版，第553页。

风审干中因1928年脱党的问题受到审查，曾多次写信给毛泽东。1945年1月11日，毛泽东复信刘琨林说："你长期不被信任，难怪你不满意。但真金不怕火烧，还是应该有耐心，等候同志们了解你，除此都不是出路。看你此次的信，你的问题似乎可以获得解决了，更希望你耐心等候。"①

整风运动期间，党校每周都要写一份简报将学员学习情况及讨论中有争议难回答的问题向校领导反映，同时送毛泽东阅看。彭真等校领导和各部的领导经常向毛泽东和中央政治局口头汇报中央党校的整风情况，毛泽东总是及时给予指示。在毛泽东的倡导下，中央党校学员思想活跃，民主空气浓厚。一部学员莫文骅回忆："学习中，不搞教条主义，不生搬硬套，不回避矛盾。记得当时毛主席曾讲过：'我的东西你们可以提出疑问，大家讨论，不要囫囵吞枣，我不要盲从的学生。'毛主席这种实事求是的民主作风，对我们影响教育很大。"②

二部讨论大会期间，有些从前方回来的干部认为他们在前线出生入死，风餐露宿，艰苦之至，而解放区的总后方——延安已经在过"享乐"生活了，因而讲了不少有情绪的话。九支部学员窦尚初是八路军某部的团长，作战勇敢，几次负伤。他在大会上讲了8个小时，批评领导，大发牢骚。彭真副校长和张鼎丞主任向毛泽东汇报了敌后干部的思想状况和具体的例子，毛泽东笑了。他说：敌后回来的干部有什么意见，都可以尽量去说，让他们以后通过学习认识对错，在整风中一定要坚持"团结、批评、团结，惩前毖后，治病救人"、"有则改之，无则加勉，言者无罪，闻者足戒"的原则，让他们自由思想，通过学习认识是非。③

---

①《毛泽东年谱（一八九三——一九四九）》（修订本）中卷，中央文献出版社2013年版，第574页。

② 莫文骅:《从整风中学习战争》，见《延安中央党校的整风学习》第二集，中共中央党校出版社1989年版，第25页。

③ 参见张鼎臣:《整风在延安中央党校》，见《延安中央党校的整风学习》第二集，中共中央党校出版社1989年版，第18页；刘路明、史笑贻、马星五、边拱:《党校二部整风学习的几点体会》，见《延安中央党校的整风学习》第一集，中共中央党校出版社1988年版，第92页。

1945 年 2 月 5 日，毛泽东在中央党校给学员作报告，号召大家批评中央工作中的缺点。他说：分析就是批评，批评自己也要批评别人。我们分析一个事物，首先加以分解，分成两个方面，找出哪些是正确的，哪些是不正确的，哪些是应该发扬的，哪些是应该丢弃的，这就是批评。对自己的工作、自己的历史加以分析，这是自我批评；对别人进行分析，就是批评别人。现在中央有决议案，提倡大家讲话，无论是什么时候，你们凡是看到工作中间有缺点，有毛病，你们就讲。我们工作中间一定会有些毛病，要加以分析，做得正确的就要承认它正确，做得不正确的就要修正，这就是我上次在这里讲过的两条：坚持真理，修正错误。在实际工作中行不通的，话讲错了，事做错了，决议案写错了，就应该修正。坚持真理是公道，修正错误也是公道。我们党校就提倡这一条。党校出去的同志，都采取一致的态度，坚持真理，修正错误，并且到处宣传。这样，事情就好办了。当然，自己看不到的缺点、错误还很多，那就要准备请人家讲。缺点错误，有就是有，没有就是没有；有则说之，无则不说；讲对了很好，讲出了真理；讲的不对也不要紧，言者无罪。①

按照中央总学委的分工，毛泽东负责审阅中央党校的学习笔记。他不仅大量阅读党校师生的学习笔记，还将那些有普遍指导意义的学习心得加上批语，推荐给《解放日报》发表，供各地作为整风学习的材料。1944 年 7 月 5 日，毛泽东读到一部学员刘子久（入学前任中共淮北区委书记）关于学习问题给淮北区党委的信，觉得很不错，并加写了几段话。刘子久文中有一句话，“古人说‘世有伯乐，然后有千里马，千里马常有，而伯乐不常有’”。毛泽东补充道：“我们是最进步阶级和最进步人民的先锋队，我们是共产主义者，应该一变历史上的状况，就是说，在我们党内，在我们的抗日根据地内，是不但有很多的千里马，而且有很多伯乐的，埋没英雄

① 《毛泽东文集》第三卷，人民出版社 1996 年版，第 254—255 页。

的现象，是不应该有的，一时有这种现象是应该很快消灭的。”[①]不仅如此，毛泽东还指示《解放日报》将刘子久的文章公开发表，新华通讯社向各地广播，并指示各地各级党委，收到文章后，“除在报上发表外，应印成小册，广为散发；同时，连同《前线》剧本一道，均作为各地党校、军校、训练班、整风班及普通中等以上学校的教材之一”。

7月27日，《解放日报》发表了刘子久《关于学习问题给淮北区党委的信》。编者按中写道：“中央同志认为可以并且应该在党的机关报上公开发表，并委托新华通讯社广播淮北及各地，使各地各级领导机关中的同志以及广大党内外群众均能阅读。因为刘子久同志在他的信里，代表广大党内党外群众说出了心里想说的话，而他指摘的弊病，作为现象的一种，或一个侧面，在我们党里，在各个抗日根据地里，几乎是普遍存在的。在几年的整风运动中，这些弊病是在逐渐被克服中。但是还没有普遍的完全的被克服。有些地方，有些工作部门，整风还未深入，这些弊病，依然存在，自夸自满、自高自大、官僚主义、脱离群众的风气，并没有很好的受到批判；认真关心群众利益，认真发扬党内外的民主，认真向广大群众中与各个阶层中的模范人物学习，发扬这些模范人物的事迹，当作推动全盘工作的范例，这种作风，还没有完全普及；而要普及它，还须作很大努力。不久以前，我们曾发表苏联作家的剧本《前线》与郭沫若先生的历史论文《甲申三百年祭》，并印成小册，发给同志们阅读，目的都是帮助同志们整风，使我们党内的不良作风早日得到清除，正确作风早日得到普及。现在又将刘子久同志的信发表，并将印成小册广送同志阅读，同样是为着这个目的。”

据笔者初步统计，1942—1946年《解放日报》关于中央党校整风学习的消息、报道、学员的学习心得，以及彭真所写的代社论和指导性文章等约37篇。

---

① 《毛泽东年谱（一八九三——九四九）》（修订本）中卷，中央文献出版社2013年版，第527页。

毛泽东还经常来到师生们中间，和大家一起参加晚会，观看节目。毛泽东曾到党校俱乐部跳舞，但他更喜欢看京剧，延安平剧院来演戏，他来看，党校自己排演的京剧，他也来看。小戏，如郭静演的《武家坡》《祭江》，他来看过。大戏，如《逼上梁山》，他不仅看后写信鼓励，在看戏过程中还建议再编演《三打祝家庄》。《三打祝家庄》在党校礼堂要连演两个晚场，毛泽东就连看两个晚上。有时候毛泽东因事来晚了，就不声不响地找个空位置坐下来和大家一起看戏。剧场一切平静如常，人们照样专心看演出，无人左顾右盼。

1944 年 3 月 5 日，中央政治局会议决定陈云任西北局委员、西北财经办事处副主任兼政治部主任，中央组织部长一职由彭真代理。1944 年 9 月 1 日，中共六届七中全会主席团会议决定成立以彭真为部长的中央城市工作部，刘晓为副部长，刘宁一为秘书。中央城工部也在中央党校办公。从此，中央党校、中组部、城工部 3 个单位的日常工作皆在彭真的主持之下，行政后勤皆统在一起。中共中央培养教育干部、审查干部和调派干部等方面的工作皆集中在中央党校，更加提高了中央党校在全党工作中的地位。毛泽东有一次在党校做报告时曾说过，“中央党校大礼堂是政治工厂”（朱德也讲过此话）。

二、保存培养干部的决策与二部的组建

太平洋战争爆发后，1941 年 12 月 8 日，中共中央政治局会议提出“巩固自己”，“积蓄力量，恢复元气”以应对时局变化的方针。在讨论工作问题时，毛泽东提出：“要加紧训练干部，经华北调一批高级干部来训练，两年内培养出四五万个高级干部。”[①] 1942 年 2 月，中共中央开始酝酿抽调敌

① 《毛泽东年谱（一八九三—一九四九）》（修订本）中卷，中央文献出版社 2013 年版，第 344 页。

后各抗日民主根据地的大批干部来延安保留培养的重大决策。中央作出这一重大决策，首先是因为进入战争相持阶段后，敌后各抗日民主根据地大发展的形势已经过去，华北、华中斗争极其紧张残酷，根据地的困难日益加重。由于日寇的“扫荡”和“清剿”，八路军、新四军由50余万人减至40万人，根据地面积缩小，总人口由1亿人减少到5000万人以下。为防止民困军愁、发生坐毙之危险，中共中央要求各抗日民主根据地实行精兵简政的政策，保存骨干，积蓄力量，为今后抗日战争转入反攻阶段和中国革命新高潮的到来做准备。其二，精兵简政也使各地有条件抽出相当数量的干部送延安保留培养。其三，陕甘宁边区由于大生产运动的开展，经济和财政状况有了明显的好转，调大批干部到延安来保留培养，有了物质条件的保证。为此，中央书记处先后向华北、华中各大战略区领导人征求意见，进行研究。

1943年1月1日，中共中央发出《中央关于征调敌后大批干部来陕甘宁边区保留培养的决定》。《决定》指出：“估计到敌后形势与将来的反攻，我们必须有最大的决心抽调一大批干部来延保留与学习。在敌后发展的顶点，早经过去；由于根据地和军队的继续减缩，我们的干部，在数量上亦允许从现在工作中抽调一部出来；而部分的干部，由于长期的艰苦斗争，身体条件亦有不适于继续敌后工作者，因此中央特有如下决定：一、华北及华中各战略区域，在保持工作需要的最低条件下，应抽调大批干部送来延安保留培养。二、保留培养干部的目的，不仅为了适应目前敌后的环境。同时也为着将来发展的需要，因此应该坚决的选送质量好的干部。三、选送的干部，军队中应该是营级及其以上的干部。地方应该是县级及其以上的干部；山东及华中因为交通更困难，故选送干部的质量，应更好些。……五、专门家及优良技术干部，亦应酌量情形尽多送来延安保留培养，和更有效地发挥其特长。”①

① 中共中央文献研究室、中央档案馆编：《建党以来重要文献选编（1921—1949）》第二十册，中央文献出版社2011年版，第4—5页。

随即中央书记处制订了《关于华北华中来延干部的处理办法》，规定："由华北、华中整批或零星撤退来陕甘宁的干部，到达绥德之后，均归军事学院接收为该院学生，女生则设女生队，经过短期训练后，再由中央选择适宜于进中央党校及西北局党校的干部，从军事学院调出，分别进中央党校及西北局党校。"[①] 1943 年 1 月 12 日，中共中央政治局会议决定：为准备培训从华北、华中征调来延安学习的大批干部，在中央党校设中级班，由任弼时、陈云、王稼祥、邓发、彭真、叶剑英组织委员会，以任弼时为主任负责筹划一切，起草具体实施方案交中央政治局通过。

1943 年 3 月 11 日，中央书记处制定了《送中央党校学生与调动中央党校学生条例》。《条例》规定：对送中央党校学习者政治条件的审查，属中央直属系统及外来地方党政民干部由中组部负责，属军委直属系统及外来军事干部由总政治部负责，属边区系统干部由西北局负责。总政与西北局负责审查其政治条件后，再统一经中组部审查其是否合乎中央党校招生条件与资格，以便于统一中央、军委、西北局三个系统送党校学生的资格。根据过去经验及今年大批干部来延情况，中组部和总政治部只能对干部的政治条件作初步审查，因此所有介绍入党校的学生（高级的中级的）到校后均需由中央党校再次审查。在新生整风学习结束时，按照学生思想政治条件、工作学习能力及政治开展程度再行决定是否继续学习。学生入正科还是入预科，统由中央党校按其政治文化水平决定。所有负责同志不得"保送"或"答应"某一个干部入中央党校的要求。如负责同志对某一个干部是否入中央党校有意见时，可直接告中组部。中央委员和旅长旅政委地委书记以上干部的妻子不论其是否合于目前规定之党校学生资格，如她本

① 转引自王从吾:《整风运动与七大》，见中共中央党史研究室第一研究部编:《七大代表忆七大》上，上海人民出版社 2006 年版，第 629 页。

人愿意学习，均可介绍入中央党校（非党员则不能入党校），入何种班次由中央党校决定。所有已介绍入中央党校学习的学生，除经中央党校整风审查认为政治条件不合，由中组部调出者外，其他一概不在毕业之前调出分配工作。除中央书记处指定调出者外，中组部概不接受各机关请求调出中央党校学生的要求。①

1943年3月20日，中共中央政治局会议决定在华北华中大批党军政民干部来延安后，中央党校应开办第二期。3月28日，毛泽东和彭真签发了《中国共产党中央党校第二期招收新生简章》。全文如下：

“（一）新生入学，须照章举行报名与考试手续，经考试、审查合格者，方得入校学习。

（二）新生报名投考资格如下：1.政治面貌及来历没有问题者；2.具有4年以上党龄和2年以上的营级、县级（包括工作成绩优良之区委书记和区长）以上的工作经验或其他工作经历与此相等者；3.身体健康，并能完全脱离工作专心致力于学习者。

有上述各项条件，并持有中央组织部或其委托机关之正式介绍信者（须附有原组织之鉴定），即可报名应考。

（三）考试项目：1.党建、党性及工作能力（包括原组织之鉴定）；2.政治常识；3.党的政策；4.学习能力（理解力及国文阅读写作能力与算术常识）。

（四）为考试、编班与教学之便利，新生报名人数须满30人时，方举行入学考试与接受手续。

（五）新生入学考试，由本校组织考试委员会，分别在延安本校及绥德两地举行之。

① 《中央党校校史文献史料选编》上卷，第116—117页。原件存中央档案馆。原件无年份，根据“预科”“正科”“整风学习”“大批干部来延”等语判断，应该是1943年。

（六）第二期学生第一期的学习计划为整顿三风。在整风学习期内，暂不分高级与中级或军事队与政治队，只按学生文化程度分设正科与预科。至整风完毕后，是否继续学习以及如何编班等，届时应按照学生之思想、政治条件与学习、工作能力，以及政治开展程度，再行决定之。校长毛泽东　副校长彭真”①

整风运动期间中央党校的校徽

与此同时，中央组织部成立了来延干部处理委员会，负责妥善接待安排从华北、华中敌后分期分批来到陕甘宁边区的大批干部。委员会由徐向前、李井泉、武竞天、邓望林、冼衣、孙志远、徐立青、王从吾 8 人组成，徐向前任主任，李井泉任副主任。此时军事学院已与抗大总校合并，代理校长徐向前，政治委员李井泉。来延干部处理委员会由中央组织部领导，依托抗大从事工作，工作人员 10 余人，驻在绥德。王从吾是从中央党校抽调参与此项工作的。当时数千名干部从各个根据地长途跋涉，穿越封锁线，汇集到陕甘宁边区的门户绥德。城里及附近村庄住满了来自各地的干部。为加快对来延干部的处理工作，5 月中央组织部又从中央党校抽调了二支部的书记赵振声、四支部的廖汉生、总务处长张明远、校部女秘书柳文，作为“中央处理委员会”的派出人员前往绥德，接待这批干部。

王从吾回忆：“处理方法是：先审查，再考试，然后根据情况分别处理。审查的方法是：先填表格。然后由处理委员会委员带领工作人员同有关人个别谈话。谈话的内容是：问历史，问工作，着重审查历史和工作中

① 引自《延安中央党校的整风学习》第二集，中共中央党校出版社 1989 年版，第 332—333 页。

的问题。对有问题的人，还要向有关人员收集材料，然后经过讨论，决定分配去向。对于准备入抗大、中央党校、西北局党校学习的同志，还要举行考试。考试项目有：政治、党的建设、文化。根据考试和干部的具体情况，决定去向。地委一级干部、好的县委书记、县委组织部长、老营级干部可以入中央党校学习；一般县区级干部入西北局党校学习；文化程度低的，先补习文化，入预科，再转正科；非党员入抗大；有些老、弱、伤、病、带小孩的母亲及事务人员，除中央和军委批准来中央或军委者外，一律由西北局、联防司令部、边区政府负责安置。”①

“中央处理委员会”在绥德师范学校和中央党校本部设了两个考场，举行摸底考试。文化课考算术和一篇作文，政治考时事政策和党的基本知识，由中央党校负责出题。试题具有一定难度，没有一定文化水平和思想水平很难过关。例如其中一次政治常识考试题为：（一）试述今天国民党对中共的两面政策；（二）为什么中国革命的现阶段要实行新民主主义革命而不实行无产阶级革命？（三）春秋战国以后统一中国的有哪几个朝代？（四）毛泽东同志用什么方法和根据什么预见了中日战争是持久战，并且要经过三个阶段？（五）你觉得在六次大会以后，哪些时期的路线是错误的，因而使中国革命遭受了损失？哪些时期党的路线是正确的，因而使革命不断获得了胜利？（六）已经实行了民主政治并已实行减租减息的各个巩固的抗日根据地，特别是陕甘宁边区是什么社会，他们是否还是殖民地半殖民的半封建社会？试论你的意见和理由。②

中央党校集中招生的工作至 1943 年 11 月才基本结束。

1943 年 4 月，中央党校二部（即中级班或第二期）正式成立，校址在

---

① 王从吾:《整风运动与七大》，见中共中央党史研究室第一研究部编:《七大代表忆七大》上，上海人民出版社 2006 年版，第 629 页。

② 参见考试委员会政治常识组:《第二期入学考试政治常识考试总结》（1943 年 8 月）阅卷评分者闫红彦、傅雨田、路光。原件存中央档案馆。

王家坪原女子大学旧址，与中央党校校部和一部隔延河相望。二部主任张鼎丞。孙志远（原冀中军区政治部主任，1939年底赴延安参加七大）、安子文先后任副主任。廖汉生、潘寿才、傅雨田、牛书绅、丘金、伍辉文、马星五、刘廉民、刘路明、康永和、史笑怡、张文豹等先后在组教科、秘书科任职。总务处长伍能光，下设供给科、生产科、医务所等。二部组教科和秘书科的科长从一部学员中选调，干事大多从二部学员中选调。

5月20日，中央党校二部开始接受新学员入学，至6月，第一批到校200多个学员，编为8个支部。二部学员的情况以八支部为例：支部书记吴西，原冀中军区第二军分区政委，支部委员周干民、陆志国、徐恩荣，都是由冀中各分区调来的。学员有唐哲民、郝德国、赵洪、权仁、康翰生、刘路明、刘超、燕强、史笑贻、边伴山、汪砺锋、陈协、徐树南、刘子义、许德、靳来川、李公霞、高戈、路凯（女）、黄杰（女）、薛明（女）、傅涯（女）等33人。吴西回忆：晋察冀军区去延安党校学习的干部共有600多人，其中部队有团营干部，地方有县级以上干部，还有一批女同志，由我

党校二部举行文艺演出（邓发摄影）

和帅荣带队。2月中旬集结，十几天做准备工作，3月上旬出发。走了2天住下，得到电话通知：600多人，目标太大，沿途容易被敌人发现，应分为2批，相距一周前后走。我们第一批出发，5月下旬到延安，部分干部分配到中央党校二部。二部学员三四或五六个人住一窑洞，晚上照明用煤油灯，吃的是小米，每个星期三、星期六能吃到馒头。吃饭虽还不够好，但比1935年、1936年长征到陕北以及后来在这一带活动的两年则好得多了。[①]

7月，二部又到校100余名学员，支部增加为9个。8月8日，中央党校二部举行开学典礼，一部二部全体学员及工作人员参加。毛泽东、周恩来、博古等出席并讲话，彭真主持。校长毛泽东在《党校的学习目的和任务》的讲话中指出，从前方到延安进中央党校有两大任务，一要努力学习，二要恢复健康。这次党校一共开6门课，就是整顿三风、审查干部、党的历史、马恩列斯著作、军事课和文化课。学好了以后，要干两个革命，一个是新民主主义革命，一个是社会主义革命。这两个革命都要在我们手里完成，我们这一辈子就干这两个革命。共产党人都应学习进行两个革命的本领。[②]

1943年冬天，一批从山东等抗日根据地和国民党统治区来延安的干部进二部学习，被编为4个学员支部。1944年2月，二部学员已达520人。5月，二部又增设2个学员支部和1个机要人员支部，全部共18个支部，学员640多人。11月，二部学员人数达718人，其中有近百名妇女干部。学员皆为县级任职2年以上的地方干部、团级和正营级任职3年以上的军队干部，党龄都在5年以上，大都具有初中以上文化程度，年纪轻，身体好，经受过革命斗争的锻炼。二部有干部和公务员、警卫、炊事人员300人左右。全部学工人员在800—1000人，是全校最大的部。二部大部分学

---

① 吴西:《到延安党校学习和参加七大》，见中共中央党史研究室第一研究部编:《七大代表忆七大》上，上海人民出版社2006年版，第397页。

② 参见《毛泽东年谱(一八九三——九四九)》(修订本)中卷，中央文献出版社2013年版，第463页。

员在党校学习生活2年多，整风、审干、学理论、学文化、学军事、参加生产劳动，提高了政治思想水平、文化素养，强壮了身体，成为党和军队的得力干部。

三、从4个部到6个部

1943年4月15日，中共中央书记处会议决定中央研究院并入中央党校，作为党校第三部，中央研究院名义取消。郭述申任三部主任。马国瑞、张如心、闫达开先后任副主任。秘书科长徐健生，组教科长先后为阎达开（兼）、李言，总务处长杜雷。

5月4日，三部召开成立大会，彭真出席并讲话。他指出，原中央研究院的整风是很有成绩的，现在进入了清算思想、清算历史的阶段。原中央研究院曾送走了一些有问题的人，这是对的。政治上有问题的人的转变，是要给他们相当考虑时间的，要他自己真正自觉。当时，中央研究院党风学习的“思想检查”阶段已经结束，党组织正在准备对学员进行组织上的审查。

中央研究院的前身是1938年5月5日中共中央在延安创办的马列学院，张闻天兼任院长，以培养马列主义理论宣传干部和教员为主。第一班学员110人，主要来自中央党校与陕北公学。从开办至1941年5月，共招生5届，先后毕业学员七八百人。1941年7月改建为马列研究院，毛泽东出席成立大会，并作题为《实事求是》的演讲。1941年9月8日改为中央研究院，成为我党的高级研究机构。直属中央宣传部，院长张闻天，副院长李维汉（主持日常工作）、范文澜，秘书长徐健生，党委书记李言。中央研究院下设9个研究室：中国政治研究室，主任张如心；中国经济研究室，主任王思华；文化思想研究室，主任艾思奇；中国新闻研究室，主任李维汉兼；中国历史研究室，主任范文澜兼；中国教育研究室，主任李维汉兼；

中国文艺研究室，主任欧阳山；国际问题研究室，主任柯柏年；俄语研究室，主任师哲。此外还有图书馆和俱乐部。

三部仍驻中央研究院旧址——兰家坪，在延安北门外的延河西岸，与中央医院门诊部、中组部招待所 3 个单位并排，内部倚山一面有门相通，背山面水。山上有窑洞、山坡上有几排平房，还有一个简朴的礼堂兼课堂。

中央研究院改为党校三部时还有 200 余名学员，都是知识分子，其中有一批知名的社会科学家、学者和新闻、文教工作人员，还有不少知名作家和活跃的文艺工作者如欧阳山、草明、刘雪苇、郭小川、陈波儿、蔡天心、江帆、张季纯、萧英（殷）、金紫光、苏一平、朱丹、陈明、郭静、沈曼丽、陈振球、田薇、胡南（原名胡诵芬，1949 年牺牲于重庆渣滓洞）等，因此三部也被称为“文化人部”。5 月间，延安文艺界抗敌协会、西北抗日文工团也合并到中央党校三部。党内外作家丁玲、艾青、萧军、塞克、刘白羽、杨朔、于黑丁、马加、吴伯箫、周而复、金肇野、崔璇、韦荌、白朗、罗烽、方纪、周戈等进入党校。中央党校一时成为延安文艺工作者集中之地。在党校开展平剧革命、秧歌剧和话剧的创作演出，以至于后来管弦乐团的成立等工作中，三部均发挥了重要的作用。

中央党校三部旧址——蓝家坪

三部部分学员合影

三部曾编辑小报《学习导报》，反映学员的整风学习心得。在“抢救运动”中三部受影响较大，大部分学员遭到怀疑。在甄别期间，学校专门调一部学员李兆炳任三部组教科长，对所有学员一一进行甄别，最后只剩下9个人的问题没有搞清楚。

随着从各根据地调回延安的工农老干部增多，原党校预科已经人满为患。1943年5月初，中共中央批准中央党校在军事学院、民族学院旧址大砭沟成立第四部，学员主要是需要补习文化的旅团级干部，原来在预科学习文化的高级干部和文化教员全部搬到大砭沟。原正科学员为一部，与校部同驻小沟坪。他们大都是地委、旅级以上干部、七大代表，以及少数地委以下的七大代表。一部主任由秘书长黄火青兼任，不久改由古大存担任，副主任刘芝明。组教科长先后由栗再温、王从吾担任。1944年5月，一部学员达548人，17个支部。

党校四部成立之初，主任是张启龙，后来由张邦英接替，副主任先后由伍云甫、杨尚奎、程世才担任。组教科长先后由徐立清、廖汉生担任。

姚仲明调四部任文教科长兼秘书科长。校部的文教科长改由齐燕铭担任。四部学员人数始终保持在400—600人。他们的主要任务是学习文化，把整风学习和文化学习结合起来，每门文化课学习结束都要进行考试。这批高级干部在中央党校的学习，为他们更好地胜任领导工作创造了条件。

至1943年5月，中央党校的组织机构扩展为校部和4个学员部。校长毛泽东，校部主持工作的是副校长彭真和秘书长兼总支书记黄火青。下设校党务委员会（党总支）、秘书处、教务处（副主任刘芝明，8月张秀山任教务处主任）、校务部（部长胡松、副部长牟泽衔。后由牟泽衔任部长，吕其恩任副部长）。教务处的工作发生改变，主要是安排全校性的报告，整理材料，做一些各部之间的联系工作。各部的学习、生产、生活直接由各部主任、组教科、总务处以及学员支部负责安排和领导。据黄火青回忆，他虽为秘书长，但很少管行政工作，主要负责干部管理工作，类似组织部长，陈仰山那时担任组织科长（又称干部科长）。按照彭真的意思，中央党校各级领导干部，包括校部、各学员部的干部人选，都找那些能代表各个历史

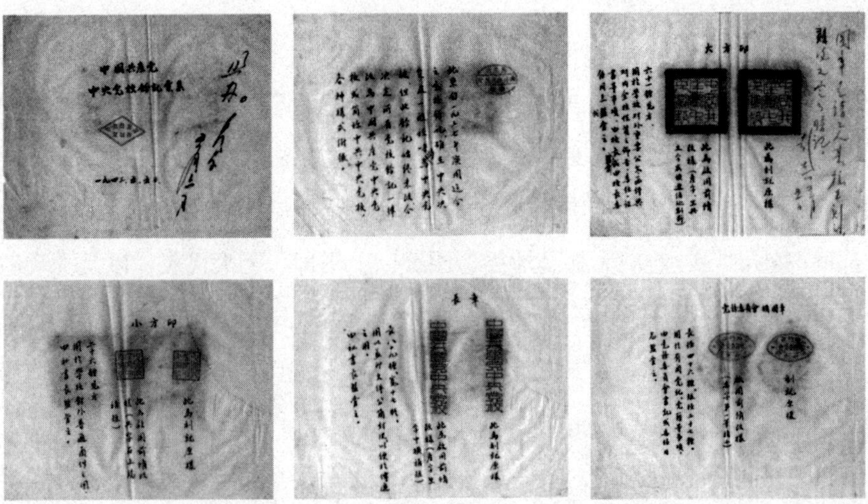

1943年5月6日毛泽东批准启用中共中央党校印章

时期、各个方面，有能力、有威望、有广泛群众联系的高级干部担任。

5 月 5 日，中央党校钤记制成。印模有："中国共产党中央党校"字样的大方印、小方印、长章和党务委员会椭圆章，秘书处圆章、校务部椭圆章。此外，还有各部的椭圆章，各部组教科方章，各部总务处棱形章，各部收发室长斜方章等。5 月 6 日，毛泽东在《中国共产党中央党校钤记汇集》上批示"照办"。从此，中央党校启用新钤记，不再使用原"马克思共产主义学校"印章。

1944 年 2 月，中共中央根据西北局提议，决定将西北局党校合并到中央党校，组建中央党校第五部。校址在延安南关七里铺（原西北局党校旧址）。部主任白栋才。马国瑞、晁哲甫、强晓初、杨成森先后任副主任。下设组教科、行政处、总务处、生产处、医务所等机构。学员来自 3 个方面：陕甘宁边区的区、乡、营、连级干部，少数长征的老同志和县、团级干部；华北、华东敌后抗日根据地来的中、下层干部；国民党统治区来的地下党员。3 月 4 日，五部举行开学典礼，刘少奇、朱德、彭真出席并讲话。

西北局党校 1941 年 9 月由陕甘宁边区党校改名而成，习仲勋任校长，李景膺任副校长，校址设在延安小砭沟，后迁至七里铺。1942 年，西北局将西北局党校的教务工作委托中央党校指导。1943 年秋，高岗兼任西北局党校校长，赵伯平、白栋材、马国瑞先后担任副校长，学员由 400 人增加到 800 多人。因人数较多，校舍分散，全校学员编为 3 个区、29 个党支部。一区由已参加整风的学员组成，住七里铺，由校学委会直接领导，区主任杨彩斌；二区由新来的文化程度较高的学员组成，住马家湾，区主任谷云亭；三区由新学员中基本没有文化的同志组成，主要是补习文化，住七里铺对面的南山上，强晓初为区主任。

五部学员的生活条件更加艰苦一些。每孔窑住四五个学员，1 孔窑 1 张简易桌子、1 担桶，还有边区陶瓷厂生产的 2 个喝水杯子。没有炕，学员自己动手，把木椽砍平或把圆木用锯拉成木板，对齐铺平，做成简易床。割草搓草绳编床垫、编枕头，每人 1 条被子 1 条褥子。每 2 年发 1 套棉衣，1 年发 1 套单衣，皆为边区被服厂生产。发牙刷但没有牙膏，用卫生盐代替。不发肥皂，也没有津贴。五部学员吃的大部分是小米。开饭时，灶房外边放几只大木桶，装着小米饭。菜有南瓜、洋芋、白菜、萝卜等大烩菜，盛在瓷盆里，饭菜都不定量。每星期三下午吃一顿白馍。一两个星期吃一顿烩肉菜。冬天自己在窑洞里用砖垒个土火盆烧木炭取暖。学员每天轮流值日，负责打扫卫生、早上去沟底担洗脸水。去食堂吃饭后担 2 桶开水回窑洞，学员窑洞离食堂 1 里多路，担回来已经凉了，大家都是喝凉开水。听报告时没桌凳就垫上些东西坐在地上听，把笔记本拿在手里或放在自己腿上作记录。一般是先用铅笔记，回到宿舍后再用蘸水笔誊抄。用的蘸水笔，笔尖是买的，笔杆是自己做的，墨水是自己用紫颜色兑的。笔记本是自己用马兰纸订的。

1944 年 10 月初，中央党校决定将原来的五部，分为五、六两个部。10 月 5 日，学校就分部问题召开了全校大会。张秀山、晁哲甫、刘芝明分别讲了话，介绍了为什么要分部，怎样分部，以及待遇问题和学习问题等。分部的原因主要是五部人数太多，学员千余人，部下又分 3 个区，居住分散，组织机构不完备，领导不便。因此学校决定将原来的二区分出来成为六部，这个部的学员大多是抗战后参加革命的知识分子干部，一般文化程度较高。原来的一区、三区仍为五部，这个部的学员文化程度较低，需补习文化。分部后五部主任白栋材，副主任强晓初、晁哲甫。晁哲甫兼文教科长，杨文海任副科长；组教科长杨彩彬，刘亚乔任副科长；秘书科长张同舟，总务科长江萍。六部主任马国瑞，副主任谷云亭。组教科长侯维煜，刘奠五任副科长，王学文任教员；秘书科长王文洁，总务科长宋理泰。

六部学员有五六百人，大多来自华北、华东抗日根据地和国民党统治区，其第三支部和第六支部有一些陕甘宁边区的高级干部。六部大多数学员新到延安，没有遭遇“抢救运动”，完全按《整风文献》有步骤系统地进行整风学习和理论政策学习。后来，三部有部分从国统区来的干部也转到六部。六部分出后，五部还有500多个学员。

中央党校6个学员部的规模最后形成。一部驻中央党校校部小沟坪，主要培训对象是党的高级干部和来延安准备出席“七大”的代表及候补代表。二部驻延安王家坪，共有18个支部，规模最大，主要培训对象是地方中级干部和军队团级干部。三部驻延安兰家坪，是由原“延安中央研究院”、文艺界抗敌协会等组建而成，学员主要是文化界人士，有少量非党员。四部驻延安大砭沟，是以原军事学院高级班和中央党校预科为基础合并而成的，培训的主要对象是具有丰富战斗经验，而文化水平较低的高级干部。五部住七里铺（原西北局党校旧址），六部住马家湾（即杜甫川，原自然科学院旧址）。6个部共有学员3000人左右，教职员工近3000人。全校总人数6000人左右，是中央党校历史上学工人员人数最多的时期。

需要说明的是，教职员工总数包括高级干部的警卫等随行人员在内。有不少学员从前线来到延安，他们带的牲口和武器弹药以及随行警卫人员、马夫等一律由学校管理。学校把相关人员组织起来，从事农业和工副业生产，种粮食、养猪、种菜、烧木炭、办作坊、跑运输。学校还成立了警卫学校，组织他们学文化、学政治。1944年以后，教职员工总数也包括中组部、城工部的干部职工在内。

四、预科和四部的文化教育

中共中央在关于干部学习的文件中始终强调，文化水平低的干部要首先学习文化。1942年，毛泽东请凯丰、徐特立、范文澜主持编写干部学习的《文化课本》，并亲自为《文化课本》作序。他写道：“一个革命干部，必须能看能写，又有丰富的社会常识与自然常识，以为从事工作的基础与学习理论的基础，工作才有做好的希望，理论也才有学好的希望。没有这个基础，就是说不识字，不能看，不能写，其社会常识与自然常识限于直接见闻的范围，这样的人，虽然也能做某些工作，但要做得好是不可能的；虽然也能学到某些革命道理，但要学得好也是不可能的。”①

学习文化是中央党校预科学员的主要任务。1942年秋，中央党校成立文化教育委员会，专门负责文化教育工作。其主要任务是选编教材、组织教学、总结教学经验、改进教学方法。文化教员皆是从教职员中抽调的文化水平较高的年轻干部，其中有王泽民、许诺、杨锐、彭三、贺愚农、王渊、袁忆林、袁乃康、郝友三、丛会川、李景文、徐霁远、张乃一（女）等人。他们被分配到预科各支部教授语文、数学、地理、历史等。根据学员学文化的自觉性高和理解力强的特点，在教学方法上采取启发引导、教学相长的方式，严禁脱离实际、自以为是的生搬硬套。实行先急后缓、循序渐进的原则，以逐步达到扩充学员文化视野的目的。教员彭三主编的数学教材，贯彻了学用结合原则，收集了大量的资料，深入浅出，很受学员欢迎。解放社在1942年正式出版发行，为其他单位所采用。

1943年1月16日，《解放日报》“学文化专号”发表彭真《工农干部要学文化》一文，以及预科学员曾传六《我的学习观点的转变》、韩东山《为什么要学习文化》、吴台亮《一定要提高文化》、李立《我与知识分子》、王盛荣《我怎样认识了自己的学习》、杨基民《我是怎样学起文化来的》6篇文章，介绍他们学习文化的体会。

彭真的文章说：“现在我们从党校预科同志投来的五十九篇稿中，选出十篇送学习报发表，趁此机会来谈谈工农干部学文化问题。”“工农干部应该学文化，现在似乎是不成问题的问题了。可是，并不是说一切文化程度低的干部都已真正重视文化并已开始认真学习文化了。现在，口头上重视文化，实际行动上却仍旧轻视文化甚至公开轻视文化的还大有人在。一切文化程度太低或不高的同志们，应该立即积极学习文化，应该把提高文化

① 《毛泽东文集》第二卷，人民出版社1993年版，第387页。

水平当做是自己全部学习的中心一环。”“须知有着长期斗争历史和丰富斗争经验的工农干部，若能很好地用文化武装起来，便能随时学习马列主义的理论，便有可能把理论与实际结合起来，把自己的工作经验条理化，其发展的前途和速度不可限量。”

杨基民的文章提道，“到党校后，正预科两次大考试，才知道文化不只是写字好坏，认字多少，而是包括国文及各种科学知识的。在考试题目上有很多简单的科学常识如：铁为什么会生锈，天空为什么会打雷……都答不出来。尤其是国文考试，连标点符号都弄不清楚。这一刺激，使我认识到自己的空虚”。他还提道，第一次作文题目是《党校生活》，憋了两天一夜，才写了 700 多字。

韩东山谈到学习文化的体会：一是学习文化一定要联系到实际的经验。二要养成学习的习惯。三要认识到学习文化是长期的，经常性的，要下最大的苦功才能得到成效，要拿出与敌人在战场上拼个你死我活、不顾一切牺牲的进攻精神去学习才行。四要克服过去轻视文化的观念。

5 月 12 日，《解放日报》发表党校文教科长姚仲明的文章《纠正文化学习上的偏向》。文章指出文化学习上的几种偏向：有些人嘴上说学文化重要，实际上借口国际形势紧张等就把它摆在次要的位置；有些人认为学文化就是学国文，认识不到学数学、自然、地理等知识的重要性，排斥普遍常识的学习，把学国文等同于单纯的学识字；有的人把学文化变成单纯狭隘的应用；有的人把学文化估计得太容易，一遇到困难就坚持不下去，有的人又估计得太难，宁愿编在程度低的班自己吃亏，也不愿意编入恰合于自己程度的班里去；有的人学习期间仍在想工作，一心二用……文章对各种错误观点逐一进行了分析批评。

四部成立后，文化课教学任务更加繁重。学校派姚仲明到四部任文教科长，学校教务处文教科长由齐燕铭接任。1944 年 7 月 27 日，校领导决定从三部再选派一批学员到四部任文化教员，齐燕铭到三部与部领导磋商，于8月13日敲定人选。齐燕铭日记载："从三部调十二人，魏东明、金飒、金灿然、江帆、胡南（以上为新），王泽民、王渊、贺愚农、李景文、徐霁远、袁忆林、冯慧德（以上为旧）。分三组，一组史地，金灿然、金飒、胡南、贺愚农、孙孝实，由金灿然为组长，刘志云亦参加工作。二组自然，彭三、黄琦综、邹何均、江帆，组长未定（张韵之能来则由张任之）。魏东明、王泽民、冯慧德、袁忆林、王渊、徐霁远、张乃一、李仲民、文翔、胡学文到班上。"[①]这些文化教员中有不少知名学者，有的人在新中国成立后担任高等院校和研究机构的负责人。他们加入文化教员队伍，使四部学员深受鼓舞。

自然教学组曾为学员编写自然科学提纲。齐燕铭拟写了"自然科学常识课本编辑大意"，其内容有："目的：1. 打破唯心论迷信的世界观，建立科学的唯物的世界观。2. 养成根据科学理论解释自然现象的习惯。3. 作为学习生产技术、军事技术的学习基础。4. 了解科学分工可以改进工作、检查工作及使用科学技术人员。5. 保卫自己的生活健康。方法：1. 天文、生物、物理、化学、生理卫生混合编辑。2. 全书贯串着辩证唯物论的精神。3. 全书贯串着历史观点。4. 总结上得到自然科学服务于生产的结论。内容拟分三大部分：（一）自然史：1. 地球——宇宙、星云、太阳、地球形成及运动本质。2. 生物——水、细胞、原（微？）生物、植物、动物。3. 人——从猿到人，生产与劳动、生产与组织。（二）自然科学史（人与自然斗争的历史）。"（齐燕铭1944年9月10日日记）

五部学员的文化水平普遍较低。1944年7月，五部学员开始进入文化课学习为主的阶段。学习科目为语文、算术、历史、地理、理化。10月22日，中央党校五部制定的文教工作计划草案写道：其任务是要使学习的干部，首先学会读、写、算三者在实际应用的基本技能，读写二事尤其要尽先

① 《齐燕铭日记》。现存中央党校校史馆。

而着重地学习。其次培养科学的世界观。课程方面，按照现有学员的实际情况、文化水平和将来的工作需要，文化课的主要课程暂设国文、算数、自然科学常识。学习进程拟各设3级，每级学习半年（每日学习四、五个小时），学完3级作为毕业。此外并设补助课，学一些文学作品、文法与标点符号、中外地理，与主课程并进。学员多是县级和营连级的老干部，有丰富的工作经验，学习情绪高，但文化程度都不高，且参差不齐，因此按照每个人2种主课的程度，分别编班学习。五部的文化学习直至1945年日本投降。

《解放日报》经常发表中央党校预科和后来的四部学员学习文化的心得体会、学习经验、革命回忆录。据笔者大致统计，这类文章有25篇之多。仅韩东山一人就发表了4篇。四部学员李立是个老红军，文化水平提高后，发表了《渡金沙江》《过雪山记》等多篇革命回忆录。1943年7月9日，《解放日报》发表四部学员姜占春的文章《我怎样认识了学文化的重要》，并发表四部文教科长姚仲明的文章《介绍姜占春同志的学习》。姚仲明文中写道："姜占春是某根据地的农民领袖，是一个老实人，吃了没文化的苦头。去年在党校预科关于学文化和学政治问题的争论中，只有他和另外三个同志坚持认为应当先学文化，并在大会上以自己的经验作了有说服力的发言。在去年1月份入学考试的时候所答非所问的画了一二百字，不但连不成句，字也错了三分之二。7月初，在写四条标准的反省卷子时，他写出了三千多字的反省，还给别人代写了一份。和他一起到延安的同志开始都不相信是他自己写的。到清查思想历史时，他写了一万几千字的自传，而且很通顺。现在看《解放日报》、看文件、记笔记都没有什么问题了。他为什么进步这样快，一是思想认识正确；二是勤奋，有不认识的字就问、就查字典，为了提高写作能力，经常与本校聂显书同学通信；三是胆子大，敢动笔。他是学文化的模范，我们大家要向他学习。"

在中央党校学习两三年，提高了文化水平和认识能力，是这批工农老干部的最大收获，也是校长毛泽东最殷切的希望。

五、自己动手，丰衣足食

1941年党校已经基本上做到了蔬菜和猪饲料自给。1942年，党校在南泥湾开垦荒地，办了一个农场，由专业生产人员负责日常管理。当年生产大丰收，农业一项获得40余万元，连同商业等投资获利，总收入达100余万元，是1940年的20倍。从1942年到1945年，党校共建起3个农场：南泥湾农场、李家渠农场、蟠龙农场。南泥湾农场最大，有地600多亩，常驻45人，经常有二三百人参加劳动。

1943年，党中央提出丰衣足食的口号，延安开展生产大竞赛，中央党校积极响应。党校的事务人员与杨家岭机关的事务人员共同制定了生产竞赛目标：1. 双方保证完成1943年的全部生产计划。2. 照管理局规定的标准①在农业方面，产额超过25%；小猪长成肥猪每天长肉3两；本单位自食的面和豆腐，保证自磨自造，每斗豆子出豆腐60斤，每斗麦子出中等面粉24.5斤；手工业不浪费原料，并提高技术与质量；保证车、马完成本机关运输任务，不损伤牲口及鞍架等；供给商店原则上保证不赔本，物价保证比市价低10%至25%。②在供给方面，保证每月吃肉1斤半，连管理局供给在内，每月吃肉3斤，菜蔬每日1斤，油6钱，每月吃馍4次；1943年5月发草鞋1双（杨家岭机关改发皮鞋），衬衣1套，毛巾1条。③文化娱乐方面，建设一事务人员俱乐部，设备齐全，学习文具用品保证超过中管局规定。3. 保证遵守一切行政与生活制度。4. 遵守政府法令与劳动纪律。5. 加强事务人员的教育，各种测验平均分数每人70分。

1943年，南泥湾农场种水稻46亩，收稻谷67石（每石300斤），为食堂提供了大米。全校收获各种蔬菜125万斤，马料400石（小斗），蓼蓝3万斤，放青驮盐队净获利3万余元。仅蔬菜、马料2项即可获洋181万元，超过1942年全年总收入。这年11月，延安举办中直机关、军直单位第二届生产展览会。中央党校展区陈列的展品中有20斤重的南瓜、2斤重的茄子、1尺5寸长的谷穗，精美的木盆等。特别引人注目的是一根长4尺、粗1尺多、重120斤的木炭，那是从当年烧的40万斤木炭中选出来的。

1944年，全校共生产了12000石细粮，烧木炭105万斤，烟厂产量大增，每月可生产4000条烟。同时，菜园打蓝也获得了很大的成绩。肥皂厂每人每月可生产1600余条肥皂。党校养的猪、种的菜，自给之外，还经常支援杨家岭中央机关、王家坪军委以及联防司令部等单位。

1943年，中央党校南泥湾农场种水稻46亩

党校学员无论职务高低，除了在校办农场参加集体劳动，还有个人的生产任务。一部的学员每人每年给公家交50斤南瓜、5把扫帚草。二部的学员每人每年上交100斤小米、50斤马草。三部的学员不种地，但需要完成规定的纺棉纱、纺毛线、织毛衣的任务。四部学员每人每年上交75斤马草、5把扫帚草、100斤南瓜。五部、六部的学员每人每年要上交5斗粮食、50斤马草、5把扫帚草。学员们在自己的窑洞前和山坡上开荒种地，浇水施肥，大多数都能超额完成任务。“自己动手”成为党校人的作风，没有水果，就自己种西红柿。没有烟抽，就自己种烟叶。没有床垫，就自己去割草做成草帘子。种地要肥料，就一大早起来到马路上去拾粪。除此而外，所有学员一年都要参加15天义务劳动。所有学员也都有纺棉纱或纺毛线的任务，连那些赫赫有名的战将也不例外。有学员在日记里写道：“生产

也是为公，陈赓、陈锡联、陈再道、薄一波都要用臭羊毛纺成线，每人5斤、7斤地向公家交。”[①] 有学员回忆，晋察冀军区原参谋长聂鹤亭将军是黄埔军校毕业的老同志，个子很高，是校排球队的队长，拦网百发百中。纺线对他是太难了，有一回半天都弄不好，一气之下抓起纺车就摔到山下去了。在小组会上大家为此还批评了他。纺线的情景十分有趣，学员们大都以学习组为单位，三五人成一圈，一边纺线，一边提出问题讨论，气氛热烈而融洽。

1943年4月19日《解放日报》曾报道，中央党校参加个人生产的人数比率达到92%，基本实现了“大家动手”的口号。文章还提道，中央党校规定个人生产由公家供给籽种，在收获量中抽出30%归公（籽种等不必偿还），以鼓励个人生产。1944年2月28日《解放日报》报道：四部学员袁兴明在1943年业余生产中，打小米2石5斗，帮助同学和工作人员打草鞋150双。学校规定的75斤马草、5把扫帚、100斤南瓜、15天义务劳动，都按时完成任务，并推动了全组的生产，因此1943年被推选为全校个人生产特等劳动英雄，在中直群英大会上被选为甲等劳动英雄。

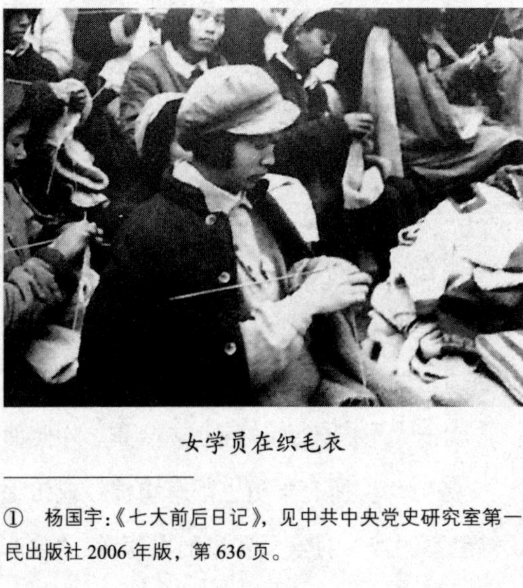

女学员在织毛衣

二部学员杨立谈到他参加生产劳动最难忘的两件事。一件是他用两只手和一把削铅笔的小刀创作了一个“空前绝后”的、可分解、组合，但不能移动的纺车：用树枝绑了一个车轮，再加上摇把。一

① 杨国宇：《七大前后日记》，见中共中央党史研究室第一研究部编：《七大代表忆七大》上，上海人民出版社2006年版，第636页。

面依窑洞墙作为依托，一面用树杈予以支撑，再用两根小树杈在适当距离把买来的纺针加以固定，用线绳把车轮和纺针套好，纺车就成了。不用时将车轮和纺针拿掉即可。他曾用这个纺车纺出过漂亮的棉线。另一件是为了种好烟苗和西红柿苗，他和同组的张一琦同志早上拿了几张报纸到公路上去抢粪。见到骡马粪就用手一抓放到报纸里。不一会儿就捡了一大抱，喜气洋洋地捧回来。加工后放在地里，烟叶和西红柿长得都很好，秋后丰收了，满足了吸烟的需要，解决了吃水果的困难。[①]

党校的运输队员、炊事员和食堂公务员工作时间较长，无法进行业余生产。1943 年 3 月经秘书长黄火青提议，对上述人员实行节约给奖制度。为此，他亲自审定了校务部制订的《节约给奖条例》。条例规定，每月按标准供应后，节省下的粮食按 10%、煤炭按 50% 给奖。对炊具、挽具、大车用的润滑油（即食用麻籽油）等，条例中都有消耗定额和节约给奖分红比例。从此，各服务部门都根据自己的工作特点，建立起严格的管理制度。据记载，至 1943 年 8 月底，全校 5 个月共节省粮食 70 余石，煤炭 4000 余斤。炊事员按分红比例所得奖金每月三四十元。食堂服务员节约得奖的办法是从洗碗水中熬油。开始时，他们一个月能熬油十来斤，供厨房点灯用。实行节约分红制后，他们把油卖给肥皂厂，所得收入，扣除煤火费外，全部作奖金用，最多时，3 个月可熬油 50 斤。

1943、1944 年，中央党校多次举行全校纺毛线、纺纱比赛。在 1944 年生产竞赛高潮中，中央党校教职员、学员和家属纷纷订出自己的生产计划。三部家属任惠卿带 3 个娃娃，曾创造 1 小时纺头等棉纱 9 钱 5 分 8 厘的成绩。她 1944 年的生产计划是：生产粮食 5 石零 8 升 3 合，全部交公。另外为毛主席、彭真同志、郭主任生产小米 2 斗 2 升。全年 300 天纺毛，

---

① 杨立:《在那使我飞跃的地方》，见《延安中央党校的整风学习》第一集，中共中央党校出版社 1988 年版，第 119—120 页。

1943、1944 年，中央党校多次进行纺线比赛

女学员在打草鞋

65 天为自己、丈夫和 3 个娃娃做零活。自己和丈夫全年除伙食、木炭、灯油由公家发给外，其余全部自给。识字 180 个。

1942 至 1945 年，党校办了 10 多个手工工厂，如被服厂、鞋厂、毛纺厂、织布厂（包括织毛巾和织袜子）、肥皂厂、木工厂、五金厂、纸烟厂、两个榨油厂、一个白酒坊、一个黄酒坊等。在这些手工工厂里参加生产的人，最多曾达到一二千人。产品除解决党校学工人员所需的生活日用品外，还可供应中央其他机关和在市场上销售。修理厂除修焊汽灯、洋铁壶、钟表，还生产牙刷牙粉、笔墨、制作铜印、墨盒、三嘴灯、水箱、刀子、锁、纺毛线筒、喷壶等。其产品外销部分一年能赚 2 万多元。被服厂承担了全校几千人的单、棉衣的拆洗、缝补工作。肥皂厂利用各灶从洗碗水中熬出来的油脂（当时 6 个部各灶每月熬出的油脂在 360—370 斤）制作肥皂，除供应学工人员需要外，还供应别的机关。木工厂除参与修建房屋，还制作修理桌、凳等办公用具。党校办了运输队，规模最大时发展到驮骡 120 多匹，四套或六套牲口的大车 60 辆。此外，党校在延安新市场开设了商店，在蟠龙、延安、定边、志丹等地设有商业中转货栈。[①]

党校的工厂都是白手起家、自力更生创办起来的。比如 1944 年 9 月筹办的裕丰烟厂，就是靠 2 个河南籍的工作人员、50 斤烟叶起家。无设备、无经费、无场地，又不懂技术，一切都靠自己动手，摸索试验。1 个多月即正式投产，很快裕丰烟厂的“红星”牌香烟就打开了边区市场。到 1944 年底，全厂职工 94 人，其中大部分是各根据地来延安学习的首长带的随行人员。到 1945 年 9 月，共卷出各种牌号香烟 54000 余条（每条 24 盒装），畅销陕甘宁边区、行销晋绥边区，一部分烟还打入国统区，换回布匹、纸张、食油等急需的物资。除缴税及其他开支，上交学校相当数目的现金（“边币”），超额完成学校给予的任务。七大开幕，裕丰烟厂特制“劳动之光”香烟，向大会献礼。

党校在校园建设方面也取得很大的成绩，几年间总计打窑洞 1000 多孔，盖房子 1000 多间，基本上满足了大批学员入学对住宿的需求。1943

1943 年春，党校师生自己动手修建花园

① 参见张行言:《整风、生产“两个环子”一起抓》，伍能光:《延安中央党校整风运动中的后勤工作》，见《延安中央党校的整风学习》第一集，中共中央党校出版社 1988 年版，第 199 页、第二集，第 220—222 页。

年春，党校将一块两三亩大的菜地修建为花园。校务处副主任牟泽衔组织指挥，文化教员袁乃康和学员彭敏设计，彭真等校领导和全体学工人员以支部为单位轮流参加劳动。只用了一周的课外时间，就把花园建成了。在花园的一角，还立着一具由袁乃康设计，用粗石雕成的日晷。这是当时延安唯一的公共报时器。这件珍贵文物，今天还完好地保存在延安革命历史博物馆里。在修建花园的同时，还扩建了运动场，设有篮球场、排球场、足球场，单杠、双杠、木马和跳高跳远的沙坑。

1943 年 7 月至 11 月 7 日，中央党校学工人员自己动手改建了大礼堂。校务部牟泽衔部长组织，文化教员袁乃康和学员彭敏设计，工作人员和学员都参加施工劳动。礼堂的几十根大梁和柱子也由党校员工从劳山采伐运到党校。学校警卫队是主要劳力，上山砍树、赶马车运输、烧砖瓦等，什么都干。修建礼堂共用工 8903 个，除聘用一部分技术工人外，6676 个工是自己的劳动力，共节省工料费 993.3 万元。新礼堂为砖木结构，十分宽敞，能容纳 2000 人。舞台也很大，两边能放布景，可演一般大戏，两旁另有化妆室和灯光、道具室。礼堂南墙的上方，镶嵌着金色的毛泽东浮雕头像，头像下边镌刻着毛泽东亲笔书写的“实事求是”4 个红色大字。这 4 个字，毛泽东原是写在纸上，由学员舒同等比例放大，描到石上，请会书法的老石匠精心刻制而成。

党校大礼堂是延安的标志性建筑之一，但仍然是简陋的。学员钟明回忆：“除了主席台上有一张桌子和几条板凳以外，平常里面就是空空荡荡的，什么也没有。我们听报告时，每人都拿一块砖头当凳子，有条件的就用一块木板做书案，把本子放在上面做笔记。”①

中央党校的大生产运动，彻底改变了中央党校的办学条件和学工人员的生活条件。1942 年高级干部入校，吃的是黑豆小米饭、土豆、南瓜汤，

① 钟明：《党的七大教育我成长》，见中共中央党史研究室第一研究部编：《七大代表忆七大》下，上海人民出版社 2006 年版，第 1193 页。

每周一次牛羊肉也不能保证。1943 年生活大有改善，每人每天食油 7 钱，豆腐 3 两，饭菜不定量、白面小米调剂着吃，每天还能吃到土豆或西红柿烧羊肉。每周菜的花样达 21 种。冬天学校给每个学员发 1 套粗布做的棉袄、棉裤和棉帽。基本达到丰衣足食的要求。1944 年以后做到每餐 4 菜 1 汤，冬天每桌还有 1 只火锅。党校一部编出一套蔬菜烹调法小册子，其中一本叫作《瓜菜烹调法》，讲的是以南瓜为主，再配上其他材料所制作的 100 种菜肴的名称和制作方法。共分"瓜片""瓜丁""瓜丸子"等 10 大类，菜名有"瓜春卷""拔丝瓜丸子""蒜泥南瓜""薰八样瓜"等等。加上群众性的体育文娱活动的开展，学员恢复了健康，增强了体质，完成了党中央调大批干部到延安保留培养的光荣任务。

1943 年中央党校师生自己动手修建的大礼堂。毛泽东的头像和他手书的"实事求是" 4 个大字，镌刻在大礼堂的南墙上方

中央党校的大生产运动，为学校积累起"革命的家务"，提供了大量事业经费，大大减少了政府的财政支出。在 1943 年 12 月 29 日中直、军直"生产节约动员大会"上，李富春宣布：已有基础的中共中央管理局、中央党校、杨家岭机关、"战术"部，在今后 3 个月内的经费开支，全部实行自给。中央党校超额完成任务，1944 年全年的生产收入已占全校经费开支总额的 74.6%，1945 年基本上实现了经费自给。

更重要的是，在党校的工作人员中成长起一批理财能手和经济管理干部，涌现出一批养猪、种菜、烹调、纺线的能手。中央党校种菜队负责人黄立德，1944 年他领导的种菜队种菜 205 亩，一年种了 10 多种菜，平均

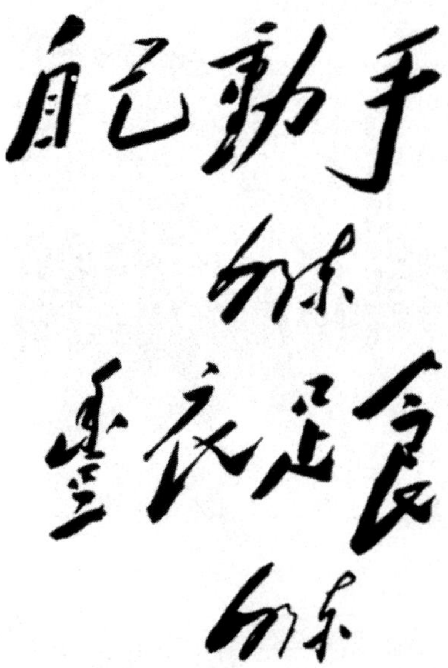

1942 年毛泽东为八路军总政治部电影团拍摄的电影《南泥湾》题词

亩产 4400 斤。他负责的十一号地平均亩产 11874 斤，对保证全校蔬菜自给作出了最大的贡献。他年年被评为“特等劳动英雄”，人们尊称他为“种菜圣人”。中央党校养猪模范杜忠才 1942 年一个人仅喂猪 40 头。从 1943 年起，每年经他的手喂养的猪在 1000 头以上。有一年延安两次发猪瘟，他养的猪仅死了 12 头，占 5‰。二部炊事班长徐中歧是著名的“模范炊事班长”，二部的食堂不仅饭菜可口，卫生工作也名列前茅，被学员评价为全校第一。他还用学校给他的 1000 元奖金创造了不少新的菜谱。笔者统计，《解放日报》关于中央党校大生产运动的消息报道有 60 余篇，其中约三分之一是宣传和介绍这些典型人物的事迹和经验的。

党校每年都要表彰劳动英雄。1944 年底，全校选出了劳动英雄和模范工作者 390 名，其中：黄立德、王大甫等特等劳动英雄、模范工作者 48 名，齐燕铭、周而复等甲等英模 132 名，乙等英模 210 名。1945 年 1 月，陕甘宁边区举行群英大会，大会评判委员会评定特等、甲等、乙等 3 种奖项。中央党校特等劳动英雄黄立德、王大甫等人获奖金 8 万元。杜忠才、徐中歧、袁兴明、艾青、杨绍萱、齐燕铭、陈波儿、欧阳山尊等人获甲等奖，奖金 5 万元。姚仲明、周而复等人获乙等奖，奖金 3 万元。平剧院获团体奖。

广大学工人员在劳动中不仅增进了与劳动人民的感情，也学到了许多生产知识和生产自救的本领。当局势改变，他们听从党的派遣，告别党校，奔赴祖国各地，在任何艰难困苦的情况下，都能求生存求发展。

六、戏剧革命与文体活动

整风运动期间，中央党校的文体活动十分活跃，呈现出一派生动活泼、意气风发的景象。文艺创作硕果累累，涌现出一大批专业和业余创作人才。中央党校不仅在延安政治生活中占有重要位置，在文艺革命中也发挥了重要作用。

（一）党校俱乐部是陕甘宁边区的"文化模范"

中央党校的文体活动一直开展得非常活跃。党校改组后，学员都是高级干部，年龄都比较大，大家埋头读书，对文体活动有所忽略。1942 年 4 月某天的晚饭后，学校在大礼堂召开全校学工人员大会，动员全体同志积极参加文化娱乐和体育活动。教务处副主任刘芝明主持，教育长彭真讲话。彭真说：同志们在前方艰苦的对敌斗争中，没有机会系统地学习马列主义，这次中央调你们回来，进了党校，给大家一个很好的学习机会，大家就如饥似渴地读书、读马列主义，这种心情是可以理解的。但是仅仅读书不参加文化体育活动，把身体搞垮了怎么办呢？那你学得的一肚子马列主义有什么用呢？还不是和你一起装到棺材里去了。学校嘛，也准备拿点钱出来买些器材。花钱买棺材，不如花钱吃药，花钱吃药，不如花钱搞点文体活动。[①] 会后，中央党校拨款购买了文体活动器材，并把中央划给党校的胜利食堂改建成俱乐部，学员们可以在这里打扑克、麻将，下象棋、围棋、军棋，打乒乓球、克郎球。1942 年秋，学校又把俱乐部黄土地面改成三合土地面，又坚实又光滑，很适合跳舞。门窗柱墙重新用油漆粉刷，顶棚糊上白纸，显得分外明亮整洁。俱乐部的两边柱子上挂着两个标语灯，写着两条标语："坚持真理修正错误"，"实事求是不尚空谈"。标语灯框架用木条

① 参见姚铁：《延安中央党校的文化生活》，见《延安中央党校的整风学习》第二集，中共中央党校出版社 1989 年版，第 207 页。

制作，四面糊上色纸，正面写字，开晚会时，里面点燃蜡烛，十分醒目。俱乐部把各种文体爱好者组织起来，能者为师，互教互学，通过各支部发动大家参加文体活动。

党校俱乐部经常举办大型文艺晚会，各部的俱乐部也多次组织晚会，各种文艺人才可以尽显其能。以支部为单位的文化娱乐活动差不多天天都有，歌声不绝，戏剧清唱不断。二部一支部的学习委员刘火能拉胡琴会唱京剧，朱琏的京剧唱功更是不同凡响，深得全支部同学的喜爱。俱乐部每周都有舞会。起初是借邓发校长的唱片用留声机放出来给舞会伴奏。后来觉得太单调，就找了几个会器乐的学员组成乐队伴奏。莫文骅将军曾在乐队敲过扬琴。1943 年 2 月 6 日，党校在俱乐部举办舞会庆祝斯大林格勒保卫战的伟大胜利。参加晚会的人，个个满面春风，喜笑颜开。舞会开始不久，毛泽东来了，大家喜出望外。毛泽东跳了约个把小时才离开会场。

1943 年 6 月 12 日，《解放日报》曾发表通讯《中直军直生产展览会纪实》。文章介绍说：“文化娱乐以中央党校为最活跃，在俱乐部的领导下，

在延河举行跳水比赛

篮球比赛

组织了大众艺术研究会，成立平剧、秦腔、山西梆子、话剧、歌咏等 16 个组，他们的秧歌队春节前后出演 19 次，自己演戏 7 次，清唱 3 次，还组织了 12 次跳舞会。俱乐部每天游戏时间开放，平均每日 100 人左右去玩。但他们文化娱乐开支 1 月到 4 月份每人只 72.74 元。”

为了搞好体育活动，1942 年 4 月党校调延安大学体育系主任张远（张国良）任党校俱乐部主任，原主任姚铁任副主任。党校成立了校一级的篮排球队（名为“学习队”）和各支部的篮排球队。6、7 月间，和延安大学进行了篮、排球对抗赛，党校各支部的球队和延安大学各年级的球队对抗，双方都有 10 多个队，在 2 个学校的球场轮流交战，时间延续了 1 个多月，各有胜负。1942 年延安举办“九一”运动大会，学员王渊获男子铁球第三名、男子跳高第四名。学员田惠文获女子跳高冠军。实弹射击党校获机关学校组第二名。俱乐部主任张远表演了单杠、双杠，并和鲁艺的边疆同志表演了硬气功。9 月 19 日，《解放日报》出“九一”扩大运动会特刊，发表了校长邓发的文章《对延安运动会感想和展望》、俱乐部主任张远的文章《我们的运动会怎样开得好？》。每年延安举办运动会，中央党校都是最积极的参加单位。全校各个部之间也经常举行体育比赛。

1944 年 10 月，陕甘宁边区文教工作者代表大会授予中央党校俱乐部一面“文化模范”的奖旗。

（二）在新秧歌运动中

1941 年，中央党校就有一个“三八”秧歌队，除了在学校表演，还经常下乡给农民演出宣传。在延安新秧歌运动中，1943 年 2 月 5 日，中央党校成立了一个新的秧歌队。教务处副主任刘芝明担任队长，学员李波（索立波）担任指导。秧歌队员以事务人员“青年队”为主体，表演一些民间传统节目，秧歌、高跷、狮子舞等。秧歌队成立不久，鲁艺的秧歌队来党校演出了她们创作的《兄妹开荒》《拥军花鼓》等新秧歌剧。老红军文艺战士、学员李伯钊看后，创作并导演了歌颂边区青年女劳模马杏儿的秧歌剧本——《马杏儿》，由吴明饰演马杏儿，姚铁饰演马丕恩（杏儿父），以眉户曲调演唱。这是党校创作的第一部秧歌剧。“三八”妇女节，中央党校秧歌队到杨家岭演出了秧歌剧《马杏儿》。

1943年12月，中央党校秧歌队进行了重组。改由三部学员艾青任队长，一部学员丁玲任总编剧，二部俱乐部主任刘廉民任支部书记。俱乐部主任姚铁帮助在党校各部的学员中物色和动员了100多个文艺人才作队员。其中有曾在前线指挥作战、驰骋沙场的团级干部，有根据地的县级地方干部，也有从各根据地和敌占区来的名演员，还有中直机关的干部。男主角有丁玲的丈夫陈明，女主角有孙亚衡（新中国成立后曾任江西省委组织部副部长）、邵清华（陕甘宁边区第一个女县长），还有陈赓的夫人傅涯、李卓然的夫人鲁陆等。秧歌队排演的剧本，大部分都是丁玲、艾青组织演员们集体编写的。其中最出名的有6个剧本：1.《一朵红花》（即《女状元》），歌颂女劳动模范，周戈创作，由李云主演，陈若绯、闵利生、张涛、王凯音等演出；2.《一家人》，描写军民团结亲如一家；3.《夫妻竞赛》，以农业生产互助组织变工队为题材；4.《拥军爱民》；5.《走三边》，宣传合作运输的好处；6.《牛永贵负伤》，周而复、苏一平创作，由陈明饰演老汉，郭静饰演老汉妻子，陈振球饰演伤员牛永贵，王亚凡演日军小队长，朱丹、周而复饰演日本兵。这些剧本大都取材于工农兵生活，深受延安各界群众的欢迎。后来有些剧目被周恩来带到重庆，由八路军办事处的同志演出，得到重庆文化界高度评价。

1944年正月初五，中央党校秧歌队从二三十个自编剧本中挑选出《牛永贵负伤》《一朵红花》《一家人》《夫妻竞赛》《拥军爱民》《走三边》《傻瓜》《刘红英》等剧目，由金紫光、王心高、王秦武、张修竹等同志组成伴奏的乐队，先后在延安市、联防司令部机关、西北局和边区政府演出5天。而后，中央党校秧歌队由艾青、丁玲、刘廉民带队，到南泥湾、蟠龙等地为三五九旅、炮兵部队和当地农民慰问演出，进行拥军和拥政爱民活动，受到各地热烈欢迎，取得了很好的社会影响。此后，每年的春节和其他节日，以及配合各项中心工作，中央党校秧歌队都要进行创作和演出活动。中央党校秧歌队以其雄厚的创作演出实力成为延安新秧歌运动的一支劲旅。

中央党校的文艺工作者还从理论上对秧歌剧进行了深入的研究和探讨。1944 年 3 月 2 日，《解放日报》发表了三部学员周立波的文章《秧歌的艺术性》。他提出要提高秧歌的艺术性，少一些模仿，必须深入生活，发现好的题材，使秧歌内容丰富、题材多样；掌握秧歌作为广场剧的特点，锣鼓要响、歌喉要大、动作也要大，剧情要紧凑、简明，剧中矛盾的解决不要拖得太久；秧歌是闹剧、牧歌，要热闹有风趣，嬉笑怒骂，皆成文章；不要冗长、沉闷；秧歌是歌舞剧，歌唱要好，舞蹈要美，器乐和声调要悦耳，

中央党校秧歌队在演出

因此要吸收多种传统戏曲形式、民间歌舞形式。

1944年6月28日，《解放日报》发表三部学员、秧歌队长艾青的《秧歌剧的形式》一文。文章分7个部分：1. 群众的新歌舞剧；2. 秧歌剧的表现手法；3. 音乐、歌曲、歌词；4. 舞蹈；5. 化妆、服装、道具；6. 大型剧、小型剧；7. 群众的喜剧。文章详细分析了秧歌剧的表现手法，并认为，秧歌剧之所以能够很快地发展，主要是因为它体现了毛主席的文艺方向——与群众结合，内容表现群众的生活和斗争，形式为群众所熟悉、所欢迎。它歌颂人民、歌颂劳动、歌颂革命战争，工农兵成了剧中的主角。

该文发表之前曾送毛泽东看过，1944年5月27日毛泽东致信胡乔木，称赞《秧歌剧的形式》一文。他说："此文写得切实生动，反映了与具体解决了年来秧歌剧的情况和问题，除报上发表外，可印成小册，可起教本的作用。最好把文尾附注移至文前，并稍为扩充几句，请与作者商酌。"①1944年陕甘宁边区文教工作者代表大会上，艾青获中直机关"模范工作者"奖状。同年中央党校颁发艾青"为人民服务的模范"奖状。

当时，从校领导到各部的领导，都热心文艺，鼓励创作。二部学员鲁森回忆："参加文艺活动使我有机会接触了当时在延安的一些诗人、作家、艺术家。他们都是我的老师，指导我在文艺工作上有所长进。为准备春节的秧歌活动，奉刘芝明同志之命，我曾写了一篇题为《吴满有》的大鼓词，交由二部同学杨刚毅同志演唱。在创作过程中曾受到一些专家的指教。在写作准备阶段为了体验生活，二部主任张鼎丞同志亲自计划、部署我对吴满有及其家庭两次往访。每次回来，他还亲自倾听情况汇报并提出意见。"②

（三）"旧剧开了新生面"

1942年，党校俱乐部大众艺术研究社排演了不少传统剧目：平剧有

① 《毛泽东年谱（一八九三——九四九）》（修订本）中卷，中央文献出版社2013年版，第516页。

② 鲁森：《巍巍的宝塔山——延安中央党校生活记闻》，《党史纵横》1990年第5期。

李波（索立波）、方治中、许世平等演出的《空城计》，张承民、李杰、贺瑞林等演出的《捉放曹》，张仲翰演出的《宋士杰》，张松涛演出的《黄金台》，贺瑞林、左文演出的《斩经堂》，王琏瑛、张连奎演出的《九江口》等；还有张德温、李毅演出的山西梆子《九件衣》，张学柯演出的河北梆子《大登殿》，王惠民、李行等演出的秦腔《柜中缘》等。三部成立后，杨绍萱、金紫光、郭静、王禹民、齐瑞棠等演出传统京剧《打渔杀家》，汪琪、曼丽、王禹民等演出《鸿鸾禧》。但党校没有“戏箱”，每次演出都要向延安平剧院借。

1943 年春夏之交，彭真发电报托晋西北党委书记林枫从太原买一副“戏箱”，供中央党校俱乐部戏剧爱好者排戏使用。林枫派晋西北党委敌工部的同志，从太原城里用现大洋买来一副“戏箱”，并从太原城墙上一包一包地吊下，装了满满 4 大箱子运出来。这套“戏箱”成色很新，蟒袍玉带，硬靠软袄，刀枪剑戟，文武场面，一应俱全，所有传统剧目都能上演。有了这套行头，学工人员演戏的积极性更高了。

1943 年 9 月，中央党校研究室杨绍萱写出《逼上梁山》剧本初稿，送教务处副主任刘芝明，刘觉得不错，给齐燕铭看。齐燕铭是蒙古族，出生在北京，曾在北平中国大学担任文学教授。他从小酷爱京剧，不但会唱，而且颇有研究，看了杨绍萱的剧本，觉得题材不错，赞同排演。他们汇报给彭真，得到彭真支持。在刘芝明的组织下，由齐燕铭修改剧本，并作导演，由党校俱乐部的大众艺术研究社排演。为使大家了解平剧，齐燕铭从党校图书馆借来全部有关戏剧的书籍。研究室的何思敬还到延安中央图书馆搜集有关戏剧方面的书，并将其全部借来供大家学习研究。演员来自全校 4 个部，一部参加的人数最多。三部学员金紫光扮演林冲，学校职工陆平扮演林娘子，二部学员王琏瑛扮演鲁智深，一部的学员李波（俱乐部平剧组组长、在北京做过地下工作，懂得不少剧目）、王禹明、赵光远等一批京剧爱好者参加演出。这些人以前都没有真正的舞台实践经验，要想排演这样一出大戏，遇到的困难可想而知。金紫光是学西洋乐器、拉小提琴的，齐燕铭就一句句地教，一招一式地教。金紫光也非常努力，反复练习，虚心请教。到正式演出时，他扮演的林冲得到大家的赞许。齐燕铭既是编剧、导演，又是全剧组的B角，谁有事不能到场，他就登台演出。刘芝明曾召开许多座谈会，除剧本作者演员外，还请了许多当时在党校学习的文学艺术工作者参加，引导大家集思广益，畅所欲言，谁都可以对剧情、台词、表演提出修改意见。每次彩排以后都广泛征求观众的意见。朱德和周恩来看过彩排，提过意见。学员看了彩排也提出一些修改意见。有一个学员是新四军的副旅长，小时候当过饭馆的堂倌，他看到演李小二的鼻子上抹了一块白，对这种低三下四的丑态，很反感。他说，跑堂只是为了糊口，为什么在舞台上要丑化他呢？经他这样一提，大家一讨论，发现其中大有文章，因此就在角色化装上打破了过去脸谱的传统。在台词、音乐、表演等方面也进行了一些改革。大家边学边排、边排边改，经过短短40天的排练，《逼上梁山》就搬上了舞台。然后又边演边改。

1943年，中央党校自编自演的平剧《逼上梁山》剧照

在演出十几场之后，1944年1月9日，毛泽东在彭真陪同下观看《逼上梁山》。当晚的演出盛况空前，偌大的礼堂里坐满了学员，窗台上都坐

满了人。演出过程中，全场气氛热烈，观众们随着剧情的发展，时而欢笑，时而愤怒，叫好声不绝于耳。毛泽东一边看一边对彭真说：“《水浒》中有很多段落都是很好的戏剧题材，如三打祝家庄就是一个，你们把《逼上梁山》搞完了，可以接着编个《三打祝家庄》。”毛泽东看完戏后，当夜致信彭真：“今晚的戏很好看，我写了一信给杨、齐二同志，请你转交为盼！”全信内容如下：

绍萱、燕铭同志：

看了你们的戏，你们做了很好的工作，我向你们致谢，并请代向演员同志们致谢！历史是人民创造的，但在旧戏舞台上（在一切离开人民的旧文学旧艺术上），人民却成了渣滓，由老爷太太少爷小姐们统治着舞台，这种历史的颠倒，现在由你们再颠倒过来，恢复了历史的面目，从此旧剧开了新生面，所以值得庆贺。郭沫若在历史话剧方面做了很好的工作，你们则在旧剧方面做了此种工作。你们这个开端将是旧剧革命的划时期的开端，我想到这一点就十分高兴，希望你们多编多演，蔚成风气，推向全国去！敬礼！

毛泽东　一月九日夜”①

毛泽东的信给了剧组的同志最大的鼓舞和鞭策，增加了大家把戏演好的决心。彭真让他的秘书陈模将这封信用图钉钉在学校公告栏内公布出来，全校师生看后都非常高兴。

1944 年 4 月，中共中央决定延安平剧研究院并入中央党校，由中央党校领导。毛泽东、彭真决定由刘芝明兼任院长。

平剧院合并到党校后，根据党的方针政策，在广大工农干部的帮助下，编演了不少现代戏，如李伦编的《难民曲》、魏晨旭编的《边区自卫军》、张一然编的《上天堂》等戏，都是用京剧和秧歌剧的混合形式表演，生动

① 《毛泽东文集》第三卷，人民出版社 1996 年版，第 88 页。

延安部队观看《三打祝家庄》

地反映了边区、国统区、敌占区的社会情况，发挥了很好的宣传教育作用。

1944年，抗日战争已经由相持阶段转入战略反攻阶段，如何夺取城市的问题，已经提上议事日程。4月间，彭真把编演《三打祝家庄》的任务交给了平剧研究院，由刘芝明具体负责。成立了由刘芝明、齐燕铭、任桂林、魏晨旭、李纶5人组成的创作组，决定由任、魏、李3人执笔编写《三打祝家庄》。毛泽东在听取彭真的汇报后，提出写好此剧的关键是要写好梁山泊的主力军、梁山在祝家庄的地下军和祝家庄的群众力量。毛泽东还把自己120回的《水浒传》借给创作组作参考。起初设计演3个晚上，毛泽东提出演3个晚上太长了，最好压缩到2个晚上。彭真为了此剧的创作，多次和刘芝明谈话，还给创作组写长信，给平剧院全体同志讲话，明确三打祝家庄要反映的战略战术思想。他指出三打祝家庄的主题：1. 依靠群众、调查研究；2. 利用矛盾、各个击破；3. 里应外合。他指定刘宁一和刘慎之来院帮助排演。还请陈赓、郭化若等人介绍了十年内战时期攻打城市的经验和教训。刘芝明曾多次召集、主持座谈会，邀请在党校学习的有关同志与创作组共同研究。如请著名作家艾青、塞克等对剧本进行加工，请来自敌后的同志介绍如何拔除敌人的据点等。吕振羽、何思敬、杨绍萱、齐燕铭等对故事发生的时代、社会、政治背景乃至宋代的衣食住行都进行了充分的研究讨论，尤其是齐燕铭为此剧的创作付出了大量心血，剧本几易其稿，最后又由齐燕铭修改定稿。

该剧导演为王一达、魏静生。阿甲扮钟离老人，魏静生扮石秀，孙震扮杨林，薛恩厚扮扈太公，萧甲扮扈三娘，张一然扮宋江，牛树新扮顾大娘，张梦庚扮李妈，王镇武扮乐大娘子，任均、方华扮祝家二位夫人，赵容美扮孙立，王一达扮乐和，赵魁英扮祝小三。

1945 年 2 月 22 日、23 日，《三打祝家庄》在中央党校大礼堂公演。演出获得成功。许多学员看后说：“看完了戏，胸中涌起了一种强烈的学习策略的愿望。”24 日、25 日，《三打祝家庄》在杨家岭公演，得到观众好评。毛泽东前往观看，他兴致很高，边看边给旁边的人讲解。

1945 年 3 月间，毛泽东在给《三打祝家庄》作者之一任桂林的回信中说：“我看了你们的戏，觉得很好，很有教育意义。继《逼上梁山》之后，此剧创造成功，巩固了平剧革命的道路。我向你们致谢，并请向导演、演员、音乐工作、舞台工作同志们致谢。”[①]

《逼上梁山》经过 40 多次的公演，剧本修改了 20 次，在齐燕铭作最后一次修改后，1945 年 2 月在延安出了单行本。至 1945 年 10 月，《三打祝家庄》已经演出 70 多场，获得数十万观众的好评。创作者又根据观众的意见再作修改，出版单行本。

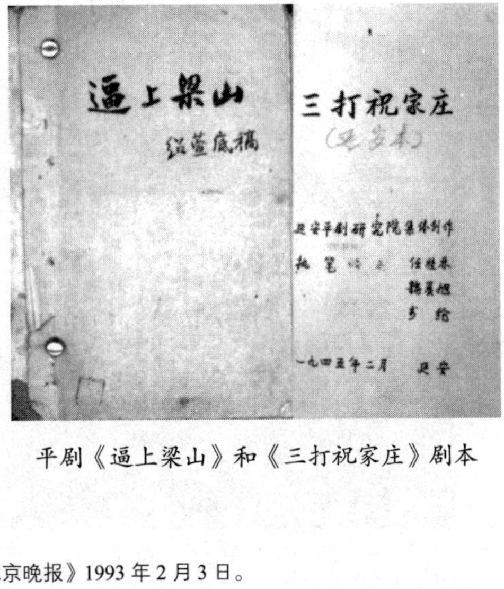

平剧《逼上梁山》和《三打祝家庄》剧本

中央党校平剧研究院创作十分活跃。1945 年底，平剧研究院排演了王一达创作的新剧《武松》。1946 年 1 月 1 日，平剧研究院在杨家岭中央大礼堂演出《武松》，毛泽东、朱德、刘少奇等人一起观看。1946 年，平剧研究院还创作演出了

① 任葆琦：《毛泽东关于京剧的又一信》，《北京晚报》1993 年 2 月 3 日。

《大名府》，也得到观众好评。

延安时期对《逼上梁山》等名剧的创作从理论上加以分析和总结始于1944年。1月8日，艾思奇以“崇基”为笔名，在《解放日报》发表文章《逼上梁山》，高度评价中央党校的新编平剧《逼上梁山》。他称赞此剧“在旧的故事里添进了新的观点、新的内容，使原来带有浓厚封建性的平剧，也能发挥很多的进步教育作用。在平剧改革运动中，这算是大有成绩的一部作品”。“在《逼上梁山》的曲折的故事里，编剧者穿插进了多方面的新的政治内容”。他还称赞：演员也很努力，尤其是几个丑角极为出色。演鲁智深的王琏英，把性格刻画出来了，使观众赞不绝口。演林冲的金紫光也很能胜任，他能表现出人物的坚韧卓绝的气概，具有很大的感染力量。该剧对定型化的平剧形式，作了相当的改革。一是多了群众场面；二是改了脸谱，将被压迫的群众小花脸改为眉清目秀的英俊后生，把统治者改为丑角。这一年，齐燕铭写了《评平剧表演形式的推陈出新》一文，对《逼

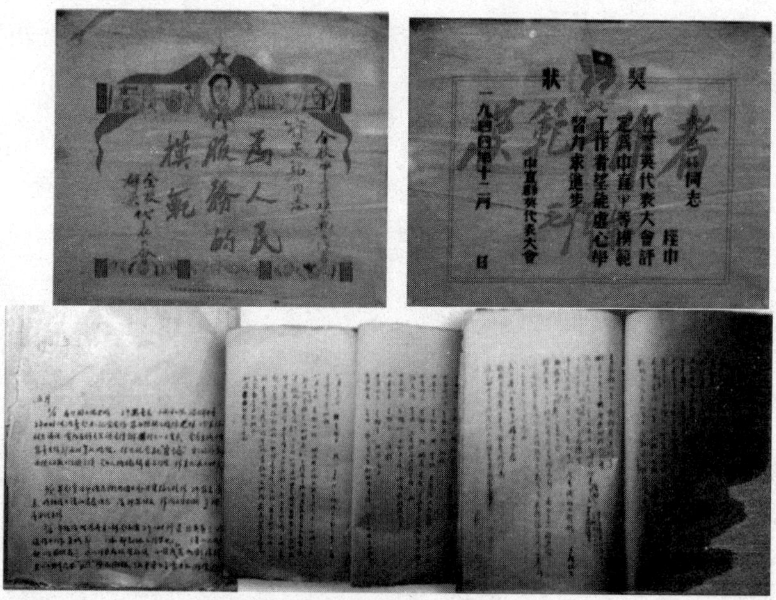

齐燕铭的奖状和日记

上梁山》在表演形式上的改革经验进行了总结。

1945 年 2 月 26 日、27 日，《解放日报》连载中央党校教务处副主任兼一部副主任和平剧研究院院长刘芝明的文章《从〈逼上梁山〉的出版谈到平剧改造问题》。刘芝明的文章分“《逼上梁山》的创作经过”“创作上的群众路线和集体主义”“打通思想是创作《逼上梁山》的关键”“改造平剧的方向及其规律”“《逼上梁山》仅是改造平剧的‘开台锣鼓’，它还有缺点，希望大家指正”5 个部分。文章客观准确地介绍了《逼上梁山》的创作经过，并通过中央党校的实践，探索和总结了平剧改革的规律。

1945 年 3 月 29 日、30 日，《解放日报》连载三部学员金灿然的长篇论文《论〈三打祝家庄〉》，从编剧、演员、台词、情节、舞美等各个方面对《三打祝家庄》的艺术成就及其对平剧改革的意义进行了分析研究。

（四）话剧创作和演出

1943 年秋，党校三部演出苏联卫国战争时期创作的话剧《俄罗斯人》（又名《苏联人》）。该剧由苏联作家西蒙诺夫编剧，讴歌了苏联军民保卫祖国不怕牺牲的精神，展现出对敌斗争的艰苦和复杂，对于处在抗日战争中的中国人民很有教育意义。该剧由陈波儿导演，苏一平、林枫、陈明、陈振球、王亚凡、王禹民、金肇野、曼丽等演出。该剧公演后，引起延安观众极大兴趣，打破了延安文艺座谈会后大批文艺工作者下乡，话剧舞台沉寂的局面。1944 年新年春节，《俄罗斯人》《逼上梁山》成为西北局宣传部安排给中央党校的献演节目。

1944 年 1 月 12 日，《解放日报》报道称：“中央党校演出话剧《苏联人》在延安观众中引起极大兴趣，留下深刻印象。自延安文艺座谈会后，大本的话剧再未演出。以前许多话剧，因与群众实际斗争距离较远或完全无关而停演，把戏剧工作者的精力用在坚持正确的方向上是对的，但这并不意味着话剧这种形式不要了。希望延安以《苏联人》的演出为契机展开一个新的话剧运动。”

新的话剧运动又以中央党校为开端。由于《俄罗斯人》的演出成功，彭真产生了让四部俱乐部搞一搞话剧的想法。他说：我们既然能把旧剧改革好，也一定能搞好话剧。四部都是学习文化的工农干部，希望你们能排演一个话剧。四部文教科长姚仲明决定配合路线教育批判王明右倾投降主义错误，把山东国民党顽固派秦启荣在太和镇伏击山东纵队，造成山东纵队伤亡300多人的“太和惨案”搬上舞台，写成话剧剧本。

姚仲明是八路军山东纵队第三支队政委（1938年12月山东纵队成立时任联络部长），1939年赴延安参加七大。他有发动群众武装斗争和从事统战工作的经验，仅用10天时间就写出初稿。但因他从来没有写过剧本，故事写出后不适合舞台表演。于是，在刘芝明主持下，采用领导、专家和群众三结合的方法加以修改。从三部调电影演员陈波儿、作家塞克住到四部帮助修改剧本，并成立了导演团，由陈波儿担任导演团的主任。塞克将剧名改为《同志，你走错了路！》。学校还委托一部的老干部罗瑞卿、陈赓、孔原、朱瑞给予指点，丁玲几次从党校一部到四部去参加讨论，诚恳、热心地提出修改意见。

学员刘子云回忆：“1943年，组织上把我从三五八旅八团调到延安中央党校参加整风学习。在那里，我们的生活既严肃紧张，又非常活泼。最令人难忘的是我们这些只会带兵打仗的大老粗，居然排演了一出五幕八场话剧。……挑选演员时，采取了支部推选与自我自荐相结合的办法。在我们四部，我是第一个自告奋勇报名参加演这个戏的。当时有个同志半开玩笑半当真地跟我说：‘老刘，你当团参谋长可以胜任，要你演戏呀，恐怕是擀面杖吹火——一窍不通！’从此，我便暗暗下了决心：你等着瞧吧！我非把这擀面杖吹通不可！经过三个多月的紧张排练，我们进行了第一次彩排。那天晚上，周副主席、彭副校长都来了。大家由于心情紧张，演出水平比排练时还差劲。统战部长、政治部主任、连长这几个主要角色演得都不怎么像。我演一个放羊的老头，同样也不大像。第七、第八场的战斗场面演得很不逼真，尤其是那个扮演特务的女同志，说话、做派总像个朴实的农村姑娘，更有意思的是她第一次穿高跟鞋，在台上没走几步就‘咔嚓’一跤，满堂观众笑得不亦乐乎。

“这时候，一些人就说开了风凉话：我早说啦‘土包子’开不了‘洋荤’，演什么不像什么！说得大家都像泄了气的皮球，有的同志甚至想撂挑子不干了。在这关键时刻，彭真副校长带来了周副主席对我们的鼓励和要求，他说：‘周副主席今天给我打来电话，说看了你们的彩排以后，觉得还有那么个形象，当然还要进一步加工提高，希望你们坚定信心，尽最大的努力把这个戏演好，让那些认为武把式不能登台演的同志看一看，给他们开阔开阔眼界。’周副主席的指示，像一盏明亮的灯，为我们指明了努力的方向。塞克和陈波儿组织我们坐下来认真研究，发动大家出主意，最后采取了两条措施：一是对角色作了适当调整，尽量让演员扮演自己熟悉的角色，统战部长改由一位在白区搞过统战工作的老李来扮演，连长由曾经带过兵、打过仗的小张扮演，陈波儿说我的形象和做派适合演政治部主任，这个角色就派给我了。另外，还从六部找来一位出身于大城市的女同志扮演女特务。对演老大爷、老大娘的演员，就让他们到延安附近群众家里生活几天，一边帮群众干活，一边进行观察与模仿。二是对第七、第八两场的战斗场面来了个集体导演。先由我们这些人按照实际战斗情况摆下来，再由塞克和陈波儿进行艺术夸张与加工。就这样，我们终于把激烈的战斗场面活灵活现地搬上了舞台。此外，全体演员与工作人员对后台、布景和效果也想出了许多好办法，如马蹄声用砸板敲，马叫用唢呐吹，枪声则做出了一个小纺车似的东西，摇得快就响得快，摇得慢就响得慢，还可以摇出点射来呢！”①

当年四部俱乐部主任张国良（张远）回忆：“四部学员排演话剧是比较

① 刘子云：《我在延安中央党校演戏》，《百年潮》2017 年第 5 期。

困难的。首先是文化程度低，看不懂剧本；再是角色难找，演八路军的好办，演国民党军官的就难挑了，特别是扮女特务的角色更难办；第三，舞台灯光、布景、服装道具等等这一套没有人会搞，我也不懂，为此还从鲁艺请来几位艺术指导。可是，同学们对排演非常认真，非常刻苦。台词一个字一个字地抠，一句一句地背；仔细琢磨每个动作，一遍一遍地练。他们早起晚睡，集体讨论研究。因为王明右倾投降主义路线的危害，大家都有深切的感受，所以对每句对白，每个细节以至整个剧情，大家都有发言权。……演员们也大都熟悉剧中人物的生活，演政委的刘子云同志就当过团政委，演警卫员的梁玉堂也当过警卫员，演妇女主任的王常德就当过妇女主任。只是演女特务的陈琪同志，从小就是红小鬼，一举一动全靠导演来指点，演这个角色也真难为她了。还有一个大难题就是这些演员来自五湖四海，短时间内无法训练他们都讲北京话，陈波儿就决定各讲自己老家的'官话'，但要咬字真，讲得清楚，让观众听得懂。在舞台工作方面，当时物质条件差，所谓灯光只有几盏汽灯，而布景要求有山有水……这些陈波儿同志一件一件地和大家一起想办法解决了。陈波儿同志真是费尽了心血，她没有一点大明星的架子，非常谦虚，日夜奔忙，她的好思想好作风给参加排演的同志留下了难忘的印象。其他同志也都认真负责，埋头苦干，如蓝文兆同志当过师的宣传科长，他坐镇后台，管理得有条不紊；冉正和同志负责跑外采购，想尽办法搞到必需的物品、材料。"[①]

二部学员鲁森回忆："在《同志，你走错了路！》准备演出的过程中，我和朱丹、黄铸夫、侣朋、晓阳等同志参加了制造景片的工作，一气忙了一个多月才告竣工。在演出期间，我又参加了后台装卸景片的工作。每场幕落，争分夺秒地飞快装卸，在当时的物质和技术条件下，装卸景片确是

① 张国良:《俱乐部与戏剧改革》，见《延安中央党校的整风学习》第一集，中共中央党校出版社1988年版，第163—164页。

件苦差事。”[①] 鲁森来延安前任冀鲁豫边区文化救国联合会组织部长。

话剧《同志，你走错了路！》剧照（1944 年中央党校四部师生自编自演）

1944 年 7 月 15 日，中央党校大礼堂首次演出话剧《同志，你走错了路！》，演出大获成功，轰动延安。随后，该剧在边区大礼堂、杨家岭、八路军大礼堂等处演出，一连几个月，场场满座。演出效果异乎寻常得好，演员和观众的感情融成一片，几十场演出场场引起共鸣。不少同志议论说，这是在延安所能看到的最成功的一出话剧。

刘子云回忆：“特别使我们荣幸和终生难忘的是在大砭沟八路军大礼堂的那场演出。那天晚上，敬爱的领袖毛主席、周副主席、朱老总，还有刘少奇、任弼时等中央首长都亲自来观看我们的演出。我们激动得热泪盈眶，有的同志竟把台词也忘了。毛主席坐在观众席里，笑容满面地观看剧中的每一个细节，时而还跟坐在旁边的周副主席和朱老总低声交谈几句。演出结束时，台上台下爆发出热烈的掌声。毛主席也站在那里不停地给我们鼓掌。周副主席还到后台亲切地接见我们，祝贺我们演出成功，并勉励我们再接再厉。最后，他诙谐地说：‘我们这些土包子不但能演戏，而且演得很好，你们这一炮可以说是打响了！’”[②]

① 鲁森：《巍巍的宝塔山——延安中央党校生活记闻》，《党史纵横》1990 年第 5 期。

② 刘子云：《我在延安中央党校演戏》，《百年潮》2017 年第 5 期。

鲁艺的同志不断来采访，陈荒煤也几次来了解情况，帮助总结经验。各机关学校都把此剧作为整风和路线学习的辅助教材。剧本曾在延安刊行，并由古元作木刻插画。1945 年为了配合政策教育，延安不少单位自排自演了这部话剧。《解放日报》7 月 3 日报道了抗大总队五大队的演出情况，并评论道："实践证明，这个剧在教育干部正确掌握党的政策反对教条主义上有很大的效果。每次演出，观众都特别拥挤，许多人感动得落泪。各小组自动开会座谈，畅谈体会，说'看一次戏比上几堂课都强'。"

姚仲明曾说："实际上这个剧本创作的过程是不断集中群众意见的修改过程，它是群众智慧的产物。该剧连续地演出了一段时间，观众的多方反映使工农干部受到了鼓舞，也受到了教育。……尔后，党校四部同志又同党校二部合作，演出了李伯钊同志所写的一个话剧。实践证明工农干部学文化结合演戏能学到课本上所学不到的很多东西。由于演戏使工农干部学习文化的兴趣更浓了，学习中的攻坚意志更强了。"①

《解放日报》于 1944 年 12 月 15 日、16 日连载姚仲明的文章《〈同志，你走错了路〉的创作介绍》。文章分 5 部分：1. 一点尝试；2. 主题与结构；3. 人物；4. 语言；5. 两点经验。文章详细介绍了此剧的创作过程及特点。其两点经验为：1. 要写共产党、八路军，首先要熟悉共产党、八路军的人物、作风和政策。2. 知识分子要和工农干部结合，发挥集体创造的力量。17 日、18 日，《解放日报》又连载了陈波儿的长篇文章《集体导演的经验》。

周恩来看了《同志，你走错了路！》和姚仲明、陈波儿的文章之后，12 月 19 日给他们写信："仲明、波儿两同志：这几天读到你们的文章，很高兴。仲明同志的意见，我几乎是全部同意，凡是我想和你们说的，你大

① 参见姚仲民、王泽民：《党校的文化教育与艺术创新》，见《延安中央党校的整风学习》第一集，中共中央党校出版社 1988 年版，第 155—156 页。

概都说了，但不知剧本已经修改好了没有？如已修改好，我很愿意在你们付印前，得到一读的机会。可否？望告。”[①]

《同志，你走错了路！》发行单行本，周扬写了序言，从政治和艺术两方面对该剧做了分析评价。1945 年 6 月 2 日，《解放日报》以《关于政策与艺术——〈同志，你走错了路！〉序言》为题发表。周扬称该剧“是一个优秀的、具有深刻教育意义的政治剧本。它的价值是在：第一，从内容上说，它第一次在艺术作品中反映了我们党和八路军的内部生活及其思想斗争，处理了党内反倾向的严重问题，反对阶级投降主义……其次，从形式上说，它突破了从来舞台语言、动作的某些旧形式，就是说，相当地克服了过去话剧所常犯的洋八股与学生腔的毛病，而代之以虽然比较单纯甚至粗糙，但都生动活泼的工农干部本色的语言与形象……我想这主要是由于艺术工作者与实际工作者、工农干部在艺术行动上的合作，由于艺术与政治思想、政策思想的结合”。重庆《新华日报》7 月 11 日转载了这篇文章。

1944 年秋，为了向党的七大献礼，并为大反攻作准备，彭真提出要集中延安的优秀戏剧人才，排演反映苏联卫国战争期间前线高级干部思想状况的三幕五场话剧《前线》。该剧剧本曾在《解放日报》发表，被党中央列为整风学习教材。彭真提出：要排出一台高质量的戏，要强的导演、强的演员阵容、强的舞台设计，加上排练中的精雕细刻、布景中的一丝不苟、表演中的严肃认真，使人看了以后，不仅在思想上受到教育，同时在艺术上也是一次美的享受。按照彭真的要求，中央党校和鲁艺联合排演了《前线》。由萧三、沙可夫、李伯钊、沙濛、王斌组成导演团，王斌、沙濛任执行导演。演员、舞台工作人员大多是鲁艺和党校的一些名演员和专家，如凌枫、牧虹、王大化、王亚凡、钟效之等。他们集中到党校，临时在党校

① 《周恩来书信选集》，中央文献出版社 1988 年版，第 250—251 页。

俱乐部搭了通铺住宿，女同志就住在大礼堂的化妆室里。各人找地方背台词，排练就在大礼堂里。彭真亲自和大家讨论座谈，还请一部学员宋时轮给演员们讲解剧本中的军事问题，请曾留学苏联的朱瑞介绍苏联的军队与炮兵。服装道具大多是借来的。聂鹤亭送来了他身上穿的一件从战场缴获的日军细呢子大衣，王震送来了 20 套三五九旅生产的黄呢子军服，稍加修饰，成为戏中苏联红军的军服。舞台上的司幕与效果都由党校学员担任，两个做效果的同志曾在前方当过团长。

1944 年 11 月 15 日，《前线》在中央党校礼堂首演。演出获得成功，在延安的干部中产生了很大的影响。剧中的戈尔洛夫、客里空，成为思想僵化、不接受新鲜事物和夸夸其谈、哗众取宠、编造假新闻的代名词。当时在延安的干部中曾流行着一些说法：要学习沙甫洛夫对敌的有勇有谋；要学习奥格涅夫紧跟时代要求的创新精神；切莫成为骄傲自满、故步自封的戈尔洛夫和善于吹拍、说大话、空话的客里空。

中央党校不仅是戏剧改革的先锋，在话剧创作上也取得了成就，这是不可否认的历史事实。

第　八　章

七大前后

七大前后，是中共中央为战略大反攻调兵遣将的时候。中央党校充分发挥了干部人才储备库的作用，一批批学员遵从党的召唤，南下北上，为最后战胜日本侵略者、建立新中国而冲锋陷阵、贡献自己的力量。七大前后，学习仍然是中央党校师生的主要任务。七大之前全校师生用 4 个多月的时间学习了党的政策。七大之后又用了将近 3 个月的时间集中学习七大文件。最使党校人引以为自豪的是，401 名学工人员作为党代表参加了党的第七次全国代表大会。这次大会初步形成了党的第一代领导核心决策机构，确立了党的指导思想，勾画出新中国的宏伟目标。七大作为“团结的大会、胜利的大会”而载入史册，出席七大成为 401 名学工人员终生难忘的幸事。

一、为大反攻培训和调配干部

1944 年 3 月，陈云调西北局工作，彭真代理中央组织部长一职。从此中央组织部在中央党校办公，干部审查、调派工作更紧密地和党校的教育培训结合在一起。为争取抗战的最后胜利和掌握与国民党斗争的主动权，在中央政治局和书记处领导下，彭真主持中央组织部和中央党校承担起干部调配战略布局的实施工作。

（一）为夺取敌占大中城市作准备

1943年延安曾流传一个口号："一年打败希特勒，两年打败日本鬼！"从上到下都对抗战必胜充满信心，开始为大反攻作准备。1944年5月20日，毛泽东在中央党校一部作关于学习与时局问题的报告，提出要讨论加强城市工作和争取全国胜利的问题。他说，"准备大城市和交通要道的武装起义，并且学习管理工商业，这是第二个必要的思想准备和物质准备。没有这种准备，我们也就不能把日寇赶出去，也就不能解放全中国"。[①]

1944年6月5日，毛泽东为中共中央起草关于城市工作的指示。文件指出：不占领大城市与交通要道，不能驱逐日寇出中国。从大城市和交通要道驱逐日寇的任务，有些只有依靠、有些主要依靠我党才能胜任。国民党已腐化达于极点，河南数十万国民党军队不战而溃或一触即溃，就是明证。因此，各局各委必须把城市工作与根据地工作作为自己同等重要的两大任务，而负起准备夺取所属一切大、中、小城市与交通要道的责任来。争取城市及交通要道的千百万群众，瓦解与争取伪军伪警，准备武装起义，以俟时机成熟，就可使二者相互配合，里应外合地进攻日寇，占领大城市与交通要道。里应外合的思想是我党从大城市驱逐日寇的根本思想。文件指出，要实现这个伟大的任务，必须解决思想教育、计划与组织、工作方向、工作方法、干部、经费六个方面的具体问题，并就这六个问题作了详细的阐述。[②]

同日，中共中央成立以彭真为主任的中央城市工作委员会。9月1日，党的六届七中全会主席团会议决定，成立以彭真为部长的中央城市工作部，刘晓为副部长，刘宁一为秘书长。中央城工部也在中央党校办公，其主要工作是按照中央指示，总结经验，研究办法，组织机关，配备干部，做好

---

① 《毛泽东选集》第三卷，人民出版社1991年版，第946—947页。

② 《毛泽东文集》第三卷，人民出版社1996年版，第158—166页。

夺取大城市的准备工作，包括寻找有各种关系的干部潜入敌占区大中城市，等待时机，里应外合，武装起义，夺取敌占大中城市和交通要道。

中央文件要求“必须有大批干部去进行城市与交通要道的工作”，“现有在城市工作的干部及过去在城市工作过的老干部……只要这些人有办法到大城市、中等城市及交通要道立足，并能进行工作，就应抽调一些出来，加以短期训练派去工作”。[①] 根据这些要求，1944 年10 月下旬至11 月上旬，中央组织部从中央党校各部及其他机关学校抽调一批曾经做过城市工作，或在敌占城市有各种社会关系的干部在中央党校集中培训，学习有关文件，总结经验教训，研究工作方法。在彭真等人的直接领导下，训练班将学习文件和总结经验教训相结合，着重总结抗战以来在上海、北平等敌占城市和国民党统治区的工作经验，对于城市工作中的历次运动逐个进行讨论，然后写出总结。刘少奇认为这种学习方法很好，总结的经验很有价值，并亲自对参加学习的干部作了几次报告。办班期间中央召开了城市工作会议。11 月 6 日，彭真在会上作报告 ——《大城市和交通要道工作》，分别就城市工作、新区工作、统战工作、武装工作、党内问题、交通要道工作作了阐述。

学习结束后这些干部被分期分批派遣到平、津、沪等敌占区大中城市和东北沦陷区，建立或扩大地下反日组织，积蓄力量，一旦我军攻城时，里应外合地收复城市。据彭真当年的秘书陈模介绍，1943—1945 年，经过中组部、城工部派到敌占区城镇工作的延安党员达 1 万多人，其中有不少中央党校学员。二部女学员孙克悠回忆，她祖籍扬州，但从小生活在山西太原。刘晓原准备带她去上海工作，一谈话才发现她讲一口北方话，进上海工作不合适。不久彭真找她谈话，要她回敌占区太原，利用她父亲在太原开私人医院的关系隐蔽下来进行工作，为里应外合解放太原作准备。临

① 《毛泽东文集》第三卷，人民出版社 1996 年版，第 164—165 页。

出门时，彭真还对她说："回去后请向你父亲孙达生大夫问好，我们在太原工作时，曾得到过他的帮助。"①

彭真遵照毛泽东的建议，组织中央党校平剧研究院排演平剧《三打祝家庄》，也是为收复敌占区城市的斗争提供形象化的借鉴。

（二）举办南下支队营以上干部训练班

1944年4月18日，日本侵略军为打通平汉铁路南段的交通线，出兵10余万，发动河南战役。国民党军蒋鼎文、汤恩伯、胡宗南部统辖约40万兵力，却在敌人进攻面前节节败退。5月9日，日军打通了平汉铁路，月余结束战役。郑州、洛阳等38个县市相继陷落。国民党军队退到洛宁、嵩县以西的伏牛山区。

1944年5月26日，日本侵略军又发动长衡战役。6月18日攻陷长沙，8月8日攻陷衡阳，打通了粤汉铁路。国民党政府丢掉了这些地区大片国土。

中共中央决定在这些被日寇占领的地方创建新的抗日根据地。1944年9月1日，中共六届七中全会主席团会议决定，派三五九旅主力和一批干部于10月南下，开辟湘、鄂、赣等地抗日根据地，并决定南下干部动身之前，先集中在中央党校训练一个时期。

八路军南下支队司令员王震、政治委员王首道。下分6个大队，一、二、三大队是三五九旅主力战斗部队，四、五、六大队是干部大队。3个干部大队有老干部400多人，新干部100多人，大部分来自中央党校和延安各机关。其中四大队以原红六军团暨湘赣苏区的老干部为基础，加上三五九旅干部训练队组成，郭鹏任队长、廖明任政治委员，随三五九旅南下开辟湘鄂赣新区。五、六2个大队是中央准备补充给新四军五师的干部。

① 参见孙克悠:《我的几点体会》，见《延安中央党校的整风学习》第二集，中共中央党校出版社1989年版，第160—161页。

五大队以原红二军团暨湘鄂西苏区的老干部为基础，贺炳炎任队长、廖汉生任政治委员，任务是回到原洪湖老苏区一带，加强五师在那里的干部力量。六大队以原红四方面军暨鄂豫皖苏区的老干部为基础，文建武任队长、张成台任政治委员，准备到鄂豫边区加强五师本身的力量。五大队政委廖汉生回忆："中央决定，由贺炳炎和我组织一个干部大队，重返洪湖地区。我开始忙于物色干部。我在贺老总的支持下，经中央组织部批准，从中央党校学员抽调了原红二军团的老干部30多名，其中现任团职干部十来个，此外还有三五八旅教导队的干部和一批从宜昌来延安学习的青年知识分子干部，全大队共百多人，编入八路军南下支队。"[①]

10月初，南下干部调齐后，支队营以上干部集中在中央党校进行了15天的训练。学习时事、党的抗日民族统一战线的方针政策，以及敌后工作的经验。10月6日，彭真副校长在党校大礼堂给去前方同志讲话，主要谈了3个问题：第一，城市工作。河南战役后，提出城市工作问题。全国人民希望我们收复城市，城市群众情绪处在高潮时期。城市工作的中心，放在工人和伪军伪警两个方面。第二，开辟工作时怎样才能立得稳的问题，就是要有群众观点，统一战线，要搞好民兵、游击队、主力部队和合法的领导机关。第三，关于党内问题，首先要搞好民主集中制，实事求是的作风，照顾全体，群众观点，注意争取多数的策略。[②]

10月25日，毛泽东在中央党校为南下干部训练班作了报告。毛泽东讲了时局、方针、政策、团结、审干等问题。他特别强调，我们到了新的地方，第一要非常谨慎，虽然在党校里学了马列主义，究竟学的怎么样，现在还没有测验，到那里人家很拥护你，开展了工作才算有成绩。第二要尊重人家，不要乱批评，要多谈心，必须坚持真理，随时改正错误。共产

---

① 《廖汉生回忆录》，八一出版社1993年版，第294页。

② 参见《彭真年谱（一九〇二——一九四八）》第一卷，中央文献出版社2012年版，第263页。

党员要有松树的坚韧性和柳树的灵活性。

南下支队营以上干部训练班在党校学习期间，周恩来、刘少奇等中央领导同志也来作过报告，并分别找干部谈话。周恩来侧重介绍了南方的抗日斗争形势。刘少奇代表党中央向南下支队交代了扩大部队、扩大根据地的任务。新四军代军长陈毅也作了两次报告，介绍新四军在长江两岸坚持抗日斗争的战斗历程，以及新四军五师部队和干部的情况。

11 月 1 日，八路军南下支队在延安东关机场举行誓师大会。毛泽东、朱德、刘少奇、周恩来、任弼时等检阅部队。毛泽东讲话说：你们这次到南方去，到敌人的后方去插旗帜，开辟新的敌后抗日根据地，这是一个光荣而艰巨的任务。他鼓励指战员克服困难、上下一心、团结一致、纪律严明，忠实地为人民服务。廖汉生写道："当告别延安南下的时候，我们已经树立起这样一个思想：我们是从党中央身边出发的，是经过中央党校学习和延安整风锻炼的，应该牢记党的教诲，不辜负党的期望，坚决完成任务！"①

1944 年 11 月 1 日毛泽东、朱德检阅即将出征的南下支队

① 《廖汉生回忆录》，八一出版社 1993 年版，第 298 页。

1944年10月，中共中央决定，由一部学员王树声、戴季英、刘子久负责，组建河南人民抗日军，开进河南，建立豫西敌后抗日根据地。王树声为司令员，戴季英为政治委员。该部由两个团的部队，以及从中央党校和延安机关抽调的一批干部组成，11月从延安出发，奔赴豫西。

在1944年11月23日召开的中共六届七中全会主席团会议上，讨论了形势问题、向南向北发展问题，以及成立联合政府等问题。会议决定调干部到广西广东去，并准备几千干部到东北去。会后，彭真领导中组部和中央党校抓紧南下北上干部的选派和培训工作。

1945年5月16日，中共七大主席团常委会议决定：陕甘宁晋绥联防军警备第一旅和第一二〇师第三五九旅第二梯队从延安南下，经湘鄂赣待机去湘粤桂边（小北江一带五岭山脉中）开辟新的根据地，并准备为东江纵队的退路。警一旅行军时用八路军第三游击支队的名义，支队司令员文年生，政治委员雷经天；第三五九旅第二梯队行军时用八路军第二游击支队的名义，司令员刘转连，支队代理政治委员张启龙。两个支队也称为南下第二梯队，其营以上干部在中央党校接受了培训。南下第二梯队也有两个干部大队，其成员不少是中央党校学员。

1945年6月7日，中共中央在中央党校礼堂召开南下第二梯队营以上干部会议，毛泽东、朱德、叶剑英、彭真等出席。毛泽东在会上讲话，他说：这次有两个旅，还有很多干部，要到前方去，这是关乎中华解放的问题。从来也没有这一大礼堂干部出去工作，而且走了几大礼堂了。我们由五万党员干到一百二十万党员，由很少一点军队干到九十多万。我今天代表全党向你们赠送的礼物就是“由小到大，一定胜利”。你们这次出去，能不能胜利，决定于军民关系、军政关系、官兵关系的好坏和政策的正确。你们要同人民团结得像一家人一样，我们有正确的政策就到处无敌。①

① 《毛泽东年谱（一八九三——一九四九）》（修订本）中卷，中央文献出版社2013年版，第603—604页。

1944年夏，郭述申（三部主任，后排左一）、刘芝明（教务部副主任，后排右一）、张如心（三部副主任，前排左二）与三部工作人员合影

七大期间，6月12日下午，毛泽东在枣园主持七大主席团常委会议，毛泽东说："请彭真同志再调二三十个军事干部给湘粤赣。"彭真说："可以。五师还需要一个参谋长，拟派许成基。"周恩来提出，去广东的干部可分三部分，三分之一是军事干部，是外省人，其他两个三分之一是广东和华侨的知识分子。[①] 随后，中央组织部开始登记在中央党校学习和在延安工作的来自各省各根据地的干部，组织派赴各战略区的干部队伍。党中央决定派来自闽、浙、赣的干部到闽浙赣边区开辟工作，组成了一个干部大队（下属三个中队），集中于党校三部后山学习；决定派来自广东的干部，到广东东江纵队去工作，并组成由伍晋南为政委的广东干部队。大家满怀激情，一边进行准备，一边学习待命。中央党校培养、储存干部的作用得到充分发挥。

七大结束后，第一批出发的学员是山东的干部。1945年7月14日（一说7月24日），在党校学习的山东干部第一队出发返回山东解放区。该队100余人，有部分七大代表，7月中旬组建完毕。

7月28日，朱德总司令到党校，给即将去前方的同志讲话。他指示同志们去前方工作，应以整风、生产、七大的精神到新的岗位上去工作，要

① 《彭真年谱（一九〇二——一九四八）》第一卷，中央文献出版社2012年版，第286页；《周恩来年谱（一八九八——一九四九）》（修订本），中央文献出版社1998年版，第609页。

站稳无产阶级的立场，站在群众之中，依靠群众、教育群众自己解放自己。同时还要学会做财经工作。①

8月6日，刘少奇在彭真、黄火青陪同下来到党校礼堂，给准备离开延安到前方工作的七大代表和中央党校学员作报告。报告长达数小时。刘少奇讲了4个问题：1. 看书学习问题。他指出，《共产主义运动中的“左派”幼稚病》等5本书是一定要读的。你们离开延安出去工作，多的书背不走，这5本书一定要背上，有时间就抓紧看，看不完不停止。2. 工作态度和工作作风问题。他指出，我们同志出去工作应该有新的工作态度与新的工作作风。经过延安整风，应该把我们不大好的思想去掉。学习的结果，要从出去工作中证明，我们是否进步了，要回到敌后去表现出来。无论到哪里工作，对那里的干部和人民一定要有所帮助，如果起不到帮助作用，起码要搞好团结，不要危害别人的工作，或者闹出错误。3. 党的民主集中制原则。他说：党的领导机关要选举，不指派了。至于选举的方法，要合乎民主的原则。在党的会议上，对任何工作人员都可以批评，不准批评的习惯是非法的。我们要通过放手发扬民主的方法，来达到放手动员群众进行革命斗争，发挥自动性和创造性的目的。同时，在广泛民主的基础上，还要有高度的集中，把各种好的东西集中起来。军队内是集中组织，这样自由批评的军人大会，战争环境不能开。4. 抗战胜利前后的形势。他说：我们估计，苏联可能参战，美国帮助蒋介石。蒋介石向我们解放区来“收复失地”，抢占抗战后的胜利果实。我们要应付这种局面，四川、云南、贵州的“水”会下来的，我们应付对了，就胜利。我们的战略是，你来占了我这里，我就到你那里去！无论在任何情况下，我们要把枪拿稳，坚持到底，针锋相对。历史证明，坚持到底，就是胜利。②

---

① 《朱总司令报告》。存中央档案馆。

② 原件存中央档案馆。《刘少奇年谱（一八九八——一九六九）》上卷，中央文献出版社1996年版，第475页有简介。

遵照中央领导同志的教诲，党校学员个个摩拳擦掌，随时准备听从党的召唤到前方去，到党和人民最需要的地方去。那时候的情景，几天走一批学员，甚至天天都有人出发。七大前后学员调派之频繁，从学员人数的统计即可略知一二：一部 1944 年 5 月有学员 548 人，11 月只有 374 人；1945 年 5 月有学员 446 人，7 月只有 330 人。二部 1944 年 11 月有学员 718 人，1945 年 4 月有 607 人，7 月只有 585 人。事实上，减少的学员人数并非离校学员的总数，因为当时还不停地有新学员进校。笔者估计，在日本投降之前这两个部派出的学员至少在 500 人以上。

二、学习研究党的政策

1944 年下半年，国际国内形势朝着更加有利于反法西斯力量的方向发展。根据党中央“削弱敌寇，发展我军，缩小敌占区，扩大解放区”的指示，八路军、新四军对侵华日军发起猛烈的攻势。1945 年初，八路军新四军已发展到 91 万人，民兵则达到 220 余万人，建立了 18 个解放区，总面积近百万平方公里，人口近 1 亿，日寇占领的许多中心城市和交通要道已处在我军的包围之中。

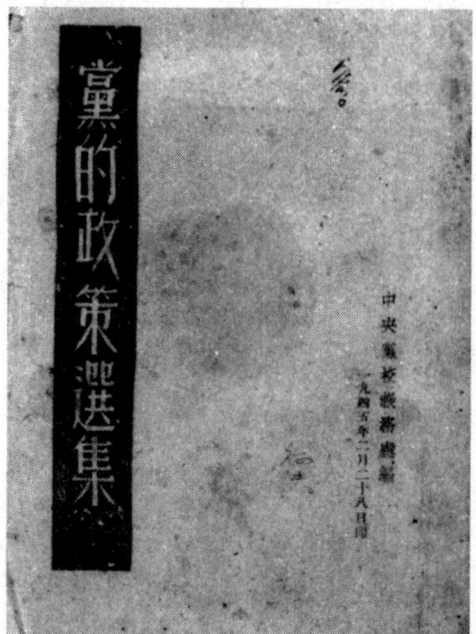

1945 年 2 月 28 日教务处编发的《党的政策选集》

面对新的形势，研究城市问题，加强政策策略的学习被提上议事日程。中央党校组织全校师生集中学习研究党的政策，从 1944 年 12 月初到 1945 年 4 月 22 日，一共 4 个多月的时间。1945 年 1 月 7 日，中央党校教务处制订下发了《关于学习党的政策的计划》，对这一阶段的学习目的、学习任务、步骤和时间等作出具体安排，并列出《学习政策文件目录》。2月28日，中央党校教务处编辑的《党的政策选集》印制下发，作为全校师生学习政策的教材。

高级干部的政策学习更加注重战略大反攻阶段即将开展的工作。《中共中央关于城市工作的指示》要求："在根据地中，各级党、政、军、民的负责干部，均应切实研究与学习城市工作，研究城市的武装起义及里应外合的斗争艺术，研究建立城市的革命秩序，掌管城市及大的工商业，作为将来夺取与管理大城市和交通要道的准备。"①因而中央党校高级干部学习研究的重点放在敌后和国统区的城市工作，其战略方针、城市政策、宣传方式、组织方式，以及如何管理城市、发展经济等。为配合这个学习，除学习文件、精读、漫谈、讨论，中央党校还组织了一系列大报告，请中央领导和有关部门负责人介绍情况、总结经验、阐释政策，以求将来实践中有所遵循。例如：

1945年1月9日，董必武给学员作报告《大后方的一般情况》，介绍大后方各方面的情况，尤其是蒋介石在国统区的独裁统治情况、各派政治力量的现状。

同日，中央城市工作部副部长刘晓给学员作报告《城市工作及历史教训》。他认为，在我党力量薄弱的时候，首先应争取组织先进分子、抗日团体，争取上层分子加入。工人阶级的思想状况表现为两个方面，有进步的方面，有封建迷信的、落后的一方面。其落后表现是为了生存、取得本阶级的利益。我们的政策，应该利用落后团体团结教育工人，争取合法利益。过去我们对统战对象的认识犯了错误，认为统战对象就是国民党，放弃了对各阶级特别是中间力量的联合，造成自己孤立。应当利用各阶级的力量，

① 《毛泽东文集》第三卷，人民出版社1996年版，第166页。

在统战中利用矛盾，反对国民党反动方面。

1 月 25 日，林伯渠给学员作报告《关于“三三制”政权建设问题》。他从上午 10 时讲到下午 3 时，全面回顾了中国共产党从领导苏维埃政权到领导抗战期间“三三制”政权的历史，总结了政权建设的经验教训。

1 月 26 日，为加深学员对中共中央关于城市工作指示的理解，中央党校再次请刘晓为学员作报告，主要谈城市的交通工作、群众工作。他强调要根据工作性质、具体环境和群众风气的不同，灵活地创造性地工作。

1 月 27 日，刘晓继续就城市工作问题作报告。他首先讲到从做农村工作转到做城市工作要转变工作作风，由大刀阔斧的工作作风转到细致入微的工作作风。其次讲到怎样选择、教育、调动、使用由农村派往城市工作的干部，使用过程中可能出现的问题及解决的办法，并阐述了党的精干隐蔽政策和斗争形式问题。

2 月 15 日，毛泽东为五部、六部学员作报告，一部、四部的学员也参加了。毛泽东主要讲了时局问题、山头主义问题、审查干部问题，并对历史和路线学习中学员们的一些疑问作了回应。关于时局，毛泽东强调，日本占领了中国大片国土，要靠我们把它打出去，要靠我们党校的同志们毕业之后到华北、华中、华南各个根据地坚持工作，把它打出去。打败日本帝国主义，要靠我们的工作、靠中国人民多搞小米、大米，多搞步枪、机关枪，多搞军队、扩大解放区，在日本占领区组织游击队，在国民党统治区发展民主运动，其他都是靠不住的。

关于山头主义，毛泽东指出这是一个客观存在的问题，是中国社会的产物，是中国革命特殊情形的产物，是苏区和根据地被敌人分割的产物。只有在将来全国胜利了，有了大城市，到处交通很方便，报纸能够销到全国，电讯能够通到各地，开会也很方便，那时候才会彻底消灭山头主义。

关于审查干部，毛泽东指出，办党校或其他干部学校的目的，就是要使我们党在思想上是纯洁的，是马列主义的；在组织上也要是纯洁的，我们审查干部就是要在组织上使我们党纯洁。我们学会了整风、审干、审查党员，这方面有很大的成绩，这是第一条经验。第二条经验就是犯了错误，党校就犯了许多错误，谁负责？我负责，因为我是党校的校长，发号施令的是我。整个延安犯了许多错误，谁负责？我负责，因为发号施令的是我。别的地方搞错了，谁负责？也是我负责，因为发号施令的也是我。对于戴错了帽子的，要取掉帽子，赔一个不是。党校也搞错了一些同志，如果在座的有这样的同志，我赔一个不是。当毛泽东向审干中被冤枉的同志鞠躬赔礼的时候，不少人感动得泪流不止。①

2月28日，朱德冒着大雪来给学员作报告《军事上的里应外合》。他以历史上的若干次革命起义为实例，从研究经验教训中引证出我们今后夺取敌占城市、组织武装起义、里应外合的方针策略，使学员们很容易理解。

这些报告加深了学员对党的政策的理解。大家就精干隐蔽政策、宣传方针、组织形式、斗争形式、争取群众的策略、城市工作中团结工人的中心环节等一系列政策问题展开充分的讨论和争论，在许多问题上达成了共识。比如，经济斗争和政治斗争的关系。讨论研究的结果，多数同志认为经济斗争和政治斗争二者是有密切联系的不能分离的。在革命高潮时期表现为政治斗争为主，经济斗争要服从政治斗争。在革命低潮时，斗争形式主要是经济斗争，政治斗争服从经济斗争形式。关于团结工人的中心环节，大家一致认为，工厂中的老工人有高超的技术、丰富的社会经验、广泛的社会关系，处事慎重、不冒险，在厂里有信用，在工友中有威信，这是工人中的优秀分子、群众领袖。因此，我们团结工人的中心环节应放到老工人身上才能生效。其次，所谓老工人并不是胡子长或少数工头，而是多数工人，有技术，在厂里的历史长，人格正派，在群众中有威信。应以此作为识别老工人的标准。

党校平剧研究院创作演出的《三打祝家庄》也为政策学习提供了生动

① 《毛泽东文集》第三卷，人民出版社1996年版，第247—267页。

的参考材料，提高了大家学习研究政策策略的积极性。

三、全校 401 名党代表参加七大

1944 年 5 月 21 日至 1945 年 4 月 20 日，扩大的中共六届七中全会在延安杨家岭召开。会议的主要任务是对六大以来的历史经验作出总结，为七大的召开作好各方面的准备。同时，研判国际国内局势，制定我党在新的历史阶段的战略方针、政策和策略。中央党校副校长兼中组部长彭真被任命为七大组织报告及党章问题起草委员会成员、党的历史问题委员会成员，同时负责七大代表资格审查的实际工作；负责组织中直、军直补选七大代表的工作。

党中央起草《关于若干历史问题的决议》期间，正是中央党校高级干部重新学习党的历史和路线的时候。中央研究室胡乔木等人多次参加党校各支部的讨论会、全校的"民主大会"和各方面的"山头会议"，搜集资料、征求意见。学员们对各根据地历史和路线的回顾和总结，成为起草文件的参考资料。比如张鼎丞牵头整理的长篇报告《中国共产党创建闽西革命根据地》、莫文骅整理的《红军第七军简史》等。《关于若干历史问题的决议》的草稿也经过学员多次讨论修改。党中央各部门经常向学员发问卷、开调查会，了解各根据地各方面工作的情况，为制定各项政策和起草文件提供参考。例如，中央军委政治部的领导经常到党校，向各根据地来的七大代表了解当地的干部情况，整理出 3 份专题材料，对帮助七大制定干部政策，提供了有价值的参考。

1945 年春，七大准备工作进入倒计时。2 月，为照顾"山头"，中央要求在坚持鄂豫皖革命根据地的中国工农红军中选出出席七大的代表。原红二十八军选出了代表，但因会期临近，走路需要半年时间，于是中央决定在延安中央党校学习的原红二十八军同志中选举产生代表。由中央党校

提名，征求在党校学习的其他同志的意见，大家同意再发电报征求学员原单位意见，原单位同意再报党中央审查批准。按照这套程序，三部十三支部选举产生了2名正式代表，1名候补代表。3月，二部的七大代表、三部补选的七大代表都搬到一部。各代表团用10多天时间对代表资格进行最后审议。3月中下旬，任弼时连续主持召开七大各代表团负责人会议，再次对代表资格逐个进行审查。经多次审查，49人被撤销代表资格。党校又有一些学员被补选为七大代表，包括个别曾经被关进"特别支部"隔离审查的学员。4月4日，党校一部开始调整住房，各地区七大代表住房相对集中，便于研究问题。住在校外的七大代表也相继搬到了党校。

4月初，党校的七大代表开始阅读毛泽东《论联合政府》、朱德《论解放区战场》和刘少奇《关于修改党的章程的报告》等七大报告草稿。党中央要求大家充分讨论、逐字逐句修改和补充。4月7日至9日，继续阅读七大报告草稿。党校各代表团召开小组会，传达中央的各项决定，征求对个别同志的意见。4月10日至12日，党校七大代表学习讨论历史问题决议第二次修改稿（实为第六稿）。4月16日，党校七大代表阅读修改历史问题决议第三次修改稿（实为第七稿）。4月18日、19日，各代表团再次分小组审查代表资格，并由各代表团开大会讨论通过。中央要求，所有代表凡是群众有意见的，均须经各代表小组讨论通过，以免事后议论纷纷。

4月20日，全体七大代表参加中共六届七中全会最后一次会议，讨论和基本通过中共中央《关于若干历史问题的决议》。作为整风运动的重要成果，《决议》的通过为中共七大的召开，在思想上作了充分的准备。

新中国成立后曾任广东省委书记的吴南生回忆："到《论联合政府》正式发表的时候，我们一看，凡是大家提出修改、补充的好意见，哪怕是一点小小的好意见，也被采纳到报告里面去了。"[①] 六届七中全会的《决议》

① 《毛泽东同志教导我们实事求是——记六位老干部回忆延安整风》,《南方日报》1978年12月27日。

和七大的文件之所以得到全党的高度认可，是和中央党校学员的广泛参与分不开的。师生们参与了党的方针政策的制定，也自觉地承担起在全国各地贯彻落实党中央的战略决策的重任。

4月23日至6月11日，中国共产党第七次全国代表大会在延安杨家岭大礼堂召开。出席会议的有正式代表544名，候补代表208名，列席代表170名，代表着全国121万党员。党校工作人员中有正式代表8名（王鹤寿、黄火青、邓洪、王学文、萧三、李延禄、刘澜波、贾陶），候补代表8名（龙开富、张琴秋、胡家宾、易秀湘、徐一新、刘芝明、张如心、牟泽衔）。16个人编为一个组，组长王鹤寿，副组长黄火青，属于由李富春任主任的中直代表团。校领导和学员中的其他七大代表分别参加到各地区的七大代表团，比如马文瑞、张秀山、张邦英、白栋才等参加陕甘宁边区代表团；彭真、罗瑞卿、程世才、阎达开等参加晋察冀代表团；薄一波、陈赓等参加晋冀鲁豫代表团；郭述申、张鼎丞等参加华中代表团；古大存等参加大后方代表团。据中共七大统计，中央党校一部学员中有七大代表237人，其他各部学员中有七大代表100人，虽已分配工作但尚住在党校的学员代表和工作人员代表64人，共计401人，占代表总数的53%[①]（另据延安党校旧址统计：中央党校七大代表总数480人，大后方代表56人，华中代表74人，晋冀鲁豫代表66人，晋察冀代表92人，华东代表34人，晋绥代表23人，陕甘宁边区代表68人，中直、军直代表17人）。

七大会场主席台台口的会标“中国共产党第七次全国代表大会”由中央党校文教科长齐燕铭书写。中央党校赠送给全体代表的礼物是一张小画片，印着毛泽东的侧面像，下面一行字：“敬祝七大代表健康”，落款为“中共中央党校赠”。中央党校裕丰卷烟厂特制了一批香烟，设计的烟盒图案取名“劳动之光”，向大会献礼。中央党校和鲁艺给代表们专场演出《前

① 数据引自王渔：《毛泽东是怎样主办中央党校的》（上篇），《学习时报》2004年3月22日。

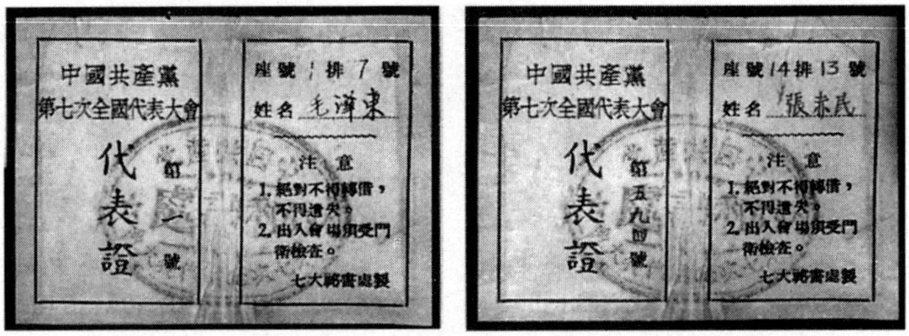

毛泽东和党校学员张赤民的七大代表证

线》，获得一致好评。

彭真在七大开幕式上作《关于代表资格的审查报告》。一部主任古大存在七大第十次全体会议上作广东党在开展武装斗争中的经验教训的发言。二部主任张鼎丞在七大第十五次全体会议上作关于整风问题的发言，介绍中央党校二部的整风运动。

5 月 31 日，毛泽东在七大全体大会上作结论报告。他讲了 3 个问题：国际形势、国内形势、党内若干思想政策问题。他强调，我们的方针，我们的路线，就是放手发动群众，壮大人民力量，在我党的领导下，打败日本侵略者，解放全国人民，建设一个新民主主义的中国。关于国内形势，他讲了可能出现的 17 条困难，也讲了 7 条我们一定要胜利的原因。关于党内思想政策问题，他回答了代表们提出的 13 个方面的疑问，谈到整风审干锄奸，他再次对“抢救运动”中被冤枉的同志道歉。他说：这次整风、审干、锄奸工作是有成绩的。有没有缺点错误？有。我是党校校长，整风在党校老一部得到的成绩相当大，但也有缺点与错误；第二

1945 年毛泽东为七大纪念册题词

部搞得比较好，进步了。以后整风要照第二部的办法，照这种进步的方法去办。审干中搞错了许多人，这很不好，使得有些同志心里很难过，我们也很难过。所谓“一人向隅，满座为之不欢”。我们是与天下人共欢乐的。对搞错的同志，应该向他们赔不是，首先我在这个大会上向你们赔不是。在哪个地方搞错了，就在哪个地方赔不是。……中央在这里，党校在这里，七大在这里开，这个问题解决了，中华民族就胜利了。所以犯了错误不可怕，要把错误抓到手里，变作经验，当作武器。对搞错了的同志，要向他们赔不是。有人要求在党章上加一条：“保障党员的政治生命。”同志们不要小看这个问题，它反映了在审查干部中有的同志受冤屈。我们一定要引以为戒，把这一条当作教训，当作武器，这样就有用处。①

经过全体代表反复酝酿讨论，七大用无记名投票的方式选举产生了新的中央委员会和中央领导机构。其中，中央委员 44 人，中央候补委员 33 人。随后召开的七届一中全会，选举毛泽东、朱德、刘少奇、周恩来、任弼时、陈云、康生、高岗、彭真、董必武、林伯渠、张闻天、彭德怀为中央政治局委员；选举毛泽东、朱德、刘少奇、周恩来、任弼时为中央书记处书记；选举毛泽东为中央委员会、中央政治局主席；选举任弼时为中央秘书长，李富春为副秘书长。这是在中国共产党 24 年历史上前所未有的、具有很高威信的、能够团结全党的坚强的领导集体。

七大是等额选举，其候选人经各代表团提名并多次酝酿讨论。但选举时如果你不同意某个候选人允许画“×”，然后在表上的空格处另补他人。补上的人要过半数当选是很不容易的。中央党校一部组教科长王从吾原不在候选人名单中，冀南区几位七大代表联名推举他为候补中央委员的候选人，经全体代表正式表决当选候补中央委员。

6 月 11 日下午，毛泽东致闭幕词，他说：“我们开了一个很好的大

① 《毛泽东文集》第三卷，人民出版社 1996 年版，第 378—393 页。

会”，“我们开了一个胜利的大会，一个团结的大会”。他向全党发出了鼓舞人心的号召：“下定决心，不怕牺牲，排除万难，去争取胜利。”毛泽东讲了愚公移山的故事，当他讲到现在也有两座压在中国人民头上的大山，一座叫作帝国主义，一座叫作封建主义，中国共产党早就下了决心，要挖掉这两座山。全国人民一齐起来挖这两座大山，一定会挖掉的。全场代表没有一个不受感动的，长时间鼓掌不息。

七大期间，陈郁、陈赓、莫文骅在中央党校合影

七大期间，李真（前排左三）、杨建新（后排左四）和本支部同志在中央党校窑洞前合影

七大期间，中央党校教务处副主任杨献珍作为华北地区的候补代表参加了大会。他认真记录了中央负责同志在大会上的发言，特别是毛泽东的几次讲话，会后还作了整理。为了准确无误，他又找了几份笔记，进行核对。七大以后，他又记录整理了毛泽东的几次讲话，连同大会期间的讲话记录，一起印了出来。日本投降后，在中央党校学习的各地负责同志离开延安时，教务处就给每人发了一份，供他们学习、传达之用。全国解放后，中央决定出版《毛泽东选集》，杨献珍把他整理的记录稿全部交给了编委会。其中的《愚公移山》《抗日战争胜利后的时局和我们的方针》《关于重庆谈判》分别收入《毛泽东选集》第三卷、第四卷。[①]

① 龚士其主编:《杨献珍传》，中共党史出版社 1996 年版，第 123 页。

七大结束后，6月17日中共七大代表和延安各界代表在中央党校大礼堂举行中国革命死难烈士追悼大会。毛泽东主祭，朱德、刘少奇、周恩来和邢肇棠陪祭。毛泽东在讲话中说：今天我们在这里开一个大追悼会，追悼几十年来中国革命队伍在各条战线上所牺牲的人，我们今天的公祭可以一直上溯到1840年平英团那些英雄们。帝国主义和封建主义两座大山压着我们，破坏我们的生产力。我们要冲破这种压力，获得独立和民主，解放中国的生产力。反动派用屠杀的办法，以为能削弱和消灭革命运动。相反地，他们杀得越厉害，革命队伍就越大，这是一条规律。我们党开了七大，决定了中国独立、自由、民主、统一、富强的路线、纲领和政策，这是几十年奋斗的结果，是无数先烈流血牺牲换来的。古语说“其始也简，将毕也巨”，我们今天已发展到120多万党员。现在国内国际的形势很好，我们有信心完成先烈们交给我们的责任，我们一定能胜利。[①]

1945年6月17日，延安各界和中共七大在中央党校礼堂举行中国革命死难烈士追悼会

在党校院内和礼堂设置了“烈士纪念堂”，摆放着烈士遗像。礼堂主席台下周边为一些死难烈士立有灵牌，介绍他们英勇斗争的历史。礼堂周围

① 参见《毛泽东年谱（一八九三——一九四九）》（修订本）中卷，中央文献出版社2012年版，第607—608页。

摆满七大代表、各解放区与延安各界的挽联、哀辞和花圈。七大代表的挽联为“为人民而生为人民而死你们的事业永与人民同垂不朽；为胜利而来为胜利而去我们的任务是向胜利勇往直前”，挂在主席团两边的柱子上。追悼大会之后，延安机关学校分期分批到中央党校礼堂向烈士们献花敬礼。先烈们的事迹对中央党校师生是极大的激励。

1945 年 5 月 2 日，《解放日报》发表了毛泽东在七大的政治报告《论联合政府》。中央党校各部立即组织学员学习讨论。七大闭幕后，中央党校用两天时间由各部领导向全体学员传达七大精神。全校学工人员集中学习的主要篇目是毛泽东《论联合政府》、开幕词《两个中国之命运》、闭幕词《愚公移山》，朱德《论解放区战场》，刘少奇《关于修改党章的报告》和《党章》。各个部都制订了学习计划，采取个人阅读、个别交谈，小组、支部讨论，全部交流等方式深入学习七大文件。大家一致拥护七大的决议，对党在新的历史时期的路线、纲领、政策和《党章》烂熟于心，纷纷表示要以愚公移山的精神，去夺取中国革命的最后胜利。

1945 年 7 月 18 日，彭真在一部党支部干部联席会上解答了学员在学习七大文件时提出的问题。他谈了 6 个问题：1. 放手发动群众与统一战线问题；2. 土地问题；3. 内战问题；4. 放手发扬民主问题；5. 发动群众与精干隐蔽问题；6. 旧民主主义革命与新民主主义革命的区别在于有没有无产阶级的领导。①

8 月 1 日，中央党校二部作了《学习论联合政府的简单总结》。其中写道：“全部从 5 月 10 日至 7 月 28 日，特定三个月的时间，学习《论联合政府》。组教科把学习分为三个阶段进行的（第一阶段，学习形势、路线；第二阶段，学习一般问题和具体政策；第三阶段，学习第五部分结合思想检查并进行支部改选）。学习方法主要是：个人阅读、个别交谈；小组、支

---

① 《彭真年谱（一九〇二——一九四八）》第一卷，中央文献出版社 2012 年版，第 288—289 页。

部、全部讨论。”其他各部的学习时间和学习方法与二部大体相同。

这期间，中央党校按照毛泽东在七大给高级干部和七大代表开列的书单，将一套马列主义著作人手一套发给学员，准备在七大文件学习结束后用三五个月时间，系统学习马列主义理论。因形势变化，这些书还没有来得及读，大多数学员就奔赴前方了。

当时中共中央还准备从中央党校选 200 名干部，留在延安，学习理论，研究中国革命问题。时任三部组教科长李兆炳回忆：“1945 年 7 月前后，党校又在三部后山准备成立新三部，把我调去搞这项工作。开始有两个支部，约一百多人（空军副政委王辉球就在内），军事干部、地方干部都有，干部条件大体与二部相同，有些比二部还高些，都是些老干部。原打算在原二部这批文化人毕业后，就正式办起来，但还没有等到原三部学生毕业，日本就投降了，办新三部的事也就停下来了。”[①] 据江华回忆，毛泽东曾亲自征求他的意见，问他是否愿意留在党校研究理论。

四、“抢时间到东北去”

早在 1944 年 10 月毛泽东就提出，今后主要发展方向是南方，江南、湖南、河南；同时要注意东北。在干部配备上，主要的是注意南方，同时注意东北。要派几千名干部去东北，现在就着手准备。在七大期间他多次强调争取东北的重要性。1945 年 5 月 31 日，毛泽东在七大全体大会上作结论报告，明确提出了争取东北的战略任务。他说：“东北是一个极其重要的区域，将来有可能在我们的领导下。如果东北能在我们领导之下，那对中国革命有什么意义呢？我看可以这样说，我们的胜利就有了基础，也就

① 李兆炳：《我在中央党校学习的三年》，见《延安中央党校的整风学习》第一集，中共中央党校出版社 1988 年版，第 71 页。

是说确定了我们的胜利。”[①] 6月10日，在选举候补中央委员之前，毛泽东发表讲话，他特别提到要有东北的同志当选，他说：“东北是很重要的，从我们党，从中国革命的最近将来的前途看，东北是特别重要的。如果我们把现有的一切根据地都丢了，只要我们有了东北，那么中国革命就有了巩固的基础。当然，其他根据地没有丢，我们又有了东北，中国革命的基础就更巩固了。现在我们的基础是不巩固的，……因为我们现在的根据地在经济上还是手工业的，没有大工业，没有重工业，在地域上也没有连成一片。”[②] 七大明确地向全党提出了争取东北的战略任务。

日寇投降前夕，8月4日，毛泽东在中央党校大礼堂召开的干部大会上讲话，发出“抢时间到东北去”的号召。8日，苏联政府宣布对日作战。9日，苏联150余万红军从滨海省、伯力区、后贝加尔省3个方向分4路进入中国东北及热河、察哈尔地区，向日本关东军大举进攻。为配合苏军对日作战并收复东北，中国共产党领导的东北抗日联军派出大批人员随苏军行动，并迅速将在中、苏边境整训人员分别派往东北11个地区的57个大中城市，在一部分原地坚持的抗联部队配合下，先机控制战略要点，有11个大中城市的卫戍副司令由抗联干部担任。

8月9日，毛泽东代表中共中央发表声明，对苏联对日宣战表示热烈的欢迎，指出对日战争已处在最后阶段，号召八路军、新四军及其他人民军队，应在一切条件下，对于一切不愿投降的侵略者及其走狗实行广泛的进攻。到9月2日，八路军、新四军在反攻作战中，收复包括张家口在内的广大城市和乡村，几乎切断了日军占领区的所有铁路线，歼灭日伪军7万多人。

8月12日，中共中央决定由中央组织部集中在延安的东北干部及确定

① 《毛泽东文集》第三卷，人民出版社1996年版，第410—411页。

② 《毛泽东文集》第三卷，人民出版社1996年版，第426页。

赴东北工作的干部组成训练班，集中在中央党校学习，准备前往东北工作。

8月13日，为欢送各路人马，在中央党校大礼堂召开了扩大的干部会议，中央领导同志几乎全部出席。毛泽东在会上发表了《抗日战争胜利后的时局和我们的方针》的演讲，科学地预见了抗日战争胜利后中国时局发展的趋势，提出了我党关于和平与战争的方针。毛泽东指出，抗日战争作为一个历史阶段已经过去了，中国人民的艰苦抗战，已经取得了胜利，但蒋介石发动内战的危险却十分严重地存在着。我们要针锋相对，寸土必争，人民得到的权利，绝不允许轻易丧失，必须用战斗来保卫。要准备吃苦，不怕牺牲，要搞好内部团结，扎根群众。[①]

8月14日，日本正式宣布无条件投降。8月15日，中共中央决定由中央组织部在一个星期内组织一个干部团（从连级到旅级的军政干部），准备交由吕正操、林枫带到东北。

8月15日，日本天皇裕仁广播“终战诏书”。当天下午，消息传到延安。延安沸腾了，清凉山千佛洞里的《解放日报》社印刷厂拉起了长时间的汽笛，人们冲出窑洞和平房，跑下山坡，到南门外、北门外的大路上游行，歌声、欢呼声响彻云天。党校学员激动万分，没有锣，没有鼓，就把脸盆和桌椅板凳拿出来敲，最后把脸盆都敲破了；把棉衣里的棉花掏出来撕碎点燃，把铺上的草帘子点上火，当作火炬举着满山跑；拔掉西红柿架子来烧篝火，整整闹了个通宵。随后，党校各部都举行了座谈会、舞会，并会餐庆祝。

8月17日，中共中央向晋察冀、晋绥分局和太行、太岳区党委发出指示，令所有东北籍及曾在东北工作过的干部，凡可能调出者立即集中待命，准备到东北工作；工作不能立即离开者，亦找人接替，准备第二批开赴东北。

---

①　参见《毛泽东选集》第四卷，人民出版社1991年版，第1123—1134页。

根据中央决定，彭真立即为向东北迅速抽调、培训干部展开了紧张的工作。中央组织部很快开列出名单，组成赴东北干部团，配备带队干部，编为东干队，集中在中央党校三部进行培训，准备随时出发。同时，中共中央向沿路各地党委发出指示，要求各地安全、迅速地将赴东北的干部转送到东北。党校各部的学员纷纷报名，争取到东北去，为党和人民打出一片新天地。

中央党校组成了200余人的先遣队，由教务部主任、二部代主任张秀山带队。先遣队成员中有党校的干部刘芝明、刘澜波、杨英杰等人，大部分是一、二、四、六部的学员，仅冀中军区来的干部就有30多人，编为一个分队，由原冀中军区副参谋长李英武带队。

8月28日下午，中共中央在中央党校为首批出发赴东北工作的干部举行送行会。会议由彭真主持，刘少奇、朱德到会讲话。刘少奇首先介绍了毛主席去重庆和国民党谈判的决策，然后讲到去东北发展的问题。他说：我们决定派军队派干部去东北，能走路的先走，能快走的先到，铁路不能走就跑路，大路不能走走小路。去东北的工作方针，就是要放手发动群众，壮大人民的力量，要尽一切可能在东北发展我们的势力。建立党，建立军队。做好群众工作，改善人民生活，一切从实际出发，防止机会主义和冒险主义。要谦虚谨慎，不骄不躁，为人民服务，互相勉励，注意城市工作。朱德在会上讲话指出，我们要积极向东北发展，东北大有文章可做，东北要归东北人民管。东北必须是民主的东北，我们大有希望。①

9月2日，二部代主任张秀山带领首批赴东北干部团数百人离开延安向东北进发。干部团成员主要来自党校、抗大和延安的机关单位。团长是黄永胜（未到任），政委张秀山，政治部主任卓雄（一部学员），组织部长刘澜波（党校干部），宣传部长赵毅敏（中宣部秘书长），文化部长刘芝明

---

① 参见《刘少奇年谱（一八九八——九六九）》上卷，中央文献出版社1996年版，第481页；《朱德年谱（一八八六——九七六）》（中），中央文献出版社2006年版，第1204页。

（中央党校教务处副主任兼三部主任）。其中党校师生200余人单独成立了党的领导小组，张秀山任书记，一部学员赵德尊任组织委员，教务处杨英杰任宣传委员。干部团到达山西岚县后，与晋绥分局的林枫支队会合，林枫任总队队长，张秀山为副队长，全队1200余人。

为迅速进入东北地区，干部团跋山涉水，风雨无阻，日夜兼程，以超人的速度行军。行军的头几天每天走几十里，以后每天走100里左右，最快时每天要走130—150里。据一部学员卓雄回忆，在张家口，聂荣臻了解到干部团的困难，立刻命令军区骑兵团把全部马匹给了干部团。到了承德改乘火车直达沈阳。他是10月23日到达沈阳的500名高级干部之一。①

另据一部学员牟海波回忆，过了张家口，总算有了火车。但火车速度很慢，主要因为没有燃料，只能是有煤烧煤，有木材烧木材。有时火车跑不动了，或者上坡了，大家就下车推火车走，这样当然很危险。在通过北平北部的无人区时，为了抢时间，夺取东北，决定带有马匹和其他牲口的高级干部分批先行，步行的队伍于10月末到达沈阳。②

9月14日，中共中央政治局会议决定：把全国的战略重点放在东北，力争在东北建立根据地；把原来准备南下的部队和干部转而挺进东北；决定成立中共东北中央局，以彭真为书记，陈云、程子华、林枫、伍修权为委员。16日，彭真副校长受命与陈云、伍修权、叶季壮等乘到延安的苏联飞机离开延安到山海关机场。17日，从山海关改乘火车，经锦州等地于18日到沈阳，组建中共中央东北局。随后，中共中央陆续派遣10名中央委员（其中4名为中央政治局委员），10名候补中央委员，2万名干部和13万部队挺进东北，建立东北根据地。

---

① 卓雄：《在党的培育下成长》，见中共中央党史研究室第一研究部编：《七大代表忆七大》上，上海人民出版社2006年版，第568页。

② 牟海波：《七大与我的人生之路》，见中共中央党史研究室第一研究部编：《七大代表忆七大》下，上海人民出版社2006年版，第750页。

9月19日，中央党校另一批赴东北的干部由一部学员、原晋察冀区党委秘书长李德仲（辽宁盖平县人）带队离开延安，其中有在延安工作的六七十位老同志，还有部分文艺界人士，共300多人。队伍走到张家口，文艺界人士留下，其他人继续往东北前进，到承德后大部分留下分配工作。

这个团的文艺界人士主要是中央党校三部的学员。他们组成两个文艺工作团。第一团40余人，由舒群带队；第二团50余人，由艾青带队。他们出发前，8月24日延安文化界100余人在交际处召开欢送会。丁玲致开会辞，林伯渠、彭真讲话。彭真肯定了延安文艺界通过整风运动的进步，要求文艺工作者要做到：1. 进一步深入群众，到了大城市要深入到工厂和贫民区、矿山去；2. 和当地干部结合，虚心当他们的小学生，要先估计到他们的工作成绩，然后批评缺点；3. 反映当地群众的生活，而不是把延安的一套硬搬过去。周恩来午后莅临会场并讲话，他分析了时事，勉励文艺工作者坚持毛泽东文艺政策和鲁迅的方向，坚持文艺工作的统一战线，坚持长期埋头苦干，不要急于出名，不怕默默无闻，到了新地区尤其要防止骄傲。[①] 至此，在中央党校三部学习的文艺界人士大部分离开延安，奔赴东北和华北、华东各战略区工作，有的做随军记者，有的到地方参加土改，创作了像《太阳照在桑干河上》《暴风骤雨》《挺进大别山》等优秀作品。

9月底，来自闽、浙、赣的100多名干部到达太行八路军总部。第二天即看到党中央来电，要求所有路过总部的干部队和零星路过的干部“一个不留，星夜亟程，限20天赶到山海关”。大家明知家乡的党组织和亲人们正在翘首盼望，却都义无反顾地坚决贯彻执行命令转赴东北。这批干部是8月17日从中央党校出发，准备经敌后根据地到华东局新四军军部，然后相机转进到闽浙赣边区开辟工作的，出发前曾集中在党校三部后山学习了一个多月。

① 《解放日报》1945年8月25日。

10月10日，蒋南翔率领的五四青年干部队300余人出发赴东北。其中有中央党校学员和中央青委干部几十人。干部队分4个小队，一部学员赵石任第二小队队长。

10月间，原准备回华中战场的新四军学员200余人组成一个干部大队，由一部学员、新四军第二师五旅政治部主任、七大代表祝世凤任大队长，从延安出发奔赴东北。大队下面分几个中队，四部十四支部学员陈祥是中队长之一。

据目前所看到的资料，至1945年底，被党中央派往东北的中央党校教职员工估计在千人以上。其中包括副校长彭真、秘书长黄火青、教务处主任兼二部代主任张秀山、一部主任古大存、教务处副主任兼三部主任刘芝明、五部副主任强晓初等校、部领导。当时的东北，从中共中央东北局到四省的省、市、县主要领导干部，以及人民军队的各级指挥员，有相当部分是来自中央党校的干部和学员。

与此同时，党中央还抓紧时间调派党校学员返回华北、华中、华东等各根据地。例如：

8月16日，日寇投降的第二天，中央组织部就将在中央党校一、二、三部学习的晋察冀干部七八十人调回晋察冀前方工作。

8月21日，从冀中来党校学习的部分干部及家属组成一个大队从延安出发，奔赴冀中，大队长侯玉田。

8月25日，毛泽东和党中央决定，紧急使用美军观察组的一架小型运输机，送参加七届一中全会和中央工作会议的20余位各战略区军政领导人飞赴太行根据地（飞机在山西黎城的长凝机场降落），再转赴东北、山东、华中等地，组织对日寇的最后一战，并做好防备国民党发动内战的准备。他们是：刘伯承、邓小平、陈毅、林彪、萧劲光、滕代远、陈赓、薄一波、江华、宋时轮、陈锡联、杨得志、李天佑、张际春、王近山、邓克明、邓华、陈再道、聂鹤亭、傅秋涛等。其中在中央党校一部学习的有11人。江

1945年8月25日，我军将领（身背降落伞诸君）搭乘美国飞机奔赴各战略区（邓发摄影）

华回忆：毛泽东非常关心这次飞行，让叶剑英亲自进行检查，要每个人带好降落伞上飞机，并由黄华担任翻译。①

8月26日，中央党校晋豫地区学员返程，由一部学员王毅之带队，同行的干部有100多人。

10月20日，又一批在延安和在中央党校学习的高级干部乘坐美国飞机返回前方。

当年一部学员杨国宇的日记记载了学员离开党校奔赴前方的情景："8月26日，我的饲养员牵着原来的骡子，回到党校。我与他收拾东西，除几本书外，一堆羊毛，不要了，还未做好的脚踏纺车、种地工具、土茶缸、废报纸通通不要了，晚饭也不吃了，急急忙忙到了我的留守处，天已黑了。晚上临时编到我班上的有太岳、太行、冀南各二三人（地方的人多，军队的人少），分好干粮即就寝。今日党中央发出关于和国民党进行和平谈判的通知。""8月27日晨，我们同行者21人。到绥德时即分成两个班行动，他们叫我小队长，谁也不叫谁的名字，高高兴兴回太行。这次沿途交通站接待非常热情，走一站吃一站，生活还好，也不收钱。我们知道，以打好仗来配合毛主席赴重庆谈判，来保卫胜利果实。山西上党区已处于危险中。

① 江华：《从投身革命到七大前后》，见中共中央党史研究室第一研究部编：《七大代表忆七大》下，上海人民出版社2006年版，第654—655页。

我们谁也不掉队，加紧赶路。”[①]

当时的中央党校，学员一批批调走，今天这个支部解散，明天另一个支部成立，少数暂时无法上前方的学员，跟着不断调整的支部，从一个窑洞换到另一个窑洞。至1945年10月，经过延安整风的学员基本上走空了。一、四部除了个别从国统区来的学员等待分配，几乎全部调走。二、六部大部分学员来自敌后，日本投降后，部分返回原根据地，部分去了东北。三部近半数学员去了前方，个别的分配到鲁艺。五部也有部分学员报名到东北工作。一两千事务人员中凡是随首长到党校的，又跟随首长离开延安。

经历过延安整风洗礼的中央党校学员，每到一地都秉承“实事求是，不尚空谈”的校训，发扬艰苦奋斗、理论联系实际、密切联系群众、批评和自我批评的作风，放手发动群众，壮大人民力量，为对日寇的大反攻及随后的解放战争和新中国的成立立下了不朽的功勋。

五、抗战胜利后的中央党校

1945年8月26日，中共中央政治局会议决定安子文为中央党校教育长。因二部代主任张秀山准备赴东北，由安子文主管二部。安子文一段时间的主要工作，是领导校部组教处和各部组教科协助中组部干部科长王鹤寿向各根据地分配和介绍干部。1945年10月，中共中央任命安子文任中共中央组织部副部长。随后，主持中央组织部工作的习仲勋调中共中央西北局工作，中央组织部工作由安子文主持。

---

① 杨国宇:《七大前后日记》，见中共中央党史研究室第一研究部编:《七大代表忆七大》上，上海人民出版社2006年版，第644—645页。

（一）二部、六部继续办学

1945 年 10 月 24 日，中央组织部、中央党校发出《关于党校收生资格规定的补充通知草稿》。通知说："鉴于延安各机关人员的特殊情况，并使多数干部得有学习机会，故将原有党校收生资格规定加以补充，其原则：（一）二部收生资格，仍本过去规定，酌收延安机关中重要的政治科员干事以上以及相当这方面的干部。（二）五、六部收生资格，按过去资格降低一级——至连级与乡级。"

招生过程中，中央决定五部从中央党校划出，恢复西北局党校建制。二部、六部搬到小沟坪办学。三部没有再招新学员，尚有 3 个支部 153 个女同志，带着 218 个小孩。为了使这些女同志也能有条件学习，三部办了托儿所。至 1946 年 3 月三部幼儿园还有 120 个孩子，他们的母亲继续在原三部学习。

中央党校的组织机构和人事安排发生了较大变化：毛泽东仍然担任校长，安子文任教育长主持党校工作并兼教务处长，黄火青任秘书长兼总支书记，杨献珍任二部主任兼教务处副处长，侯维煜任六部主任，牟泽衔任校务部长。开学不久，11 月上旬，中共中央决定由谭政"率五千人及党校、延大"赴东北。党校派出工作人员和二部学员百余人组成干部队，由杨献珍带队出发。杨献珍走后，二部主任疑为安子文兼任，侯维煜兼教务处副处长。11 月底，党中央决定黄火青去东北。中央党校秘书长由刘仰峤担任。

1945 年 11 月初，二部与六部新招学员 1000 余人入学。当年六部七支部学员刘汝宁回忆：我们支部书记叫何平，女同志、湖南人，原是搞地下工作的。我在支部里是年龄最小的，虚岁 22 岁，和我同龄的还有齐心、李华。我们支部还有欧阳山尊和他的夫人李丽莲。我们小组共有 11 人，男学员是何启君、徐律、杨国华、陈丁顺、高世勋、马方五；女学员有何平、彭露洗、王海明、陈怀平。何启君是组长，我是副组长。[①]至1946年11月，中央党校学员人数在460—1000人。

在二、六部学员入学的同时，中央党校开办了西北民族班和西南民族班，但学习时间和学员人数不详。

二部学员张堃生回忆："1945年到1946年，我在延安中央党校学习。那时正是我们党经过整风运动和开过'七大'之后，中央党校在党中央毛主席直接领导下，各方面呈现出一派朝气蓬勃生动活泼的新景象。给我印象最深刻、教育最大的是那实事求是的学风，领袖和群众亲密无间的关系，以及工作人员全心全意为学员服务的态度等党的优良传统作风。""到党校学习最突出的感觉是实事求是的学风。不仅学员佩戴'实事求是'的校徽，礼堂门首嵌着毛主席手书的雄壮苍劲的石刻大字'实事求是'，礼堂内悬贴着'坚持真理修正错误'的标语，而且整个学习过程都贯穿着理论联系实际的精神，教学的指导思想、学习计划、学习方法、学习活动，无不体现着实事求是的学风。当时毛主席对党校学员的一段讲话，对学风影响很大。这个简短讲话，是由胡乔木同志向我们传达的。大意说：我们共产党不是蒋介石的国民党，不需要人们迷信；我们党的领导人不是蒋介石，不需要盲从。你们学习理论、总结历史经验、对待问题都要问个为什么。我的东西你们可以提出疑问，大家讨论，不要囫囵吞枣。我不要盲从的学生。毛主席这一段话，充分体现了我们党的实事求是的革命精神。我们的整个学习生活都是在这一思想指导下进行的。"[②]

开学之后，对形势和七大文件的学习占有相当分量。学习方法仍然是自学为主，将正反两方面的文件交给学员阅读讨论，请人介绍历史背景，让学员自己去鉴别比较。校领导坚持整风精神，强调"自由思想""坚持

---

① 刘汝宁：《人生历程——我的九十年回顾》，北京海燕影艺社2016年印制，第67页。

② 张堃生：《永不忘怀的深刻印象》，见《延安中央党校的整风学习》第二集，中共中央党校出版社1989年版，第143—144页。

真理修正错误”。要求大家对待问题不带框框，不先入为主，要从实际出发，独立思考，凡事要问个为什么；观点、结论要经得起反复推敲，经得起别人反驳，经得起实践的检验。校园内形成了敢于独立思考、大胆争论的好风气。即使是对某些重大的政治问题，在讨论中也敢于坚持己见，提出疑问，无所顾忌。一旦发现自己的意见错了，也勇于承认偏差，及时改正。

内战有随时爆发的可能，但当时学员的普遍情绪是：1. 都希望和平；2. 大多数是抗战时期参加革命工作的，喊的是“拥护蒋委员长”的口号，没有经过土地革命，对他的本质认识不清，对他有幻想；3. 不知道打倒日本帝国主义之后该做什么，中国下一步向何处去。在有关形势问题的学习讨论中，学员们的争论集中在 3 个问题上：1. 蒋介石有没有革命性；2. 抗战胜利后，统一战线里是否还包括蒋介石；3. 抗战胜利后党的统一战线政策是策略转变还是战略转变。[①] 安子文及时将讨论的情况汇报给毛泽东，并根据毛泽东的意见作了总结报告。

在学习《关于若干历史问题的决议》的过程中，学员们围绕陈独秀右倾投降错误给中国革命造成的恶果展开了激烈的争论。张堃生回忆：“在讨论第一次大革命失败的原因时，部分同志忽视当时帝国主义封建军阀势力强大的客观事实，把第一次大革命失败的原因完全归咎于陈独秀。认为没有陈独秀的右倾投降错误，北伐便可以迅速成功，中国革命可以很快取得胜利。另一部分同志不同意这种看法。双方相持不下，于是请教毛主席。安子文同志向我们传达了主席的解答，大意说：第一次大革命，没有陈独秀右倾投降错误，革命不会遭受那样惨重的失败，但也不会速胜。因为帝国主义封建地主军阀的联合势力过分强大，敌我力量悬殊；同时我党处在幼年时期，缺乏革命经验，由此造成中国民主革命的持久性、艰巨性的特

① 参见刘汝宁：《人生历程——我的九十年回顾》，北京海燕影艺社 2016 年印制，第 68 页。

点，不会因为一时中央领导的正确与否而改变。即使那时中央领导不犯重大错误，在那种条件下，中国革命也不可能很快取得全国胜利。当时很可能形成以两湖为中心的革命根据地，逐步向全国扩展，然后才能取得全国的胜利。毛主席从历史实际情况出发的实事求是的分析，使争论双方心悦诚服。”①

“历史问题决议”的学习到1946年1月底结束。1946年2月，刘少奇给党校全体学员作了关于和平民主新阶段的报告。之后学校组织大家讨论。有些同志认为蒋介石不可信，说“邱吉尔可变，蒋介石不可变”，对和平民主新阶段表示保留意见。大多数同志对中央的决定表示热烈拥护，认为党中央和毛主席对蒋介石心中有数，是作了两手准备的。在全国人民热望和平统一，签订“双十协定”之后，建立一定时期一定程度的民主和平局面未尝没有可能。如果拒绝和平统一，会违背全国人民的热望，是不可取的。这个争论，牵涉到如何对待当时的政治形势、如何对待中央决议的大问题。但那时大家都认为争论是正常的，双方都强调事实，以理服人，没有任何人给对方扣帽子的现象。

1946年3月初，中央决定派党校师生100多人离开延安赴东北。这批干部组织了3个分队，教职工为第一分队，二部学员为第二分队，六部学员为第三分队。队伍走到张家口，因局势变化，无法继续前行，遂留在晋察冀边区，分配到军队和地方部门工作。

1946年，对七大文件的学习延续了相当一段时间。9、10月间，《解放日报》还有关于中央党校学习《党章》的报告。其他学习内容，因无资料可查而不可知。

① 张堃生:《永不忘怀的深刻印象》，见《延安中央党校的整风学习》第二集，中共中央党校出版社1989年版，第145—146页。

（二）毛泽东在党校的活动及全校大报告

抗战胜利后，毛泽东曾经到中央党校大礼堂作过两次报告。一次是1945年10月17日关于重庆谈判的报告。其主要内容是：1. 重庆谈判后的国内时局；2. 我们的方针；3. 我们的工作。毛泽东指出："谈判的结果，国民党承认了和平团结的方针。这样很好。国民党再发动内战，他们就在全国和全世界面前输了理，我们就更有理由采取自卫战争，粉碎他们的进攻。""我们的方针是保护人民的基本利益。在不损害人民基本利益的原则下，容许作一些让步，用这些让步去换得全国人民需要的和平和民主。"并强调："人民的武装，一枝枪、一粒子弹，都要保存，不能交出去。""如果他们要打，我们就彻底消灭之，这样才有和平。"毛泽东指出：很多同志要去东北工作，工作就是斗争，我们要去挑重担子。中国革命是长期的，前途是光明的，道路是曲折的，困难会有很多，我们要承认困难，分析困难，和困难作斗争。最后胜利一定是属于我们的。①

另一次是1945年10月25日毛泽东、朱德、周恩来、刘少奇、贺龙、徐向前、何长工等领导人在中央党校大礼堂欢送抗大七分校上前方，中央党校学工人员参会。毛泽东说：在我们党校开大会，欢迎又欢送你们。我们总的任务，为全国和平奋斗，把敢于进攻我们的反动派打垮下去。这是第一条。第二条希望你们扩大自己的队伍，巩固自己的队伍。无论你们到哪一个部队，一定要把官兵关系搞好，要以同志态度对待战士。第三条就是要和老百姓、人民搞好关系。我们要把军民关系搞好。所有我们的军队要和全体人民团结起来。上前方第一条任务多打胜仗，和平才能实现。②

新二部、六部入校后，毛泽东在党校参加过几次活动。一次是1946年

① 参见《毛泽东选集》第四卷，人民出版社1991年版，第1156—1163页。

② 参见《毛泽东年谱（一八九三——一九四九）》（修订本）下卷，中央文献出版社2013年版，第42—43页。

4 月 15 日下午，中共中央在中央党校大礼堂举行干部大会，悼念“四八”被难烈士。大会推选毛泽东、朱德、刘少奇、任弼时、康生、彭德怀、林伯渠、贺龙、习仲勋、徐向前、蔡畅等 15 人为主席团成员，林伯渠主持悼念会。参加悼念活动的有 2000 余人。朱德、刘少奇等人在悼念会上讲话。

另一次是 7 月 13 日上午，毛泽东等中央领导到中央党校慰问由新疆出狱的马明芳、杨之华、朱旦华等 129 位同志及他们的家属。毛泽东一见面就说：“同志们，你们辛苦了”，并与大家一一握手问候。他说：你们都是好同志。现在和从前不一样了，我们已经有 100 多万军队，1 亿多人口的解放区。只要你们身体好了，将来有你们干的工作。目前你们的任务就是恢复身体健康。当晚，由党校平剧研究院、中央管弦乐团和新疆归来的同志在中央党校举行联合音乐舞蹈晚会。这批同志是 7 月 11 日回到延安的，中共中央安排他们到中央党校二部学习休养。

这期间毛泽东也来党校看戏和跳舞。1946 年 2 月，党校礼堂演出《三打祝家庄》，连演两晚上，毛泽东都来观看。当时有学员只顾看毛泽东，忘了看戏。

中央领导和各地负责人仍不时到党校作报告。目前知道的有：

1945 年 12 月 8 日，周恩来在中央党校礼堂向党校师生和延安干部作关于目前时局的报告。主要内容为：1. 国共谈判前后，国民党的动向——前段想“和”，后段想“战”，以及我们的方针；2. 美国的扶蒋反共方针，以及我们的对策。

1946 年 1 月，谭震林到中央党校作报告，介绍目前新四军和江南地区的情况。他说：日本投降后新四军准备进攻、接收上海，被党中央制止。因为进攻上海，会付出相当大的代价，国民党必然力争，我们守不住，得不偿失。实践证明，党中央关于不要进攻大城市、不要和国民党拼消耗的指示是完全正确的。

1946 年 2 月某日，刘少奇向党校全体学员作关于和平民主新阶段的报告。

1946 年 4 月 8 日，邓子恢在党校作《华中解放区工作》的报告，内容有：1. 一般概况；2. 群众运动，主要是农民运动；3. 生产建设，劳动互助组和消费合作社。

1946 年 5 月 3 日，薄一波在党校作报告《晋冀鲁豫解放区的群众运动》。

1946 年 5 月 29 日，康生在中央党校传达中共中央关于土地改革的“五四”指示。

1946 年 12 月 18 日，周恩来在中央党校作题为《一年来的谈判及其前途》的报告。报告概述了自日本投降以来国共谈判三阶段的情况，总结了一年来谈判的经验教训。他预言内战再打半年到一年，战局一定要改观，在不久的将来，将会造成民主的新高潮。

1947 年 2 月 2 日，康生在党校作《关于群众工作》的报告，主要讲土改工作中应注意的问题。

1947 年 2 月 4 日，中共中央在党校大礼堂举行延安干部大会。刘少奇在会上作形势报告，着重阐述了依靠群众的根本观点。他说：共产党不怕什么，不怕马歇尔、蒋介石、地主，只怕脱离群众。要少拿多给，替群众想办法谋利益，如有这些观点，共产党只剩一个人还是不可战胜，一个人很快变成几十个。不要怕老百姓得了便宜。不然不能叫革命，不能叫布尔什维克，给群众好处，才有政治资本。群众观点一动摇，一切都成问题。[①]中央党校教职员工参加了大会。

1947 年 2 月 27 日，周恩来在中央党校作《关于文艺问题》的报告。根据当年学员的笔记，周恩来讲的第一个问题是暴露与歌颂的关系问题。他以鲁迅的创作为例，指出：如果对新的生活新的力量没有正确的深刻的理解，暴露旧的也就不可能深刻。也就是说，如果对新的力量没有充分的

---

① 《刘少奇年谱（一八九八—一九六九）》下卷，中央文献出版社 1996 年版，第 65 页。

估计和信心，也就不会更有力地打击旧的。第二个问题讲新民主主义文艺的内容。他指出革命高潮即将到来，我们的革命文艺将要从延安窑洞走向全中国，无产阶级文艺将代替资产阶级文艺登上历史舞台。

（三）主管中央管弦乐团

中央组建管弦乐团是毛泽东提议的。1945 年 8 月 27 日，毛泽东在延安机场迎接美国驻华大使赫尔利和国民党代表张治中。事后，他向中央有关同志提出，我们今后要进行外事活动，要有仪仗队，还要有军乐团。1946 年 3 月 4 日，美国五星上将马歇尔率领 30 余人（包括记者团）在共产党代表周恩来、王若飞、叶剑英和国民党代表张治中等的陪同下，到访延安。我方除欢迎会、宴会之外，还由鲁艺、中央党校和西北战地文工团的同志搞了一场音乐会。因考虑外国人看不懂秧歌、戏曲，只演出了《黄河大合唱》、民乐合奏，并由著名的大提琴演奏家张贞黻演奏了 17 世纪法国的加沃特舞曲。马歇尔等人在这偏僻的黄土高原听到古典西洋音乐，十分激动。演出结束后，周恩来、叶剑英让金紫光、张贞黻等人留下来。周恩来说，延安有各方面的人士访问，自身的文化事业也要发展。如今人才济济，应该建立一个管弦乐团。当即指示金紫光、张贞黻负责拉单子，叶剑英掏钱，派金紫光到北平去买乐器。叶剑英时任北平军调部主任。[①] 1946 年 5 月初，乐器基本到位。5 月 6 日，《解放日报》刊登了延安中央管弦乐团即将成立的消息。消息称：该团直属中央办公厅领导，由中央办公厅、边区政府、中央党校赞助，中央党校文艺工作研究室管理。

中央任命贺绿汀为团长，张贞黻、金紫光任副团长。团部下设组织科、行政科、教务科、弦乐队、管乐队、合唱队等 6 个单位。团部设在中央党校校部。中央管弦乐团行政委员会由中央办公厅行政处长邓洁任主任，中

① 李刚、黄晓芬讲述延安中央管弦乐团创建及活动始末有详细记载；许翰如：《山沟里的火凤凰——忆延安中央管弦乐团》，《新文化史料》1999 年第 2 期；孔文：《不应忽略的一段历史——记延安中央管弦乐团》，《天津音乐学院学报》1996 年第 4 期。

央党校文化工作研究室主任李伯钊和党校秘书长刘仰峤任副主任。

从5月17日开始，《解放日报》连续3天登出《中央管弦乐团招考团员简章》，公开招募团员。乐团定名为延安中央管弦乐团，其宗旨是培养管弦乐技术人员及训练军乐技术人员。弦乐队设小提琴组、中提琴组、大提琴组、低音提琴组；管乐队设木管乐组和铜管乐组；并设合唱队。报考资格：年龄15岁至26岁，文化程度相当于初中或初中以上，身体健康，愿以音乐为职业者。招生名额：弦乐队25名，管乐队25名，合唱队及其他20名。团员一切衣食住用品全部供给。乐器以公家设备为基础。曲谱与教材由团部供给。报考者需持本机关介绍信到中央党校文艺工作研究室音乐组中央管弦乐团筹备处报名，5月26日（星期日）在中央党校音乐室进行测验。合格者须经党校卫生所检查身体。

经过两个月的筹备，中央管弦乐团的组织机构和演职人员基本到位：乐团组织科长孟波、行政科长卢肃、教务科长梁寒光、弦乐队队长陈地、管乐队队长谌亚选、合唱队队长由贺绿汀暂代，许多乐队队员又是合唱队队员。乐团指挥李德伦。中央管弦乐团还组成了一支数十人的军乐队。

1946年7月19日，延安中央管弦乐团成立大会合影

中坐者（左起）：刘仰峤（中央党校秘书长）、陈因素、徐特立、朱德、邓洁、李伯钊（中央党校文艺研究室主任）、江青。中立左一为金紫光、右四张贞黻

7月19日，延安文化界、音乐界80多人在中央办公厅会议室举行中央管弦乐团成立及聂耳逝世11周年纪念大会。朱德、徐特立、王明、陈伯达、何思敬、张季纯等出席。邓洁致开幕词，金紫光报告乐团筹备经过，张贞黻报告乐团业务教育计划，孟波报告聂耳生平。朱德总司令和徐特立讲话。李伯钊代表乐团行政委员会致词。中央管弦乐团演唱了聂耳的遗作《大路歌》《开路先锋》《码头工人》《新女性》《打长江》《毕业歌》。全体合唱《义勇军进行曲》。会后在中央大礼堂门外合影。

8月1日，为纪念八路军建军19周年，新华广播电台播送了中央管弦乐团演奏的15个节目，有《三大纪律八项注意》《游击队之歌》《保卫黄河》《太行山上》《八路军进行曲》《新四军军歌》等。1947年初，按照毛泽东的指示，为动员群众，准备打仗，中央管弦乐团创作排演了《送公粮》《民兵父亲》《参军花鼓》《前线》等秧歌剧和新歌剧《蓝花花》。在撤离延安之前，每逢节假日、纪念日和其他群众活动，中央管弦乐团都要参加演出。1949年初春，解放军和中央机关尚未进北平，中央管弦乐团奉命到清华大学、燕京大学演出。从延安来的“土八路”能演奏舒曼的协奏曲，大大出乎师生的意料，使他们对中国共产党刮目相看。

中央管弦乐团为延安军民演出

（四）撤离延安，中央党校停办

1946年10月20日，毛泽东就大敌进攻面前如何搞好疏散工作致函任弼时。中央党校开始有序疏散。11月18日，毛泽东起草“中共中央关于暂时放弃延安”的指示。中央党校开始坚壁清野，由工作人员负责清理离校学员空置的窑洞，将遗落在屋内的资料书籍搜集起来烧掉。文件档案有的埋入地下，有的打包交中央组织部和中央办公厅，随同中央档案往晋察冀转移。学工人员开始疏散，11 月疏散至清涧折家坪 283 人，其中学员 115 人、干部 62 人、事务人员 106 人。疏散至绥德义合七中队 197 人，其中学员 56 人、干部 45 人、事务人员 96 人。至 1946 年 12 月，中央党校尚有学员 285 人、干部 181 人、事务人员 400 人，合计 866 人。①

1947 年 1 月，中共中央机关开始撤离延安，先期转移至绥德。中央党校部分学员和工作人员随同转移。2 月，中共中央决定中央党校组成一个土改工作团，到陕北葭县参加土改。工作团由侯维煜带队，随同他前往葭县的有王镇武、刘锡庚等党校的干部，其他学工人员姓名及人数不详。

3 月 12 日，董必武、叶剑英等率领中央直属机关东渡黄河，转移到山西，3 月下旬，暂驻临县三交镇。按照党中央的指示，中央直属机关一部分往太行，一部分就地疏散。4 月上旬，中央党校大部分学工人员就地疏散。4 月 19 日，中央直属机关编为安子文支队出发前往太行。该支队共 1200 余人，分为直属队和 8 个大队。

董必武、安子文率直属队行动。6 月，安子文支队到达河北建屏县小觉镇。随赴太行的中央党校学工人员驻建屏县郭苏村，在校务部长牟泽衔的领导下参加了在西柏坡村为中央工委（中央书记处）建房的工作。7 月，牟泽衔调任中央工委供给部长，党校教职工被分配到供给部和中央其他机关部队工作。中央党校的机构不复存在。

从 1935 年 12 月中央党校在瓦窑堡复校到 1947 年 3 月撤离延安而后停办，中央党校持续办学 11 年又 3 个月。陕北的 11 年，是民主革命时期中央党校连续办学时间最长、培养学员最多的时期，也是中央党校历史上最辉煌的时期。

① 统计数字见中央党校档案处抄件。

第　九　章

新中国成立前夕的马列学院

1947年7月，当以刘少奇为书记的中共中央工作委员会（中央工委）进驻河北省建屏县（现平山县）西柏坡的时候，国民党军已经由攻势转变为守势，人民解放军已经由守势转变成攻势。到这一年末，随着我军在战场上的节节胜利，国民党反动政府的灭亡已成定局。中共中央不失时机地开始筹划迎接革命在全国胜利的各项准备工作，中央工委将重新开办中央党校的问题提上了议事日程。1948年7月，中共中央决定创办高级党校，名为马列学院，以刘少奇为院长，陈伯达为副院长。11月8日，马列学院在建屏县李家沟口村开学，为即将成立的新中国培养有理论修养的高级干部和宣传干部，招收学员110人。1949年3月28日，马列学院迁移至北平香山。1949年10月1日，马列学院师生参加了中华人民共和国开国大典，与全国人民一道，迎来了新中国的诞生。

一、中共中央决定创办高级党校（马列学院）

从中共中央决定重新开办中央党校到创办马列学院，经过半年多的酝酿筹划。在各大区都开办了党校、大批地训练实际工作干部的情况下，中共中央决定开办高级党校（马列学院），主要承担“比较有系统的培养具有理论的党的领导干部和宣传干部”的任务，以解决我党即将成为执政党而理论准备不足，理论人才缺乏的问题。

（一）中央党校 大党校 马列学院

1947 年 3 月，中央党校随中央机关撤离延安后自行停办。1947 年底，以刘少奇为书记的中央工委决定重新开办中央党校，像延安整风前的中央党校一样，大规模地短期轮训干部。

1947 年 12 月 26 日，刘少奇在为中央工委起草致康生、张鼎丞、邓子恢并报中央的电文中写道：“中工委已决定开办党校，并要各区亦办党校”。1948 年 1 月 10 日，刘少奇在为中央工委起草致中共中央的电文中提出：“为准备局面开展之干部，拟开办党校，招收县团以上干部五百至一千五百人，训练半年派出工作。是否可行，请示。”①

1948 年 2 月中旬，华北地区除几个大城市尚未解放，各根据地已经连成一片。根据形势发展的需要，中央工委向中共中央提议将晋察冀与晋冀鲁豫两个中央局合并。2 月 16 日，刘少奇致电正在晋察冀帮助工作的中央政治局委员彭真、晋察冀中央局书记聂荣臻、晋冀鲁豫中央局副书记薄一波并报中共中央，提议：“晋察冀与晋冀鲁豫两区完全合并，邯郸局与五台局合并，成立华北中央局……党校、大学、报纸等，亦均合并办理。”②2 月 20 日，毛泽东复电刘少奇：“提议中央工委于 3 月初召集彭真、聂荣臻、薄一波、陈毅、邓子恢、康生、饶漱石到中央工委所在地开会，讨论两区合并的提议以及支援整个南线北线的财政、经济、军工干部，成立华北机构，成立大党校、大军校、大党报等问题。”③3 月 3 日，刘少奇主持中央工委会议，讨论成立华北中央局及办大党校等问题。

此时中共中央曾一度考虑将为全国培训干部的任务交给即将成立的华

---

① 《刘少奇年谱（一八九八——一九六九）》下卷，中央文献出版社 1996 年版，第 113、116 页。

② 《刘少奇年谱（一八九八——一九六九）》下卷，中央文献出版社 1996 年版，第 130 页。

③ 《毛泽东年谱（一八九三——一九四九）》（修订本）下卷，中央文献出版社 2013 年版，第 285 页。

北局及其开办的大党校。3 月 7 日，中共中央致电中央工委："华北局成立后，……大党校、大军校亦是同时担负为华北、又为全国训练干部的责任。"[①]

3 月 23 日，毛泽东一行东渡黄河，经晋绥解放区到达晋察冀中央局所在地河北阜平，同刘少奇、朱德等人会合。4 月 30 日至 5 月 7 日，中共中央书记处在阜平县城南庄召开扩大会议。会后，中共中央在 5 月 9 日发出的文件中提出：华北局成立后，"中央委托华北局办理大党校、大军校、大党报及华北大学"。

两个多月后，7 月 19 日，中共中央作出关于创办马列学院的决定。7 月 24 日，中共中央向华北局、华东局、西北局、晋绥分局、东北局、中原局发出《中共中央关于建立高级党校（马列学院）的决定》。全文如下："甲、为着适应时局发展的迫切需要，中央决定创办高级党校，名为马列学院，以刘少奇为院长，陈伯达为副院长。（一）任务为比较有系统的培养具有理论的党的领导干部和宣传干部。最短的学习时间暂定为一年半，分三个学期，每学期的学习计划暂定如下：第一学期：中外史地的普通常识，包括社会发展史、中国通史（着重近代史）、近代西方史、世界经济地理。第二学期：马克思列宁主义三个组成部分，即政治经济学、政治科学、哲学。第三学期：毛泽东思想与中共党史。为锻炼学生的政治与写作的能力，每学期均须规定文章作法与作文的功课。第三学期，并进行专题研究。（二）所收学生，须要参加过实际工作（参加学生运动及其他政治运动在内）五年以上，在政治上思想上有相当的思考能力，政治正派，文化程度要能写文章或相当于高中毕业以上的水平。党龄不拘，候补党员亦可。一切学生均须经过考试，但由中央特别批准的高级干部则不在此限。（三）本校暂收学生五十人至八十人，将来再扩大之。现规定九月初旬为考试期，

① 《刘少奇年谱（一八九八——一九六九）》下卷，中央文献出版社 1996 年版，第 137 页。

九月下旬开学。请华北、华东、西北各局及晋绥分局即按照上述学生条件，从地方及部队中选调一定数量的干部来参与考试，不误。中原如有适当的学生亦可送来。乙、中央决定由东北局负责，在东北办一同样的高级党校，名为马列学院东北分院。”①

刘少奇（1898 年 11 月 24 日—1969 年 11 月 12 日），马列学院首任院长（1949 年 7 月—1953 年 2 月）

7 月 26 日，在中共中央书记处给中央各部委并华北局的通知中，重申了中央关于创办马列学院的各项决定，要求他们按条件选送学生，并明确马列学院由杨献珍任教育长。

此时中共中央最终决定由中央创办一个规模不大、学制较长，以系统地培养有理论素养的领导干部和宣传干部为主要任务的高级党校，并立即付诸实施。从决定重新开办中央党校到委托华北局办大党校，再到中央决定自己创办高级党校（马列学院），经过了半年多的酝酿讨论。这是一个郑重的决策，也是一个重要的有现实意义的决策。

（二）创办马列学院是形势发展的迫切需要

1947 年夏秋之际，按照党中央的部署，人民解放军相继由内线作战转向外线作战，由战略防御转入战略进攻。经过一年的激烈战斗，到 1948 年秋，解放区面积扩展到 235 万平方公里，人口达 1.68 亿。随着解放区面积的迅速扩大，接管的大中小城市数量不断增加，党的工作重心发生由乡村转入城市的战略性转变，中国共产党很快就要在全国范围内执掌政权。执

① 中共中央文献研究室、中央档案馆编:《建党以来重要文献选编（一九二一—一九四九）》第二十五册，中央文献出版社 2011 年版，第 370—371 页。

政之后需要大批能够管理军事、政治、经济、党务、文化教育等各项工作的干部，干部准备工作异常尖锐地提到了全党面前。

从 1947 年底开始，各战略区域就已经深感干部的不足，纷纷向中央工委要求调派干部，尤其是有土改经验、有城市工作经验的干部。刘少奇曾指示，干部问题应采取自己解决的办法，还可设党校、办训练班、开会来训练干部。1948 年 9 月，中共中央在河北省平山县西柏坡村召开的政治局会议（“九月会议”）上，“讨论了为了夺取全国政权所需要的干部的准备工作问题”。中央充分认识到：“战争的迅速发展，业已将此项任务紧急地提到了我党面前。如果我党缺乏此项准备，势必不能适应战争发展的需要，而使我党处于被动的地位。”中央估计在解放战争第三、第四（1948 年 7 月至 1950 年 6 月）年，解放军可能解放 1.6 亿人口、500 个左右的县和许多大中城市。在这些新解放的地区建立中央局、区党委、地委、县委、区委 5 级政权及大城市的各项干部，共需约 53000 人。其中负主要责任的干部，最低限度需要中央局级 160 人、区党委级 255 人、地委级 1000 人、县级 3500 人。为了解决各区域各方面干部缺乏的困难，中央决定：“各区中央局（分局）、区党委两级，应即开办党校，或加强和扩大已有的党校，抽调各级的各类的适当的干部到党校学习。”①

另一方面，现有干部的文化水平不高、理论准备不足的现象也十分突出。据 1948 年 12 月统计，华北的区党委一级干部中，83.3% 只有小学（含）以下文化程度。华东 241 个区党委委员和地委委员中，大学 23 人，高中 21 人，初中 81 人，高小 24 人，初小 27 人，稍识字 8 人，文盲 1 人，文化程度不明 56 人。原晋察冀 581 个县委委员中，大学 5 人，中学 113 人，高小 176 人，初小 269 人，文盲 18 人。据 1949 年 1 月统计，华北

① 中共中央文献研究室、中央档案馆编：《建党以来重要文献选编（一九二一——一九四九）》第二十五册，中央文献出版社 2011 年版，第 597 页。

1199542名党员中，文盲占60.9%，稍识字的占13.9%，初小的占19.7%，高小的占4.3%，初中的占1%，高中的占0.34%，大学的占0.09%。[①]

受文化水平的限制，学习和研究马列主义、运用马列主义分析和解决中国革命实际问题的气氛在党内特别是在党的干部队伍中比较淡薄。许多干部缺乏基本的理论素养，必然局限了他们的眼界和胸怀。加之党的干部大部分是农民出身，长期生活、战斗在乡村，对于如何做好乡村工作有比较丰富的经验。转入城市工作后，过去的实践经验与新的斗争需要不相适应。在城市管理、组织职工、领导工商业等各项工作中，自觉不自觉地搬用乡村工作的经验，自行其是，给城市工作造成了损害，犯了经验主义的错误。

党内长期存在的“干部恐慌”“本领恐慌”问题在这个历史转折关头又一次变得严峻起来。形势逼人，需要所有文化水平低的党员和干部，都必须努力地迅速地提高自己的文化水平，所有党员和干部都必须努力地迅速地提高自己的理论水平，方能处理大决战期间及政权更迭后所面临的复杂情况，胜利完成军事战线、政治战线、经济战线、文化战线、外交战线等各条战线异常艰巨的工作。中共中央要求各中央局、区党委两级创办党校，主要解决干部数量不敷分配的问题。中央自己创办高级党校（马列学院）则主要是为了提高干部队伍尤其是高级干部的理论水平，使他们能够运用马列主义的立场、观点和方法随时总结工作经验，使它带上条理性综合性，然后又用来指导工作，以适应全国胜利的局面和建设新中国的历史要求。

正如刘少奇在给马列学院第一班学员讲话时所说，“马列主义是我们党的理论基础，但我们党在提高理论修养方面是有缺点的。我们的干部几年来做了很多工作，……但缺点是理论修养不够，许多同志最重要的缺点就在这里。……我们要提高党的干部的理论水平，使各方面比较负责的干部

---

① 参见1949年6月27日中央组织部安子文关于党的组织概况向毛泽东的报告。

具有或多少具有马列主义的理论修养，一定要做到这一点。这就是我们办马列学院的目的。”①

二、筹办与开学

根据党中央的决定，马列学院的筹备工作在1948年7月底开始启动。整个筹备工作是在刘少奇的直接领导下进行的，具体工作由陈伯达、杨献珍负责。杨献珍回忆：我们在7月底就紧张地投入了马列学院的筹备工作。在整个筹办过程中，面临很多问题，如寻找校址、选调哪些同志到马列学院工作、招生条件怎样掌握，乃至招生考试出哪些题目、录取多少学员等等，少奇同志都亲自参加研究决定，还拟定了第一期招生的试题和要求，开列了第一学期的课程，初步商定了授课教员的名单等等。②

（一）选定校址

选定校址是整个筹备工作的重要一环。党中央关于创办马列学院的决定下发前后，选址工作已经开始。据杨献珍之子杨欣介绍，陈伯达、田家英带着警卫员沿着滹沱河找地方，最后选定在河北省建屏县（现平山县）第八区的李家沟口村。

李家沟口村是建屏县中部的一个村庄，位于滹沱河北岸李家沟沟口，走出村便可看见滹沱河，距党中央所在地西柏坡10里路程。李家沟小河（季节河）从村中流过，把村庄分为东西两岸。这一带滩地肥美，物产丰富，稻麦两收，经济条件较好，村里的房屋大部分是砖瓦房。李家沟口村革命工作开展较早，1929年村里就有2名党员。1938年村里建立了党的组

---

① 《对马列学院第一班学员的讲话》（一九四八年十二月十四日），见《刘少奇选集》上卷，人民出版社1981年版，第409—410页。

② 杨献珍:《教诲十年 遗爱千秋——缅怀刘少奇同志对党校工作的关怀》,《北京政法学院学报》1980年第3期。

河北省建屏县李家沟口村的马列学院院部（1948 年 7 月—1949 年 3 月）

织，是著名的抗日模范村。1938 年 9 月，华北第三行政督查专员公署与平山县政府在村里合署办公。1939 年，华北联合大学也曾在村里办学。1948 年 11 月，全村有 121 户 452 人、50 多个党员。这里的自然条件、政治氛围、群众基础、居住环境，都是比较理想的办学地方。

马列学院的用房，一部分是村里地主老财的房子，这些人早就跑了，经和当地政府沟通协商，由马列学院征用。还有一部分是老乡主动腾出来给马列学院使用的。马列学院院部设在杨清武家和杨正秀家。伙房设在杨二友家和杨青吉家，这两家在东西岸的南头，隔河相对。马列学院对外代号为晋察冀邮箱 3501 号，对内番号为“工校文工队”。

（二）选调干部和事务人员

马列学院第一批工作人员于 7 月底到校。中组部派长征干部彭子明担任马列学院总务科长，他带领韩怀秀、李金禄、刘瑞华等 10 多位青年到达李家沟口村。这些青年都是建屏县本地人，由中组部选招在南庄村培训了一个多月，分配到马列学院做事务人员。和他们一起到达李家沟口村的还有张东岳，中组部派他到马列学院担任行政秘书，同时参加第一班学习。这批人一到位，立即开始办学的准备工作，号房子，打扫卫生，订做床板，购买和自制必要的桌椅和教学用具，修建食堂，筹集后勤用品等。

10 月间，马列学院最初的两位专职教员哲学家艾思奇和文学家何其芳到校任教，艾思奇的夫人王丹一和何其芳的夫人牟决鸣也一同调入。调入马列学院之前，艾思奇任华北大学（1948年8月24日成立）第四部（研究部）副主任，兼该部哲学研究室主任。延安时期，艾思奇先后在抗大、中央研究院、中央文委、《解放日报》工作，曾担任中央党校的兼职教员。何其芳1947年10月到西柏坡中央工委工作，任朱德秘书。1948年1月到河北平山县参加土改运动。延安时期，何其芳曾在鲁艺任教，并两度赴重庆在周恩来领导下工作。

建校之初，马列学院的组织机构十分简单，设教务处，由教育长（杨献珍）、组织干事、教育干事、陈伯达的秘书、文书二人（田哲民、孔令□）组成。教员陈伯达（兼）、杨献珍（兼）、艾思奇、何其芳，机关文化教员牟决鸣、王寰生、寒枫，以及图书资料室（王丹一负责）皆归教务处管理。教务处暂无处长，由教育长领导。行政系统由行政秘书（张东岳）、行政协理员（洪影）二人负责，也暂归教育长领导。设总务科（科长彭子明）、供给股（股长刘汉鼎）、医务室（医生马速高）等机构。有行政管理员（薛德龙、孔光）、供给员（田福生）、会计（李富贵、刘今昭）、保管员（霍虎联、周□联）、收发（陈作敬）等工作干部。

当时全校共有干部30人，事务人员72人（其中青年队35人，承担学院后勤运输等杂务），家属及小孩19人，共121人（警卫班除外）。事务人员协助工作干部处理各方面的事务工作。如韩怀秀在教务处协助刻印教员的讲稿并分发给学员，李金禄协助收发工作，刘瑞华协助学员生活管理工作等。

为了保证教学和各项工作的顺利完成，马列学院非常重视做好党务工作，筹备期间成立了临时党支部。11月1日，马列学院召开机关党支部大会，选举产生5名支部委员，正式成立机关党支部委员会。原临时支部的7个党小组合并成3个。

（三）学员报到和开学

9月下旬，马列学院着手开学前的准备工作，10月初学员陆续报到。这期学员主要是从华北局、华东局、西北局、晋绥分局及中央有关单位按照中央规定的标准选送的。由于交通不便及其他方面的原因，各地学员报到时间不一，有8名学员1948年11月开学以后报到，最晚的1949年1月才到。各地选送报考的人数大大超过原定50至80人的招生规模。

学员中有一部分是部队的高中级指挥员，如孙定国是一位著名的抗日将领，入学前任豫鄂陕军区后方司令部司令员，带着警卫员、勤务员、马夫、马匹到校。马齐彬是团政治处副主任，到马列学院报到时带着警卫员宋有才和勤务员小胡。有的夫妻双方都是学员，如中央外事组研究处副处长张香山、孙少礼夫妇。湖南湘西特委书记王铁真、李英华夫妇不仅带着警卫员、勤务员，还带着小孩以及一只给小孩挤奶的羊。

学员报到后进行了简单的入学考试，用一上午时间写一篇论文。考题是刘少奇拟定的："我所了解的马克思主义、我对中国社会各阶级的认识，自选一题，写自己最熟悉的、了解比较深刻的问题。"

10月间，刘少奇听取了杨献珍关于马列学院招生考试的成绩和录取情况的汇报。他指出，鉴于培养理论干部的意义重大，应该适当增加录取的人数，并针对学员的特点，提出了学习中应该注意的问题。

按照刘少奇的指示，马列学院扩大了招生人数。第一期开学前后共录取学员110人。[①] 据石兴明考证，其中男学员92人，女学员18人；年龄最大的50岁，最小的20岁；部队学员24人，地方学员86人；1937年7月前入党的26人，1937年8月至1945年8月入党的72人，1945年9月以后入党的12人；纵队、区党委级的2人，师、旅、地委级的24人，县、团、处级的54人，营、科及其他级别的30人；大学和相当于大学文化程

① 据1952年1月14日陈伯达、杨献珍给刘少奇转报毛泽东的书面报告。

度的 31 人，师范 17 人，高中 26 人，初中、高小、小学和其他学习经历的 36 人。[①]

11 月 8 日，在李家沟口村马列学院院部举行了一个简短的开学仪式。杨献珍在开学仪式上讲了话，马列学院从这一天起正式开课。开学时的学员人数为 102 人，为马列学院第一班。学员编为一个支部，分 12 个小组。开学初，因学员之间互不相识，由教务处指定支委 5 人，支书 1 人，后又增设副支书 1 人，增加支委 2 人。学习小组和党小组完全统一，学习组长即党的小组长。

马列学院办学条件简陋，生活艰苦。学员按小组分别住在村里老百姓家中，大房子住六七人，小房子住三四人，以土炕为主，个别的用木板搭成通铺。大家不分职务高低，年龄大小，挤在一条炕上睡觉，炕前有一张方桌几条板凳，供学员读书写文章用。每天晚上，公务员把油灯添满了油，学员们在油灯下看书，直到灯油熬干了为止。没有食堂，大家在院子里围成一圈吃饭，雨雪天便打回屋里去吃。刚开学伙食较差。学校很快建了一座磨坊、一座豆腐坊，磨面、做豆汁豆腐供学校食堂使用，还利用麦麸和豆渣养了几头猪，又办了一个小的消费合作社，教职员工的生活逐渐有所改善。

开学后，马列学院初步拟定了一些规章制度并予以公布，实施对教职员工的管理。为提高工作人员的文化水平，马列学院还开办了机关学校，分甲、乙、丙三组，课程有国语、算数、史地、党课 4 门，规定每天一个半小时的课堂学习。另外设有通俗读书馆，还出了黑板报（1948 年出了 4 期）和墙报“大家看”（1948 年出了 7 期）。机关干部的学习也作了安排，5 人参加学员小组，7 人编入机关学校，13 人另行编组，进行学习。

---

① 另据《马列学院 1948 年工作总结报告》：1948 年底学员 106 人，其中抗战前入党的 23 名，抗战期间入党的 71 名，解放战争期间入党的 12 名。区党委纵队级 3 名，地委、师（旅）级 23 名，县委、团级 55 名，县团级以下者 25 名（其中包括蒋管区新来之学生等）。大学程度 31 名，高中程度 36 名，初中程度 21 名，其他（没正式住过学，在职业中补习或在工作中学习者）18 名。此件草稿存中央党校机要档案处。

三、在李家沟口村的学习生活

马列学院第一班学员在李家沟口村学习近5个月。学员们怀着学习理论、提高自身素质、更好地为党工作的理想，离开枪林弹雨的战场和紧张的实际工作，来到这个小小的山村。在院长刘少奇的亲切关怀下，在教员的精心培育下，实现了从当领导到当学生的转变，从不习惯读书转变到如饥似渴地看书学习。

（一）教学内容与教学方法

1948年9月15日，中共中央发出《关于党校教学材料的规定》。规定提出，“自从反对教条主义以来，各地党校没有提倡认真读书，有些党校甚至不读书或很少读书。这种风气，是很错误的。现在党内已经产生忽视革命理论的倾向。经验主义已经成为党内思想中主要的危险，全党必须努力提高理论与政策和策略观点的学习，克服这个危险”。

“决定除中央所办高级党校（马列学院）着重理论学习外，所有各局、各分局及各区党委所办县级及县级以上干部的中级党校，学习期间在半年以上者，在正式课本未编出以前，必须教授阅读和讨论下列书籍和文件，作为一般的临时教材。其他属于专门性质（如青年、职工、妇女、国民党统治区工作、新闻工作等）的教材由各负责部门另定之。”

规定中提出的书籍和文件分8类：马列主义基本理论、中国革命基本问题与中国共产党、时局与任务、国际形势、土地改革与整党工作、职工运动与城市政策、新区工作政策、对外国及外侨的政策，共计47本（篇）。

上述书籍文件，分别列入10门课程进行学习：什么是马克思主义、列宁主义概论、辩证唯物论与历史唯物论、政治经济学、社会发展史、新民主主义（或中国革命基本问题）、党的建设、党的历史、人民解放战争（用时局与任务及国际形势两项材料编成提纲讲授）、党的政策（土改、整党政策，职工运动与城市政策，新区工作政策，依所举材料编成提纲讲授，然后分别学生将来工作性质，对于某一政策作特别详细的研究，例如派往新区工作者，特别研究新区工作政策）。[①]

由于各方面条件的限制，在李家沟口村，马列学院的教学参考资料极少，图书资料室的藏书最多的时候只有3600册，主要是党中央、新华书店和几位教员赠送的。王丹一和一位事务员将图书分类编号，开架放置，供师生自由挑选借阅。没有正规的课本，教员根据自己讲课的内容编写成讲课提纲，由教务处印发给学员。上课没有教室，每个学员有一个小马扎，坐在院子里听课。

根据中央给马列学院规定的任务、教学时间、学习内容以及学员的实际情况，学校经过多方面征求意见，研究制订了教学计划。学院认为，马克思主义是一个严密的科学体系，必须按照马克思主义本身的内在逻辑来安排教学进程；首先学习中外近代史，才能了解经典作家所处的时代特点及其著作的历史背景，才能更好地读懂经典著作，更准确地领会马克思主义理论；重视文章作法并实际练习写作，对学习理论也有很大的帮助。因而决定开学后第一学期，从11月8日到旧历年前学习社会发展史、国文，以及历史地理常识。旧历年后开始学习世界经济地理、西方近代革命史、中国通史及近代史。第二学期学习马克思列宁主义基础，包括辩证唯物论与历史唯物论、政治经济学、政治科学、马克思列宁主义基本原著。第三学期学习毛泽东思想与中共党史、党的建设及目前党的政策，并进行专题研究。每学期都开设文章作法与作文的功课。每学完一个单元，都要写学习心得或论文，由教员审阅修改，并进行讲评。

由于教员少，要学习的内容多，教学中采取“以独立学习为主，而辅之以教员及小组的帮助的方针”，引导学员认真读书。“对于每个新课，教

---

① 中共中央文献研究室、中央档案馆编：《建党以来重要文献选编（一九二一—一九四九）》第二十五册，中央文献出版社2011年版，第473—477页。

员先征求学生的问题，而后作引言，在学习过程中，学生研究与讨论自己所提出的问题，而后由教员再集中其中一些主要的问题做一次总的解释或结论。教员和学生都觉得这个方法很好。教员应用这样的方法，等于自己也受了教育，而学生也以为这样的方法可以把自己的思想和教员交通起来，使教员不致只是自己讲自己的。”在教学中试行了集体的自我学习的方法——课堂讨论的方法，学员互为先生、互为学生，互相启发。为使学员不与实际工作脱节，邀请中央领导和中央各部委及各方面做实际工作的同志来校作报告。①

尽管当时的马列学院条件艰苦，但教员和学员的积极性都非常高。教员经常深入学员调查了解情况，有针对性地帮助学员提高文化和理论水平，学员也虚心主动地请教老师，师生之间非常熟悉，关系十分融洽。

1948年12月，马列学院为师生拟定了如下教材与参考书：《从猿到人》、《社会经济形态》、《封建主义》、《资本主义》、《社会发展简史》、《世界经济地理》（新版）、《中国通史简编》（上、下）、《近代史教程》（一、二分册）、《中国近代史》、《第一次世界大战简史》、《法兰西内战》、《拿破仑第三政变记》、《德国农民战争》、《民国通俗演义》、《德国的革命与反革命》、《法兰西阶级斗争》、《马克思主义观点的达尔文主义》、《经济学大纲》（河上肇著）、《共产党宣言》、《社会主义从空想到科学的发展》、《马克思恩格斯与马克思主义》、《两个策略》、《左派幼稚病》、《国家与革命》、《列宁主义基础》、《列宁主义问题》、《联共（布）党史》、《资本论提纲》、《政治经济学论丛》、《帝国主义论》、《政治经济学》（列昂节夫著，延安版）、《费尔巴哈论》、《唯物论与经验批判论》、《史的一元论》、《马恩列斯思想方法论》、《苏联社会主义经济建设》，以及马恩列斯的传记。学校克服种种困难购得这些书籍并陆陆续续下发给学员。

---

① 参见1949年1月11日陈伯达向刘少奇并转毛泽东的报告。原件存中央档案馆。

（二）解决“活思想”，提高学习积极性

马列学院第一班学员十分珍惜难得的学习机会，多数学员都能积极主动地学习。但是，由于文化程度和理论水平参差不齐，也存在各种各样的“活思想”。例如：

不少学员认为，到马列学院主要是学习马、恩、列、斯和毛主席的著作，对学习历史、地理持怀疑态度，认为学不学都可以。有的学员觉得读西方史也没有什么必要。有的学员不习惯自己读书，希望教员多讲课，多听点负责同志的报告。

有的学员对于系统地阅读马、恩、列、斯的著作也有些怀疑，觉得只要读毛主席的著作，而摘引马、恩、列、斯的若干部分为参考便可满足。有的学员说：“我不读马列主义的书不行吗？以前我不读这些书，也当了县委书记、地委书记；我现在不读，也能当县委书记、地委书记。”有的学员认为理论联系实际就是到村子里去做工作……

针对种种“活思想”，学校采取多种措施加以教育引导，以提高大家的学习积极性。为了解学员对史地知识的掌握程度，11 月中旬，马列学院组织了一次史地基础知识的测验，出了 100 道题，学员近 80 人参加测验。结果全班最高分仅为 79 分（1 人），最低分为 18 分，得 20 多分的学员有 9 个，59 分及以下的占 64%。其中“马日事变”一题，答对的只有 18 人，40 多人一字未答。“‘二七’斗争”一题，30 人未答或全错。“把中国历史上的朝代写下来”一题，50%—60% 的学员写不下来。有的学员答非所问，闹出了许多笑话。通过这次测验，使学员们认识到自己掌握的文化知识离党的要求和学习理论的需要差距很大，有认真学习这些功课的必要。

教育长杨献珍通过做教学计划的说明、和学员个别交谈、参加支部和小组会议等机会，反复宣传领导干部学习马克思主义的重大意义，告诉大家为什么马列学院的学员要比较系统地学习马克思主义，为什么要实行理论联系实际的教育方针，为什么要以学原著为主、自学为主，为什么要学

习历史和语文。帮助学员端正学习态度，提高学习自觉性。

对学员思想触动最大的是刘少奇院长那次有的放矢的讲话。12 月 14 日，刘少奇来校给第一班学员作报告。之前他曾阅读了学员们的入学论文和史地考试试卷，听取了陈伯达、杨献珍关于学员情况的汇报。在报告中，他讲了当前形势、创办马列学院的必要性和学习马列主义理论的重要性，然后用主要篇幅针对学员的“活思想”释疑解惑。

针对不习惯读书，想多听报告的想法，刘少奇指出：“多听报告，这不是坏事，但有点依赖别人学习的味道。……这是懒汉的精神，想依赖别人。这种精神，是与共产党员的精神不符合的。共产党员的精神，是积极上进的精神、独立创造的精神。”“列宁讲过，要认识一个复杂的问题，要认识一个真理，没有相当艰苦的独立的精神和工作是不可能的。必须有自觉的、艰苦的、独立的工作，要自己搜集材料，分析材料，否则要了解真理是不可能的。”“现在党内思想上主要的偏向、危险性到底偏在哪一方面呢？偏在经验主义方面的多，经验主义是主要偏向、主要危险。没有相当艰苦的独立工作，要找到真理，找到正确路线，成为真正的马克思主义者，是不可能的。”

针对不读马列主义的书也能当县委书记、地委书记的看法，刘少奇指出：“以前在山头上，事情还简单，下了山，进了城，问题复杂了，我们要管理全中国，事情更艰难了。我们打倒蒋介石、打倒旧政权后，要领导全国人民组织国家，如果搞得不好，别人也能推翻我们的。”“很多人担心，我们未得天下时艰苦奋斗，得天下后可能同国民党一样腐化。在中国这个落后的农业国家，一个村长，一个县委书记，可以称王称霸。胜利后，一定会有些人腐化、官僚化。”“因此，不是说胜利了，马克思的书就不要读了，恰恰相反，特别是革命胜利了，更要多读理论书籍，熟悉理论，否则由于环境的复杂，危险更大。”

针对要不要学马列原著、学西方历史的“活思想”，刘少奇说：“有的人认为，何必学这些外国东西，中国的书还读不完，毛主席的书还读不完呢，或者至少先读中国的书，再读外国的书吧！这个说法是不对的。我们要认识中国革命经验与世界革命经验的关系问题，必须都学，废弃一面是不对的。废弃中国革命经验，就是‘言必称希腊’，就是教条主义。……整风以后，党内在这方面纠正了。现在发生的问题，是只学中国的，不学外国的。学不学外国革命经验的问题，就是学不学马恩列斯理论的问题。”“任何一个重要革命问题的解决，光有根据具体情况的具体分析还不行，还必须参照各国的革命经验、历史经验。例如人民代表会议制度，就是研究了资产阶级议会制度和苏维埃制度的经验而提出的。中国革命是世界革命的一部分，而且是世界革命很大的一部分，不是孤立的。所以我们学习，不仅要联系中国的实际，而且要联系外国的实际；不但要研究现在的实际，而且要联系历史的实际。”

“学西方历史是为了读懂马列主义。毛主席说，马列主义是普遍真理，是放之四海而皆准的。学习理论，就是为了使这一普遍真理与中国革命具体实践相结合。所以我们既要有实际经验，更要有理论知识，二者缺一不可。既要有中国经验，又要有外国经验，二者缺一不可。否则，就是跛足的马克思主义者。教条主义者是跛足式的马克思主义者，而经验主义者则是爬行的马克思主义者，看得不远，迷失方向。”

刘少奇还讲了学习史地和国文的重要性。他说：“不学地理、历史，你就‘理论不起来’。你说你的历史知识够了，就考试一下，结果证明，还是要学。历史里边也有普遍真理。我们要用马克思主义的观点来分析历史现象。”“我看了你们的卷子，许多同志文化水平不够。要学习理论，文化不够是一个缺陷。因此，为了学马列主义，学习文化是必要的。以你们现在的文化水平看来，要真正学好理论，有许多同志是不够的。有些同志大学毕业，但写的文章就是不通。写文章，字也要写正当。你们写的很多字，我就不认得。”“要学习写文章，否则你们出去工作难以动笔。多写文章也能帮助读书。不但要学习写理论的文章，而且要注意写现实性的文章。写文章也是你们学习好坏的标准之一。”①

刘少奇的讲话解开了学员的思想疙瘩。大家普遍认识到，如果不是有系统地了解马、恩、列、斯，也不可能精通毛主席的著作；没有广博的知识不可能成为马克思主义者。在讨论中，有学员谈道：土改中犯“左”有我，犯右也有我，总是跟着跑。中央文件也看了，但就不知道怎样好好执行。有些工作错了也不知道，而且还愈错愈有劲。这些“乌龟爬”现象说明，没有理论就变成盲目性。有学员说，过去对经验主义认识不够，听了报告以后，认识到农村环境就是经验主义很好的温床，经验主义和地方主义结合起来，就会影响到全党团结，影响全国性的胜利。教条主义没有群众，经验主义有群众，教条主义通过经验主义，事情就会搞得很糟。因此，反对经验主义是必要的。②

（三）大报告

在李家沟口村，除刘少奇外，还有其他中央和部委领导也到马列学院作过报告。1948 年 12 月 3 日，朱德来马列学院作报告。他在报告中指出，中央办马列学院下了很大的决心，在我党几百万党员中，需要经常有二三百同志来学习。过去学习都没有考，这次考了一下，为的是了解程度，教的时候好教，学的时候好学。到马列学院学些什么呢？首先要学习唯物辩证法。学马列主义，首先就要学习唯物辩证法，这是马列主义的根子。第二，要学习阶级斗争的理论。现在很快就要进城了，政策已经定好，但干起来还可能偏左偏右。我们要时时刻刻记着阶级斗争，使群众跟我们走而不跟资产阶级走。马列主义者要掌握阶级斗争的规律，要把我们无产阶级组织起来，把农民也团结起来，向着社会主义走。第三，要学习经济学。马克思主义最好最基本的还是经济学的理论，《资本论》就是经典。但是，我们上百万同志中，有几个翻过《资本论》呢？的确，我们中国党一

① 《刘少奇选集》上卷，人民出版社 1981 年版，第 410—418 页。

② 1948 年 12 月 16 日，学员讨论刘少奇院长讲话情况汇报会记录。

开始就行动，没有时间读，这也难怪。现在就应该读了。朱德讲完后回答了学员提出的问题，如目前时局、统一战线、对外政策和新民主主义经济（他介绍了东北目前存在的6种经济成分，即国营经济、合作社经济、国家资本主义经济、私人资本主义经济、秋林式的社会主义经济、小商品经济）等。有些问题是在报告过程中陆续收到的，随问随答。[①]

1949年2月，安子文来马列学院作了关于组织工作的报告。报告首先介绍了目前干部的基本情况：全党脱产干部约80万，地方约50万，军队约30万，包括党外干部在内。女干部很少，仅4万人。大革命时期的只有500人，包括内战时期不足2万人，绝大部分是抗战以后的。从中看出几个问题：一是干部不够。干部数量在历史上是空前的多，但比实际需要差得多。革命将在全国胜利，没有二三百万不够。二是经验不够。长期处在农村，发动群众、建设武装、打仗是熟悉的；而管理城市、做职工工作、搞工商业，党是缺乏经验的，对干部来说是很生疏的。今天已接近胜利，搞工业、管理城市已摆上我们的议事日程。三是理论不够。高中级干部理论不够，经验主义、盲目性，在绝大多数干部中严重存在着，发生左右摇摆，在土改和整党中充分暴露了这一弱点。这3个问题必须解决，否则，即使全国胜利，困难也多。

解决干部不够的困难，第一是训练农村党员。1948年8、9月后，各地特别是华北解放区各级党校及轮训班半年之内训练农村干部20万，从中抽2万老区干部。五大解放区抽老区干部3万以上。现在各地继续训练，没有党校、训练班的均须设置，在组织上加以健全并坚持下去。第二是训练知识分子。从新区城市大量征调知识分子，也有很大成绩。华北、山东、东北、中原合起来有2万多人。平津解放后，华北党校吸收1万人，军大6000人，华北大学计划吸收3万人。现在是革命高潮时期，知识分子踊跃参加工作参

① 朱德报告的记录稿。存中央党校机要档案处。

军。第三是从新收复城市中训练工人干部。征调优秀的工人训练之后，即派遣做接管城市工作。农民干部接收城市搞不好，训练出的工人接收城市工作做得很好。通过训练这3种人，弥补数量不足，基本上能解决。只要认真这样做，一年、二年之内，二三百万干部的供应是没有问题的。

解决我们对城市各方面工作经验不足的问题，就是利用社会原有干部（即留用），除少数反革命分子外，放手利用、争取、改造他们，为新中国服务。

解决理论不够、克服经验主义的问题，只有用学习来解决，一方面要认真读书，要学习用无产阶级的立场、观点、方法来分析问题。光记条文是不行的，要联系实际。另一方面，中央提倡报告请示制度，主要是为了提高理论，就是让你定期地用马列主义立场、观点、方法把自己的工作加以总结。报告还就进城以前的思想准备、新老干部问题作了阐述。①

迁驻香山之后，1949年6月下旬，周恩来到马列学院给第一班学员作报告。周恩来讲了干部学习马列主义、毛泽东思想的重要性，鼓励大家加紧学习。②

四、名师育高徒

在李家沟口村，担负教学工作的仅有教育长杨献珍和哲学家艾思奇、文学家何其芳3人，迁驻香山碧云寺之后，经济学家王学文到马列学院任教。杨献珍是党内资深教育家。艾思奇、何其芳、王学文3位都在20世纪30年代初期成名，是党内国内知名的学者和作家。4位教员不仅在自己的研究领域颇有成就，而且具有“学而不厌”“诲人不倦”的名师风范，深得

① 引自石兴明、谢武军编著:《中共中央党校纪事》下卷，第19—20页。原件存中央档案馆。

② 参见范若愚:《要像周恩来同志那样加紧学习》，载中央党校教务办公室编《教学生活》报第14期，1981年6月25日。未能查到周恩来报告全文。

学员爱戴。在他们的辛勤培育下，在马列学院第一班的学员中，产生了不少有影响的学者和有成就的高级干部。

（一）杨教员 艾教员 何教员 王教员

马列学院开办之初，杨献珍任教育长并兼西方近代革命史和哲学教员。杨献珍参加过五四运动，1926 年加入中国共产党。他毕业于武昌商业专科学校，毕业后曾在商科大学任英文助教，阅读了不少马克思主义原著。在北平草岚子监狱坐牢期间，他翻译了《马克思主义和民族问题》《社会主义与战争》等马列著作，并担任狱中党支部宣传委员和主要理论教员。抗战期间他先后任北方局秘书长、北方局党校党委书记兼教务主任（并讲授《联共（布）党史》）、中央党校教务处副处长，调入马列学院之前任晋察冀中央局党校校长。

开学不久，杨献珍给学员作了《何谓理论联系实际——关于学习方法问题》的专题报告。他强调："理论与实际联系，是学习马克思主义理论的唯一正确的方法。""学习方法与思想方法分不开。学习方法问题，是一个思想方法问题。正确的学习方法，是要用辩证唯物主义与历史唯物主义的思想方法去学习。""所谓理论与实际联系，就是要我们学会经常自觉地用马列主义的思想方法去分析、处理、解决你天天所碰到的大大小小的、新的、没有解决过的、书本上所找不到的那些具体问题。这里所谓理论，就是指的马列主义普遍真理，就是辩证唯物主义与历史唯物主义的思想方法。"

针对有的学员以为理论联系实际就是到村子里去做工作等狭隘认识，杨献珍给学员们阐述了理论联系实际的 6 种主要方式：1. 用马列主义的立场、观点、方法去观察、分析、解决层出不穷的新情况新问题；2. 在学习马克思列宁主义的每一个原理和结论时，都必须了解产生这一原理和结论的历史情况和具体条件；3. 把书本知识与自己的工作经验联系起来；4. 有目的的调查研究，向现实生活学习；5. 联系自己的思想，从错误中学习；6. 言行一致。他强调："言行一致是共产党员最重要的品质之一。这就是我们学校为什么要把学习小组与党的小组、学习生活与党的生活统一起来的缘故。”①

艾思奇给第一班学员讲授社会发展史和哲学。艾思奇是著名的马克思主义哲学家，曾两度留学日本，1933 年在上海参加共产党领导的中国社会科学家联盟。1935 年，24 岁的艾思奇出版了他的成名作《大众哲学》，同年加入中国共产党。1937 年，艾思奇到延安。他曾在抗大、中央党校、马列学院等院校讲授哲学，曾担任马列学院哲学研究室主任、中央研究院文化思想研究室主任、中共中央文委秘书长、《解放日报》副总编辑。

社会发展史涉及人类的起源、社会的起源、阶级和阶级斗争的产生和发展、马克思主义关于国家和无产阶级专政的学说等方面的内容。艾思奇讲的第一堂课是“从猿到人——劳动创造人类世界”。他说，学习从猿到人的目的是要打破许多人的旧的剥削观点，建立新的劳动观点。劳动创造人，劳动创造人类社会，树立起热爱劳动、热爱劳动人民的思想。

在讲述阶级和阶级斗争的观点时，他强调，阶级和阶级斗争是社会生产发展到一定阶段的产物，阶级斗争是阶级社会历史发展的直接动力。研究阶级和阶级斗争学说的中心任务是掌握阶级分析的科学方法，运用阶级分析的方法，从纷繁复杂的社会历史现象中找出它的发展规律。社会历史首先是生产发展的历史，因而也就是劳动人民的历史，人民群众是创造世界历史的动力，人民群众是世界历史的主人，从而深刻认识中国革命的必然性、合理性，坚信中国共产党领导人民大众进行的新民主主义革命一定会胜利。

艾思奇眼界开阔，有着广博的社会科学和自然科学知识，丰富的中外历史和中外文化艺术修养，马克思主义哲学原理早已融化于心，因而他讲起课来，不靠马、恩、列、斯、毛经典著作语录的大量引证，不故弄玄虚以显示艰深，而是用朴素的语言，深入浅出，侃侃而谈，如数家珍。他的课使刚刚从前线和工作单位步入学堂的学员们感觉内容新颖丰富，心里充

① 参见《杨献珍文集》(1)，河北人民出版社 2002 年版，第 223—243 页。

实，受益匪浅，是一种享受，“使人听得入迷”（学员刘子正语）。历史唯物主义的基本观点——劳动的观点、阶级的观点、阶级斗争的观点、国家的观点、人民群众创造历史的观点，在学员头脑里深深扎根，为以后系统学习马克思主义和毛泽东思想打下了扎实的基础。

何其芳为第一班学员讲授国文并批改作文。他是现代文学史上的著名作家，1935年毕业于北京大学哲学系。何其芳1936年出版诗歌集《汉园集》（与卞之琳、李广田合著），1937年出版散文集《画梦录》，获《大公报》文艺金奖。其诗作《夜歌》《预言》《夜歌与白天的歌》等，深受读者喜爱。他1938年到延安，曾任鲁艺文学系主任，是新文艺运动的领军人物。开学初，马列学院的国文教员只有他一人。他精心选择少量范文，通过对范文的分析讲授文章的作法，给学员以启发。在李家沟口村学院要求学员每月写2篇作文，何其芳一个月就要批改200多篇作文。他把绝大部分时间和精力都放在批改作文和课堂上的总结讲评上。据学员们回忆，何教员对每一位学员的作文都作过认真细致的修改和评批，不少作文的每一段都写了批语，末尾还写了总评，细心地指导学员如何阐述观点，如何分析问题，如何谋篇布局，对遣词造句、标点符号的错误和瑕疵也一一加以纠正。他和每一位学员都进行过面谈，有时候一谈就是两三个钟头。学员艾力农（即第一期学员艾地，毕业后留校工作）在他的一篇文章中回忆说：“开学后记得我们的第一堂作文课，是写一篇批判违背阶级斗争观点的文章。针对这篇文章，何其芳和我有一次谈话，现在还记得很清楚。他说，你们的毛病有几点：一是文中结论式批判多而不习惯于说理式的去论证，让道理去说服论敌，经常想用帽子式的马列主义语句压服人，这样文章看起来气势汹汹，实际上是经不住推敲的；二是在工作中作惯了总结报告文章，也喜欢用一二三四的罗列，用优点、缺点、经验、教训的公式去套，不善于用轻松笔调将读者带到你的意境中去；三是文章展不开，架子紧得很，语句干枯，几句话就说完了；四是文字上喜用八股式倒装句，因为马列主义词汇的意思没有消化，生吞活剥地运用上去，这样翻译式的文章就多了。中国文章倒用了西洋文法。他的说法是有针对性的，因为学员中多来自实际工作的党政干部，文化水平不高，但在工作中写过的总结报告却不少，习惯于长篇大论，文字和逻辑都不注意，说道理也以论断式为多。何其芳指的是一种通病。”[①]何其芳在教学工作中热情诚恳，非常认真负责。他坚持深入学员、深入教学第一线，和学员平等相处，循循善诱，诲人不倦，赢得了学员的普遍赞扬。

1949 年 6 月，著名的马克思主义经济学家王学文调入马列学院任教。王学文 1910 年至 1927 年留学日本，毕业于京都大学，是著名经济学家河上肇的学生。1927 年，王学文在日本加入中国共产主义青年团。同年回国，转为中国共产党党员。他曾担任上海法政大学、暨南大学等几所大学的经济学教授，曾是江苏省委宣传部和“左翼社会科学家联盟”的主要负责人。在 30 年代关于中国社会性质问题的大论战中，他是马克思主义阵线方面的主将之一。延安时期，王学文曾担任中央党校教务处主任兼政治经济学教研室主任、延安马列学院副院长兼教务处长。调入马列学院前，他在华北财经学院担任院长兼研究室主任。到校之后，他深入了解第一班学员的情况，对教学对象做到心中有数，然后有的放矢地进行教学工作。

9 月 16 日，王学文给学员们讲了第一课——政治经济学引言“谈学习政治经济学的方法”。他首先提出学习态度和学习精神的问题。他说：政治经济学是马列主义的重要组成部分，学习政治经济学是为了党、为了无产阶级，为了提高自己，把工作做好。学习要深入研究、多用脑筋、认真虚心，不能因为困难就停止，就松懈，基础打不好，将来独立研究的能力就差。初学政治经济学是有一定困难的，但困难是能够克服的，坚持下去就能学好。

① 力农：《笨拙学生谈老师改作》，《中央党校通讯》1985 年 1 月 5 日。

关于怎样才能学好政治经济学，他讲了以下几个方法：第一，写笔记，读书学习要勤于写笔记。一是写小标题，把要点抓住，要善于综合概况；二是写摘要提纲，把书中重要的内容摘写出来，有系统的摘要就成为摘要提纲；三是写感想心得，是读书后的感想、认识、心得，是对原著的思想有所发挥。第二，深入钻研。一是提问题，提问题能引起学习兴趣，促进多看书；二是提出问题后还要一步步追问为什么；三是进行比较对照；四是学习要融会贯通；五是热烈讨论，使问题深入，有的问题需要作结论，树立正确的，批判不正确的。第三，联系实际，学习运用。怎样联系实际呢？他根据多年来的教学实践提出联系实际的9条途径：1. 要联系自己，联系别人，联系自己和别人的工作和思想，看看正确不正确。过去不知道的，今天知道了，过去知道少，今天知道多了，过去错误的，今天正确了，这都是进步。2. 联系地区，这个地区或那个地区，华北、华东、东北都可联系，中国的联系，苏联的也可联系，看看各地区一样不一样。3. 联系部门，农业、商业、工业均可联系，这个部门可与那个部门联系。4. 联系各种实例，典型有好、坏、一般三种，都必须研究。5. 联系问题，把过去和现在比较，又可和将来比较，研究今后怎么样。6. 联系重要的、次要的，掌握重要的，对次要的也要注意，有些好的经验开始时不一定占支配地位，也应该注意吸收。7. 了解实际情况。8. 研究某种具体问题。9. 参观工厂、农场。

在谈到学习步骤时，他认为学习要由浅入深、由易而难、由精至博、反复钻研。要反对教条式的形式主义的学习，反对冷热病的学习，反对好高骛远，学习要有中心，要坚持不懈。①

开国大典之后，王学文开始给马列学院第一期学员讲授“政治经济学”。用的课本是日本著名的马克思主义经济学家河上肇的《经济学大

---

① 中共中央党校报告选2010年增刊《老讲稿》，第134—137页。内部刊印。

纲》，参考书是苏联经济学家里昂节也夫的《政治经济学》。他把马克思的《资本论》和自己几十年研究经济学的心得融汇其中，紧密联系中国的实际，针对学员的接受能力和水平，深入浅出，有的放矢，讲得很生动，深受学员欢迎。他以一个马克思主义经济学家的理论勇气，在教学科研中不唯上不唯书，常常有自己独到的见解，给师生们留下了深刻的印象。

（二）生动活泼地主动地学习

除了听课读书，学院还鼓励学员们采用多种方式生动活泼地主动地学习。11 月中旬，为提高学习兴趣和写作能力，学员支部提出创办一份墙报，名为《有的放矢》，得到了学院领导的支持。至 1949 年春节前出了 6 期，向墙报投稿的学员有 53 人，相当于全体学生的二分之一。墙报成为“一个开展思想争论练习写文章的主要场所，一个推动学习前进的主要工具”。[①]

讨论和争论是马列学院师生重要的学习方法。有一位学员在入学考试时提出了一个观点：“社会发展的动力就在于人与自然的斗争”。在学习社会发展史时，他又写了一篇一万多字的文章《人与自然斗争论》来阐述他的观点。他认为，“人生的意义，人生的最终目的，人生的一切活动，就是为了与自然斗争”，“阶级剥削是一群人抢夺另一部分人的东西，是拆东墙，补西墙，以应付自然给予自己的痛苦”。“阶级斗争到了今天已经成了人类与自然斗争的最大障碍”，因而“首先要打倒人类与自然斗争的障碍——阶级统治”，“打倒人类历史上最后一个统治阶级，这是人与自然斗争的当务之急”。

他的文章引起了全校师生的注意，不少同志不赞成他的观点。1949 年 1 月前后，学校为了把教学引向深入，有意识地引导大家针对该同志的观点，展开小组讨论，或写文章辩论。通过讨论，大家认识到，以“人与自

① 1949 年 1 月 11 日陈伯达向刘少奇并转毛泽东的报告。原件存中央党校机要档案处。

然斗争论”取代阶级斗争论是不正确的。阶级剥削不是“一群人抢夺另一部分人的东西”，而是由于剥削阶级（地主、资本家）占有生产资料，劳动者（农民、无产阶级）才被迫忍受剥削阶级的剥削。剥削者也不是为了“应付自然给予自己的痛苦”，而是为了积累更多的财富，以满足其贪婪的私欲。在私有制社会里，阶级斗争是社会发展的动力，当某种剥削制度束缚生产力、阻碍生产力发展时，就要通过阶级斗争推翻这种剥削制度，解放生产力。“打倒人类历史上最后一个统治阶级”，矛头直接指向无产阶级的统治，更是十分错误的。争论中，大家心平气和，以理说理，不搞人身攻击，这位学员也逐渐认识到自己观点的错误。通过这次争论的实践，学院认为，“教员启发争论——是很重要的学习”。

第二次争论发生在进北京以后，有一位学员写了一篇题为《劳动创造人》的文章，刊登在《北平解放报》1949年7月16日的“学习讨论”栏上。这篇文章认为：“‘天’‘日月精华’创造人的说法，只是剥削阶级故意造出来的谎语谎言。”他的观点涉及了一个文化史的问题：神话究竟是谁创造出来的？是剥削阶级创造出来的吗？学校引导大家对此展开讨论。通过争论，大家认识到，这个观点是违反客观历史实际的，是非历史主义的。神话产生在还没有出现阶级的原始社会，它是人类社会物质生产水平极为低下、对自然的认识极为有限的反映。在人类社会生产发展到一定阶段、出现了阶级以后，处于统治地位的剥削阶级才利用神话和宗教作为统治压迫人民的精神武器。但另一方面，被压迫阶级在反抗统治阶级的压迫时也曾利用宗教神话作为自己的旗帜。当时艾思奇还就这个问题写了两篇文章，发表在《学习》杂志上。这次争论对在机关、学校、部队、工厂普遍开展的社会发展史的学习起到了积极的引导作用。①

马列学院还十分注意组织师生访贫问苦，调查了解当地的情况。1948

① 参见《杨献珍传》，中共党史出版社1996年版，第150—151页。

年 11 月 14 日，马列学院学工人员在调查研究的基础上，写出了《李家沟口村情况的介绍之一》（陈真、洪影、郝沛霖等调查访问，郝沛霖执笔）。该材料以阶级分析的方法详尽地介绍了李家沟口村的概况、村里的农业税征收情况、村党支部的情况，以及群众对马列学院师生的意见和希望。

五、迎接新中国的诞生

1949 年 3 月 28 日，马列学院从建屏县李家沟口村迁移至北平香山，在这里办学 7 个月。除了继续按计划进行教学工作，师生们开始给北平及周边县市大中学校和干部训练班讲课，担负起宣传普及马克思主义的光荣任务。10 月 1 日，马列学院师生光荣地参加了开国大典。之后，学院搬到西苑自得园，开始了在新中国的办学历程。

（一）进北平

1949 年 1 月 31 日，北平宣告和平解放，马列学院先遣人员刘元士、郝沛霖等和中央直属机关先遣队一起，随同中国人民解放军进入北平。从 3 月 23 日开始，中央各机关陆续乘汽车离开平山、建屏，迁往北平，马列学院被安排在 3 月 27 日出发。

因李家沟口村的路进不去卡车，3 月 26 日，学工人员就把要带走的东西搬到了距李家沟口村 8 里的东黄泥村，余下的一些物资包括马匹等都提前移交给当地政府。27 日早饭后，杨献珍、艾思奇、何其芳等院领导、教员与学工人员一起从李家沟口村徒步走到东黄泥村，分乘 8 辆军用卡车出发。院领导和教员坐卡车驾驶室，学员和工作人员坐卡车车厢。刚出发时，走的是崎岖不平的山路，汽车很颠簸，但学工人员情绪高昂，一路上有说有笑，中途经平山县城稍作歇息，当天晚上住河北省委所在地保定之省政府大楼，晚饭后还看了一场戏。

3月28日早晨，马列学院的车队从保定出发，前往北平。出城后一路平川，大地刚刚吐绿，迎面吹来的春风还带着寒气。大家的精神更加振奋，都想快点到达北平。根据行程规定，马列学院车队不能从北平城内经过，只能从前门外绕城向西行驶。快到北宫门时，根据学员的请求，校领导临时决定，在颐和园北墙外的路边停车休息，让大家隔墙观赏颐和园万寿山的风景。万寿山上的殿堂楼阁金碧辉煌，学工人员虽不能入园游览，但已觉满足。之后，车队经青龙桥、红山口、玉泉山抵达香山，暂住慈幼院休整。为了保密，马列学院对外称“劳动大学”。

4月6日，中国人民解放军北平军事管制委员会“决定将香山碧云寺拨劳大暂住”。4月14日，马列学院迁驻香山碧云寺西跨院。陈伯达住碧云寺亨哈二将门里左侧的一个院子，杨献珍一家住碧云寺西院，艾思奇、何其芳两家住碧云寺大门外的一个院子里。学员和工作人员住在经过修缮的庙殿或旧房中。食堂设在一个经过改造的大殿中，因为没有桌凳，大家都站着吃饭。上课则在水泉院。因为搬家，前后耽误约一个月。

1949年4月14日—10月27日，马列学院（对外称劳动大学）校址——香山碧云寺西跨院

中國人民解放軍北平市軍事管制委員會

證明

茲決定將香山碧雲寺撥勞大暫住

中國人民解放軍北平市軍事管制委員會之關防

中華民國 六 日

北平军事管制委员会将香山碧云寺拨给劳动大学居住的文件

马列学院在李家沟口村时，食堂的工作人员养了3头猪，长得又肥又大，搬迁时舍不得把猪交给地方政府。食堂就派几个人背着饲料，赶着肥猪，走了近半个月，到达北平香山，肥猪变成了瘦猪。大家看到食堂的工作人员把肥猪给赶回来了，又赞叹、又高兴。

到北平不久，学院给全体教职员工发了一套洋布做的灰色新军装。过去大家穿的是土布军装，战士装是4个贴兜，干部装是4个吊兜。新军装一律是吊兜，从军服上分不出谁是干部或战士，但大家平时都舍不得穿。

在香山期间，杨献珍给学员讲授了《西方近代革命史》。学员仍以自学为主，读书篇目有《拿破仑第三政变记》（以《法兰西阶级斗争》《德国的革命与反革命》为参考书）、《法兰西内战》（以《国家与革命》为参考书）、《第一次世界大战简史》、《苏联历史教程》、《中国近代史》（浏览《民国史通俗演义》）。此外，还浏览了《世界经济地理》第一、第二分册。大家严格执行周恩来提出的“住香山的全体工作人员三个月内一律不准进北平城内”的规定，抓紧时间埋头读书。中外历史部分学完以后，学员以小组为单位作了总结，一般对历史唯物主义有了初步了解。学员作文2次，出墙报3次。暑假期间，学校组织留校学员到天津参观了几个工厂。

9月间，周文调马列学院任秘书长兼国文教员。周文是中国文联委员、中国作家协会常委。1949年8、9月间，周恩来调他到北京中央政府政务院写作班子工作。但周文认为自己的政治理论水平不适应客观要求，便提出给予一定的时间学习马列主义理论。经周恩来批准，他很快被调到马列学院。10月下旬，何家槐调马列学院任国文教员。何家槐是全国文联委员，著名的文学批评家、小说家、散文家。随后学校又调入国文助教2人。

开国大典前后，全校教职员工学习讨论了七届二中全会决议、《论人民民主专政》、《中国人民政治协商会议共同纲领》。工作人员在学习《论人民民主专政》一文时提出了5个问题：1. 28年来，在和国内外党内外的敌人作战中，如何运用了马列主义的武器？ 2. 有人说“人民民主专政本质上就是无产阶级专政”，对吗？ 3. 怎么说“过去的工作只不过像万里长征走完了第一步”？ 4. 我们应该怎样向联共——苏联学习？ 5. 请进一步阐述民族资产阶级在现阶段上的重要性，怎样地实现又团结又斗争的领导？马列学院在给中直党委的学习总结中希望中直党委组织专题报告时能进一步加以阐述。[①]

为了学好《中国人民政治协商会议共同纲领》，学校安排杨献珍传达了刘少奇在人民政协总结会议上的报告，艾思奇传达了周恩来在人民政协总结会议上的报告，学员杨甫传达了胡乔木在怀仁堂解释共同纲领的报告，王学文讲解了共同纲领的要点。

（二）宣传马列主义

马列学院在新解放区宣传和普及马克思列宁主义的学习运动中发挥了重要的作用。1948 年 12 月，刘少奇在对第一班学员的讲话中就提出：“开办马列学院也是提高党的理论水平的方法之一，而且是很重要的方法。将来还要以马列学院为中心，在全党学习中起指导作用，依靠马列学院去使全党理论水平有所提高。你们不仅要做学习的模范，而且要帮助全党学习。比如你们的文章、你们的刊物、你们的学习心得，可以拿来帮助中央去指导全党的学习。教员、学生也都有此责任。”[②] 学校迁到北平后，中央书记处要马列学院帮助华北人民革命大学（简称革大）、华北大学（简称华大）及其他干部训练班解决马列主义课程的教员问题。教员杨献珍、艾思奇、王学文等人常常去这些学校和短期训练班讲课，在外教课最多的是艾思奇。11 月上旬，马列学院开始建立旁听制度，18 个中央直属机关的 40 个干部，以及革大的 7 个青年教师来校旁听王学文主讲的政治经济学。驻扎在马列学院附近的北京卫戍部队连以上干部也到校旁听过政治经济学和社会

---

① 参见 1949 年 9 月 10 日马列学员报中直党委《工作人员学习〈论人民民主专政〉的总结》。

② 《对马列学院第一班学员的讲话》（一九四八年十二月十四日），《刘少奇选集》上卷，人民出版社 1981 年版，第 412 页。

发展史。

除了讲课，马列学院的教员还为报刊写文章，向全社会广泛宣传马列主义。9月，《学习》杂志第一卷第一期刊登了艾思奇的文章《从头学起——学习马列主义的初步方法》。文章谈道："马列主义的学习，在各地，特别是在新解放了的大城市，逐渐成为一个普遍的运动。各种暑期学习会及短期政治学校里，各大中学、各机关、部队、工厂里，到处掀起了学习理论的热潮。这样一个学习运动的蓬勃开展，不仅是由于领导方面的鼓励推动，也是由于广大干部、工人、学生、教职员及其他知识分子群众自觉到学习理论的迫切需要。这种自觉是符合着中国当前情况的要求的。"文章提出："学习马列主义毛泽东思想，是为着要掌握马列主义的正确的立场、观点、方法，作为我们解决各种工作中的钥匙，不是为着简单的在我们的头脑里装满各种知识。读书很多，听讲授很多，不见得就能真正学会马列主义。"文章还说："有两种相互对立的学习态度。为读书而读书，为简单'满足求知欲'，或为夸耀知识而学习，不联系实际，不解决问题，这是教条主义的学习方法。为掌握马列主义的基本立场、观点、方法来读书，着重联系实际，解决问题，这是真正马列主义的学习态度。我们要反对教条主义的学习态度，坚持真正马列主义的学习态度。""学习联系实际，第一步最方便的办法，就是联系自己的思想，就是应用所学到的马列主义理论来解决自己的思想问题。""用马列主义的基本观点，来反对自己原有的非马列主义的观点，解决自己的思想问题，这就是学习马列主义联系实际的初步方法。这也就是说，学习马列主义的第一步是要改造思想。""真正的马列主义是要求言行一致，要求把学习贯彻到行动中，一个人，旧的立场、观点、方法不变，思想不改造，就不可能把马列主义的思想变为行动，也即是变为自己真正的思想。"他的文章对于宣传马列主义、促进知识分子思想改造发挥了积极作用。

为普及马克思主义政治经济学，王学文在繁忙的教学工作中写作了

《政治经济学教程绪论》，1949 年 10 月开始在《人民日报》连载，一直连载到 1950 年 1 月，6 月新华书店出版了单行本。按照王学文的计划，他准备编写一部广义的政治经济学教程，这部教程分 5 个部分：1. 绪论；2. 由原始共产社会经济到封建社会经济；3. 资本主义社会经济（包括帝国主义时期经济）；4. 社会主义社会经济；5. 中国新民主主义社会经济。但写完绪论后由于种种原因其他 4 部分未能完成。

因马列学院的教员仅有 5 人，学员就派上了大用场。他们被派往校外教课，既当学生又当先生。1949 年 11 月 5 日，教务处向刘少奇和中宣部报告马列学院到北平后的情况，写道："中央书记处的同志要我们帮助革大华大及其他训练班解决教员问题。半年以来，学员被派出教课者计 46 人，每人至少 1 次，每次至少 3 小时。个别同学教课最多者达 34 次，计 193 小时。总计 200 次左右，600 多小时。听课单位包括学校、机关、工厂、部队、训练班，总计 20 个以上；教课对象主要为新解放的知识分子（学生、中小学教师、教授、留学生），其次为旧人员、工人、党员、团员、机关部队干部，为数计达 5 万余人（艾思奇同志在外教课最多，未计算在内）。教课地区主要在北京，此外，还有天津、通县、良乡。学员在外教课，主要是教社会发展史，宣传历史唯物主义思想。教学中贯彻了理论与实际联系的方法，对新解放地区的知识分子等树立了劳动观点、阶级观点、为人民服务的人生观，起了初步改造作用。其中有一部分工人学毕回厂后，生产率大为提高，教学效果更属显而易见。此外，学员在各中学兼政治课者 28 人，计 21 个单位，所教学生总计 2000 人左右。"[①]

至 1951 年 7 月毕业，"第一班学员在进入北平后，在校外讲了很多次课，主要是讲社会发展史，统计曾在一百左右单位，上课一千二百次以上。

---

① 石兴明、谢武军编著:《中共中央党校纪事》下卷，第 28—29 页。原件存中央档案馆。另见龚士其主编:《杨献珍传》，中共党史出版社 1996 年版，第 156 页。

学员在外讲课，一方面虽然多少影响了他们在校的学习，但另一方面对他们也起了实习的作用。”[①]

不少学员在讲课中崭露头角，毕业后留校任教。比如：在1949年7月中下旬马列学院教职员工学习《论人民民主专政》的过程中，学校聘请学员杨甫给工作人员讲课，一共讲了3次。第一次讲《论人民民主专政》一文的要点；第二次解释文章所提到的名词术语并解答大家提出的问题；第三次专门讲什么是人民民主专政。第一次讲课后组织了一次大讨论，其目的是求得每个人都能熟知文件的要点。通过学习和讨论，过去有人认为共产党只有民主，怎么还有专政呢？学了这篇文件就弄清楚了。杨甫1927年入党，长期在海南坚持革命武装斗争，曾在东江纵队任职，入学前任地委宣传部长。

1949年10月至12月，学校派学员孙定国给北京市委干部训练班讲历史唯物主义。这个班共有学员724名，工人占17%。开课前一周，孙定国通过请训练班领导介绍情况、召开工人座谈会、重点访谈等方式了解了讲课对象，然后确定讲课重点。他讲课生动而富有感染力，取得了很好的教学效果。通过学习，有300多名学员要求入党，批准入党者260人，党员人数从入学时的27%提高到60%。课程结束后，孙定国写了《我们怎样对工人进行历史唯物主义教育？——北京市委干部训练班教学工作总结》，发表在12月15日《学习》杂志第一卷第四期，后被不少报刊转载。孙定国只上过私塾，但酷爱读书，战争年代常常骑在马背上一边行军一边看书。进入马列学院后，他“抓紧每一分钟学习理论”，“争取不浪费一分钟，南山不移，此决心不可动摇也”（孙定国日记语）。他从1949年9月15日开始通读《资本论》，经常天不亮就起床，用手电筒照着读，至1950年1月

① 1952年1月14日陈伯达、杨献珍给刘少奇转报毛泽东的书面报告，《中共中央党校校史文献史料选编》上卷，第283页（影印件）。原件存中央档案馆。

30日读完。[①]

（三）参加开国大典

参加开国大典是马列学院师生终生难忘的殊荣。大典前两天就得到消息，马列学院的教员、全体学员和几个工勤人员代表将参加开国大典。学校停课作了各方面的安排，交代了注意事项。当年的学员马齐彬教授曾告诉笔者，马列学院学员既是观礼嘉宾还担负保卫中央领导的任务。

10月1日，大家早早起床，换上那套洋布军装，等待出发。天刚亮，几辆军用敞篷大卡车开到了马列学院驻地，满载着100余名师生前往天安门。车开到西四附近，大家下车步行，到天安门时已近晌午。

马列学院的队伍被安置在金水桥边，中山公园和天安门门洞之间，背靠天安门城楼，面对检阅通道。当时还是土马路，大家席地而坐，安静地等待着开国大典开始。师生们的对面是群众的队伍，此时已经人头攒动，红旗飘扬。

下午3点钟，林伯渠宣布开国大典开始。喇叭里传来毛泽东洪亮的声音："同胞们，中华人民共和国中央人民政府今天成立了！"广场上响起雷鸣般的掌声，欢呼声、锣鼓声此起彼伏。接着，在《义勇军进行曲》的雄壮旋律中，大家目睹第一面鲜艳的五星红旗冉冉升起。随后礼炮轰鸣，曾经跟随毛泽东南征北战的学员们热泪盈眶。升旗结束后，毛泽东宣读了中央人民政府公告，接着举行阅兵式。人民解放军陆海空三军受阅部队列成方阵，由东向西通过天安门前，接受毛主席和中央政府领导人的检阅。当徒步方队威武雄壮地经过天安门前，当人民军队的炮车、装甲车和坦克在天安门前隆隆驶过，当刚刚组建的人民空军的战机掠过头顶，马列学院的师生们整齐肃立，目睹这激动人心的场面，无不兴奋而自豪。

阅兵式结束时天色已晚，长安街上华灯齐放，工人、农民、学生、市

---

① 参见樊子琚：《孙定国传》，中国文联出版社1999年版，第124—126、129—131、138页。

民的游行队伍高举红旗，纵情欢呼人民当家作主的新中国诞生。群众游行直到晚上 9 点才结束。党校师生整齐队伍，步行至西直门附近，再搭乘大卡车返回香山碧云寺。到家时已经夜深了，身体虽然疲乏，但大家的心情却久久不能平静。

（四）迁驻西苑自得园

1949 年 9 月 30 日，华北高等教育委员会发布经主任委员董必武、副主任委员张奚若、钱俊瑞签署的“[高教秘字] 第 1621 号”指令。指令称：“令清华大学——兹因你校农学院归并农业大学，全院师生员工即迁农大新址上课，你校农学院在原址围墙内的土地房产决定拨归马列学院使用，希及转知农学院编造物质清册，直接与马列学院商洽办理交接事宜，确定交接日期报会派员监交，并附搬动及移交之原则，希即遵照办理为要！”

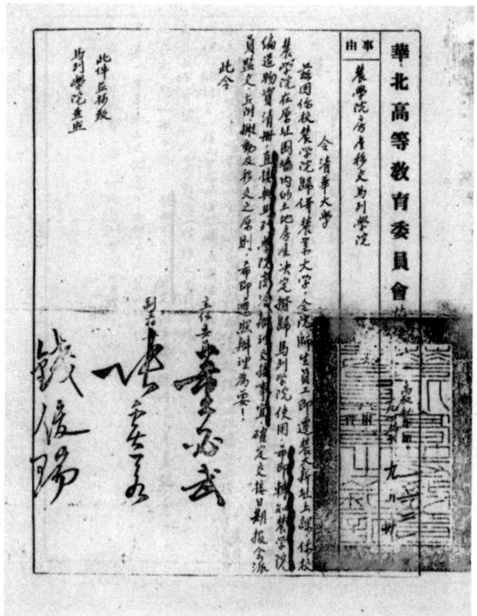
華北高等教育委員會

事由　農學院之房產移交馬列學院

令清華大學

茲因你校農學院歸併農業大學，全院師生員工即遷農大新址上課，你校農學院在原址圍牆內的土地房產決定撥歸馬列學院使用，希即轉知農學院編造物資清冊，直接與馬列學院商洽辦理交接事宜，確定交接日期報會派員監交，並附搬動及移交之原則，希即遵照辦理為要！

此令

主任委員 董必武

副主任委員 張奚若 錢俊瑞

此件並抄致馬列學院查照

1949 年 10 月 28 日马列学院迁入西苑自得园。该园现为中央党校南院

清华农学院所在的西苑自得园始建于清代雍正初年，是雍正皇帝赐与其弟果亲王允礼的花园，牌匾“自得园”3 个字是雍正皇帝亲笔题写。清末，自得园改名为颐和园升平署，专供为慈禧太后演戏的梨园子弟居住。英法联军和八国联军入侵北京时

马列学院教学楼——90 楼（飞机楼）

此园遭洗劫，之后逐渐荒废。日伪时期进行了改建，成为建设总署土木工程学校。抗战胜利后，又成为清华大学农学院。1949 年 9 月，清华大学农学院、北京大学农学院、华北大学农学院合并成立北京农业大学，改迁新址。

10 月 15 日，根据华北高等教育委员会的指令，马列学院派秘书长周文与清华大学正式办理了清华大学农学院拨归马列学院使用的交接手续。该院的房产——90 楼（飞机楼）、81 楼至 86 楼和院西边的平房共 247 间、土地 253 亩，及其他设备等一并移交马列学院，可容纳工作人员 300 多人，学员 400 多人。

10 月 28 日，马列学院由香山碧云寺正式入驻西苑自得园。这是新中国成立后马列学院第一个正式的固定校址。当时，学院领导陈伯达、杨献珍等和教师们都住在校园内西边的四合院内。学员们住进了楼房，学习条件之好前所未有。在西苑自得园，马列学院开始了在新中国的办学历程。

罗亦农对中共党校事业的开拓性贡献

革命先烈罗亦农是中国共产党早期的著名领袖人物、上海工人三次武装起义的倡导者和主要领导者之一，也是中国共产党党校事业的开拓者。

一

1923年6月中国共产党第三次代表大会之后，中共中央加强了对各项政治运动的领导和指导，同时开始重视党自身的建设。尤其是在1924年5月党的三届一次中央执行委员会上海扩大会议期间，与会代表批评了党忙于国民党工作，而忽视党自身建设和发展的错误倾向，通过了由毛泽东等起草的《党内组织及宣传教育议决案》，第一次提出："党内教育的问题非常重要，而且要急于设立党校养成指导人才"。[①] 半年之后，1925年1月中旬，中国共产党第四次全国代表大会召开，此时的中国共产党仍然是一个

① 《中国共产党第三届中央扩大执行委员会文件》（1924年5月），见中央档案馆编:《中共中央文件选集》第一册（一九二一——一九二五），中共中央党校出版社1989年版，第245页。

只有994个党员的小党。工作千头万绪，人手紧张，领袖人才更显缺乏。于是，大会《对于宣传工作之议决案》再次提出："党中教育机关除支部具其一部分作用，另外于可能时更有设立党校有系统地教育党员或各校临时研讨会增进党员相互间对于主义的深切认识之必要。而党的中央机关亦宜注意到统一的材料之供给。"[①]

在这个背景下，1925年1月，中共旅莫支部接到总书记陈独秀的来信，信中说：由于国内形势的发展，"急需得力同志能负责指导独当一面者"，中央决定罗亦农、王若飞等7人回国工作。3月12日，罗亦农从莫斯科动身，4月中旬到达上海。4月26日在中共中央机关报《向导》第一一二期发表文章《今年五一之国际状况》，署名一农。4月下旬，罗亦农受党中央派遣离沪去广州，参加5月1日至7日召开的全国第二次劳动大会，任大会中共党团成员。会后，他又返回上海，先后在《向导》第一一四期、一一五期发表《今年五一广州的两大盛举》《中国第二次全国劳动大会之始末》两篇文章，在《中国工人》第五期发表《"五一"纪念与农民》一文。

鉴于广州和北京在大革命时期的重要地位，1925年"5月8日，中央局又决定：在北京和广州分别组成临时委员会，以便代表中（央）局就近指导当地的一切实际工作"，[②]并决定中共中央广州临时委员会以谭平山、周恩来、罗亦农、陈延年、鲍罗廷5人为委员，同时指定罗亦农主持粤区党校工作。[③]根据中央的这一决定，刚刚由粤返沪的罗亦农5月20日再次离沪重返广州。

---

① 《中国共产党第四次全国代表大会文件》（1925年1月），见中央档案馆编：《中共中央文件选集》第一册（一九二一—一九二五），中共中央党校出版社1989年版，第377—378页。

② 中共中央组织部、中共中央党史研究室、中央档案馆编：《中国共产党组织史资料》第一卷，中共党史出版社2000年版，第26页。

③ 金再及：《罗亦农生平年表》，见中共湖南省委组织部、宣传部、党史研究室编：《罗亦农诞辰一百周年纪念集》，湖南人民出版社2002年版，第330页。

二

罗亦农是我党历史上第一个受党中央委派办理党校的领袖人物。但就笔者阅读所及，尚未发现他在广东办成了党校的史料记录。实际上，罗亦农在广东只待了不到5个月的时间，而这期间政治局势瞬息万变，革命运动波澜壮阔，需要粤区党组织倾全力去应对、谋划和领导。比如：

罗亦农到广州不到10天，5月30日滇、桂军阀杨希闵、刘震寰勾结帝国主义和反动军阀，背叛广州国民政府，广州城气氛紧张，局势严峻。陈延年、罗亦农等多次开会，研究斗争策略，作出了“动员民众，督促国民政府肃清杨、刘军阀”的决定。为了组织青年工人、学生参加宣传发动群众的工作，并以武力对付杨、刘的叛乱，共青团广东区委成立了临时政治宣传委员会。罗亦农出席了5月30日的成立大会，作了题为《当前政局形势及我们应采取的态度》的报告，并就共青团如何组织这场斗争提出了若干切实可行的建议，被会议悉数采纳。5月31日下午，共青团广东区委召集群众大会，罗亦农出席并作了报告。同日，写了《形势严重下之广州政府》一文，刊登于6月20日出版的《向导》第一一八期。文章公开批评汪精卫、胡汉民等对杨、刘叛乱的调和妥协态度。这场斗争历时近半月，6月12日，东征军回师广州，平定了杨、刘叛乱。

几乎与此同时，上海发生五卅惨案，罗亦农与陈延年、周恩来等组成“临时委员会”，策划和领导了广州各界声援上海的反帝斗争。他们联合中华全国总工会、市工人代表会议、省农协会、商民协会、省学生联合会、中国青年联合会等6个团体，共同发起于6月2日举行数千人的群众集会和示威大游行。罗亦农代表中共广东区委在集会上发表了演说。为支援上海五卅反帝斗争，在中华全国总工会领导下，6月19日，香港10余万工人举行爱国反帝大罢工，掀开了持续16个月的省港大罢工的序幕。6月23日沙基惨案发生后，几天之内，从香港回到广州的工人达20多万人。罗亦农带人四处奔波，征用房屋，解决了许多罢工工人的住宿问题。在罢工过程中，罗亦农亲自起草了一些言简意赅、通俗易懂的传单，揭露帝国主义者、资本家剥削压迫工人的残酷手段，启发工人群众的阶级觉悟。当金属业工会与机械工会发生冲突时，他深入反复地做工会干部和工人的思想工作，缓和了两个工会间的矛盾，加强了工人队伍的团结，使罢工的人数日益增多。罗亦农作为广东区委宣传部长，直接指导了省港罢工委员会宣传部的工作，如：出版《工人之路》期刊；创办宣传学校，培养宣传人才；设立劳动学院，培训各工会骨干；设立成年工人补习学校、工人子弟学校、妇女劳动学校等。

在省港大罢工期间，国民党右派的活动也十分猖獗。8 月 20 日，国民党右派在广州暗杀了国民党左派领袖廖仲恺。粤区党组织策划和领导了追究廖仲恺被刺真相、揭露国民党右派的斗争。9 月 18 日，罗亦农在《向导》第一三〇期发表《廖仲恺遇刺前后的广州政局》一文，揭露国民党右派和帝国主义、买办资产阶级共同策划暗杀廖仲恺先生的真相，指出“革命派若不趁此机会肃清反革命派，必将会有第二次更凶险的事变发生”，“国民党右派总是反革命的，右派不根本肃清，国民党就不能肩负引导中国国民革命的群众实行国民革命的任务”。这篇文章在当时曾引起强烈的反响。

1925 年 9 月下旬，罗亦农受命离粤赴北京，代表广东区委出席中共第四届中央执行委员会第二次扩大会议。罗亦农在会上报告了粤区的工作情况，会议根据罗亦农的报告，通过了《粤区报告议决案》。

由是观之，从 1925 年 5 月下旬到 9 月中旬，虽然罗亦农以中央驻粤临时委员会委员身份肩负着办理党校的使命赴粤，但风云变幻，斗争复杂，他不得不把全部精力投入一个接着一个的实际斗争，没有机会完成在广东开办党的第一所党校的使命。但历史证明，中国共产党第一个党校的校长还是非他莫属。

三

党中央北京扩大会议对于开办党校的问题给予了高度重视，在《宣传问题议决案》中明确指出："群众的鼓动和宣传中一定要有一种鼓动和宣传的人才。所以开办各地党校确是一种重要的工作。现时党内所有的力量，只能开办下列两种形式的党校：（一）各地委之下的普通的党校，造成群众的鼓动员。这种党校应当是工人的，毕业期限至多不过一月或一个半月。（二）区委之下的高级党校，教育一班政治智识较高的同志和已经有工作经验的同志——造成能够办党的能够做成负责任的工作的人才，毕业期限不要过三个月。党校内的教育方法，应当根据国内革命运动的经验，说明共产党在许多革命运动中的作用。在党校听讲的同志，不应当与群众隔离，党校里的学生应当同时在校外工作，在同志或同志间工作。只有这样才能使党校的学生得着真正的无产阶级的思想。"①

这一次，中央的决定立即被付诸实行，罗亦农受命留京主持党校工作。关于罗亦农与我党历史上的第一个党校，有大致相同的几种说法，现将其转述如下：

《罗亦农传》：亦农"一九二五年之初夏归国，为中国共产党中央特派员，参加广东第二次全国劳动代表大会。数月后，办党校于北京，翌年充上海区委书记"。②此传未署名、用文言，写于1928年5月21日，正是罗亦农牺牲一个月纪念日，疑是中共中央领导或党内元老所写。

杜宁《罗亦农同志传》："是年十月，中央召集扩大会议于北京，亦农同志代表粤区出席。此时中央深感干部的缺乏，决定开办短期党校。故扩大

---

① 《中共中央扩大执行委员会文件》（1925年10月），见中央档案馆编：《中共中央文件选集》第一册（一九二一—一九二五），中共中央党校出版社1989年版，第481页。

② 中共湖南省委组织部、宣传部、党史研究室编：《罗亦农诞辰一百周年纪念集》，湖南人民出版社2002年版，第285页。

会后即令亦农同志主持党校工作。这一党校，虽仅三个月的时间，却收到了很大的成绩，供给了全国，特别是北方许多有力的干部。亦农同志在党内的声望也就日益增加起来。一九二六年一月，党校工作结束，中央遂派亦农同志为江浙区委书记。”[①] 杜宁是瞿秋白夫人杨之华的化名。杨1925年10月—1926年10月任第四届中共中央执委会妇女部主任，1926年2月起任中共上海区执委会妇女部主任，在1927年4月27日—5月9日中国共产党第五次代表大会上被选为中央委员兼中央妇女部长，是与罗亦农并肩战斗的战友。此段文字与1936年出版的《烈士传》（第一集）的《罗亦农同志传》相同。

刘一矛、刘景春《罗亦农》：“一九二五年十月，罗亦农以广东代表名义出席了党中央在北京召开的扩大会议。会后，中央决定派他主持党校工作。这期党校，办了近三个月，时间虽短，收效却很大，为全国，特别是为北方区，培养了一批得力干部。他的理论水平和杰出的组织才能，也给人们留下了深刻的印象。党校工作结束后，罗亦农于一九二五年十二月来到上海，任党的江浙区委书记。”[②]

金再及《罗亦农生平年表》：“十至十二月　应李大钊的要求，中共中央决定罗亦农留京主持北方区委党校工作。党校虽然仅三个月的时间，但培养了大批干部。十二月十日左右　根据中共中央决定，由京抵沪，担任中共上海区委书记。”[③]

《中国共产党北京历史大事记》：1925年10月初，“中共北京区委党校秘密开学。学员来自北方各地，共60余人，学习时间近3个月。李大钊、赵世炎、罗亦农主持了党校的工作，在党校授课的有罗亦农（政治经济学

① 中共湖南省委组织部、宣传部、党史研究室编：《罗亦农诞辰一百周年纪念集》，湖南人民出版社2002年版，第290页。

② 中共湖南省委组织部、宣传部、党史研究室编：《罗亦农诞辰一百周年纪念集》，湖南人民出版社2002年版，第305页。

③ 中共湖南省委组织部、宣传部、党史研究室编：《罗亦农诞辰一百周年纪念集》，湖南人民出版社2002年版，第331页。

常识、历史唯物主义、世界革命史）、赵世炎（列宁主义、殖民地半殖民地民族解放斗争、共产党在民主革命阶段的任务、职工运动、农民运动）、陈乔年（马克思主义阶级斗争理论、党的建设、世界革命形势和国际共产主义运动概况）、萧子璋（关于共青团的任务和学生运动）、刘伯庄（关于党的国共合作统一战线问题）等，学员毕业后分赴北方各地及广东革命根据地，推动了各地群众运动的发展。区委党校原计划长期办下去，后因革命形势的变化。只办了一期，于1925年底结束”。①

《中国共产党北京历史》（第一卷）：“早在1924年秋，李大钊、赵世炎等北京党组织领导人曾议论成立一所党校，并向党中央作了汇报，要求中央派一位马列主义水平高的领导同志来任校长。1925年10月，中共中央批准北方区委创办党校的计划，由罗亦农任校长。……中共北方区委党校是中国共产党最早举办的一所党校。第一期学员近百人，来自北方区委所辖各地党团骨干。学员选派的条件是：有一定的工作能力，学习心切，有培养前途的党团员。党校校址设在鼓楼北大街一条偏僻胡同里的一所四合院内，南屋正厅敞开的三间房为教室，东耳房一间为校长罗亦农的办公室兼宿舍，西耳房为文书室和图书室，东西厢房各三间为学员宿舍。党校对外公开名称是‘北京职业补习学校’，并向北京市教育局申请了注册。李大钊出席了开学典礼，并发表了重要演说，详细阐述了当前革命的大好形势和党校的任务，勉励学员们抓紧时间，努力学习革命的本领，以备结业后，奔赴火热的革命战场，为革命为党的事业作出贡献。开学后，罗亦农讲政治经济学常识、历史唯物主义和世界革命史，赵世炎讲列宁主义、殖民地半殖民地民族解放斗争、共产党在民主革命时期的任务、职工运动和农民运动，陈乔年讲马克思的阶级斗争学说、党的建设和世界革命形势、

① 中共北京市委党史研究室编：《中国共产党北京历史大事记》（1919—1949），北京出版社2001年版，第73—74页。

国际工运，萧子璋讲共青团的任务和学生运动，刘伯庄讲国共合作统一战线问题。第一期学员经过3个多月学习后结业。由于北京的政治环境日趋恶化，党校没有能按原计划长期办下去。”[①]据考证，党校校址在北京西城区蒋养房胡同，办校时间是1925年10月初至12月20日左右。

上述各家之说不完全相同，但有几点可以肯定：1925年10月在北京举办的党校，是由中共中央决定开办的；罗亦农任党校校长，也由中共中央所决定；党校的毕业生为全国各地主要为北方所用；党校的课程主要是马克思主义的基本理论和中国革命的基本问题；这所党校当时在全国产生了较大的影响。试想，如果不是中央的决定，身为中共粤区党组织主要负责人之一的罗亦农怎能私自离开广东到北京工作呢？

罗亦农主办的党校究竟是中央的党校，还是地方的党校？从1928年的《罗亦农传》和杨之华的文章看，是前者而不是后者。从当时北京在全国革命的地位和北方区在全党的地位看，也是前者而不是后者。在第一次大革命高潮中，从1924年初至1926年初，北京先后爆发了要求恢复中苏邦交，废除不平等条约，冯玉祥发动“北京政变”，将其军队易名为“国民军”，欢迎孙中山北上，抵制段祺瑞的“善后会议”，召开国民会议促成会全国代表大会，声援五卅反帝斗争，要求关税自主，反对军阀政府的“首都革命”，抗议日本等八国通牒以及在此基础上发生的三一八斗争等重大政治事件。这些斗争涉及的地域宽、动员的阶层广、运动的规模大、持续的时间长，沉重打击了帝国主义和军阀政府的统治，促进了全国各地的斗争。北京与广州遥相呼应，形成了南北两地革命的中心。

正因为革命的中心已经转到广东和北京，中共中央1925年5月8日决定，组建广州和北京两个临时委员会，以便代表中央局就近指导当地的一切

① 中共北京市委党史研究室编:《中国共产党北京历史》第一卷，北京出版社2001年版，第112—113页。

实际工作。中央执行委员李大钊主持中共中央北京临时委员会，委员赵世炎、陈乔年。[①] 1925年9月底至10月初，中共中央在北京召开第四届中央执行委员会扩大会议，又特别强调“北方工作日见重要”，并将北京区委兼北京地委改组为中共北方区执行委员会（简称北方区委），直属中共中央。中共中央北京临时委员会的领导成为中共北方区负责人，李大钊任书记兼国民运动委员会主任，陈乔年任组织部长，赵世炎任宣传部长兼职工运动委员会主任。其管辖的范围包括北京、直隶（含天津），察哈尔、热河、绥远特别区，山西、山东、河南、陕西、甘肃省，东北三省，以及江苏北部徐州、浦口等十余个省市。中共北方区执行委员会实际上就是在北方的党中央。

比较而言，当时的总书记陈独秀和中央局所在地上海在大革命中的作用却逊色许多。尤其是1925年12月26日至1926年2月，陈独秀因病住院，中央局与他完全失去联系。此时，上海各种反动势力联合起来搜查中共中央机关，共产国际电令中共中央迁移驻地。1926年2月，中共中央北京特别会议明确指出：“中央已不适宜在上海，因为：A. 上海不是政治的中心；B. 更不是目前革命的重心；C. 不能有完备的技术机构以指挥日愈发展的群众大党。”“现时可作中央地址的地方，只有北京和广州。惟广州是革命的唯一根据〈地〉，在顾及全国各方面的工作上，较不方便。如果国民军能守住北方现有的局面，中央决在北京；万一不幸国民军在北方失败，中央决移广州。”[②]

综上所述，中央扩大会议之后的北方区不等于之前的北京区，在北京办的党校不等于北方区党校；更不是北京区党校。1926年陆续举办的北方区、湘区、沪区、鄂区、粤区党校才是扩大会议所言之“区委之下的高级党校”，其校长由各区委书记或组织部长、宣传部长兼任。而中央扩大会议结束后在北京举办的党校实际上就是1926年2月中共中央北京特别会议决

① 王健英编著:《中共中央机关历史演变考实》（1921—1949），中共党史出版社2005年版，第74页。

② 《中央特别会议文件》（1926年2月21日—24日），见中央档案馆编:《中共中央文件选集》第二册（一九二六），中共中央党校出版社1989年版，第58—59页。

定所言之“最高党校”。中央原决定在北京和广州各办一所，而且是长期的。[①]实际上只在北京办了一所一期，在当时的条件下，这已经是难能可贵了。20世纪20年代，中国共产党还处于幼年时期，中央机构不健全，工作方式不规范，领袖人物分散，环境险恶，形势多变，政策多变。在办党校的问题上，有几种情况：先说后做（如地委之下的初级党校和区委之下的高级党校）；先做后说（如罗亦农为校长的“最高党校”）；说了未做（如王建英所说1927年瞿秋白任校长和1930年王明任校长的“中央党校”）。

四

中央选派罗亦农主持我党历史上第一个“最高党校”，是经过慎重考虑的，可谓所用得人。罗亦农是中国共产党的创始人之一，在党内享有很高的声望。1920年8月，罗亦农成为上海社会主义青年团首批团员，并被推为首届执行委员。1921年3月，罗亦农参加了中国共产党上海发起组，8月受上海发起组委派入莫斯科东方劳动者共产主义大学（简称东方大学或东大）中国班学习，不久，参加中国班刚成立的旅俄中国青年共产团，并被推为书记。1921年冬，东方大学中国班建立中共组织，罗亦农首批由团转党，担任中共旅莫支部第一任书记，并两次连选连任，直到1925年回国前夕。1924年，罗亦农兼任东方大学共产党执行委员会委员、东方大学外国班党委委员、东方大学外国检查委员会委员。在莫斯科，他介绍刘少奇、林伟民等人入党，并接受叶挺等人入党。他曾列席共产国际第三次代表大会；出席远东各国共产党及民族革命团体第一次代表大会；受中共旅莫支部委派，接待到苏联考察的孙逸仙博士代表团……

① 《中央特别会议文件》（1926年2月21日—24日），见中央档案馆编：《中共中央文件选集》第二册（一九二六），中共中央党校出版社1989年版，第71页。

罗亦农也是党内最具马克思主义理论素养的领袖人物之一。1920 年 8 月，由陈独秀介绍，罗亦农进入上海外国语学社学习，并在华法教育会夜校学习俄语和法语，作留俄、留法之准备。到莫斯科后他更加勤学苦练，很快就能听懂俄语讲课和阅读俄文书刊。同学们遇到阅读和理解困难经常向罗亦农请教，他的房间成了大家学习讨论的场所。当时任助教兼翻译的瞿秋白等人在翻译某些哲学、社会科学术语方面遇到困难时，也经常得到罗亦农的帮助。由于他的语言能力和学术水平，1924 年罗亦农担任了东方大学学术委员会委员、辩证唯物主义和历史唯物主义教授等多项职务。这年夏天，罗亦农和中国班的学员一起到莫斯科郊区度暑假，还组织翻译了布哈林的《共产主义 ABC》和其他理论著作。尤其难能可贵的是，罗亦农强调研究工作要注重事实，特别要注重列宁主义与马克思主义对具体事实的分析和处置。为推动共产党员用马克思主义研究实际问题，1924 年 12 月他在旅莫支部大会上宣布成立中国共产党策略问题、党的组织问题、国际状况、苏俄状况、职工运动等 5 个研究会，并兼任中国共产党策略问题研究会主任。深厚的马克思主义理论功底和对于中国社会的深切了解，使罗亦农具有惊人的洞察力。比如，他曾准确地预见到蒋介石到上海后必然背叛国民革命，向共产党发动突然袭击。

李大钊之所以提议罗亦农任我党第一个党校的校长，也是有原因的。1924 年 6 月下旬，李大钊、王荷波、彭述之、刘清扬 4 人代表中国共产党抵达莫斯科，出席共产国际第五次代表大会。7 月 8 日大会闭幕以后，李大钊并没有马上回国，而是留在莫斯科担任了中共驻共产国际的代表，并搬到了东方大学的宿舍区居住，直到 1924 年 12 月 3 日离开莫斯科回国。其间，李大钊参加并指导了中共旅莫支部的工作，并在东方大学开设了专门讲述中国革命问题的课程，给在东方大学学习的中共党员和共青团员作《中国最近的政变》的报告。[①] 10月至11月，罗亦农多次与李大钊探讨关于马克思主义理论问题与中国革命的实际问题，如国共关系、北京政变后之中国政局、无产阶级人生观、唯物史观与辩证唯物论之区别等，并邀请李大钊于10月30日在中共旅莫支部会上作了题为《中国的事变和本团的训练》的报告。[②] 这些探讨与交往，显然使李大钊对罗亦农的学识与能力留下了深刻的印象。

罗亦农还具有组织领导学习团体、培养训练革命同志的天赋和经验。1920年6月，18岁的罗亦农与在沪同乡袁笃实（达时）等4人发起组织沪滨工读互助团，有团员14人，一面读书，一面分别做教员、书记、校对等工作，并筹划自办线袜厂，企图通过工读互助，达到“解除阶级”“改造社会”的目的。坚持8个多月后，因经济难于支持而解散。从1921年底到1925年1月，罗亦农一直担任中共旅莫支部的书记，并从1923年开始兼任东方大学中国语言组书记。旅莫支部是当时唯一建立在无产阶级专政国家里的中共国外支部，承担着为中国革命培养领导骨干的特殊任务。罗亦农在支部建立了严格的组织生活制度，中共旅莫支部过组织生活的记录《中共旅莫组会议记录》，1922年初由高君宇到莫斯科参加远东各国共产党及民族革命团体第一次代表大会时带回国内交给中共中央。中共中央让中共北京区委保管，遂成为北方党支部过组织生活的参照标准。[③]

罗亦农还亲自拟定了《旅莫党团训练具体方案》。1924年12月在中共旅莫支部第八次大会上，罗亦农作了《留莫服务及回国同志的准备问题》的报告。他指出，参加共产党“不是来享福的，乃是要来受苦的”，并形象地把中国共产党比作整个的机器，共产党员则是机器的一部分，机器运用是否灵敏，全看我们的工作如何；强调我们不但要担负民主革命的任务，

---

① 董宝瑞：《李大钊在苏联留下的珍贵电影镜头》，《党史纵横》2006年第3期。

② 金再及：《罗亦农生平年表》，见中共湖南省委组织部、宣传部、党史研究室编：《罗亦农诞辰一百周年纪念集》，湖南人民出版社2002年版，第331页。

③ 《彭真年谱》（1902—1997）上卷，中央文献出版社2002年版，第13—14页。

而且要担起社会革命的重任，号召大家永远为无产阶级的利益不懈的奋斗。在生活上，他对学员关怀备至，常把自己的工资拿出来给大家用。虽然他当时也才二十出头，却颇有师长之风。

对于他在党内教育方面的特长，《罗亦农传》写道："加入共产党青年团后，即被派往莫斯科学习革命。一九二一年，任中国 C.P. 旅莫支部书记，遂开始党内工作，同志多受其训练，以其勇于研究，复长煽动能力，宜作党内教育工作故也，同时任中国班唯物史观教授及翻译职，其刻苦自励，与进步之速，可以想见。"①

杜宁所著《罗亦农同志传》写道："一九二三年东方大学有中国语言组的成立，亦农同志为语言组的书记。为着适应当时中国革命蓬勃发展的要求，中国语言组特别加紧教育工作，以供给国内的干部。除了学校中一般功课的学习以外，中国语言组常有中国问题、党的建设等的讨论会，亦农同志常是这些会议的报告人。他当时既任语言组的书记，又兼翻译及中国班唯物史观的教授，这样长期繁重的工作，于是素称强健过人的亦农同志亦从此得了很重的肺病。""他的气概雄伟，性情豪爽，面部常充满愉悦的表现，似乎周身血轮无时不在活跃向前，这是他在无形中对于同志们含有训练性而不可多得的感化力。他的意志坚决，思想锐敏，加之马克思主义理论的培养，实是中国无产阶级、中国人民解放斗争的不可多得的领袖之一。"② 正是这些资质和禀赋使罗亦农成为中国共产党第一任党校校长的不二人选，在中国共产党党校史上留下了他的光辉足迹。有资料记载，罗亦农担任上海区委书记后，按照中共四届中央执委第二次扩大会议的决议，于1926 年在上海曾开办过两种形式的党校：一种是为期一个月的基层党、团

① 中共湖南省委组织部、宣传部、党史研究室编：《罗亦农诞辰一百周年纪念集》，湖南人民出版社 2002 年版，第 285 页。

② 中共湖南省委组织部、宣传部、党史研究室编：《罗亦农诞辰一百周年纪念集》，湖南人民出版社 2002 年版，第 289—290、295 页。

组织及工会负责人训练班，先后办了五六期；一种是为期约两个月的党、团部委书记训练班，共办两期。

罗亦农在1927年5月党的五大上被选为中央委员，八七会议上被选为临时中央政治局委员，11月在中共中央临时政治局扩大会议上当选为中央临时政治局常务委员兼中央组织局主任。1928年4月15日，罗亦农在上海因叛徒出卖被捕。消息传出后，反动派莫不额手相庆，称“首要已擒，共祸可熄”。4月20日，蒋介石电令将罗亦农“就地处决”。21日下午，罗亦农被枪杀于上海龙华，时年26岁。

2009年9月，罗亦农被评为100位为新中国成立作出突出贡献的英雄模范之一。

2009年8月于中央党校

2009年11月改定

（此文原载《中共党史研究》2010年第7期）

马克思共产主义学校的前身

——关于中共中央党校校史中一个问题的考证

几年前笔者初次接触中共中央党校校史，曾认为马克思共产主义学校就是中央党校的前身，其建校日（1933 年 3 月 13 日）应当是中央党校的校庆日。[①]

经过近一段时间的研究，发觉以上说法虽有一定道理，但有重大的缺陷或失误。因为中共中央 1925 年曾经办过党校，马克思共产主义学校也有其前身，那就是由任弼时任校长的苏区中央局—中共中央局党校。

一、苏区中央局党校

1927 年春夏间，大革命失败，中国共产党失去了办党校的条件。八一南昌起义和八七会议之后，党的工作重心转入武装斗争，革命的中心由城市转入农村。中国共产党发动和依靠农民群众，建立农村根据地，发展壮大红军，开展土地革命和各项建设事业。中国革命因为找到了这条正确的道路而得以坚持下来并走向复兴。随着红军的壮大和苏维埃区域的扩大和巩固，党的建设的重心也逐渐由城市向农村根据地转移。

1931 年 1 月 15 日，在江西宁都小布赤坎村成立了以项英为代理书记

① 参见谢武军:《中央党校的校庆日——三月十三日》,《学习时报·党校教育专刊》2000 年 6 月 5 日。

的中共“苏维埃区域中央局”，简称“苏区中央局”，代表中共中央领导全国苏维埃区域及红军中党的工作、政治军事工作，以及将要成立的中华苏维埃共和国临时中央政府。1931 年 2 月，又相继成立了以夏曦为书记的中共湘鄂西中央分局、以沈泽民为书记的鄂豫皖中央分局。中国共产党开办党校培养干部的条件又具备了。

1931 年 4 月 21 日，中共中央发出的《中央关于苏区宣传鼓动工作决议》作出 22 条规定，要求各苏区立刻执行。其中，1. 苏区内各中央局必须要有健全的宣传部。2. 各苏区中央分局所在地必须创办一种党的与苏维埃的机关报。……5. 在各苏区中央分局所在地，必须设立一个以上的党校，培养党、苏维埃与职工会的中等干部，要造成苏区以后把工农干部送给中央的前途，而不是专由中央供给苏区。必须把干部的培养当作苏区各中央分局中心任务之一，坚决同那种一切依靠中央派人的观念作斗争。关于这学校的计划，应该是三分之一为军事训练，三分之一为实际工作的常识，三分之一为政治经济的常识（学校计划另行抄上）。并要求，各苏区地方党部接到这一决议后，必须立刻有一简单明了的与具体的宣传鼓动工作（计划），连同这一决议，发给各级党部。① 6 月 16 日，《中央给苏区各级党部及红军的训令》重申：“中央给苏区的关于宣传工作的指示，必须全部实行。”“苏区党部对于中央关于发展党的组织的决议与苏区办干部学校的计划，必须加紧进行。”②

1931 年 5 月底，苏区中央局机关留驻江西永丰县龙冈后，中央局常委，组织部长任弼时和宣传部长王稼祥即按照中共中央的决议，开始策划办党报和建党校的事情。经过一个月的筹备，7 月 1 日，由王稼祥任主编

① 中央档案馆编:《中共中央文件选集》第七册（一九三一），中共中央党校出版社 1991 年版，第 266、267、268 页。

② 中央档案馆编:《中共中央文件选集》第七册（一九三一），中共中央党校出版社 1991 年版，第 325、326 页;《周恩来年谱》第 215 页记录此事。

的中共苏区中央局机关报《战斗》创刊。与此同时，由任弼时负责的苏区中央局党校（党训班）开学。对此，在7月8日苏区中央局向上海临时中央的报告中明确写道："苏区中央局机关已固定地点，组宣两部正在建立工作，《战斗》报已出版，党训班已开学。"[①]这是苏区中央局举办的第一个党校（党训班），培训时间可能不到一个月。

因第三次反"围剿"在即，1931年7月28日，苏区中央局和苏维埃中央军委机关转移到兴国高兴圩一带，与红一方面军总前委会合。战斗打响后，苏区中央局和苏维埃中央军委机关隐蔽在兴国县高兴长龙山区。8月中旬，中央局再次与毛泽东等在兴国县成岗白石村会合。8月21日，苏区中央局在白石召开会议，讨论并通过了《土地问题决议案》等文件。任弼时还提议调整中央局领导机构，由毛泽东接替项英任苏区中央局代理书记。此项提议10月11日电报中共临时中央，得到批准。

1931年8月27日，中共中央作出《中央关于干部问题的决议》，指出："因干部需要的增加与干部的缺乏，形成干部恐慌的现象，成为党在政治上组织上的紧急任务中一个严重的困难问题。""特别是苏区的党部没有很好的利用公开的便利经常举办大规模的党校、军事训练班等造成干部的工作。""中央训练班必须按期的经常进行，根据过去经验重新定出计划，改善教育方法及训练材料，保障教员按期上课。""苏维埃区域最近更需要特别去做提拔与训练干部的工作，经常利用这种公开的便利大规模的去举办各种人材的训练，如党校、政治军事学校等，必须保证苏区干部的自给，并能派送干部到苏区周围的主要城市，农村，以及白军中去做工作。"[②]8月30日，《中共中央致苏区中央局并红军总前委的指示信》又强调："要举办苏区干部学校，有系统的训练党的干部，当然这种训练是要与当前的战争

---

① 《任弼时年谱》，人民出版社、中央文献出版社1993年版，第169—170页。

② 中央档案馆编:《中共中央文件选集》第七册(一九三一)，中共中央党校出版社1991年版，第358页。

任务紧相联系的。你们对干部的引进和训练，不仅要做到自给，还要做到能派遣大批的干部到临近区域去发展工作。”①

1931年9月15日，第三次反“围剿”历时77天六战五捷，胜利结束，赣南、闽西根据地连成一片，形成拥有21座县城、面积5万平方公里、居民达250万人的中央革命根据地。9月28日，毛泽东、朱德率领的红一方面军总部与项英、任弼时、王稼祥等领导的苏区中央局在瑞金叶坪会合。9月29日，苏区中央局在瑞金召开党的活动分子会议，决定11月1日在瑞金叶坪村召开中央苏区第一次党代表大会，11月7日召开第一次全国苏维埃代表大会。

1931年11月1日—5日，中央苏区第一次党代表大会（亦称赣南会议）在江西瑞金叶坪召开。会议通过了《政治决议案》、《党的建设问题决议案》、《红军问题决议案》、苏区工会和青年团工作5项决议案。根据5月中央《关于苏维埃区域党的组织决议案》中关于中央局或分局成员“只能由中央派遣或指定”，以及大会前夕中共临时中央电复苏区中央局“真电”指示，大会没有对苏区中央局成员进行选举。毛泽东仍为苏区中央局代理书记，任弼时仍任中央局组织部长。②

对中央关于开办党校的两个指示，苏区中央局不可能置之不理。笔者倾向于认为，在中央苏区第一次党代会前后，正式建立了苏区中央局党校，校长由任弼时兼任。其根据是：

1. 王健英的考证。中共苏区中央局：（驻江西瑞金叶坪）委员：周恩来、项英、毛泽东、任弼时、王稼祥、朱德、顾作霖、邓发。常务委员：周恩来、项英、毛泽东、任弼时、王稼祥。书记：先后周恩来（未到）、项英代理、毛泽东代理（1931年11月）、周恩来（1931年底）、任弼时代理

① 中央档案馆编：《中共中央文件选集》第七册（一九三一），中共中央党校出版社1991年版，第382页；《周恩来年谱》第216页记录此事。

② 参见《任弼时年谱》，人民出版社、中央文献出版社1993年版，第358页。

（1932 年 7 月）。副书记任弼时。秘书长先后毛泽覃、严重、邓湘君。组织部长任弼时兼。宣传部长王稼祥。妇女部长周月林（女）。中央局党校校长任弼时兼。《战斗》（中共苏区中央局机关报，1931 年 7 月 1 日创刊）、《实话》（中共苏区中央局机关报，1932 年 2 月 14 日创刊）主编均王稼祥。①

2.《任弼时年谱》的记载。1931 年 11 月 7 日—20 日，中华苏维埃第一次全国代表大会在瑞金叶坪村召开。整个大会期间，任弼时给代表们讲党的建设课。②这显然是在履行组织部长兼党校校长的职责，给全体代表办了一次党训班。

3.1931 年 12 月 22 日，周恩来从上海到达中共闽粤赣临时省委所在地汀州（今长汀），12 月底抵达瑞金，就任中共苏区中央局书记。任弼时任中央局副书记兼组织部长及党校校长。③实际上，周恩来正式就任苏区中央局书记应在 1932 年 1 月中旬。④

4.1932 年 7 月 21 日，周恩来从后方到前线主持军事工作，由任弼时在后方代理苏区中央局书记。9 月 17 日，周恩来“于宁北之小元”给中央局写了一份关于前线上的地方工作问题的报告，向苏区中央局提出对地方工作的 13 条建议。其中：“三、江西省委现在训练中的二百多干部应以一半送至总政治部分给各军团组织部组织地方工作团到白区去做工作。另一半首先分给宜黄及南广两中心县委，这种干部继续训练与派遣，省委须负全责。四、中央局须准备以自己党校学生中三分之一派到这一线做工作，以集中火力来

---

① 王健英编著:《中共中央机关历史演变考实（1921—1949）》，中共党史出版社 2005 年版，第 211 页。

② 《任弼时年谱》，人民出版社、中央文献出版社 1993 年版，第 176 页。

③ 《周恩来年谱（一八九八——一九四九）》（修订本），中央文献出版社 1998 年版，第 219 页;《任弼时年谱》，人民出版社、中央文献出版社 1993 年版，第 179 页。

④ 据查，1 月 15 日，毛泽东还代表中共苏区中央局向全国苏区共产青年团第一次代表大会致词。1 月中旬，毛泽东还在叶坪主持召开中共苏区中央局会议，报告三次反“围剿”的情况和九一八事变后的全国形势。他认为日本帝国主义灭亡中国的大举侵华，势必引起全国人民的抗日高潮，国内阶级关系必将发生变化。中央代表团的有些成员不同意作这样的分析，认为不提出武装保卫苏联的口号，就是典型的右倾机会主义。会议中途，另选了主持人。会后不久，毛泽东向苏区中央局请病假休养。

争取这一块苏区的扩大。”[①] 这份报告确切地证明了苏区中央局党校的存在。

在没有发现新的材料之前，笔者认为，苏区中央局党校 1931 年 7 月 1 日在江西永丰龙岗初创，1931 年 11 月初中央苏区第一次党代会前后在瑞金续办，以后没有中断过。直到 1933 年 1 月底中共临时中央政治局迁入瑞金，苏区中央局党校实际上成为中共中央局党校。

二、中共中央局党校与马克思共产主义学校

1932 年 12 月底，中共临时中央政治局常委张闻天要求去中央苏区工作，秦邦宪意欲派他去北方工作。两人意见不得一致，乃致电莫斯科共产国际请示。共产国际复电决定临时中央政治局全部迁入中央苏区。于是，临时中央政治局常委张闻天、委员刘少奇先后离开上海，乘海轮途经汕头，由大埔前往中央苏区。1933 年 1 月中旬，张闻天、刘少奇先后到达瑞金。[②]

1933 年 1 月 13 日，中共临时中央政治局决定，中央机关迁往中央苏区。临时中央政治局成员秦邦宪、陈云去中央苏区，康生去苏联，李竹声、王云程留在上海代表中央指导国民党区域党的组织与工作。1 月 17 日，临时中央总负责人博古、临时中央政治局常委陈云、委员杨尚昆由上海动身，途经汕头、潮州、大埔、闽西苏区，于 1 月下旬（26 日—29 日之间）抵达中央苏区首都瑞金。[③]

1933 年 1 月底（31 日前），博古在瑞金主持召开中央会议，与会者有临时中央政治局常委秦邦宪、张闻天、陈云，委员刘少奇；苏区中央局常

---

① 《周恩来给中央局报告——关于前线上的地方工作问题》。原件存中央档案馆。《周恩来年谱》第 231 页记录此事。

② 《张闻天年谱（1900—1941）》上卷，中共党史出版社 2000 年版，第 189 页。

③ 参见中共中央文献研究室编:《陈云年谱（一九〇五——九九五）》上卷，中央文献出版社 2000 年版，第 145 页;《杨尚昆回忆录》，中央文献出版社 2001 年版，第 74 页。

委项英、任弼时，委员邓发、顾作霖等。会议主要内容为：1. 由秦邦宪传达共产国际执委会第十二次全会决议；传达共产国际代表的意见，上海的政治局委员与苏区中央局委员合并，并选举一位负责人以便工作，“于是多数即推选他为总书记”，“并未决定再成立中央机构”，对外采用“中共中央局”名义，对内仍是“临时中央”。（《陈云年谱》称：会议决定中共临时中央同苏区中央局合并，仍称苏区中央局。）2. 会议决定，由秦邦宪、张闻天、陈云继续担任中央局常务委员；张闻天兼任中央局宣传部长和中央党报委员会书记；中华全国总工会同全总苏区执行局合并，改称全总苏区中央执行局，陈云任党团书记、副委员长兼福利部长，刘少奇任委员长；任弼时任中央局组织部长兼党校校长；毛泽东为中央（政治）局委员，回临时中央政府工作。3. 会议决定，苏区中央局原来出版的《实话》与《党的建设》两刊合并，改名《斗争》，在 1933 年 2 月 4 日出版，由张闻天任主编，为了区别于上海版，刊次从第一期开始；中央政府的机关报《红色中华》周报从 1933 年 2 月 4 日起改成三日报，成为党、团、政府和工会合办的机关报，主编仍是王观澜。4. 决定“中共中央局及全总执行局”与临时中央政府合办党校。①

由此看来，从 1933 年 1 月底开始，在瑞金的中共中央局与苏区中央局实际上已经合二而一。任弼时任合并后的“中央局组织部长兼党校校长”，原苏区中央局党校实际上已经成为中共中央局党校。

《红色中华》1933 年 2 月 20 日第 51 期的一篇报道，提供了此次中央会议的时间及中共中央局已经开始在中央苏区直接行使领导职能的证明。该报道称：“1933 年 1 月 31 日，中华苏维埃共和国临时中央政府人民委员

---

① 参见王健英编著：《中共中央机关历史演变考实（1921—1949）》，中共党史出版社 2005 年版，第 224—235 页；《陈云年谱（一九〇五——一九九五）》上卷，中央文献出版社 2000 年版，第 146 页；《张闻天年谱（1900—1941）》上卷，中共党史出版社 2000 年版，第 191、192 页；《任弼时年谱》，人民出版社、中央文献出版社 1993 年版，第 201 页；《毛泽东年谱（一八九三——一九四九）》（修订本）上卷，中央文献出版社 2013 年版，第 393 页；《杨尚昆回忆录》，中央文献出版社 2001 年版，第 74—75 页。

会召开第三十一次常会，议决：与中共中央局及全总执行局合办苏维埃党校。通知各地选送学员入校。”笔者完全赞同王健英的看法，中央临时政府的会议只能在中共中央局的会议之后举行，是否合办党校也只能由中共中央局决定。

苏区中央局党校成为中共中央局党校不到一个半月，其名称就变成了“苏味”十足的“马克思共产主义学校”。原因何在？据笔者考查，是缘于一个临时性的政治任务。1933 年 2 月 17 日，中共中央发布《中央关于马克思逝世五十周年纪念的决议》，责成全党各级党部组织群众纪念大会、报告会、成立各种公开的学术组织、各地党刊出专号。中央宣委编译马克思主义和列宁主义之理论基础等各种小册子。委托中央宣委考察党内教育系统概况，且拟定加强党内教育工作的具体建议，在中常委会讨论。[①] 将原苏区中央局-中共中央局党校改称马克思共产主义学校，并决定在 3 月 13 日（应为 3 月 14 日）马克思逝世五十周年纪念日开学，也是这一纪念活动的一大举措。1933 年 3 月 15 日《红色中华》第 61 期曾报道了马克思共产主义学校开学的盛况：“十三日下午一时，全体学生暨各机关代表均到达该校，齐集礼堂，举行极庄严的开学典礼。中共中央局、中央政府与全总执行局代表均有重要演说……最后由校长训词。”

经考证，马克思共产主义学校的首任校长仍然是任弼时。1933 年 4 月 22 日，由博古提议，中央局讨论同意，免去任弼时中央局组织部长职务，调任中共湘赣省委书记，由李维汉接任中央组织部长。张闻天也应是在此时接任马克思共产主义学校校长。对此，杨尚昆回忆道：“1933 年 3 月，中央局创办了一所名字很大的学校，叫马克思共产主义大学，代替原苏区中央局党校，原党校校长任弼时调湘赣去后，共大由张闻天任校长，我任

① 《中央关于马克思逝世五十周年纪念的决议》。原件存中央档案馆。

副校长，董老任教育长。”[①]《董必武传》写道：1933 年3 月，董必武“被中共中央委任为新建立的马克思共产主义学校即中央党校教务长。不久，副校长杨尚昆调任红三军团政治委员，董必武接任副校长。此时的校长是党中央政治局负责人之一的洛甫（即张闻天）。他是接任弼时兼任这一职务的”。[②]李维汉回忆道：“一九三三年三月十三日，为了纪念马克思逝世（三月十四日）五十周年，宣布成立‘马克思共产主义学校’，即中央党校。校址设在江西瑞金。首任校长任弼时，副校长杨尚昆。不久任、杨离职，改由张闻天兼任校长，董必武兼任副校长，罗明（即受王明‘左’倾冒险主义打击乃至撤职的原福建省委代理书记）任教务主任。专职教员仅有成仿吾、冯雪峰。他们是一九三四年为参加六届五中全会到苏区的”。[③]

长征时任红一方面军红一师三团政委萧忠渭（萧锋）在回忆一、二方面军会师的情景时写道：“1933 年春天，我在江西瑞金中央苏区马克思主义大学高级班学习，任弼时是我们的老校长，这次见首长，感到格外亲切，任政委把我向贺总和关政委作了介绍。”[④]

这些叙述虽略有差异，且有不够准确之处，但都肯定马克思共产主义学校的首任校长是任弼时。而任弼时只是继续了原苏区中央局-中共中央局党校的任职。因此，马克思共产主义学校的前身，是 1931 年 11 月初创立的苏区中央局党校。再往前追溯，则是 1931 年 7 月 1 日创立的苏区中央局党训班，其校长皆任弼时也。

2010 年 8 月初稿，10 月修改，12 月再改

（此文原载《理论视野》2011 年第 4 期）

① 《杨尚昆回忆录》，中央文献出版社 2001 年版，第 80 页。

② 《董必武传（1886—1975）》上，中央文献出版社 2006 年版，第 265—266 页。

③ 李维汉：《回忆与研究》（上），中共党史资料出版社 1986 年版，第 385 页。

④ 萧锋：《迎接红二方面军》，见树军、新民、解昌编：《万里长征亲历记》，中共中央党校出版社 1996 年版，第 696 页。

附注：2011年，笔者读到了《萧锋征战记》（萧锋遗稿，由南溪、孙翊整理，中央文献出版社2010年8月出版）。其中记载：“3月9日上午举行开学典礼，校长任弼时，副校长董必武（实为教务长——笔者注）到会。”

重读《论共产党员的修养》兼及刘少奇演讲地点和对象的考证

1939年7月8日和12日，刘少奇在延安分两次作了《论共产党员的修养》的演讲。毛泽东在审阅演讲记录稿后，给《解放》杂志编辑部写信说："少奇同志的文章我看了，写得很好，这篇文章提倡正气，反对邪气，是一篇很重要的文章，应当快登。"8月20日至9月20日出版的《解放》周刊第81至84期以《论共产党员的修养》为题发表了这篇演讲。11月7日，延安新华书店出版了单行本。这篇著作在延安整风运动中被列为干部必读的22个文件之一，新中国成立后，被列为共产党员必读的党课教材。

《论共产党员的修养》是中国共产党党建理论的经典篇章，也是马克思主义中国化的范本之一。针对当时革命形势迅猛发展，党员队伍急剧扩大，党员素质亟待提高的新课题，刘少奇在演讲中指出，每一个共产党员都应当高度重视自身的马列主义理论修养、思想意识修养和组织纪律修养。他要求党员通过参加革命斗争实践、通过学习马克思主义的理论、通过自我反省和互相批评来加紧自己的修养，健全自己的人格，使自己成为"品质优良、政治坚强的革命家"。演讲紧密联系党自身建设的实际、党员思想意识和道德修养的实际，阐述了马克思主义政党对党员的基本要求，具有很强的现实针对性。

刘少奇在演讲中特别强调："我们共产党不是天上掉下来的，而是从中国社会中产生的。”党对党员的人格和品德的要求不能也不可能割断与中华民族传统道德标准的天然联系。对党负责与对民族和历史负责是一致的。拿刘少奇的话说：“我们无产阶级革命家忠诚纯洁，不能欺骗自己，不能欺骗人民，也不能欺骗古人。”纵观演讲通篇，共产主义道德与中华民族先贤志士对高尚人格的追求、对道德的自我完善以及修身养性的优良传统浑然相融。正因此，《论共产党员的修养》不仅仅是党建理论的经典，也是中国共产党作为“中华优秀文化的忠实传承者和弘扬者”的证明。

这篇光辉著作从发表至今已经整整73年了，哺育了几代中国共产党人。在当今时代，信仰危机，物欲横流，党员干部的道德底线面临被颠覆的危险。重读《论共产党员的修养》，我们仍然能够从中得到许多教益。

那么，刘少奇究竟是在哪里给什么人做的演讲呢？流行的说法是：1939年7月，中央干部教育部请刘少奇给延安马列学院作《论共产党员的修养》的讲演。

见之于文本，《论共产党员的修养》单行本，从新中国成立前的石印竖排本到新中国成立后的各种版本，皆在封面或扉页注明“在延安马列学院讲演”或“一九三九年七月八日在延安马列学院的演讲”。

《刘少奇选集》上卷编入《论共产党员的修养》，其脚注为：“这是在延安马克思列宁学院的演讲。一九四三年编入解放社出版的《整风文献》。一九六二年经作者修订，由人民出版社再版。”

《刘少奇年谱》记载：“1939年7月8日在延安马克思列宁学院作《论共产党员的修养》的演讲，讲了《绪论》和《党员思想意识的修养》两大部分。”“7月12日继续讲《论共产党员的修养》的第三部分：党员在党的组织和纪律方面的自我修养。”

迄今发表的几乎所有有关文章都沿用了上述说法。有的记述在时间上有所不同，但讲演地点和对象完全一样。如贺晋清《延安整风运动大事记》

写道："八月七日刘少奇在延安马列学院发表《论共产党员的修养》的讲演。全文于十二日讲完。"

近年来，笔者在研究中央党校校史的过程中，接触到有关当事人的若干回忆，颠覆了长期流行的上述说法。

第一份材料是1964年4月2日中央党校王渔教授等在文化部访问刘芝明的记录稿。刘芝明讲道："小礼堂在沟内，大礼堂在外边。中央许多同志在这个礼堂作过报告，刘少奇讲《论共产党员的修养》在这个礼堂门口的场地上。"刘芝明从1937年9月到1945年8月一直在中央党校工作，历任教员、政治经济学研究室主任、教务主任、一部副主任、三部主任。刘少奇作报告时，他正担任中央党校教务主任。

第二份材料是1964年3月2日王渔教授等在中央高级党校与当年的少数民族学员桑吉悦希、扎喜旺徐及沈遐熙座谈的记录稿。沈遐熙在座谈中讲道："回民班主要学文化。学汉文、历史、地理、时事、唱歌。听了刘少奇《论共产党员的修养》。"沈遐熙1939年5、6月间进党校，在三十七班（回民班）任教育干事，他的回忆印证了刘芝明的说法。

第三份材料是当年中共中央的速记员、中共河南省委原书记、人大主任张树德1983年3月18日在速记工作座谈会上的发言《速记工作在我党历史上所起的作用》。关于刘少奇的讲演，他这样写道："刘少奇同志给马列学院作《论共产党员的修养》报告，我记得是由施铸英和我（好像还有别的同志）一道去记的，时间是在1939年7月，地址不在马列学院，是在中央党校礼堂外的广场上。当时，我刚学会速记，有很多话我记不下来，施铸英同志记得比我好。少奇同志有个秘书叫刘晓（不是新中国成立后任驻苏大使的刘晓同志，是一个同名青年），他把少奇同志的亲笔改稿给我看了一下，尽管我记得很不好，少奇同志还是在记录稿上很仔细地做了修改，有很多段落几乎是重新写的。"

第四个根据是我自己的采访。2010年我们访问了中国有色金属工业总公司原常务董事、中国有色金属学会第一届副理事长洪戈。他也提道，刘少奇作《论共产党员的修养》的讲演，是在中央党校而不是在马列学院。洪戈1938年8月至1942年8月在延安中央党校二十八班、三十四班学习并留校任教，先后担任政治经济学教员、学员支部专职书记。

2011年，我就别的问题请教洪老，他再次特别强调："刘少奇讲演的地点是在中央党校礼堂外的场地上，是给中央党校的教员和学员讲的。可能马列学院的师生也来了。那天天气很热，刘少奇穿着一件白衬衣。我们三十四班的同学贺愚农身体不太好，听到一半，中暑昏倒在地，大家赶紧把他抬到屋边阴凉的地方休息。所以我对这件事印象很深。"

刘芝明、沈遐熙、张树德、洪戈都是这一历史事件的亲历者。他们的回忆纠正了多年来的误记误传，还历史以本来面目。笔者以为，刘少奇演讲的地点、对象虽属细节，但也是历史事实的组成部分。2011年，我根据自己的考证为中央党校校史馆绘制了图表《中央领导在中央党校的部分报告和授课（1935年—1945年）》，并将"1939年7月8日、12日 刘少奇《论共产党员的修养》"列入其中。

刘少奇在中央党校给党校师生讲演《论共产党员的修养》，马列学院的师生也来听讲。对这一历史事实的记载为什么会出现错误呢？据笔者研究，1939年中央领导的这类讲演，大多是由中央干部教育部（中央干部教育部于1939年2月17日正式成立。1940年6月并入中央宣传部，改称中央宣传教育部，同年10月，又改称中央宣传部。部长、副部长一直是张闻天、李维汉）出面邀请组织的。1939年1月初，刘少奇在中共豫西特委举办的党员训练班上曾经作过关于共产党员修养问题和中共党史的报告。1939年3月，刘少奇返回延安。7月，他在中央党校的演讲，也是受中央干部教育部的邀请。当时，张闻天既是中央宣传部长兼中央干部教育部长，又是马列学院院长，后一个身份可能是将中央党校误记为马列学院的原因之一。此外，中央党校1937年2月从定边迁驻延安桥儿沟，曾一度对外保密，称

"中山图书馆"。1939年2月迁到延安北关小沟坪后才逐渐公开。这可能也是一个原因。

（本文原载《学习时报》2012年12月17日）

附注：2015年，笔者读到《邓力群自述》得知：1939年邓力群在马列学院一班学习兼教务处副处长。当年夏天，他和一班学习委员去请刘少奇讲党建课，张闻天正好在场。刘少奇答应讲一下共产党员的修养，张闻天也表示赞同。关于讲课地点，他写道："我记得当时听课的人太多了，马列学院的课堂容纳不了，后来好像是在中央大礼堂讲的。"

《红色中华》"眼"中的马克思共产主义学校

《红色中华》作为中华苏维埃共和国临时中央政府的机关报，1931年12月10日在江西瑞金创刊。首任主编周以栗时任中华苏维埃共和国中央执行委员、内务人民委员。王观澜、李一氓先后担任过《红色中华》主编。1933年1月，中共临时中央迁到红都瑞金，临时中央与苏区中央局合并。《红色中华》被改为党团、政府与工会合办的中央机关报，并从1933年2月4日第四十九期开始，改周报为三日刊。1934年1月第二次全国苏维埃代表大会后，中华苏维埃教育人民委员瞿秋白兼任《红色中华》报社社长（毛泽民的夫人钱希均任发行科长）

《红色中华》刊登有关马克思共产主义学校的消息和报道，始于1933年3月12日第六〇期。该报最后一次提到马克思共产主义学校，是在1934年10月3日第二四〇期，这也是《红色中华》在中央苏区出版的最后一期。前后共24条（篇）约5000余字，它们是：

1933年3月12日《纪念科学社会主义之父！马克思共产主义学校三月十三日开学》，1933年3月15日《马克思共产主义学校开学了》，3月15日"马克思共产主义学校启事"，1933年4月2日海报"党校第二次讲演"，1933年4月14日《马克思主义研究会成立》，1933年4月26日《纪念"五一"的准备》，1933年5月5日《党校全体学生号召延期归还二期公债》，1933年5月14日《募了一次又一次》，1933年6月20日《马克思共产主义学校新苏区班毕业》，1933 年 8 月 16 日《“八一”慰劳红军的热潮》，1933 年 8 月 19 日《预购经济建设公债》，1933 年 8 月 22 日《党校成立国家职工会支部》及“马克思共产主义学校启事”，1933 年 8 月 25 日《热烈推销经济建设公债》，1933 年 9 月 3 日《党校四（月）班举行毕业典礼 又涌现出一大批党的干部》，1933 年 10 月 12 日“马克思共产主义学校庆祝北面红军伟大的胜利致电朱总司令、周总政委”，1933 年 10 月 15 日《风起云涌的合作运动》，1933 年 11 月 23 日“马克思主义研究会通告”，1934 年 3 月 15 日《热烈响应本报号召 ——党校和瑞金县苏每人每天减少二两米》，1934 年 3 月 20 日《中共中央机关外籍同志，给本报节省运动号召的回答》，1934 年 6 月 21 日《响亮回答前方红军的要求》，1934 年 7 月 19 日“马克思共产主义学校启事”，1934 年 7 月 26 日“马克思共产主义学校启事”，1934 年 10 月 3 日《苏区教育的发展》。其中最长的一篇是 1933 年 6 月 20 日第八十七期关于马克思共产主义学校新苏区班毕业典礼的通讯，约 1000 字。最短的是第二四〇期《苏区教育的发展》，只在文中提到“马克思共产主义大学”的名字。

由于第五次反“围剿”的失败，中共中央机关仓促撤离瑞金。据成仿吾回忆，长征时党校的书籍教材等资料曾经拣重要的搞了十几个担子带上走，但是在路上丢光了。就笔者阅读所及，只看见马克思共产主义学校两件文物。其一是 1934 年 9 月校长罗迈（李维汉）和冯雪峰签发的“马克思共产主义学校学生毕业证”，上书：“学生谢访贤在本校高级班二月学习期满准予毕业”。其二是 1934 年 3 月 18 日马克思共产主义学校出版的《中国革命基本问题》一书。《红色中华》的这 24 条（篇）消息、报道或启事无可替代地成为我们认识了解马克思共产主义学校的宝贵历史文献。

《红色中华》对开办马克思共产主义学校的目的有这样的表述：“纪念我们的科学社会主义的鼻祖，广泛的有系统的来传播马克斯所创造的共产主义”，“大批训练新的工农干部，以适应目前革命和战争的需要，彻底改造和加强党团政府工会的工作，争取战争的全部胜利”。学校的班次和学习科目是：“党校共分三班：（一）新苏区工作人员训练班。学额原定八十人，主要的是造就新苏区与白区的工作人员，学习时间定两月毕业；（二）四月的训练，分党，团，苏维埃，工会工作四班，每班五十人；（三）高级训练班。以六月为限，学额四十人。由各省委、省苏及省工会派送。党校科目，各班不同，主要的是马克斯列宁主义的基本原理，与党的建设，苏维埃的建设，工人运动，历史，地理和自然科学常识等。”（《纪念科学社会主义之父！马克思共产主义学校三月十三日开学》）

马克思共产主义学校的领导和教职员工，除了我们所知道的校长任弼时、张闻天、李维汉，副校长杨尚昆、董必武、冯雪峰，党委委员或班主任陈潭秋、潘汉年、李培南、杨文仲、成仿吾、吴仲濂、贾拓夫，团总支书记邓湘君、曾任教务处主任的罗明，以及担任教学辅导的陈焕武，还有哪些人在党校工作过呢？《红色中华》关于《党校成立国家职工会支部》的报道，为我们提供了一个11人的名单：“党校雇员工会支部筹备委员会……选举杜绍棠、刘步云、杨昌麟、钟昌艾、孔祥璠、刘道生、李桂秀、焦桂林、杨文仲等九同志为正式执行委员，谢小梅、肖道娫二同志为候补委员……”其中杨文仲曾任福建新泉县委书记，因“罗明路线”问题被撤职，调到党校作班主任，谢小梅是罗明的妻子，在教务处作干事。虽然我们对其余9位同志的生平还一无所知，但至少他们的名字通过《红色中华》被记在了中央党校的历史上。

马克思共产主义学校的学术活动比较活跃，经常组织演讲会。根据《红色中华》发布的海报，1933年曾组织演讲活动多次，如3月18日董必武演讲“巴黎公社”；4月2日洛甫演讲“中国苏维埃政权的现在与未来”；4月16日唐开元（刘少奇）演讲“劳动法”；5月14日洛甫演讲“目前红军建设中的几个基本问题”；12月3日洛甫演讲“广州公社”。1933年4月，洛甫在党校演讲后提议成立了马克思主义研究会。

党校教职员工积极响应中共中央局和中央政府的各项号召，带头参加各项中心工作，比如成立消费合作社、反帝拥苏互济会、工农剧社分会等等；退还第二期公债票并“号召全苏区工农延期一年归还二期公债的本利，以作红军战费”、预购经济建设公债；多次进行募捐活动以援助东北义勇军；慰劳红军；师生每人每天减少二两米支援前线；到各地参加扩大红军的工作……《“八一”慰劳红军的热潮》报道：“‘八一’党校举行了慰劳红军运动，各班都是送给了红军一些草鞋，说明了这些同志们慰劳红军的热烈。兹将草鞋数目列于下：党班——十五双，团班——三十双（内布草鞋？双），苏维埃班——十五双，工会班——二十六双（内布草鞋七双），统计——八十六双。”《响亮回答前方红军的要求》介绍马克思共产主义学校募集“草鞋二百一十余双，干菜二百五十余斤”慰劳红军。

党校的毕业生成了各方面领导争抢的宝贝。1933年8月13日，四月班150个学员毕业。副校长董必武同志致词后，宣读了方面军政治部主任杨尚昆同志（前任马克思共产主义学校副校长）致四月班毕业生的电文：“热烈的欢迎党校四月班毕业的同志，大批的到红军中来，加强在红军中党的骨干，来彻底粉碎帝国主义国民党的五次‘围剿’。”接下来的描述让人忍俊不禁：“（全校大鼓掌）开幕词便这样结束了。接着少共中央局中央政府全总执行局的代表，相继致热烈的训词，大意都是说，四月班毕业的学生同志应该成为党的坚强的干部，领导千百万工农群众，为粉碎帝国主义国民党的五次‘围剿’争取苏维埃在全中国的胜利而奋斗到底。在四月班学员极诚恳的回答词后，大会便在‘霹雳拍’的歌声中闭幕了。”（《党校四（月）班举行毕业典礼 又涌现出一大批党的干部》）

党校学员密切关注着前方的战事，时刻准备着到红军中和地方去工作。《红色中华》登载了一封学校全体党团员给前线的电报，反映了他们高昂的革命热情：“朱总司令、周总政委并转第一方面军全体指挥员、战斗员：接读本月7号捷报欣闻我百战百胜的红军，在布尔什维克党正确领导之下，在敌人五次‘围剿’的开始，即强有力的给以迎头痛击，这是完全粉碎敌人五次‘围剿’的信号，继续这一胜利，我们就很迅速的完成夺取中心城市及江西一省首先胜利的任务，我们得到这一捷电更加兴奋努力的学习，成为更坚强的干部到红军中去共同消灭敌人；到地方上去领导广大群众扩大红军，争取苏维埃新中国彻底胜利！马克思共产主义学校全体党团员。”（“马克思共产主义学校庆祝北面红军伟大的胜利致电朱总司令、周总政委”）

马克思共产主义学校很重视与毕业学员进行联系，了解他们的工作状况，收集他们的工作经验，征求他们对党校工作的意见。《红色中华》两次登出党校的启事，请毕业学员立即与党校联系，盼望他们写信给学校，回答下列问题：“当时学习的科目，对你们出校后的工作有帮助的是什么？依照你们当时的学习和现在工作的经验，对党校的教育，关于各科的内容、教材、教法和课内外学习方法等有些什么意见？”“你们在工作中，曾遇到什么理论的和实际的问题不能解决的？”“你们除了写出自己的情况，还要写出知道的别的毕业学员的情况，包括那些叛变革命的反水分子。”这样的做法有利于党校积累工作经验，改进日后的工作。

感谢《红色中华》那些在极端艰苦的条件下努力工作的记者和编辑。正是由于他们的劳动，我们今天方能如此生动地看到马克思共产主义学校的面貌。

（本文原载《学习时报》2013 年 7 月 8 日）

延安十年中央党校培训学员知多少?

中央党校1937年2月进驻延安，1947年3月随中央机关撤离延安，前后十年。十年间，中央党校究竟培养了多少干部？因原始资料的缺失，至今尚无完整准确的统计。本文仅根据有限的资料作一点初步的研究。

一、十年间中央党校常规班次培训学员9000人左右

十年可分为3个时段：1937年2月至1941年底；1941年底至1945年8月；1945年10月至1947年3月。各时段的培养目标、班次设置和教学方式有所不同，招生对象和人数也不一样。

（1）1937年2月至1941年底，中央党校的主要任务是"训练有坚定政治立场的敢作敢为的区县级党的干部与群众工作干部"[①]，常规班次共招收55个班，培训学员近4000人。具体情况大致如下：

1937年开设一至十三班，招收学员800人左右。一、二、三班主要是红四方面军干部；四、六、十一班是陕北干部；五班主要是老干部和高级干部（也有少数新干部）；八、九班是抗大四大队转来的党员；十班主要是白区来的干部和一些失掉党的组织关系的干部；十二、十三班大多是从

① 《党校一年工作报告》（1940年2月）。原件存中央档案馆。

国民党监狱中释放出来的干部。七班是中央党校第二个少数民族班，有藏、回、彝、蒙古等少数民族学员33人。1937年6月8日，斯诺夫人尼姆·威尔斯访问中央党校，曾采访过这些少数民族学员。

1938年党校新招收十四至二十九班，学员近1000人。老红军和党的地下工作者、归国华侨知识分子以及从全国各地来延安的大中学生“三大潮流汇合”，其斗争经验、政治水平、文化程度差异很大，知识分子新党员较多，还有部分非党员。十四班是文化班。因前方急需用人，党校学员不敷分配。开始规定学制8个月，后压缩为6个月。6个月分为两期，一期3个月，部分班次学习3个月即毕业分配。

1939年2月至1940年2月党校新招收三十至四十三班，共924人。[①]其中三十、三十一班是妇女工作班（1939年7月此两班被拨给中国女子大学，作为其第一批学员），三十二、三十三、四十二班是文化班，三十四班是文化水平较高的班，三十七班是少数民族班（皆信奉伊斯兰教，回族为主，有少量东乡族），三十九班是职工班。绝大多数班次学习时间为6个月，文化班、少数民族班学习时间在1年左右。平均每期在校学员约550人。

1940年3月至1941年底先后开办四十四至五十五班，新招收学员约1000人。其中四十五班是知识分子班，四十七班是七大代表班（由于日寇的占领和国民党的封锁，大部分代表历经千辛万苦通过层层封锁徒步赴延安。先到的部分代表被安排到党校学习），五十班是职工班，五十一班是文化班，五十三、五十四、五十五班是从马列学院转来的党员干部，其中也有部分七大代表。从1940年开始，党校由短训班转到正规化培训。延长学制，3个月的短班完全取消，主要班次为一年制的中级班和高级班。小班制改为大班制，最大的班有100多人，平均每班六七十人，每期在校学员有600—700人。比如，1941年第二学期（5月—8月）学员638人（未

① 《党校一年工作报告》（1940年2月）。原件存中央档案馆。

编班者49人未计算在内），从省级师级干部到区乡级连排级干部都有。[1]

（2）1941年底，中央政治局明确规定中央党校为培养地委以上及团级以上干部的“高级与中级学校”。1941年底至1945年8月，培训高中级干部3500人以上。具体情况大致如下：

1941年底至1943年5月，中央党校招生对象为地委、旅级以上干部和少数地委以下的七大代表。修业年限正科2年，预科3年，正科有9个学员支部，预科分甲乙丙三级4个学员支部，加上在延安的七大代表和军政学院高干队，共招收学员800人左右。

1943年，中共中央将保存骨干与教育骨干作为今明两年的两个重要任务。年初，党中央发出《关于征调敌后大批干部来陕甘宁边区保留培养的决定》，要求华北及华中各战略区域，在保持工作需要的最低条件下，抽调大批干部送延安保留培养。选送的干部，军队中应该是营级及其以上的干部。地方应该是县级及其以上的干部。[2]为准备培训从华北、华中抽调来延安的大批干部，在中央党校设中级班。1943年5月至1944年初，中央党校扩大为4个部，一、四部学员为高级干部，二部学员为中级干部，三部为“文化人部”，共有学员1846人。

1944年2月，西北局党校学员761人编入中央党校成为第五部，学员主要是陕甘宁边区的区乡营连级干部、少数县团级干部和长征干部，以及华北等抗日根据地的中下层干部和国统区来的知识分子干部。11月，六部从五部分出，从1944年5月至1945年7月，中央党校学员总数保持在3000人左右，其中有相当部分是1942年和1943年进党校的。6个部的工作人员也近3000人，其中干部620余人，事务人员少则1300余人，最多

---

① 《中央党校教务处第二学期（5月11日起至8月30日止）教学工作总结》（1941年9月15日）。原件存中央档案馆。

② 中央档案馆编：《中共中央文件选集》第十四册（一九四三——一九四四），中共中央党校出版社1992年版，第2—4页。

时达1732人，高级干部的随行人员（警卫员、炊事员、通信员、勤务员、饲养员）近千名，也在党校参加生产和学习。全校总人数在6000人左右。[①]

（3）1945年10月至1947年3月，中央党校设二、六两个部，学员主要是来自八路军和陕甘宁边区的中下层干部，至少招生两期，培训学员1500人左右。

二、学员流动性大，难以准确统计

当年的党校是铁打的班（或支部），流动的学员。1937年秋到1939年春党和军队大发展时期，各根据地和敌占区需要大批干部去开辟工作，到处争抢党校学员。比如，1938年12月10日彭真曾致电杨尚昆、朱瑞："整理冀东工作，需要大批干部，特别是部队东去时，晋东北五台区也需要大批干部补充。最近中央党校十七班、二十班、二十一班毕业，内中有一批县委和群众工作干部，特请你们去电给我们分一批。"1939年2月3日彭真又致电杨尚昆："冀中、冀察热都需大批干部去充实，此间均抽到无法再抽，请中央设法从党校抽调七八十人去做党的工作。"[②]当时为了满足各方面的需要，党校大部分学员学习3个月即分配工作，甚至学习一两个月就离校。有学员回忆：四班入学时76人，后来陆续派出，毕业时剩下40多人。1941年的教学总结写道："学员不断流动，随来随去，像流动训练班一样。……四十班、四十三班开始时每班80—90人，因不断调动，两班合并，仍有106人，到毕业时不到60人，这两班真正学到毕业的只有七分之一到八分之一。还有中途插班的。四十五班也是如此。"[③]

---

① 1944—1946年中央党校学员干部统计，据中央党校档案处抄件。文中相关引用也来自此件。

② 《彭真年谱（一九〇二——九四八）》第一卷，中央文献出版社2012年版，第101、107页。

③ 《中央党校教务处第二学期（5月11日起至8月30日止）教学工作总结》（1941年9月15日）。原件存中央档案馆。

整风运动前夕，中共中央书记处明确规定："所有已入校学习的学生，除经党校整风审查认为政治条件不合格者和中央书记处指定调出者外，其他人一概不在毕业之前调出分配工作。中组部概不接受各机关请求调出中央党校学生的要求。"[①] 但在1942至1945年，中途调出和插班的现象仍然突出。比如，1944年5月一部学员548人，1945年7月只有330人。1944年11月二部学员718人，1945年5月只有601人。离校的学员或回原单位，或就任新职，或去湘鄂粤桂、豫西等地创建新的抗日根据地，或去敌后大中城市为大反攻做准备。

三、临时训练班的班次与人数都是未知数

延安时期的中央党校还设有长短不同的各类研究班、临时训练班（简称临训班或临时班），学习时间十天半个月或一个月不等，其人数也是未知数。比如，1938年六届六中全会后为解决"干部恐慌"，中央党校制订了"四五六计划"，招收学员到校学习4周、5周、6周即分配上前线和各根据地，轮训总数不详。

再如，1941年在校常规班次12个左右，约650人。但1941年3月陈云致电林枫，说中共中央党校中的晋西籍学生在校1000余人，仅有7个伙夫，请他设法找10个伙夫来。1944年9月3日，五部副主任强晓初在《学风与个人思想总结》的报告中提到，五部除了8个学员支部，还有"3个临时支部"。1945年，中央党校还开设西北民族班和西南民族班，人数不详。1945年10月至1946年底，在中央党校临时培训的军队和地方干部之多更超过了往年。

因此，延安时期在中央党校学习过的干部究竟有多少，还有待当年档案资料的发现。

---

① 中共中央书记处：《关于中央党校学生入学与调动问题的规定》（1942年3月11日）；《陈云年谱（一九〇五—一九九五）》上卷，中央文献出版社2000年版，第347—348页。

（本文发表于《学习时报》2015 年 11 月 16 日）

从中央党校校史看“党校姓党”

由中国的国情与中国共产党的党情所决定，“干部恐慌”和“本领恐慌”一直困扰着中国共产党。因而，早在建党初期，党中央就把开办党校、加强党内教育作为组织建设和宣传工作的重要任务。通过在党校集中培训的方式，对党员干部进行党的基本理论、基本纲领、基本路线、基本政策的启蒙和再教育。1940 年，中国共产党建立起征调干部轮流进党校学习的制度。这种学习制度一直坚持至今，为党的正确的政治路线的贯彻执行和党在组织上的巩固发挥了重要的作用。

中共中央党校作为党内教育的最高学府，几十年来，培养了数以万计知行合一、德才兼备、忠诚于党和人民的、治党治军治国的栋梁之才。回顾中央党校的校史，我们可以更深刻地领悟“党校姓党”不是从外面贴予党校的标签，而是党校与生俱来的特质。

一、中央党校的命运与中国共产党的历史和命运息息相关

中共中央党校的校史是与中国共产党的历史紧密联系在一起的，是与中国革命史和新中国的建设史休戚相关的。中共中央举办党校的历史，最

早可以追溯到 1925 年 10 月创办的北京党校，至今已有 91 个年头了。在中共党史上，党中央曾经 3 次决议办中央党校而没有办成。一是 1926 年 2 月中共中央曾决定在北京和广州两个革命中心各办一长期党校，称之为“最高党校”。但半个多月后，北京发生三一八惨案，局势急剧恶化，而广州忙于北伐，两个最高党校都没有办成。二是 1927 年中共五大期间曾设立“党校委员会”，书记瞿秋白，并决定在武昌创办中央党校，招收学员 300 人，学期 6 个月，7 月 30 日开学。但 7 月 15 日汪精卫“分共”，形势急转直下，中央党校未能办成。三是 1935 年 8 月 5 日中央政治局沙窝会议根据一、四方面军会师后的形势，决定“设立红军大学与高级党校，大批地培养军事的与政治的干部”。但由于张国焘的分裂破坏，高级党校也未办成。

1925 年至 1934 年，中共中央大部分时间处于地下斗争环境，在自己掌权的区域只待了不到两年。中央举办党校受客观条件制约，带有临时性、规模小、无持续性、无固定校舍、专职教员少等特点。北京党校、两湖党校和中央训练班都是秘密举办的。1925 年的北京党校尚能以“北京职业补习学校”之名向北京市教育局申请注册，1929 年的中央训练班则完全处于地下，连校址亦不可考。中共中央局在中华苏维埃共和国首都瑞金创办的马克思共产主义学校，是建党之后至抗日战争之前党中央举办的规模最大、存续时间最长的党校。因为国民党军队的“围剿”，办学 19 个月，校址迁移 3 次。随着中央苏区被“左”倾机会主义路线葬送，学校被迫停办。

中共中央到了陕北之后，在毛泽东为首的党中央领导下，中国革命凯歌高奏，中央党校经历了 11 年又 3 个月不间断的稳步发展的时期。在抗日战争最困难的年头，敌后根据地大幅缩小，党中央实行精兵简政的方针，将大批干部调回延安保留培养，使中央党校一度达到学员 3000 人、工作人员 3000 人的规模，可谓兴旺发达。当年，毛泽东曾感慨道：“全世界的共产党，除了苏联共产党之外，只有中国共产党有根据地，可以教育与训练自己的干部。现在也许还感觉不到这有什么好处，如果延安失掉了，就会知道延安的好处了，有那么多的窑洞，还有二十二个文件可以阅读，可以讨论，更会想到这个时候吊儿郎当不注意学习是不应该的，那时候就会后悔的。”[①] 在延安的十年，是中央党校历史上第一个黄金时期。毛泽东为中央党校制定了“实事求是，不尚空谈”的校训，并于1943年3月到1947年3月亲自兼任校长。

1947年3月至1948年7月，因国民党军队攻占延安，中共中央主动撤离，中央党校停办一年有余。1948年11月，马列学院（即高级党校）在河北省平山县西柏坡开学，1955年改称中共中央直属高级党校（简称中央高级党校）。中央高级党校集中了党内一大批著名的专家学者，在理论界享有盛誉，是名副其实的一流学府。

1966年6月至1976年10月，国家处在“文化大革命”的动乱之中，党和人民遭受浩劫，中央党校停止招生，校领导遭迫害，教职工被下放，校舍被占用。“文革”结束之后，随着党的思想路线、政治路线、组织路线的拨乱反正，党和国家工作重心的转移，国家日益繁荣昌盛。中央党校1977年3月复校，平稳发展至今。

由是观之，中央党校与中国共产党的命运息息相关，中央党校的兴衰在某种程度上反映了党的兴衰，也反映了国运的兴衰。

二、中央党校学员的构成是中国共产党组织状况的缩影

从学员来源看，中国共产党是由点到面发展起来的，大革命时期，党员数量不多，尚未形成全国的组织系统，党的经费也十分紧张，中央举办党校不可能面向全国招生。北京党校60人主要来自北方数省，两湖党校80人来自湖南、湖北。土地革命时期，红白区域割据，马克思共产主义学校

① 《毛泽东文集》第二卷，人民出版社1993年版，第415页。

的学员主要来自中央苏区各省。初到陕北，中央党校学员以长征干部、陕北干部为主，中国共产党亟须“从苏区与红军的党走向建立全中国的党”。

抗战初期，党组织迅速发展，党员数量从 1937 年初的 4 万多人猛增到 1940 年的 80 多万人。据 1941 年 9 月 15 日《中央党校教务处第二学期（5 月 11 日起至 8 月 30 日止）教学工作总结》统计，1941 年第二学期在校学员 638 人（未编班者 49 人未计算在内），学员籍贯覆盖了 23 个省。其中：河南 68 人，占 10.66%；河北 65 人，占 10.19%；山东 22 人，占 3.45%；山西 54 人，占 8.46%；陕西 111 人，占 17.40%；浙江 12 人，占 1.88%；福建 9 人，占 1.41%；广东 26 人，占 4.08%；安徽 17 人，占 2.66%；湖南 38 人，占 5.96%；湖北 32 人，占 5.02%；江西 36 人，占 5.64%；广西 5 人，占 0.78%；云南 3 人，占 0.47%；贵州 5 人，占 0.78%；四川 71 人，占 11.13%；绥远 2 人，占 0.31%；甘肃 5 人，占 0.78%；江苏 37 人，占 5.80%；辽宁 10 人，占 1.57%；吉林 8 人，占 1.25%；黑龙江 1 人，占 0.16%；西康 1 人，占 0.16%。中国共产党已经通过民族解放战争成为一个全国性的大党，已经完成了“建立全中国的强固的共产党”的历史任务。从这份学员情况统计看，完成这个任务的时间节点在 1936 年至 1939 年，这 4 年入党的学员 408 人，占学员总数的 63.95%。其中 1938 年入党的 206 人，占 32.29%。这一学期还有大革命时期的党员 11 人，实属凤毛麟角。1932 年和 1933 年入党的学员 55 人，占 8.63%，而这两年正是土地革命的高潮期。

从学员成分看，建党初期的党员绝大部分是知识分子和少量工人，因而北京党校和两湖党校的学员成分以学生为主，大部分是加入共产党和共青团不久的青年知识分子，缺乏实际斗争经验。土地革命时期农民成分占了党员的绝大多数。马克思共产主义学校的学员成分也以农民为主，大部分是 1928 年以后参加革命、有一定斗争经验的苏维埃县区级干部和红军基层干部。延安时期学员成分多样化了。1941 年第二学期 638 个学员中，工人150人，店员4人，学徒12人，职员6人，自由职业3人，农民150人，学生236人，教员33人，军人28人，其他16人。学员成分的变化反映出中国共产党的组织已经扩展到中国社会各个阶层，但其主要成分仍然是工人（包括店员、学徒）、农民和学生，共占86.64%。

在不同的历史时期，党员成分都会发生新的变化，党内出现的问题也各不相同，因而党内教育问题必然是一个历久弥新的课题。

从学员文化程度看，其变化呈马鞍形。北京党校和两湖党校学员文化程度较高，瑞金时期和初到陕北时文盲达半数以上。马克思共产主义学校首开文化课，教授语文、算术、历史、自然地理常识。大教育家徐特立、大学教授成仿吾都讲过文化课。许多学员在党校不仅学到了党的基本理论和基本政策，而且揭掉了文盲的帽子，变成了有文化素养的人。

延安时期，随着知识分子和青年学生大批加入中国共产党，中央党校学员的文化程度也随之提高。1937年至1941年中央党校55个常规班次中，需补习文化的只有2个少数民族班和8个文化班，占班级总数的18%。1941年第二学期，未上过学者104人，占16.3%。在1942年的正科，以及1943年后的一部、二部，学员的实际文化程度都在初中以上。比如正科第三支部32个学员，大学文化程度11人，高中6人、初中15人。从马列学院第一期开始，学员实际文化程度都在高中以上。“文革”十年浩劫，国民教育停滞，党员领导干部的文化水平也随之下降。1982年，中央党校再次举办了一个为期3年的文化班，为一批思想路线端正、有实践经验的高中级后备干部补习文化。

从学员工作性质看，瑞金和延安时期的学员来自党政军群文等部门，而以做党的工作的干部为主。比如，1941年第二学期学员中，在省、特委、县、区、支部、小组做过党的工作的共423人，占66.2%；做政权工作的仅14人，其中省级1人，县级7人，区级5人，乡级1人。这和中国共产党还是革命党而不是执政党的地位相符。这种状况在共产党执政之后发生了根本的改变。

从学员的层次看，北京党校、两湖党校学员主要是刚参加革命的党团员。马克思共产主义学校的高级班共办3期，学员为县团级干部，总数不到100人。1935年底至1941年底，中央党校学员以县级干部为主，高级干部不到20%。在1942年的中央党校正科和预科，以及1943年以后的一部和四部，学员皆地委和旅级以上高级干部。比如，正科第三支部32个学员都是地委以上的干部，其中，12人来自国民党统治区，从各根据地来的15人，中央机关的5人；地方工作干部26人，军事干部6人；抗日战争时期参加革命工作的10人，第二次国内革命战争时期的17人，大革命时期的5人，跟着毛主席参加过井冈山斗争的1人（刘型），1928年留苏的1人（罗少华）；参加革命工作最晚的也在1937、1938年，共8人。这种层次的干部在1944年7月的中央党校有1100多人。

回想1926年，中共中央组织部曾有一个统计："全国至少需要区执委、地执委、特支干部355名，而当时只有120名，为实际需要的三分之一。"经过十多年的艰苦奋斗，随着党、军队、根据地的壮大和巩固，党的干部队伍在数量质量上都发生了天翻地覆的变化。新中国成立后，高中级干部成为中央党校轮训培训的主体。

综上所述，党校与党本是血脉一体的，党校因党而立，党校为党而存在。坚持"党校姓党"，按党章党规党纪办学办事，是党校应守的本分。

（本文原载《学习时报》2016年3月14日）

中央党校陕北校址寻访记（一）

从1935年11月在陕北安定县瓦窑堡镇复校，到1947年3月撤出延安，中央党校先后在瓦窑堡、保安、定边、延安桥儿沟、延安小沟坪办学。许多老一辈无产阶级革命家、教育家和万余名党校教职员工在陕北演绎了一段有声有色的历史。追寻着他们的足迹，2016年5月，我们校史研究课题组寻访了中央党校在陕北的5处校址。把纸上读来的历史放到实际发生的场景中，在厘清史实的同时，也得到一些新的感悟。

一、安定县立第二高级小学——中央党校在陕北的第一个校址

安定县瓦窑堡镇是中央党校在陕北复校后的第一个落脚点。从1935年12月到1936年6月，中央党校在瓦窑堡办学7个月。当时的瓦窑堡是陕北苏维埃政府所在地，人口两三千，街道整齐，商业繁荣，民居多为砖瓦窑。党校在这里有房子住，“净米白面的吃着”，过了半年多安定的生活，先后开办了普通班6个、高级班1个、研究班1个、工会工作班1个、白区和白军工作班1个，还有一些十天半个月的短训班。其间，一部分陕北学员由成仿吾和冯雪峰带队参加了红军东征。1942年，为纪念民族英雄谢子长将军，陕甘宁边区政府将安定县改名为子长县，县城由安定镇迁至瓦窑堡镇。

如今，从延安到瓦窑堡有高速公路，路上只用了将近两小时。县委党校白校长和周老师、吴老师在进城的路口接我们，直接把我们带到了位于龙公巷的子长县瓦窑堡小学。

读当事人的回忆，知道中央党校瓦窑堡校址是在龙公巷的一个学校里。但关于这个学校却有3种不同的说法："安定第二完小"，"县立第二高级小学"，"龙公巷小学"。瓦窑堡小学和它们是什么关系呢？究竟哪一个是中央党校的校址呢？

为回答我的疑问，瓦窑堡小学的校长把我们带到一间大办公室里。一见墙上的"瓦窑堡小学校史概述"，这些疑问释然了。原来，这所学校首创于清朝同治年间，称"正谊书院"。1903年改为"县立第二高级学堂"。辛亥革命后改为"县立第二高级小学"（简称"二高"）。中央红军进驻瓦窑堡后，人民政府将学校迁至后桥，空出校舍办中央党校。党校撤出瓦窑堡后学校迁回。1937年改名为"龙公巷小学"。1940年与米粮山学校合并为"安定第二完小"。因此，我们看到的关于中央党校瓦窑堡校址的3种说法，实际上指的都是同一个学校，即现在的子长县瓦窑堡小学。中央党校在陕北的第一个校址，准确地说就是安定县瓦窑堡镇龙公巷"县立第二高级小学"。

这个学校不仅历史悠久，而且有光荣的革命传统。1927年学校就组织了儿童团、学生自治会，并组建了中国共产党瓦窑堡支部。阎红彦、李赤然等著名的革命者曾经就读于这个学校。现在的瓦窑堡小学仍然是子长县的名校。家长们争先恐后送子女到这儿读书，小小的校园竟容纳了24个班1800多人，每班人数都在70人以上。据校长介绍，当年的"二高"只有两排窑洞，一个小小的院子，面积不到现在的四分之一。

走出瓦窑堡小学，走出龙公巷，来到中山街，往北50米左右就是毛泽东、林伯渠等人在瓦窑堡的旧居。站在院里一抬头，就可以望见瓦窑堡小学的教学楼。这里的"中共中央在瓦窑堡展览室"给了我们许多意想不到的收获。

展览室里竟然有一张“中央党校旧址”老照片！望着那道斑驳陆离的老砖墙，岁月沧桑感油然而生。还有两张“毛泽东在党的活动分子会议上作报告”的照片，毛泽东站在一张条桌前侃侃而谈，密密麻麻的听众簇拥在“主席台”周边埋头记录。不知是谁摄下这宝贵的历史瞬间！这个会议是在党校召开的，党校师生都听了这个名为《论反对日本帝国主义的策略》的报告。陕北的学员第一次看见张闻天、毛泽东、周恩来等中央领导，给他们留下了深刻的印象。

更有意思的是，在红军撤出瓦窑堡那个展出单元，有一张“抬送伤员”的照片。布展者可能不知道，撤出瓦窑堡时抬送伤员的不是别人，正是中央党校的学员。那是1936年6月23日，端午节。一大早，周恩来和罗迈（李维汉）都来到中央党校，全体学员集合在操场上。周恩来讲了撤出瓦窑堡的意义。罗迈告诉大家，红军医院的伤员无法撤退，需要党校的学员帮助抬担架。没等讲话结束，党校立刻组织了一支担架队，罗迈让总支书记李景膺带队。李景膺那天清早刚从家里返校，连早饭都没有吃就抬着伤员出发了。撤离前师生们把院子、窑洞打扫得干干净净，还写了欢迎东北军的标语。

在瓦窑堡也有让人遗憾之处。虽然在毛泽东旧居的“瓦窑堡革命旧址分布示意图”上标出了“中央党校旧址”和“党的活动分子会议旧址”，但是在旧址实地——瓦窑堡小学却没有任何标志物。我们和瓦窑堡的同志都认为，应当尽快弥补这一缺憾。

二、保安——刘坪那棵大槐树

当年，中央党校从瓦窑堡匆匆撤出，往保安（1936年为纪念在东征中牺牲的民族英雄刘志丹改名志丹县）迁徙。正逢天公下雨，师生们泥里水里跋涉 10 天，到达保安县城。无奈县城只有几间破庙、几栋土屋、几处旧石窑，人口不足千人，安置不下所有的中央机关。中央党校师生 400 多人被安排在保安县城西北、离城 20 里的一条山沟里，分散驻在刘家坪（几个普通班）、任家坪（校部、高级班、研究班）、胶泥庄（白区和白军工作班）、保儿沟（工会班）4 个村子里，4 个村子蜿蜒 20 里。

如今，从瓦窑堡到志丹县大部分是高速公路，行程不到 2 小时。志丹县城沿河而建，两岸有多座桥梁相通，市面繁华整洁，井然有序。县委党校韩校长安排我们住下，立马带我们出发，去探访中央党校旧址。志丹县的同志只知道任家坪（当地叫任坪）和刘家坪（当地叫刘坪）驻过中央党校，不知道胶泥庄和保儿沟（当地叫保娃沟门）也驻过中央党校。好在韩校长曾在县教育局工作，跑过几乎所有的行政村。他告诉我们这 4 个村都在 303 省道上，走起来很方便。

从志丹县城关向西北方向行驶约 20 里，就到了刘坪。刘坪是近郊区，属保安街道办管辖。刘坪村的标志是那棵有 300 多年树龄的大槐树，树前有一块宽展的台地。当年，大槐树的树荫就是普通班学员的课堂。那块台地就是操场，每天早晨学员们要在这里进行 2 小时的军事操练。

那时候刘坪村只有几户人家，中央党校几个普通班 200 多个学员基本上都住在村子附近的废窑和羊圈里，在地面上铺一点麦草当床，自己动手打个草帘子挂在洞口当门。没有灯油，大家摸黑在窑洞里讨论，有月亮的夜晚，就坐在月光下开会。粮食紧缺，小米、高粱、黑豆茬子和着南瓜、野菜熬成的稀粥也只能喝个半饱，什么吃的都没有就喝白开水。

在大槐树的南侧有几孔小石窑。窑洞窄小、低矮、破旧，用河滩里的石片巧妙砌成。韩校长说，据他们考证，这几孔石片窑是中央党校领导和教员住过的。实际上，当年的校部在任坪。这里也许是军事教员的住处吧，因为他们每天要领着学员军训。

任坪村、胶泥庄、保娃沟门都属于顺宁镇管辖，每个村的直线距离有五六里。离开刘坪村，沿着303省道开车不过十来分钟就到了任坪村。也就是说，如今用半小时就可以跑遍四个村。但是当年的保安没有省道更没有汽车，全校连董老的马，一共4头牲口，主要用来买粮食跑运输。党校的领导上课和检查工作，往返要翻山越岭走几十里。于是采取“小先生”制，每门课程都先给研究班和班主任讲，然后再由他们回去给其他学员讲。“小先生”们讲课，成仿吾常领着其他教员去听。

这几个村和刘坪一样，也在山边上。山坡上还可以看到零零落落的烂窑，村民们已经住进了平房或楼房，几乎找不到当年的痕迹。只有保娃沟门村的一个老乡告诉我们，听老人们讲村口山坡上那些大窑洞里住过红军，小时候他们还在那些窑里玩过。可惜，这些窑也塌得差不多了。

1936年7月19日《红色中华》曾有2篇文章涉及中央党校。一篇是《红属谈：第一次才见到》，描述了党校工会班学员在共产主义礼拜六劳动日到离校十几里路的高庄和杨庄去帮助红军家属干活儿的情景。另一篇是《新文字运动》，同时用新文字（拼音文字）和汉字报道了保安机关学校学习新文字的情形，其中提道：“我们的党校、红大等等都把新文字学习做正式的功课。目前虽然刚才开始，但是成绩都很好。”这2篇通讯反映了中央党校师生在保安期间丰富多彩的生活。

整整80年了，当年的师生和老乡恐怕皆已作古。只有刘坪的大槐树仍然枝干遒劲、新叶繁茂。它见证了中央党校师生的坚韧、顽强、勤奋，也见证了他们的革命乐观主义精神。

（本文发表于《学习时报》2016年6月21日）

中央党校陕北校址寻访记（二）

一、文庙——中央党校在定边的校址

1936年9月下旬，中央党校教职员工离开保安，于10月初到达定边，在这里办学4个多月。时间虽然不长，在党校发展史上却是重要的一环。首先，党校师生的粮食、住宿及取暖问题基本解决。不再饿肚子，还能经常吃到黄米干饭和羊肉。当年的总务处管理科长马亚夫曾说："到定边就算天堂了。"其二，山城堡战役后，党中央决定四方面军党校合并到中央党校，其学员全部到中央党校继续学习。新中国成立后一批重要的领导干部如国家安全部长罗青长、山东省委书记苏毅然、中共中央高级党校秘书长牟泽衔和党委书记伍辉文等人都是当时从红四方面军党校到中央党校学习的。其三，中央党校在定边开设了第一个少数民族班，一批少数民族学员在这里开始接受文化启蒙和政治军事训练，成长为我党我军重要的少数民族干部。其四，成仿吾等人在定边一个地主家里偶然发现一本上海出版的列宁的《共产主义运动中的"左派"幼稚病》，这是中央党校撤出瑞金以来得到的第一本马列原著。大家像得了宝贝一样高兴，当成党校的一件大事，立即到当地的石印馆中去翻印，董老亲自一个字一个字地校对。因而，定边是我们此行不能不去之地。

从保安到定边尚无高速公路直达，加之司机路不熟，我们用了将近4

小时。一进入定边县境就给人天高地阔之感，不像陕北其他地方那样峁梁起伏，沟壑纵横，其市区的现代和繁华也出乎我们意料。

定边县委书记和组织部孟部长亲自到城外等了我们半个多小时。他们安排县委党校领导和县委史志办马主任接待我们，带我们寻访党校旧址，并提供了定边党史研究的若干书籍和资料。

因为缺乏历史文献，根据20世纪60年代一些学员的访谈，我们一直以为中央党校的校址是在定边一个中学里（一说为职业学校）。通过对定边的实地考察，才知道这个说法是不对的。

史志办马主任告诉我们，中央党校到定边就驻在文庙和它旁边的小庙里。当时定边城四周的城墙还在，四座城门对应4条街：北大街、南大街、东正街、西正街，城中心有座建于明代的鼓楼（又名玉皇阁）。县衙门在东正街北侧，北城墙内。文庙在东正街南侧，南城墙内。定边党史办从20世纪80年代开始，对该县党史做了许多研究考证工作，曾经有当年党校的学员亲自指认过党校校址。城墙和文庙70年代即不复存在，那一带曾是定边中学校址，后来定边中学迁往别处。2007年在那里新建了一所普通高中——定边四中。

马主任赠送的《三边往事》一书中有一篇白栋才的文章《往事断想》，文中提道："党校地址就在南城墙内（现定边中学校址）。"白栋才当年是党校研究班（亦称教员班）学员并任四班班主任，其文章写于80年代，定边中学确实还在那里。

在中央党校旧址——县城东正街南侧的定边四中，马主任指着四中操场东南拐角处那排平房告诉我们，当年董必武、成仿吾及教员们住的房屋就在那个位置。

定边自古既是商贸物资集散地也是军事要冲，如今在盐场堡一带仍有明长城的遗迹。30年代，这里是反共顽固派马鸿逵、马鸿宾、地主反动武装、国民党杂牌军盘踞之地，老百姓生活困苦，教育十分落后，全县只有一所完小（定边县高初两级国民小学）。1940 年，陕甘宁边区第三师范（后称三边师范）在定边开办。1944 年延安民族学院搬到定边与三边师范合并，改名为三边公学，附设初中班，开定边普通中学教育的先例。1958 年，定边始设高中班。因此，1936 年的中央党校校址不可能设在一个中学里。

20 世纪 30 年代定边的公共文化场所主要是东正街的文庙和北大街的城隍庙老爷庙。1936 年 12 月 12 日，定边举行纪念广州暴动 9 周年大会，会场设在城隍庙里。党校师生排着整齐的队伍到达会场，还有学员在会上演出了活报剧。后来的三边师范（三边公学）的校址设在城隍庙老爷庙内，虽然是职业学校，却和中央党校没有任何关系了。

阅读有关资料得知，在定边，党校师生的一个中心任务是为红军筹粮。学员张鹏图曾说："到定边我就去征粮，没有上过课。"定边之行使我们对此事有了更多的了解。1936 年 11 月山城堡战役前夕，党中央电示李维汉、董必武负责组织筹粮委员会，高岗、贾拓夫为委员，组织征粮队到定边各区征粮，支援前线红军作战。当时，中央党校曾派出两队学生去征粮。在梁台一带征粮的学员队，曾被敌人全部俘走，后来红军打败了敌人，将他们营救回来。高级班学员白坚被派到定边县任二区征粮工作队队长兼游击支队政委。在筹粮委员会领导下，各征粮工作队深入乡村城镇，仅用 1 个多月时间就完成筹粮任务，并筹款 2 万余元，有力地支援了红军前线部队。

定边县委领导同志对中央党校在定边办学的历史非常感兴趣，认为这是定边宝贵的红色文化资源，并当即指示马主任就中央党校旧址建设提出方案。近日得知，马主任已拟出初步方案供县委选择并分步实施：一、在定边四中校门口挂一块"中央党校旧址"标牌，在校门外西墙作一块浮雕，上面镌刻董必武给学员讲课、学员打柴、征粮等画面；或在校园绿化带前置一块文化石，上书"中央党校旧址"，背面将党校在定边主要事迹及著名师生作一简介。二、在校园中心花园塑董必武铜像。三、在图书馆门前塑成仿吾铜像。

定边不愧是中国新能源产业百强县、基层党建工作先进县，办事雷厉风行，让人由衷敬佩。

二、桥儿沟天主堂——被遗忘的中央党校校址

延安桥儿沟天主堂是中央党校在延安的第一个校址。1937 年 6 月 8 日，斯诺夫人尼姆·威尔斯访问了中央党校。她曾写道："发现党校多少是个惊异。它设在山坡上，一所壮丽的天主教堂内。"如今这里只是作为鲁艺的旧址在保护和展示。那个壮丽的天主堂和 52 孔石窑 13 间平房都保存完好、修旧如旧，管理也井井有条。而它曾经被征用为中央党校的校址却被遗忘了。

1937 年 2 月 10 日除夕之夜，中央党校师生近 300 人经过十二三天的长途跋涉到达桥儿沟。当时，教堂和石窑的玻璃都碎了，四面通风，但大家都高兴得拍手，因为党校从来没有过这么好的校舍。至 1939 年 3 月，中央党校在这里办学 2 年，起初曾以"延安中山图书馆"之名对外，学校实行军事化管理，每人发一支枪，天天上操，轮流放哨，还经常作军事演习。师生们曾把教堂重新装饰了一番，用它作为上大课、开会和举行集体活动的地方。

在这里，董必武、李维汉、康生、陈云先后担任校长。柯庆施、谢觉哉先后担任副校长。成仿吾、王学文、廖志高、李景膺、张启龙、章夷白、刘仁、白栋才、陈伯达、方仲如、刘芝明、王思华、王任重、王鹤寿、金铁群、李培之、张琴秋等曾经在这里工作。中央党校各课程研究室在这里成立。

时值抗战初期我党大发展阶段，全国各地革命青年纷纷奔赴延安。中央党校在这里先后招收学员约 1800 人，从第一班编到第三十五班。六中全

会之后还制订“四五六计划”，短期轮训干部，招收学员到校学习4周、5周或6周即分配上前线。陕北的县委书记、县苏维埃主席和特区一级干部分期分批在这里轮训。许多大革命时期的老干部、红军老战士和青年知识分子在这里学习。在这里中央党校还开办了第二个少数民族班。

1938年9月29日至11月6日，中共中央在这里召开了扩大的六届六中全会。会前，部分学员提前毕业奔赴抗日前线，部分学员参加实习团到安塞县实习，腾出了几间石窑给代表们住，西北角那间最大的石窑则成为六中全会的会场。全会筹备和开会期间，张闻天、周恩来、王明、陈云、项英、谢觉哉等党中央负责人和从各根据地、各八路军办事处回来的领导同志都曾到党校讲课，介绍各地的情况，阐述党的方针政策。

在这里，1937年11月12日，毛泽东给中央机关和中央党校全体师生作《上海太原失陷以后抗日战争的形势和任务》的报告。1938年6月30日，毛泽东陪同世界学联代表团参观中央党校。1938年8月22日，毛泽东参加中央党校十六班、十九班学员的毕业典礼，向全校师生作《当学生、当先生、当战争领导者》的讲演。

在这里，中央党校党总支青年委员会还给附近的乡亲们办了一个列宁小学校。……

这是一段不该遗忘的历史！这里不应该是不为人知的中央党校校址！桥儿沟革命旧址负责人刘妮热情地接待了我们，并表示将把中央党校在这里办学的历史补充进来，向世人介绍。

（此文原载《学习时报》2016年6月27日）

中央党校陕北校址寻访记（三）

小沟坪旧址——更多的是遗憾

我们到延安的时候正是五一长假期间，对中央党校旧址的寻访相当于自由行，没有人规定我们的行止，也没有人回答我们的疑问。我们参观了延安革命纪念馆（两次），探访了党校小沟坪旧址（两次）和党校二部旧址。七里铺和马家湾等处已是高楼林立，找不到当年的痕迹了。

小沟坪在延河西岸的一个拐沟里，与东岸的杨家岭遥遥相对。这里是中央党校在陕北的最后一处校址，也是规模最大的一处。从 1939 年 2 月到 1947 年 3 月，中央党校在这里办学 8 年。在延安乃至于全陕北唯一以中央党校名义保存的革命旧址就在这里。

旧址由分开的两个点组成，一是“大礼堂遗址”，一是“校部旧址”。大礼堂在沟口，当年进沟的路就在礼堂南侧，顺着这条路往里走，沿途有俱乐部、大食堂、运动场、花园，还有医务室、磨坊、澡堂等公用设施。沟里的南山、北山、西山上分布着层层叠叠大大小小的窑洞，是师生们的宿舍。

如今，这一切几乎不复存在。大礼堂已经在 1947 年 3 月被国民党的飞机炸毁。我们能看见的，只有它的“T”字形的地基。在这个地基外围修筑了一道高高的围墙。当年进沟的路就被这道围墙所阻断。东墙边修了一排崭新的石窑，计有 1 间厨房、1 个餐厅、2 个办公室、1 个会议室。我们去的时候只有一个女同志看门，平常不知有多少人在这个空院子里办公。

中央党校在小沟坪前后有 3 个礼堂。第一座礼堂建在沟底西山脚下。1940 年 9 月动工，11 月 17 日启用，由学工人员自力更生修建，没花公家一分钱。礼堂能容纳千余人，师生们在这里上课、开会，中共中央也多次在这里举行延安干部会议。不久这个小礼堂不慎失火烧毁。1941 年底，为了迎接大批高中级干部到党校学习，党中央把小沟坪沟口的中央大礼堂划拨给党校。1942 年 2 月 1 日的开学典礼就在这个大礼堂举行，毛泽东作了《整顿学风党风文风》的演讲。第三个礼堂是对第二个礼堂的彻底改建，1943 年 10 月动工，11 月 7 日完工。礼堂的舞台从北头改建到南头，舞台两侧建有化妆室和灯光道具室。南墙外镌刻着毛泽东的头像和实事求是 4 个大字。人员进出，主要走东西两边的太平门。礼堂由文化教员袁乃康和学员彭敏设计，校务部主任牟泽衔组织施工，全校师生人人参加劳动。1943 年 12 月 1 日，《解放日报》曾报道过中央党校大礼堂落成的消息。文中写道："该校礼堂建筑规模宏大，可容两千人，平面为 T 字形，宽正面十丈，全长十三丈，总面积 9150 平方尺。礼堂两侧的长窗（分上下二层）高达一丈，内部开朗，光线充足，空气流通。在舞台上讲话，声浪可波及最后一排听众，且异常清晰，并有地炉设备。该礼堂在全校同志努力下，费时一百天即建筑成功。在建筑过程中，全部工程除聘用一部分技术工人外，全系自己动手。……据统计，由于自己动手，中央党校大礼堂的兴筑，共节省工料费 9933000 元。"中共中央曾在这个礼堂举行过多次活动，比如七大闭幕后举行的中国革命死难烈士追悼大会。毛泽东在这里至少作过 6 次报告。

遗憾的是，大礼堂的简介将一、二两个礼堂混为一谈，自然，毛泽东"二一"讲演的地点也就错了；第三个礼堂的建成时间被提前了一年半，二部开学典礼的地点也跟着错了。

出了礼堂遗址大门，沿着围墙向北再向西，经过文化沟社区的办公楼，我们再次拐进了小沟坪沟，当年党校俱乐部、食堂、花园等等之所在已经被延安职业技术学院附属中学、一个双语特色小学和一座武警的营房所占有。三面山上，草木郁郁葱葱，已经不见当年的模样了。

在附属中学西北侧的山坡上有一个平台，沿着平台边缘修筑了一道墙垣。院墙门外有一块石碑，上书“中共中央党校旧址”，简单地介绍了中央党校 1935 年 11 月以后的历史。可惜，其中有不少错讹之处。它将在瓦窑堡复校的时间写成中央党校成立的时间；二部和三部的地址搞反了，四部、五部的地址写错了；中央党校撤出延安的时间从 1947 年 3 月提前到 1946 年底。

此院据说是中央党校校部亦即改组前的教务处之所在。小院挺宽敞，西北边靠山有一溜 11 孔接石口窑洞，6 孔高大新一点，5 孔矮小旧一点。新窑第四孔门前挂了一块红色标牌“毛泽东休息室”，第五孔标为“中共中央党校办公室”，第六孔为“中共中央党校校长会客室”。可惜，这又错了！ 60 年代初，长期担任教务处主任的刘芝明曾专门讲过，校部那几孔窑洞，南边第一个是他住的，第二个是张秀山住，第三个是套间，彭真住的，第四个是黄火青住的，第五个窑洞毛主席来党校时，就在那里吃饭、休息。

反倒是那几孔旧窑让人觉得是当年的遗物，而且正如刘芝明所言，中间有一个套间。旧窑里展出了不少中央党校的老照片，记录了当年党校师生的学习、生产、文体活动，还有党校的听课证、教务处主任张秀山的工作证（学员证）、学员的整风笔记等，十分珍贵。

这里有一张“中央党校学员自己动手开辟花园”的照片，刚好和我读过的史料相印证。1943 年 6 月 12 日，《解放日报》在《中直军直生产展览会纪实》一文中，曾介绍了党校利用义务劳动修建花园、体育场，节约开支、美化环境的情况。当年的俱乐部主任姚铁的回忆文章也写过这件事。他说，花园由文化教员袁乃康和学员彭敏设计，学员耿飚参与测量划线，全体学工人员以支部为单位轮流参加劳动，彭真等领导同志也不例外。只用了一周的课外时间，就把花园建成了。在花园的一角，立着一具由袁乃康设计，用粗石凿成的日晷。在修建花园的同时，还扩建了运动场，内有篮球场、排球场、足球场，单杠、双杠、木马和跳高跳远的沙坑。

而那张“1945 年 6 月 17 日，延安各界及中共七大代表在中央党校礼堂举行追悼中国革命死难烈士大会”的照片，在让我们领略到追悼会庄严隆重的氛围的同时，也得以窥见中央党校大礼堂的内部结构，以及它在延安政治生活中的地位。

阅读史料得知，教务处窑洞的周边应该还有不少平房。1940 年底，中共中央东南局七大代表团 42 位代表经过 13 个月的艰苦行军到达延安。到达当天，党中央安排他们住在中央党校。中央党校领导怕南方来的同志住不惯窑洞，特地把教务处的平房让出来给他们住。如今平房已经没有踪影，后山上还剩下 3 孔破烂的土窑。

顺着北山脚下的山路进沟，我们在小沟坪腹部北山南坡发现了 10 余孔土窑。其中的 3 孔被一户姓任的老乡居住，换了门窗，墙上涂了白灰，地面打上了三合土。当年中央党校不少窑洞尾部都有防空洞，洞洞相连，在一定的位置还有通向后山的出口，以防窑门被炸塌时无处可逃。任老汉家 3 孔窑有 2 孔的防空洞被他堵了，但痕迹清晰可见。有一孔的防空洞还在，洞口有一人多高，两个人稍微侧身可同时进入。这足以证明这些窑确实是当年党校的旧物。这 3 孔窑东头有 4 孔烂窑，其中 2 孔堆放着任家的废弃物。另外 2 孔曾经是任家的猪圈，因为不停地往里面垫土，窑只剩下上半截，但窑顶窑壁还是当年用黄土和着麦壳抹上的，十分平整光滑。这 4 孔窑的防空洞都还完好。

在中央党校进驻之前，小沟坪曾是抗大三大队驻地，留下了够二百来人居住的土窑洞和小平房。1939 年，教职员工自己动手新打窑洞 70 余孔，建平房 43 间，建围墙 170 余丈。1942 年以后，教职员工又在南山、北山、西山的山前山后挖窑洞 1000 余孔，建公用房屋 20000 多平方米，基本上满足了大批学员入学的需求。从校领导到那些赫赫有名的高级将领当年住的都是自己挖的土窑。因此，保护维修一点土窑，让今天的人们看到当年党校师生真实的生活，是十分必要的。可惜，除了任老汉家，当年遍布北山、西山、南山的1000余孔土窑已经垮塌殆尽，曾经的藏龙卧虎之地已经面目全非了。

（本文原载《学习时报》2016年7月25日）

本书主要参考书目、资料

中央档案馆编:《中共中央文件选集》第一册(一九二一——一九二五)、第二册(一九二六),中共中央党校出版社1989年版。

中央档案馆编:《中共中央文件选集》第五册(一九二九),中共中央党校出版社1990年版。

中央档案馆编:《中共中央文件选集》第七册(一九三一),中共中央党校出版社1991年版。

中央档案馆编:《中共中央文件选集》第十一册(一九三六——一九三八)、第十二册(一九三九——一九四〇)、第十三册(一九四一——一九四二),中共中央党校出版社1991年版。

中央档案馆编:《中共中央文件选集》第十四册(一九四三——一九四四),中共中央党校出版社1992年版。

中共中央组织部编:《干部教育工作重要文献选编》,党建读物出版社1999年版。

中共中央文献研究室、中央档案馆编:《建党以来重要文献选编(一九二一——一九四九)》第十二册、二十册、二十五册,中央文献出版社2011年版。

《毛泽东选集》第一、二、三、四卷,人民出版社1991年版。

《毛泽东文集》第一、二、三、五卷,人民出版社1993年、1996年版。

《刘少奇选集》上卷，人民出版社 1981 年版。

《张闻天选集》，人民出版社 1985 年版。

《中共中央北方局》资料丛书编审委员会编：《中共中央北方局：北方区委时期卷》，中共党史出版社 2000 年版。

中共中央组织部、中共中央党史研究室、中央档案馆编：《中国共产党组织史资料》第一卷，中共党史出版社 2000 年版。

中共中央组织部“党的组织工作大事记”编写组：《中国共产党组织工作大事记》（1919—1966），辽宁人民出版社 1992 年版。

江西省档案馆、中共江西省委党校党史教研室选编：《中央革命根据地史料选编》上册，江西人民出版社 1982 年版。

中共湖南省委组织部、宣传部、党史研究室编：《罗亦农诞辰一百周年纪念集》，湖南人民出版社 2002 年版。

中共北京市委党史研究室编：《北京党史研究文集》，北京出版社 1989 年版。

中共北京市委党史研究室编：《中国共产党北京历史大事记》（1919—1949），北京出版社 2001 年版。

中共武汉市委党史研究室、中共五大会址纪念馆编著：《中国共产党第五次全国代表大会》，中共党史出版社 2007 年版。

王健英编著：《中共中央机关历史演变考实》（1921—1949），中共党史出版社 2005 年版。

中共中央党史研究室：《中国共产党历史》第一卷（1921—1949）上册、下册，中共党史出版社 2011 年版。

中央档案馆编：《中共中央在西柏坡》，海天出版社 1998 年版。

中共河北省委党史研究室编：《中共中央移驻西柏坡前后》，中共党史出版社 1998 年版。

张志平主编：《中共中央在西柏坡文献选编》，河北教育出版社 1996

年版。

《红色中华》(1932—1937)、《新中华报》(1937—1941)、《解放日报》(1941—1947)

《党校一年工作报告》(1940年2月)。原件存中央档案馆。

《中央党校组织结构及各部干部的配备》(1941年7月4日)。原件存中央档案馆。

《中央党校教务处第二学期(5月11日起至8月30日止)教学工作总结》(1941年9月15日)。原件存中央档案馆。

《中央党校计划》1941年底制定,1942年1月17日中央政治局会议通过。原件存中央档案馆。

1942年4月8日《中共中央党校关于政治教育的计划》,邓发、彭真、黄火青主持制定,毛泽东审阅修改,中央政治局4月11日通过。原件存中央档案馆。

齐燕铭1943年至1944年部分日记。现存中央党校校史馆。

中共中央文献研究室编:《毛泽东年谱(一八九三——一九四九)》(修订本),上、中、下卷,中央文献出版社2013年版。

中共中央文献研究室编:《周恩来年谱(一八九八——一九四九)》(修订本),中央文献出版社1998年版。

中共中央文献研究室编:《任弼时年谱》,人民出版社、中央文献出版社1993年版。

中共中央党史研究室张闻天选集传记组编:《张闻天年谱(1900—1941)》上卷,中共党史出版社2000年版。

中共中央文献研究室编:《陈云年谱(一九〇五——一九九五)》上卷,中央文献出版社2000年版。

《董必武年谱》编纂组编:《董必武年谱》,中央文献出版社1991年版。

《董必武传》撰写组编《董必武传(1886—1975)》(上),中央文献出版社 2006 年版。

邓发纪念文集编辑部编：《邓发纪念文集》，中共党史出版社 2002 年版。

《邓力群自述》，人民出版社 2015 年版。

《彭真传》编写组编：《彭真年谱（一九〇二——一九四八）》第一卷，中央文献出版社 2012 年版。

《彭真传》编写组编：《彭真传第一卷（1902—1948）》，中央文献出版社 2012 年版。

《谢觉哉日记》，人民出版社 1984 年版。

张傲卉、宋彬玉、周毓方编撰：《成仿吾年谱》，东北师范大学出版社 1994 年版。

中共中央文献研究室编：《刘少奇年谱（一八九八——一九六九）》上、下卷，中央文献出版社 1996 年版。

中共中央文献研究室刘少奇研究组、中央教育科学研究所编：《刘少奇论教育》，教育科学出版社 1998 年版。

李维汉：《回忆与研究》（上），中共党史资料出版社 1986 年版。

《杨尚昆回忆录》，中央文献出版社 2001 年版。

《刘英自述》，人民出版社 2005 年版。

《罗明回忆录》，福建人民出版社 1991 年版。

《李剑白回忆录》，黑龙江人民出版社 2008 年版。

萧锋遗稿，南溪、孙翊整理：《萧锋征战记》，中央文献出版社 2010 年版。

胡乔木：《胡乔木回忆毛泽东》，人民出版社 1994 年版。

中共陕西省委党史研究室编：《方仲如》，陕西人民出版社 2002 年版。

〔美〕尼姆·威尔斯：《续西行漫记》，陶宜、徐复译，解放军文艺出版社 2002 年版。

莫文骅：《莫文骅回忆录》，解放军出版社 1996 年版。

曾志：《一个革命的幸存者 —— 曾志回忆实录》下册，广东人民出版社 1999 年版。

张邦英：《片断回忆》，中国社会出版社 2007 年版。

郭庆祥、黎蕾、郁宏：《张启龙传》，湖南出版社 1993 年版。

中共中央党史研究室第一研究部编：《七大代表忆七大》（上、下），上海人民出版社 2006 年版。

延安中央党校整风运动编写组编：《延安中央党校的整风学习》第一、第二集，中共中央党校出版社 1988 年、1989 年版。

王渔：《回忆中央党校》，中共中央党校出版社 2013 年版。

赵海编著：《毛泽东延安纪事》，陕西人民出版社 1993 年版。

《王从吾传》编写委员会：《王从吾传》，中国方正出版社 1999 年版。

中共陕西省委党史研究室、中共延安地委党史研究室编：《中共中央在延安纪事》，陕西人民出版社 1991 年版。

董纯才：《中国革命根据地教育史》第一卷，教育科学出版社 1991 年版。

刘海藩、朱满良主编：《中共中央党校名师》第一卷，中共中央党校出版社 2002 年版。

龚士其主编：《杨献珍传》，中共党史出版社 1996 年版。

刘俊瑞：《党校图书馆事业的回顾与展望》，中共中央党校出版社 1999 年版。

中央党校教务部编：《中共中央党校培养干部和教学工作的历史发展概况》（1933 年—1992 年），1993 年印，内部发行。

中央党校教务部编：《党中央和中央领导同志论党校教育和干部学习》，1993 年印，内部发行。

中共中央党校教务办公室编：《党校工作文件选编（一九二六年—

一九七七年）》1987年印，内部文件。

刘汝宁:《人生历程—— 我的九十年回顾》，北京海燕影艺社2016年印制。

1963年至1965年，高级党校校史调查工作组对谢北一（裴毅）、杨英杰、傅雨田、曹海波、谭生彬、胡立声、陈模、成仿吾、王学文、刘芝明、杨和亭、王秉祥、张承民、桑吉悦希、扎喜旺徐、沈遐熙、李兆炳、丁昭、高凤山、王镇武、杨绍萱等人的访谈。王渔、郝耀亭、刘克廉、陈作梁、吴璋等人记录。记录打印稿存中央党校档案处。

本书图片主要采自瑞金、瓦窑堡、定边、延安的革命纪念馆和党校旧址、有关领导同志的传记和纪念文本、党校老前辈的回忆录、《校史文献资料选编》，以及部分党校老前辈的亲属，如刘芝明之女陈业、齐燕铭之女齐翔延和齐翔安等。

后记

我与中共中央党校校史的缘分开始于1998年。那一年中央党校文史部与新华社合作，编撰大型图书《中国共产党党校巡礼》，我有幸参与其中，第一次接触中央党校校史。此项目曾得到原校领导郑必坚和杨春贵同志的大力支持。2009年，我又有幸参与筹办中央党校校史馆，并负责民主革命时期和1977年复校时期文本的写作和某些图片资料的搜集，第二次接触中央党校校史。

2013年，我主持申报了一个校级科研课题——中共中央党校校史研究。课题组在大量艰苦细致的收集、整理、考证、辨析的基础上，以编年体的形式，对中共中央党校前52年的历史作了系统的梳理，完成了70余万字的《中共中央党校纪事（1921—1977）》（上、下卷），其中上卷（1921—1947）由我编著，下卷（1947—1977）由石兴明、彭学思和我共同编著。其间，我曾参与赵理文主编《中国共产党党校教育史》（中央党校出版社2014年版）和何毅亭等著《中国共产党的成功奥秘与中央党校》（外文出版社2018年版）两书的写作。

有付出必然有收获，精神劳动的成果就是知识的积累。通过上述多次的涉猎和辛苦的劳动，我才真正大致地熟悉了中央党校的历史、有关人物事件的来龙去脉……为本书的问世打下了一个基础。当我写作本书的时候，我的叙述和分析基本上能够做到言之有据，而无须想当然、道听途说或者瞎编乱造。

这本《红色熔炉》是我研究中央党校历史的第一本个人专著。本书所记述的历史起于1924年中共中央第一次提出创办党校，结束于1949年10月28日马列学院从北平香山迁驻西苑自得园。所述内容来自我目前所掌握的历史资料，凡是尚无史料直接佐证的地方，即存疑或依据现有史料作些分析，而不是定论。正因为如此，这本书也只是校史研究的初步成果，更准确完备的校史专著有待于历史资料的进一步开放和新材料的发现。由于篇幅所限，某些部分仅仅勾勒了一个概貌，未能将那些生动的细节一一呈现，这也是一个遗憾。本书附有几篇我这些年在报刊发表的对中央党校历史的考证和研究文章，对本书内容是一个补充，一并奉献给对中央党校历史感兴趣的同志。

中国共产党的早期党校皆秘密举办，既无媒体公开报道，也少历史资料的留存。瑞金和陕北时期的中央党校虽然是公开办学，但条件极为艰苦，曾经6年搬家7次，并经历了中央苏区的丧失和延安的撤离，党校的史料大多散失。因而，中共中央党校虽有光辉的历史，但至今没有一部完整的校史，甚至没有一部完整的中央党校大事记。这与中央党校在中国革命、建设和改革事业中所发挥的作用极不相称，也与中央党校在党的建设中的重要地位极不相称。这本《红色熔炉》比较完整地记述了民主革命时期中央党校的历史，多少弥补了这一缺憾。

回眸民主革命时期中央党校的历史，我们似乎能够触摸到党校前辈的初心。他们可歌可泣的事迹，生动地告诉我们什么叫奋斗、奉献、牺牲，什么叫诲人不倦、学而不厌，什么叫守纪律、讲党性，什么叫艰苦创业，什么叫革命乐观主义精神。一部党校史，充分地展示了信仰的力量、人的潜能、领袖的作用和思想路线的重要性。因而，我以为本书不仅对研究中共党校教育史有益，也对研究中共党史、中国革命史有益。

本书得以出版，首先要感谢中共中央党校（国家行政学院）离退休干部局为此书组织专家评审并提供出版资金，同时也要感谢东方出版社各位专家和编辑的辛勤劳动。

谢武军

2020 年 8 月于大有庄，10 月改定